## 部首(부수)이름

### 1획

| | |
|---|---|
| 一 | 한 일 |
| 丨 | 뚫을 곤 |
| 丶 | 점 주 |
| 丿 | 삐침 별 |
| 乙(乚) | 새 을 |
| 亅 | 갈고리 궐 |

### 2획

| | |
|---|---|
| 二 | 두 이 |
| 亠 | 두돼지해밑 두 |
| 人(亻) | 사람 인(사람인 변) |
| 儿 | 어진 사람 인 |
| 入 | 들 입 |
| 八 | 여덟 팔 |
| 冂 | 먼데 경 |
| 冖 | 덮을 멱(민갓머리) |
| 冫 | 얼음 빙(이수변) |
| 几 | 안석 궤 |
| 凵 | 입 벌릴 감 |
| 刀(刂) | 칼 도(선칼도방) |
| 力 | 힘 력 |
| 勹 | 쌀 포 |
| 匕 | 비수 비 |
| 匚 | 상자 방 |
| 匸 | 감출 혜 |
| 十 | 열 십 |
| 卜 | 점 복 |
| 卩(㔾) | 병부 절 |
| 厂 | 기슭 엄 |
| 厶 | 사사 사(마늘모) |
| 又 | 또 우 |

### 3획

| | |
|---|---|
| 口 | 입 구 |
| 囗 | 나라 국(큰입구몸) |
| 土 | 흙 토 |
| 士 | 선비 사 |
| 夂 | 뒤져서 올 치 |
| 夊 | 천천히 걸을 쇠 |
| 夕 | 저녁 석 |
| 大 | 큰 대 |
| 女 | 계집 녀 |
| 子 | 아들 자 |
| 宀 | 집 면(갓머리) |
| 寸 | 마디 촌 |
| 小 | 작을 소 |
| 尢 | 절름발이 왕 |
| 尸 | 주검 시 |
| 屮 | 왼손 좌 |
| 山 | 뫼 산 |
| 巛(川) | 개미허리(내 천) |
| 工 | 장인 공 |
| 己 | 몸 기 |
| 巾 | 수건 건 |
| 干 | 방패 간 |
| 幺 | 작을 요 |
| 广 | 엄호 밑 |
| 廴 | 길게 걸을 인 |
| 廾 | 두 손으로 받들 공 |
| 弋 | 주살 익 |
| 弓 | 활 궁 |
| 彐(彑) | 고슴도치머리 계 |
| 彡 | 터럭 삼 |
| 彳 | 조금 걸을 척(두인변) |

### 4획

| | |
|---|---|
| 心(忄/㣺) | 마음 심(심방변) |
| 戈 | 창 과 |
| 戶 | 지게 호 |
| 手(扌) | 손 수(재방변) |
| 支 | 지탱할 지 |
| 攴(攵) | 칠 복(등글월문방) |
| 文 | 글월 문 |
| 斗 | 말 두 |
| 斤 | 도끼 근 |
| 方 | 모 방 |
| 无 | 없을 무(이미기방) |
| 日 | 날 일 |
| 曰 | 가로 왈 |
| 月 | 달 월 |

| | |
|---|---|
| 木 | 나무 목 |
| 欠 | 하품 흠 |
| 止 | 그칠 지 |
| 歹 | 죽을 사 |
| 殳 | 창 수 |
| 毋 | 말 무 |
| 比 | 견줄 비 |
| 毛 | 터럭 모 |
| 氏 | 각시 씨 |
| 气 | 기운 기 |
| 水(氵/氺) | 물 수(삼수변, 아래물수) |
| 火(灬) | 불 화(연화발) |
| 爪(爫) | 손톱 조 |
| 父 | 아비 부 |
| 爻 | 점괘 효 |
| 爿 | 나무조각 장 |
| 片 | 조각 편 |
| 牙 | 어금니 아 |
| 牛(牜) | 소 우 |
| 犬(犭) | 개 견(개사슴록 변) |

### 5획

| | |
|---|---|
| 玄 | 검을 현 |
| 玉(王) | 구슬 옥(구슬옥 변) |
| 瓜 | 오이 과 |
| 瓦 | 기와 와 |
| 甘 | 달 감 |
| 生 | 날 생 |
| 用 | 쓸 용 |
| 田 | 밭 전 |
| 疋 | 짝 필 |
| 疒 | 병들어 기댈 녁(병질) |
| 癶 | 등질 발 |
| 白 | 흰 백 |
| 皮 | 가죽 피 |
| 皿 | 그릇 명 |
| 目 | 눈 목 |
| 矛 | 창 모 |
| 矢 | 화살 시 |
| 石 | 돌 석 |
| 示(礻) | 보일 시 |

| | |
|---|---|
| 内 | 짐승 발자국 유 |
| 禾 | 벼 화 |
| 穴 | 구멍 혈 |
| 立 | 설 립 |

**6 획**

| | |
|---|---|
| 竹 | 대 죽 |
| 米 | 쌀 미 |
| 糸 | 실 사 |
| 缶(缶) | 장군 부 |
| 网(罒/四/罓) | 그물 망 |
| 羊(𦍌) | 양 양 |
| 羽 | 깃 우 |
| 老(耂) | 늙을 로 |
| 而 | 말이을 이 |
| 耒 | 쟁기 뢰 |
| 耳 | 귀 이 |
| 聿 | 붓 율 |
| 肉(月) | 고기 육 |
| 臣 | 신하 신 |
| 自 | 스스로 자 |
| 至 | 이를 지 |
| 臼 | 절구 구 |
| 舌 | 혀 설 |
| 舛 | 어그러질 천 |
| 舟 | 배 주 |
| 艮 | 어긋날 간 |
| 色 | 빛 색 |
| 艸(艹) | 풀 초(초두) |
| 虍 | 호피 무늬 호 |
| 虫 | 벌레 충 |
| 血 | 피 혈 |
| 行 | 갈 행 |
| 衣(衤) | 옷 의(옷의변) |
| 襾(西) | 덮을 아 |

**7 획**

| | |
|---|---|
| 見 | 볼 견 |
| 角 | 뿔 각 |
| 言 | 말씀 언 |
| 谷 | 골 곡 |
| 豆 | 콩 두 |

| | |
|---|---|
| 豕 | 돼지 시 |
| 豸 | 발 없는 벌레 치 |
| 貝 | 조개 패 |
| 赤 | 붉을 적 |
| 走 | 달릴 주 |
| 足(𧾷) | 발 족 |
| 身 | 몸 신 |
| 車 | 수레 거 |
| 辛 | 매울 신 |
| 辰 | 별 진 |
| 辵(辶) | 쉬엄쉬엄 갈 착(책받침) |
| 邑(阝) | 고을 읍(우부방) |
| 酉 | 닭 유 |
| 釆 | 분별할 변 |
| 里 | 마을 리 |

**8 획**

| | |
|---|---|
| 金 | 쇠 금 |
| 長(镸) | 길 장 |
| 門 | 문 문 |
| 阜(阝) | 언덕 부(좌부방) |
| 隶 | 미칠 이 |
| 隹 | 새 추 |
| 雨 | 비 우 |
| 青 | 푸를 청 |
| 非 | 아닐 비 |

**9 획**

| | |
|---|---|
| 面 | 낯 면 |
| 革 | 가죽 혁 |
| 韋 | 가죽 위 |
| 韭 | 부추 구 |
| 音 | 소리 음 |
| 頁 | 머리 혈 |
| 風 | 바람 풍 |
| 飛 | 날 비 |
| 食(𩙿) | 밥 식 |
| 首 | 머리 수 |
| 香 | 향기 향 |

**10 획**

| | |
|---|---|
| 馬 | 말 마 |
| 骨 | 뼈 골 |

| | |
|---|---|
| 高 | 높을 고 |
| 髟 | 머리털 드리워질 표 |
| 鬥 | 싸울 투 |
| 鬯 | 울창주 창 |
| 鬲 | 막을 격(솥 력) |
| 鬼 | 귀신 귀 |

**11 획**

| | |
|---|---|
| 魚 | 물고기 어 |
| 鳥 | 새 조 |
| 鹵 | 소금 로 |
| 鹿 | 사슴 록 |
| 麥 | 보리 맥 |
| 麻 | 삼 마 |

**12 획**

| | |
|---|---|
| 黃 | 누를 황 |
| 黍 | 기장 서 |
| 黑 | 검을 흑 |
| 黹 | 바느질할 치 |

**13 획**

| | |
|---|---|
| 黽 | 힘쓸 민 |
| 鼎 | 솥 정 |
| 鼓 | 북 고 |
| 鼠 | 쥐 서 |

**14 획**

| | |
|---|---|
| 鼻 | 코 비 |
| 齊 | 가지런할 제 |

**15 획**

| | |
|---|---|
| 齒 | 이 치 |

**16 획**

| | |
|---|---|
| 龍 | 용 룡 |
| 龜 | 거북 귀 |

**17 획**

| | |
|---|---|
| 龠 | 피리 약 |

教育用漢字

# 교육용 한자
## 쓰기교본

중등용

도서출판

초판 1쇄 인쇄 ┃ 2021년 1월 15일
초판 1쇄 발행 ┃ 2021년 1월 15일

편   저 ┃ 김형곤
펴낸이 ┃ 도서출판 풀잎
펴낸곳 ┃ 도서출판 풀잎
등   록 ┃ 제2-4858호
주   소 ┃ 서울시 중구 필동로 8길 61-16
전   화 ┃ 02-2274-5445/6
팩   스 ┃ 02-2268-3773

ISBN  979-11-85186-89-4  13710
정가  12,000원

• 이 도서의 국립중앙도서관 출판예정도서목록(CIP)은 서지정보유통지원시스템 홈페이지(http://seoji.nl.go.kr)와
  국가자료공동목록시스템(http://www.nl.go.kr/kolisnet)에서 이용하실 수 있습니다.
  (CIP제어번호 : CIP2020054590)

韓中日英

모든 취업준비와 대입논술 동시에 해결!
초·중학생에서부터 일반인까지 꼭 필요한
부록으로 간자체와 정자체 비교표 완벽 표기

중등용
900字

# 교육용 한자
# 쓰기 교본

| 可 | 武 | 間 | 德 | 堅 | 烈 | 綠 | 明 |

한 권으로 중등 교육용 한자를 모두 해결!
교육용 한자 900자(8~2급) 수준의 한자 수록

정자(正字)와 간화자(簡化字)·약자(略字)까지 통합 학습
쉽게 따라 쓰는 현대인의 필수 학습 한자

❖ 완벽한 필순
❖ 해당 글자에 대한 고사성어 수록
❖ 글자마다 단어 채록
❖ 韓·英·日·中 4개 국어 동시 학습
❖ 글자마다 급수 표시

金炯坤 | 編著

도서출판

이룸

# 책 머리에

한자(漢字)는 우리 한글과는 다르게 범위가 너무 넓고 배우기가 매우 어려워서 어디서부터 배우기 시작해야 할지, 또 어떻게 해야 이 많은 글자들을 우리가 잘 활용할 수 있을까 하고 생각하다 보면 참으로 막연한 게 사실입니다. 그렇다고 우리 일상 용어 중에는 한자 용어가 상당수 포함되어 있는데, 그냥 안 배우고 넘어가자니 남의 말을 듣는데도 많은 어려움이 따릅니다. 어떤 한문학과 교수는 "한문을 배우는 것은 우리말을 더 잘 이해하기 위한 것"이라고까지 합니다.

옛날부터 우리나라에서는 어린 학동들을 교육시키기 위한 수단으로 처음 한자(漢字)를 배우기 시작할 때 천자문(千字文)이나 사자소학(四字小學), 동몽선습(童蒙先習)등 중에서 선택하여 배우기 시작했는데, 이러한 책들은 중국에서 저술한 것들이다 보니 우리나라 실정에는 맞지 않는 부분이 상당히 많습니다.

예를 들어 천자문의 경우 우리나라에서는 전혀 쓰지 않는 글자들이 상당수 들어 있는가 하면, 꼭 필요한 글자(교육용 기초한자 1800자 중)들이 상당수 빠졌다는 것은 실로 안타까운 일입니다.

이러한 애로사항을 없애기 위한 수단으로 1972년 문교부가 제정한 1800자에 2000년과 2007년 교육인적자원부가 약간의 수정을 거쳐 공표한 '한문 교육용 기초한자 1800자', 중학교용 900자와 고등학교용 900자로 나눠 『교육부 선정 교육용 기초한자』가 나오기는 했지만 모든 것이 해결된 것은 아닙니다.

　　이 책에서는 한자능력시험이나 급수시험 등을 대비하여 글자마다 급수를 표시해 두었으며, 필순(筆順)을 정확하게 익히기 위해 아무리 많은 획(讚=26획)을 가진 글자라 할지라도 10획 미만만 표시한 책들과는 다르게 25획 전부를 표시하였고, 해당 글자에 대한 단어나 숙어 고사성어를 지면이 허용하는 한 많이 넣어 해당 글자가 어떤 때 쓰이는가를 알도록 하여 이 책을 읽는 독자들의 편의를 도모코자 하였습니다.

　　지금은 글로벌 시대라서 이웃 한문권 나라들과 교류가 활발하기 때문에 중국 간화자(簡化字)를 배우려는 성인들이 많이 늘어나고 있어서, 이 책에서는 간화자(簡化字 · 簡體字)와 함께 일본에서 사용하는 약자(略字)도 함께 배울 수 있도록 엮었으니 공부에 많은 도움 되기를 바랍니다.

　　우리나라도 한글 전용론을 앞세워 교과서에서 한자(漢字)를 배제할 것이 아니라, 지금 활발하게 움직이고 있는 초등학교용 기초한자도 빨리 만들어서 초등학교 때부터 교과서에 한자를 넣어 어릴 때부터 이웃나라들이 쓰고 있는 한자들을 조금씩이나마 익혀나가도록 할 날이 오기를 기대해 봅니다.

筆者 나이 80 되는 2021년 筆者 씀

# 목차 目次

## 부록

필순

擧 擧 擧 擧 擧 擧 擧 擧 擧 擧 擧 擧 與 與 與 擧 擧 擧

| 擧 | 擧 | 擧 | 擧 | 擧 | ←따라 쓰기 | | | | |
|---|---|---|---|---|---|---|---|---|---|

擧論(거론) 科擧(과거) 大擧(대거) 選擧(선거) 薦擧(천거) 快擧(쾌거)

輕擧妄動(경거망동) : 가볍고 망령(妄靈)되게 행동(行動)한다는 뜻으로, 도리(道理)나 사정(事情)을 생각하지 아니하고 경솔(輕率)하게 행동(行動)함.

擧

들 거

手部(손수)13획총17획

영lift 중jǔ 일キョ(あげる) 【난이도】중학용, 읽기 5급, 쓰기 4급

해당部
部 음훈
총획수
영문표기
일본어음
일본어훈
部수를 제외한 획수
중국어발음

---

## 성모(声母)

| 쌍순음 : | b버 | P퍼 | m머 | |
|---|---|---|---|---|
| 순치음 : | f프어 | | | |
| 설첨음 : | d더 | t터 | n너 | l러 |
| 설근음 : | g거 | k커 | h허 | |
| 설면음 : | j지 | q치 | x시 | |
| 권설음 : | zh즈 | ch츠 | sh스 | r르 |
| 설치음 : | z쯔 | c츠 | s쓰 | |

## 운모(韻母)

단운모 : a아  o오  e어  i이  u우  ü위

복운모 : ai아이  ei에이  ao아오  ou오우

부성운모 : an안  en언  ang앙  eng엉  ong옹

권설운모 : er얼

## i u ü와 결합된 운모

**i와 결합된 운모 :**
ia야  ie예  iao야오  iou요우  ian앤  in인
iang양  ing잉  iong용
※ i가 단독으로 음절을 이룰 때는 [y]로 표기

**u와 결합된 운모 :**
ua와  uo워  uai와이  uei웨이  uan완  uen원
uang왕  ueng웡
※ u가 단독으로 음절을 이룰 때는 [w]로 표기

**ü와 결합된 운모 :**
üe위예  üan위앤  ün윈
※ ü가 단독으로 음절을 이룰 때는 [yu]로 표기

## 성조(聲調)

ˉ제1성 : 높고 편안하게 발음
ˊ제2성 : 낮은 음으로부터 단번에 올려 짧게 발음.
ˇ제3성 : 내렸다가 살짝 올려 발음.
ˋ제4성 : 높은데서 뚝 떨어지게 짧게 발음.

**한자병음법**

엄마    성조
妈    ↑
n + a — mā
↓   ↓    마
성모 운모

## 일본어 발음

| 모 음(母音) | | | | | |
|---|---|---|---|---|---|
| あ a | い i | う u | え e | お o | を wo |
| や ya | い i | ゆ yu | え e | よ yo | わ wa |

| 자 음(子音) | | | | |
|---|---|---|---|---|
| か ka | き ki | く ku | け ke | こ ko |
| さ sa | し shi | す su | せ se | そ so |
| た ta | ち chi | つ tsu | て te | と to |
| な na | に ni | ぬ nu | ね ne | の no |
| は ha | ひ hi | ふ hu | へ he | ほ ho |
| ま ma | み mi | む mu | め me | も mo |
| ら ra | り ri | る ru | れ re | ろ ro |
| わ wa | い i | う u | え e | お o |

| 탁 음(濁音) | | | | |
|---|---|---|---|---|
| が ga | ぎ gi | ぐ gu | げ ge | ご go |
| ざ za | じ zi | ず zu | ぜ ze | ぞ zo |
| だ da | ぢ di | づ du | で de | ど do |
| ば ba | び bi | ぶ bu | べ be | ぼ bo |
| ぱ pa | ぴ pi | ぷ pu | ぺ pe | ぽ po |

| 요 음(拗音 : や ゆ よ) | | |
|---|---|---|
| きゃ kya | きゅ kyu | きょ kyo |
| しゃ sya | しゅ syu | しょ syo |
| ちゃ cha | ちゅ chu | ちょ cho |
| にゃ nya | にゅ nyu | にょ nyo |
| ひゃ hya | ひゅ hyu | ひょ hyo |
| みゃ mya | みゅ myu | みょ myo |
| りゃ rya | りゅ ryu | りょ ryo |
| りゃ rya | りゅ ryu | りょ ryo |
| ぎゃ gya | ぎゅ gyu | ぎょ gyo |
| じゃ ja | じゅ ju | ぢょ jo |
| びゃ bya | びゅ byu | びょ byo |
| ぴゃ pya | ぴゅ pyu | ぴょ pyo |

## 한자(漢字) 쓰기의 원칙

◆ 글자의 맨위쪽 획부터 먼저 쓴다.
高: ` 一 亡 古 古 高 高 高 高

◆ 왼쪽 획부터 먼저 쓴다.
順: ) 川 川 川 川 川 順 順 順 順 順
口: ) 冂 口　　　甲: ) 冂 日 日 甲

◆ 가로 세로 교차되는 글자는 가로획 먼저 쓴다.
士: 一 十 士　　　井: 一 二 キ 井
左: 一 ナ ナ ナ 左　　右: 一 ナ オ 右 右

◆ 삐침( )과 파임( )은 삐침 획을 먼저 쓴다.
人: ) 人　　入: ) 入

◆ 좌우 대칭 글자는 중앙부터 먼저 쓴다.
永: ` ) ) ) ) 永 永　　小: ) 小 小

◆ 둘러싸인 글자는 외곽부터 쓴다.
周: ) 刀 月 月 用 用 周 周
用: ) 刀 月 月 用

◆ 글자 중앙을 관통하는 획은 나중에 쓴다.
串: ) 冂 口 口 吕 吕 串　　中: ) 冂 口 中
申: ) 冂 口 日 申

◆ 글자를 가로지르는 획은 맨나중에 쓴다.
母: 乚 ⺟ ⺟ 母 母　　冊: ) 门 门 皿 冊
女: く 女 女

◆ 오른쪽 상단에 찍는 점은 맨나중에 쓴다.
伐: ) ) 仁 代 伐 伐　　伏: ) ) 仁 什 伏 伏
犬: 一 ナ 大 犬

◆ 책받침( 辶 )은 나중에 쓴다.
道: ` ` ` 丷 丷 芒 芦 首 首 首 渞 渞 道
廷: 一 二 千 壬 任 廷 廷

◆ 받침이 있는 글자는 나중에 쓴다.
題: ) 冂 日 日 旦 旱 旱 昌 是 是 是 題 題 題 題 題
超: 一 十 土 キ キ 丰 走 起 起 起 超 超

## 영자(永字) 팔법(八法)

영자(永字) 팔법(八法)이란 모든 한자(漢字)
쓰는 데 공통되는 운필법(運筆法)을 말한다.

① 側(측) : 윗점(上點)
② 勒(늑) : 가로획(平橫)
③ 弩(노) : 가운데 내리획(中直)
④ 趯(적) : 갈고리( 下句)
⑤ 策(책) : 짧은 가로획(左挑)
⑥ 掠(약) : 오른쪽에서 삐침(右拂)
⑦ 啄(탁) : 짧게 왼쪽에서 삐침(左丿)
⑧ 磔(책) : 파임(右捺)

## 교육용
## 한자

# 教育用漢字
## 中等用

## 可

옳을 가

口部(입구) 2획 총 5획

可可可可可

可決(가결) 可及的(가급적) 可能(가능) 可當(가당) 可動(가동) 可望(가망)

燈火可親(등화가친) : 등불을 가까이 할 수 있다는 뜻으로, 가을 밤은 시원하고 상쾌(爽快)하므로 등불을 가까이 하여 글 읽기에 좋음을 이르는 말.

영right 중kě 일カ(よい) 【난이도】중학용, 읽기 5급, 쓰기 4급

## 加

더할 가

力部(힘력) 3획 총 5획

加加加加加

加熱(가열) 加擔(가담) 加減(가감) 增加(증가) 追加(추가) 參加(참가) 加入(가입)

走馬加鞭(주마가편) : 달리는 말에 채찍질한다는 뜻으로, 열심히 하는 사람을 더욱 잘하도록 격려함을 이르는 말.

영add 중(jiā) 일カ(くわえる) 【난이도】중학용, 읽기 5급, 쓰기 4급

## 佳

아름다울 가

亻部(사람인변) 6획 총 8획

佳佳佳佳佳佳佳佳

佳句(가구) 佳客(가객) 佳氣(가기) 佳人(가인) 佳日(가일) 佳兆(가조) 佳約(가약)

漸入佳境(점입가경) : 가면 갈수록 경치(景致)가 더해진다는 뜻으로, 일이 점점 더 재미있는 지경(地境)으로 돌아가는 것을 비유(比喩·譬喩)하는 말로 쓰임.

영beautiful 중jiā 일カ(よい) 【난이도】중학용, 읽기 3급II, 쓰기 2급

## 家

집 가

宀部(갓머리) 7획 총 10획

家家家家家家家家家家

家口(가구) 家庭(가정) 家族(가족) 國家(국가) 專門家(전문가) 作家(작가)

家書萬金(가서만금) : 타국이나 타향에 살 때는 고향 가족의 편지가 더없이 반갑고, 그 소식의 값이 황금 만 냥보다 더 소중하다는 말. 가서저만금(家書抵萬金)의 준말.

영house 중jiā 일カ・ケ(いえ・や) 【난이도】중학용, 읽기 3급II, 쓰기 2급

## 假

거짓 가

亻部(사람인변) 9획 총 11획

假假假假假假假假假假

假量(가량) 假名(가명) 假說(가설) 假飾(가식) 假定(가정) 假稱(가칭) 假名(가명)

狐假虎威(호가호위) : 여우가 호랑이의 위세(威勢)를 빌려 호기(豪氣)를 부린다는 뜻으로, 남의 세력(勢力)을 빌어 위세(威勢)를 부림.

영false 중jiǎ 일仮[カ・ケ](かり) 【난이도】중학용, 읽기 4급II, 쓰기 3급II

12

## 街

거리 가

行部(다닐행)6획총12획

街ノ彳彳彳往往往往街街 街

街 街 街 街 街

街路燈(가로등) 市街地(시가지) 街路樹(가로수) 中心街(중심가) 住宅街(주택가)

街談巷說(가담항설) : 거리나 사람들 사이에서 떠도는 소문.

유의어 : 街談巷語(가담항어), 街說巷談(가설항담), 뜬소문(-所聞).

영street 중jiē 일カイ(まち) 【난이도】읽기 4급Ⅱ, 쓰기 3급Ⅱ

## 歌

노래 가

欠部(하품흠)10획 총14획

歌歌歌歌歌歌歌哥哥哥哥歌歌歌

歌 歌 歌 歌 歌

歌手(가수) 歌謠(가요) 凱歌(개가) 校歌(교가) 國歌(국가) 軍歌(군가) 歌詞(가사)

四面楚歌(사면초가) : 사방(四方)에서 들리는 초(楚)나라의 노래라는 뜻으로, 적에게 둘러싸인 상태나 누구의 도움도 받을 수 없는 고립 상태에 빠짐을 이르는 말.

영song 중gē 일カ(うた·うたう) 【난이도】읽기 4급Ⅱ, 쓰기 3급Ⅱ

## 價

값 가

亻部(사람인변)13획총15획

價價價價價價價價價價價價價價價

價 價 價 價 價

株價(주가) 油價(유가) 物價(물가) 代價(대가) 高價(고가) 評價(평가) 價値(가치)

同價紅裳(동가홍상) : 같은 값이면 다홍치마라는 뜻으로, 값이 같거나 똑같은 노력을 들인다면 더 좋은 것을 가짐을 비유적으로 이르는 말.

영value 중价[jià] 일価[カ](あたい) 【난이도】읽기 5급Ⅱ, 쓰기 4급Ⅱ

## 各

각각 각

口部(입구)3획 총6획

各夂夂各各各

各 各 各 各 各

各其(각기) 各國(각국) 各層(각층) 各種(각종) 各各(각각) 各界(각계) 各級(각급)

各自圖生(각자도생) : 제각기 살아 나갈 방도를 꾀함.

各樣各色(각양각색) : 서로 다른 각각의 여러 모양과 빛깔.

영each 중gè 일カク(おのおの) 【난이도】읽기 6급Ⅱ, 쓰기 5급Ⅱ

## 角

뿔 각

角部(뿔각)0획 총7획

角角角角角角角

角 角 角 角 角

正四角形(정사각형) 多角的(다각적) 多角形(다각형) 角木(각목) 四角形(사각형)

角逐場(각축장) : 서로 이기려고 다투거나 경쟁을 하는 곳.

角字(각자) : 도안이나 무늬로 쓰이는 네모난 글자.

영horn 중jiǎo 일カク(つの) 【난이도】읽기 6급Ⅱ, 쓰기 5급Ⅱ

| 脚 | 月胂 月 月 月 肤 肤 肤 肤 肤 肤 脚 |
| --- | --- |
| | 脚　脚　脚　脚　脚 |
| | 脚註(각주) 脚色(각색) 脚光(각광) 脚線美(각선미) 行脚(행각) 脚絆(각반) |
| 다리 각 | 脚本家(각본가) : 연극이나 영화에서 무대의 모양, 배우의 말이나 동작 따위의 글을 쓰는 것을 직업으로 하는 사람. |
| 月部(육달월)7획 총11획 | 영leg 중jiǎo 일キャク·キャ(あし) 【난이도】읽기 3급Ⅱ, 쓰기 2급 |

| 干 | 干 干 干 |
| --- | --- |
| | 干　干　干　干　干 |
| | 干證(간증) 干拓地(간척지) 干潟地(간석지) 如干(여간) 干拓事業(간척사업) |
| 방패 간 | 救國干城(구국간성) : 나라를 구하는 방패와 성. 干拓事業(간척사업) : 바다나 호수 주위에 둑을 쌓고 그 안의 물을 빼내어 육지나 경지로 만드는 일. |
| 干部(방패간)0획총3획 | 영shield 중gān 일カン(ほす) 【난이도】읽기 4급, 쓰기 3급 |

| 看 | 看 看 看 看 看 看 看 看 看 |
| --- | --- |
| | 看　看　看　看　看 |
| | 看護師(간호사) 看護(간호) 病看護(병간호) 看護員(간호원) 看病人(간병인) |
| 볼 간 | 看護將校(간호장교) : 위생과 간호 임무에 종사하는 장교. 看護大學(간호대학) : 간호학에 대한 이론과 기술을 가르치고 연구하는 단과대학. |
| 目部(눈목)4획총9획 | 영see 중kàn 일カン(みる) 【난이도】읽기 4급, 쓰기 3급 |

| 間 | 間 間 間 間 間 間 間 間 間 間 間 |
| --- | --- |
| | 間　間　間　間　間 |
| | 人間(인간) 空間(공간) 中間(중간) 民間(민간) 年間(연간) 期間(기간) 間隔(간격) |
| 사이 간 | 何如間(하여간) : 앞 내용을 막론하고 뒤 내용을 말할 때 쓰여 앞뒤 문장을 이어 주는 말. 當分間(당분간) : 앞으로 얼마간의 시간에. |
| 門部(문문)4획총12획 | 영gap 중间[jiàn] 일カン(あいだま) 【난이도】 읽기 7급Ⅱ, 쓰기 6급 |

| 渴 | 渴 渴 渴 渴 渴 渴 渴 渴 渴 渴 渴 |
| --- | --- |
| | 渴　渴　渴　渴　渴 |
| | 枯渴(고갈) 渴急症(갈급증) 渴水期(갈수기) 渴愛(갈애) 渴熱(갈열) 燥渴症(조갈증) |
| 목마를 갈 | 渴不飮盜泉水(갈불음도천수) : 목이 말라도 도천의 물을 마시지는 않음. 아무리 어려운 상황에 처하여도 잘못된 길을 가서는 안 된다는 뜻. |
| 氵部(삼수변)9획총12획 | 영thirsty 중kě 일カツ(かわく) 【난이도】 읽기 3급, 쓰기 2급 |

# 甘

甘 十 廿 甘 甘

| 甘 | 甘 | 甘 | 甘 | 甘 | | | | | |

달 감

甘部(달 감)0획 총 5획

甘酒(감주) 甘味料(감미료) 甘味(감미) 甘言利說(감언이설) 甘菊(감국)

甘呑苦吐(감탄고토) : 달면 삼키고 쓰면 뱉는다는 뜻으로, 사리(事理)에 옳고 그름을 돌보지 않고, 자기(自己) 비위에 맞으면 취(取)하고 싫으면 버린다는 뜻.

영sweet 중gān 일カン(あまい) 【난이도】중학용, 읽기 4급, 쓰기 3급

# 敢

敢 敢 敢 敢 敢 敢 敢 敢 敢 敢 敢 敢

| 敢 | 敢 | 敢 | 敢 | 敢 | | | | | |

감히 감

攵部(등글월문) 8획 총 12획

敢然(감연) 敢戰(감전) 敢鬪(감투) 果敢(과감) 不敢(불감) 勇敢(용감)

敢不生心(감불생심) : ① 힘이 부치어 감(敢)히 마음 먹지 못함. ② 조금도 마음에 두지 아니함. 勇敢無雙(용감무쌍) : 용감(勇敢)하기 짝이 없음.

영venture 중gǎn 일カン(あえて) 【난이도】중학용, 읽기 4급, 쓰기 3급

# 減

減 減 減 減 減 減 減 減 減 減 減 減

| 減 | 減 | 減 | 減 | 減 | | | | | |

덜 감

氵部(삼수변)9획 총 12획

削減(삭감) 激減(격감) 增減(증감) 加減(가감) 急減(급감) 低減(저감) 半減(반감)

不增不減(부증불감) : ① 늘지도 줄지도 않음. ② 모든 사물은 공이므로 늘어나는 일도 줄어드는 일도 없음. ③ 중생의 세계도 부처의 세계도 모두 무한하며, 성불하는 것이 있더라도 모두 늘지도 줄지도 않음.

영subtract 중減[jiǎn] 일フツ(はらう) 【난이도】중학용, 읽기 4급Ⅱ, 쓰기 3급Ⅱ

# 感

感 感 感 感 感 感 感 感 感 感 感 感

| 感 | 感 | 感 | 感 | 感 | | | | | |

느낄 감

心部(마음심)9획총 13획

感氣(감기) 感動(감동) 感謝(감사) 感染(감염) 感情(감정) 敏感(민감)

隔世之感(격세지감) : 아주 바뀐 다른 세상(世上)이 된 것 같은 느낌 또는 딴 세대(世代)와 같이 많은 변화(變化)가 있었음을 비유(比喩·譬喩)하는 말.

영feel 중gǎn 일カン(かんずる) 【난이도】중학용, 읽기 6급, 쓰기 5급

# 甲

甲 口 日 日 甲

| 甲 | 甲 | 甲 | 甲 | 甲 | | | | | |

갑옷 갑

田部(밭전)0획 총 5획

甲契(갑계) 甲子(갑자) 堅甲(견갑) 遁甲(둔갑) 鐵甲(철갑) 祝回甲(축회갑)

甲男乙女(갑남을녀) : 甲(갑)이라는 남자와 乙(을)이라는 여자라는 뜻으로, 신분이나 이름이 알려지지 아니한 그저 평범한 사람들을 이르는 말, 보통 평범한 사람들.

영armor 중jiǎ 일コウ(よろい) 【난이도】중학용, 읽기 4급, 쓰기 3급

## 江

큰 내 강

氵部(삼수변)3획 총6획

江江江江江江

| 江 | 江 | 江 | 江 | 江 | | | |

江邊(강변) 江韻(강운) 渡江(도강) 江邊道路(강변도로) 江湖(강호) 江商(강상)

江華島條約(강화도 조약) : 조선 시대, 1876년에 운양호 사건을 계기로 조선과 일본 사이에 체결된 수호 조약.

영river 중jiāng 일コウ(え) 【난이도】 읽기 7급Ⅱ, 쓰기 6급

## 降

내릴 강

阝(阜)部(좌부방)6획 총9획

降降降降降降降降降

| 降 | 降 | 降 | 降 | 降 | | | |

乘降場(승강장) 降臨(강림) 降下(강하) 霜降(상강) 降伏(항복) 降等(강등)

降臨節(강림절) : 그리스도의 탄생을 기념하기 위한 준비 기간으로, 크리스마스 전 4주간을 이르는 말. 誕降(탄강) : 임금이나 성인이 탄생함.

영fall, yield 중jiāng 일コウ(おりる) 【난이도】 읽기 4급, 쓰기 3급

## 强

굳셀 강

弓部(활궁)9획 총12획

强强强强强强强强强强强强

| 强 | 强 | 强 | 强 | 强 | | | |

强勢(강세) 强調(강조) 强壓的(강압적) 强要(강요) 强點(강점) 强盜(강도)

弱肉强食(약육강식) : 약한 자는 강한 자에게 지배됨을 비유적으로 이르는 말.
强國(강국) : 정치나 경제, 군사 방면에서 국력이 뛰어나 국제 사회에서 우위를 차지한 나라.

영strong 중qiáng 일キョウ(しいる) 【난이도】 읽기 특급Ⅱ

## 講

강론할 강

言部(말씀언)10획총17획

講講講講講講講講講講講講講講

| 講 | 講 | 講 | 講 | 講 | | | |

特講(특강) 受講(수강) 休講(휴강) 新講(신강) 出講(출강) 缺講(결강) 講座(강좌)

再受講(재수강) : 주로 대학에서, 수강한 과목의 학점을 얻지 못하거나 학점이 좋지 않을 때에 그 강의를 다시 받음. 講堂(강당) : 강연이나 강의, 의식 등의 여러 행사를 치르는 건물이나 방.

영expound 중讲[jiāng] 일コウ(ならう) 【난이도】 중학용, 읽기 4급Ⅱ, 쓰기 3급Ⅱ

## 改

고칠 개

攴部(등글월문) 3획 총7획

改改改改改改改

| 改 | 改 | 改 | 改 | 改 | | | |

改閣(개각) 改名(개명) 改善(개선) 改修(개수) 改正(개정) 改造(개조) 改憲(개헌)

朝令暮改(조령모개) : 아침에 명령(命令)을 내리고 저녁에 다시 바꾼다는 뜻으로, 법령(法令)의 개정(改定)이 너무 빈번(頻繁)하여 믿을 수가 없음을 이르는 말.

영improve 중gǎi 일カイ(あらたまる·あらためる)【난이도】 중학용, 읽기 5급, 쓰기 4급

## 皆

**다 개**

皆皆皆皆皆皆皆皆皆

皆勤(개근) 皆勤賞(개근상) 皆伐(개벌) 擧皆(거개) 皆清(개청) 皆兵(개병) 皆納(개납)

草木皆兵(초목개병) : 온 산의 풀과 나무까지도 모두 적병으로 보인다는 뜻으로, 적의 힘을 두려워한 나머지 하찮은 것에도 겁냄을 이르는 말.

白部(흰백)4획 총9획　　영all　중jiē　일カイ(みな)　【난이도】중학용, 읽기 3급, 쓰기 2급

---

## 個

**낱 개**

個個個個個個個個個個

一個(일개) 個人意識(개인의식) 各個(각개) 個人性(개인성) 個人行動(개인행동)

個人情報(개인정보) : 이름, 주민 등록 번호, 직업, 주소, 전화번호 따위의, 개인에 대한 자료를 통틀어 이르는 말.

亻部(사람인변)8획 총10획　　영piece　중个[gè]　일カ·コ(ひとつ)　【난이도】읽기 4급Ⅱ, 쓰기 3급Ⅱ

---

## 開

**열 개**

開開開開開開開開開開開開

公開(공개) 展開(전개) 再開(재개) 非公開(비공개) 未公開(미공개) 未開(미개)

開放大學(개방대학) : 일정한 학교 교육을 마쳤거나 중단한 근로 청소년, 직장인, 시민 들을 대상으로 하는 대학.

門部(문문)4획총12획　　영open　중开[kāi]　일カイ(あく·あける·ひらく)　【난이도】중학용, 읽기 6급, 쓰기 5급

---

## 客

**손 객**

客客客客客客客客客

客觀的(객관적) 觀光客(관광객) 客室(객실) 客席(객석) 客觀性(객관성) 顧客(고객)

主酒客飯(주주객반) : 주인은 손님에게 술을 권하고, 손님은 주인에게 밥을 권하며 다 정하게 식사를 함. 客地(객지) : 자기집을 떠나 임시로 머물러 있는 땅.

宀部(갓머리)6획 총9획　　영guest　중kè　일キャク·カク(まろうど)　【난이도】중학용, 읽기 5급Ⅱ, 쓰기 4급Ⅱ

---

## 更

**다시 갱**

更更更更更更更

更改(개개) 更考(갱고) 更生(갱생) 更新(갱신) 更迭(경질) 變更(변경) 更新(경신)

自力更生(자력갱생) : 남의 힘에 의지(依支)하지 않고 자기(自己)의 힘으로 어려움을 타파(打破)하여 더 나은 환경(環境)을 만드는 일.

曰部(가로왈)3획총7획　　영again　중gèng　일コウ(さら)　【난이도】중학용, 읽기 4급, 쓰기 3급

巨巨巨巨巨

| 巨 | 巨 | 巨 | 巨 | 巨 | | | | | |

巨家(거가) 巨大(거대) 巨木(거목) 巨物(거물) 巨視(거시) 巨額(거액) 巨富(거부)

名門巨族(명문거족) : 이름난 집안과 크게 번창(繁昌)한 겨레.
巨家大族(거가대족) : 대대(代代)로 번영(繁榮)한 문벌(門閥)이 있는 집안.

**巨** 클 거

工部(장인공)2획 총5획

영great 중jù 일キョ(おおきい) 【난이도】 중학용, 읽기 4급, 쓰기 3급

---

去去去去去

| 去 | 去 | 去 | 去 | 去 | | | | | |

去來(거래) 去就(거취) 過去事(과거사) 逝去(서거) 收去(수거) 撤去(철거)

去頭截尾(거두절미) : 머리와 꼬리를 잘라버린다는 뜻으로, ① 앞뒤의 잔사설을 빼놓고 요점(要點)만을 말함. ② 앞뒤를 생략(省略)하고 본론(本論)으로 들어감.

**去** 갈 거

厶部(마늘모)3획총5획

영leave 중qù 일キョ·コ(さる) 【난이도】 중학용, 읽기 5급, 쓰기 4급

---

車車車車車車車

| 車 | 車 | 車 | 車 | 車 | | | | | |

車馬(거마) 車輛(차량) 牽引車(견인차) 汽車(기차) 列車(열차) 拍車(박차)

前車覆轍(전거복철) : 앞 수레가 엎어진 바퀴 자국이란 뜻으로, ① 앞사람의 실패. 실패의 전례(前例). ② 앞사람의 실패를 거울삼아 주의하라는 교훈(敎訓).

**車** 수레 거

車部(수레거)0획 총7획

영cart 중chē 일シャ(くるま) 【난이도】 중학용, 읽기 7급II, 쓰기 6급

---

居居居居居居居居

| 居 | 居 | 居 | 居 | 居 | | | | | |

居家(거가) 居住(거주) 隱居(은거) 住居(주거) 蟄居(칩거) 居室(거실) 居處(거처)

居安思危(거안사위) : 평안(平安)할 때에도 위험(危險)과 곤란(困難)이 닥칠 것을 생각하며 잊지말고 미리 대비(對備)해야 함.

**居** 살 거

尸部(주검시엄)5획 총8획

영live 중jū 일キョ(いる·おる) 【난이도】 중학용, 읽기 4급, 쓰기 3급

---

舉舉舉舉舉舉舉舉舉舉舉與與與舉舉舉

| 舉 | 舉 | 舉 | 舉 | 舉 | 다른 사전에는 「擧」를 18획으로 계산하고 있으나, 필자는 「擧」를 17획으로 보고 있음. 이의 있으신 독자는 언제든 연락 바람. 010-2315-4739 | | | | |

舉論(거론) 科擧(과거) 大擧(대거) 選擧(선거) 薦擧(천거) 快擧(쾌거) 擧國(거국)

輕擧妄動(경거망동) : 가볍고 망령(妄靈)되게 행동(行動)한다는 뜻으로, 도리(道理)나 사정(事情)을 생각하지 아니하고 경솔(輕率)하게 행동(行動)함.

**擧** 들 거

手部(손수)13획총17획

영lift 중jǔ 일キョ(あげる) 【난이도】 중학용, 읽기 5급, 쓰기 4급

세울 건

辶部(민책받침)6획 총9획

建建建建建建建建建

建建建建建

建國(건국) 建立(건립) 建物(건물) 建設(건설) 建議(건의) 建築(건축) 建造(건조)

德建名立(덕건명립) : 항상(恒常) 덕(德)을 가지고 세상일(世上一)을 행(行)하면 자연(自然)스럽게 이름도 서게 됨.

영 build  중 jiàn  일 ケン・コン(たつ・たてる) 【난이도】 중학용, 읽기 5급, 쓰기 4급

---

乾

하늘 건

乙部(새을)1획 총11획

乾乾乾古古草直草乾乾乾

乾乾乾乾乾

乾坤(건곤) 乾燥(건조) 乾綱(건강) 乾電池(건전지) 乾杯(건배) 乾板(건판)

乾坤坎離(건곤감리) : 『주역(周易)』의 기본 괘(卦)임. 우리나라의 국기인 태극기(太極旗)에 표현(表現)되어 하늘과 땅, 물과 불을 상징(象徵)하는 4개의 괘(卦).

영 dry, heaven  중 qián  일 カン(かわかすかわく) 【난이도】 중학용, 읽기 3급II, 쓰기 2급

---

犬

개 견

犬部(개견) 0획 총4획

大犬大犬

犬犬犬犬犬

忠犬(충견) 犬馬(견마) 鷹犬(응견) 犬日(견일) 軍犬(군견) 猛犬(맹견) 愛犬(애견)

犬馬之勞(견마지로) : 「개나 말의 하찮은 힘」이라는 뜻으로, ① 임금이나 나라에 충성을 다하는 노력). ② 윗사람에게 바치는 자기의 노력을 낮추어 말할 때 쓰는 말.

영 dog  중 quǎn  일 ケン(いぬ) 【난이도】 중학용, 읽기 4급, 쓰기 3급

---

볼 견

見部(볼견)0획 총7획

見見見見見見見

見見見見見

見聞(견문) 見解(견해) 發見(발견) 意見(의견) 偏見(편견) 謁見(알현) 見積(견적)

見金如石(견금여석) : 황금 보기를 돌같이 한다는 뜻에서, ① 지나친 욕심을 절제함. ② 대의를 위서 부귀영화(富貴榮華)를 돌보지 않는다는 의미(意味).

영 see, watch  중 jiàn  일 ケン(みる) 【난이도】 중학용, 읽기 5급II, 쓰기 4급II

---

굳을 견

土部(흙토)8획 총11획

堅堅堅堅堅堅堅堅堅堅堅

堅堅堅堅堅

堅甲(견갑) 堅固(견고) 堅果(견과) 堅實(견실) 堅持(견지) 中堅(중견) 堅調(견조)

堅甲利兵(견갑이병) : 견고(堅固)한 갑옷(甲一)과 날카로운 병기(兵器)란 뜻으로, 강(强)한 군대(軍隊)를 이르는 말.

영 hard, firm  중 jiān  일 ケン(かたい) 【난이도】 중학용, 읽기 4급, 쓰기 3급

## 決

**결단할 결**

決決決決決決決

| 決 | 決 | 決 | 決 | 決 | | | | | |
|---|---|---|---|---|---|---|---|---|---|

決定(결정) 解決(해결) 判決(판결) 決裂(결렬) 對決(대결) 決算(결산) 決心(결심)

決死報國(결사보국) : 죽을 각오(覺悟)를 하고 나라의 은혜(恩惠)에 보답함.
死生決斷(사생결단) : 죽고 사는 것을 가리지 않고 끝장을 내려고 덤벼듦.

氵部(삼수변)4획 총7획 　영 never, decide　중 決[jué]　일 ケツ(きまる)【난이도】중학용, 읽기 5급Ⅱ, 쓰기 4급Ⅱ

## 結

**맺을 결**

結結結結結結結結結結結結

| 結 | 結 | 結 | 結 | 結 | | | | | |
|---|---|---|---|---|---|---|---|---|---|

結果(결과) 結婚(결혼) 凍結(동결) 連結(연결) 締結(체결) 妥結(타결) 結論(결론)

結者解之(결자해지) : '일을 맺은 사람이 풀어야 한다'는 뜻으로, 일을 저지른 사람이 그 일을 해결(解決)해야 한다는 말.

糸部(실사)6획 총12획　영 join·tie　중 結[jié]　일 ケツ(むすぶ·ゆわえる)【난이도】중학용, 읽기 5급Ⅱ, 쓰기 4급Ⅱ

## 潔

**깨끗할 결**

潔潔潔潔潔潔潔潔潔潔潔潔潔潔潔

| 潔 | 潔 | 潔 | 潔 | 潔 | | | | | |
|---|---|---|---|---|---|---|---|---|---|

潔白(결백) 簡潔(간결) 高潔(고결) 不潔(불결) 純潔(순결) 清潔(청결) 精潔(정결)

氷清玉潔(빙청옥결) : 얼음 같이 맑고 옥같이 깨끗하다는 뜻으로, '청렴결백(清廉潔白)한 절조(節操)나 덕행(德行)'을 나타내는 말.

氵部(삼수변)12획총15획　영 clean　중 洁[jié]　일 ケツ(いさぎよい)【난이도】중학용, 읽기 4급Ⅱ, 쓰기 3급Ⅱ

## 京

**서울 경**

京京京京京京京京

| 京 | 京 | 京 | 京 | 京 | | | | | |
|---|---|---|---|---|---|---|---|---|---|

京畿(경기) 京釜(경부) 京城(경성) 京平(경평) 京鄕(경향) 南京(남경)

五日京兆(오일경조) : 닷새 동안의 경조윤(京兆尹)이라는 뜻으로, 오래 계속(繼續)되지 못한 관직(官職), 또는 그런 일.

亠部(돼지해머리)6획 총8획　영 capital　중 jīng　일 キョウ·ケイ【난이도】중학용, 읽기 6급, 쓰기 5급

## 庚

**일곱째 천간 경**

庚庚庚庚庚庚庚庚

| 庚 | 庚 | 庚 | 庚 | 庚 | | | | | |
|---|---|---|---|---|---|---|---|---|---|

庚加米(경가미) 庚伏(경복) 庚辰(경진) 三庚(삼경) 長庚星(장경성) 庚時(경시)

庚戌國恥(경술국치) : 국권피탈(國權被奪)을 경술년에 당한 나라의 수치(羞恥)라는 뜻으로 일컫는 말. 庚加米(경가미) : 경신가정미(庚申加定米)의 준말.

广部(엄호)5획 총8획　영 the 7th of the celestial stems　중 gēng　일 コウ(かのえ)【난이도】중학용, 읽기 3급, 쓰기 2급

| 耕 | 耕耕耕耕耕耕耕耕耕耕 |
|---|---|
| | 耕 耕 耕 耕 耕 |
| | 農耕(농경) 耕作(경작) 耕業(경업) 耕夫(경부) 農耕地(농경지) 耕稼(경가) |
| 밭 갈 경 | 耕地整理(경지정리) : 농사를 효율적으로 짓고 수확을 늘리기 위하여, 어지럽게 흩어진 논밭을 반듯하고 널찍하게 고치고, 농삿길, 물길 따위를 쓸모 있게 만드는 일. |
| 耒部(쟁기뢰) 4획 총10획 | 영plough 중gēng 일コウ(たがやす) 【난이도】 중학용, 읽기 3급Ⅱ, 쓰기 2급 |

| 景 | 景景景景景景景景景景景景 |
|---|---|
| | 景 景 景 景 景 |
| | 景觀(경관) 景氣(경기) 景福宮(경복궁) 景致(경치) 佳景(가경) 雪景(설경) |
| 볕 경, 경치 경 | 關東八景(관동팔경) : 강원도 동해안에 있는 여덟 군데의 명승지. 간성 청간정, 강릉 경포대, 고성 삼일포, 삼척 죽서루, 양양 낙산사, 울진 망양정, 통천 총석정, 평해 월송정. |
| 日部(날일)8획 총12획 | 영sunlight 중jīng 일ケイ 【난이도】 중학용, 읽기 5급, 쓰기 4급 |

| 經 | 經經經經經經經經經經經經經 |
|---|---|
| | 經 經 經 經 經 |
| | 經歷(경력) 經費(경비) 經營(경영) 經濟(경제) 經驗(경험) 神經(신경) 經緯(경위) |
| 지날 경 | 牛耳讀經(우이독경) : '쇠귀에 경 읽기'란 뜻으로, 우둔(愚鈍)한 사람은 아무리 가르치고 일러주어도 알아듣지 못함을 비유(比喩·譬喩)하여 이르는 말. |
| 糸部(실사)7획 총13획 | 영warp threads 중经[jīng] 일経[ケイ](へる) 【난이도】 중학용, 읽기 4급Ⅱ, 쓰기 3급Ⅱ |

| 敬 | 敬敬敬敬敬芍芍苟苟敬敬敬敬 |
|---|---|
| | 敬 敬 敬 敬 敬 |
| | 敬禮(경례) 敬老(경로) 敬慕(경모) 敬意(경의) 敬聽(경청) 敬稱(경칭) 敬虔(경건) |
| 공경 경 | 敬而遠之(경이원지) : ① 공경(恭敬)하되 가까이하지는 아니함. ② 겉으로는 공경(恭敬)하는 체하면서 속으로는 꺼리어 멀리함. |
| 攵部(등글월문)9획 총13획 | 영respect 중敬[jìng] 일敬[ケイ](うやまう) 【난이도】 중학용, 읽기 5급Ⅱ, 쓰기 4급Ⅱ |

| 輕 | 輕輕輕輕車車車輕輕輕輕輕輕輕 |
|---|---|
| | 輕 輕 輕 輕 輕 |
| | 輕減(경감) 輕微(경미) 輕薄(경박) 輕視(경시) 輕率(경솔) 輕重(경중) 輕油(경유) |
| 가벼울 경 | 輕擧妄動(경거망동) : 가볍고 망령(妄靈)되게 행동(行動)한다는 뜻으로, 도리(道理)나 사정(事情)을 생각하지 아니하고 경솔(輕率)하게 행동(行動)함. |
| 車部(수레거)7획총14획 | 영light 중轻[qīng] 일輕[ケイ](かるい) 【난이도】 중학용, 읽기 5급, 쓰기 4급 |

| 慶 | 慶慶慶慶慶慶慶慶慶慶慶慶慶慶慶 |
| --- | --- |
| | 慶 慶 慶 慶 慶 |

慶南(경남) 慶北(경북) 慶事(경사) 慶祝(경축) 慶會樓(경회루) 國慶(국경)

建陽多慶(건양다경) : 입춘(立春)을 맞이하여 길운(吉運)을 기원(祈願)하는 글.
弄瓦之慶(농와지경) : 질그릇을 갖고 노는 경사(慶事)란 뜻으로, 딸을 낳은 기쁨.

**경사 경**

心部(마음심)11획 총15획 ｜ 영happy event 중庆[qìng] 일ケイ(よろこび) 【난이도】중학용, 읽기 4급Ⅱ, 쓰기 3급Ⅱ

---

| 競 | 競競競競競競競競競競競競競競競競競競競競 |
| --- | --- |
| | 競 競 競 競 |

競技(경기) 競馬(경마) 競賣(경매) 競爭率(경쟁률) 競爭(경쟁) 競走(경주)

南風不競(남풍불경) : 중국 남쪽의 음악(音樂)(☞南風)은 음조(音調)가 미약(微
弱)하고 활기가 없다는 뜻으로, 대체로 세력이 크게 떨치지 못함을 이르는 말.

**다툴 경**

立部(설립)15획총20획 ｜ 영quarrel 중竞[jìng] 일キョウ(きそう·せる) 【난이도】중학용, 읽기 5급, 쓰기 4급

---

| 驚 | 驚驚驚驚驚苟苟苟苟苟敬敬敬驚驚驚驚驚驚驚驚驚 |
| --- | --- |
| | 驚 驚 驚 驚 驚 |

驚愕(경악) 驚異(경이) 驚蟄(경칩) 驚歎(경탄) 大驚(대경) 勿驚(물경) 驚氣(경기)

驚天動地(경천동지) : 하늘을 놀라게 하고 땅을 움직이게 한다는 뜻으로, 몹시 세상
(世上)을 놀라게 함을 이르는 말.

**놀랄 경**

馬部(말마)13획 총23획 ｜ 영surprise 중惊[jīng] 일キョウ(おどろかす) 【난이도】중학용, 읽기 4급, 쓰기 3급

---

| 季 | 季季季季季季季季季 |
| --- | --- |
| | 季 季 季 季 季 |

季節(계절) 季刊(계간) 昆季(곤계) 季節的(계절적) 季秋(계추) 季氏(계씨)

季布一諾(계포일낙) :「계포가 한 번 한 약속」이라는 뜻으로, 초(楚)나라의 계포는 한 번 승낙한
일이면 꼭 실행하는 약속을 잘 지키는 사람이었음에서 비롯하여, 틀림없이 승낙(承諾)함을 이르는 말.

**끝 계**

子部(아들자)5획 총8획 ｜ 영season 중jì 일キ(すえ) 【난이도】중학용, 읽기 4급, 쓰기 3급

---

| 計 | 計計計計計計計計計 |
| --- | --- |
| | 計 計 計 計 計 |

計劃(계획) 計算(계산) 統計廳(통계청) 統計(통계) 粉飾會計(분식회계) 計座(계좌)

姑息之計(고식지계) : ① 근본 해결책(解決策)이 아닌 임시로 편한 것을 취(取)
하는 계책(計策) ② 당장의 편안(便安)함만을 꾀하는 일시적인 방편(方便).

**헤아릴 계**

言部(말씀언)2획 총9획 ｜ 영count 중计[jì] 일ケイ(はからう·はかる) 【난이도】중학용, 읽기 6급Ⅱ, 쓰기 5급Ⅱ

癸癸癸癸癸癸癸癸癸

| 癸 | 癸 | 癸 | 癸 | 癸 | | | | |

**북방 계, 천간 계**

癸未(계미) 癸丑士禍(계축사화) 癸坐丁向(계좌정향) 癸丑禍獄(계축화옥)

癸丑日記(계축일기) : 조선 광해군 4년에 광해군이 어린 아우 영창 대군을 죽일 때 대군의 어머니 인목대비의 원통한 정경을 어떤 궁녀가 기록한 글.

癶部(필발머리)4획 총9획 ｜ 영 north ｜ 중 guǐ ｜ 일 キ(はかる·みずのと) 【난이도】 중학용, 읽기 3급, 쓰기 2급

界界界界界界界界界

| 界 | 界 | 界 | 界 | 界 | | | | |

**지경 계**

他界(타계) 別世界(별세계) 蓮花世界(연화세계) 仙界(선계) 別天界(별천계)

蓮花世界(연화세계) : 아미타불(阿彌陀佛)의 극락정토(極樂淨土)가 있는 세계. 지극히 안락(安樂)하고 아무 걱정이 없다고 하는 곳. 仙界(선계) : 신선(神仙)의 세계(世界)

田部(밭전)4획 총 9획 ｜ 영 boundary ｜ 중 jiè ｜ 일 カイ(さかい) 【난이도】 중학용, 읽기 6급II, 쓰기 5급II

溪溪溪溪溪溪溪溪溪溪溪溪溪

| 溪 | 溪 | 溪 | 溪 | 溪 | | | | |

**시내 계**

溪谷(계곡) 溪流(계류) 曹溪宗(조계종) 清溪川(청계천) 退溪路(퇴계로)

溪壑之慾(계학지욕) : 시냇물이 흐르는 산골짜기의 욕심이라는 뜻으로, 물릴 줄 모르는 한없는 욕심(慾心)을 비유적(比喩的)으로 이르는 말.

氵部(삼수변)10획총13획 ｜ 영 stream ｜ 중 溪[xī] ｜ 일 溪[ケイ](たに) 【난이도】 중학용, 읽기 3급II, 쓰기 2급

鷄鷄鷄鷄鷄鷄鷄鷄鷄鷄鷄鷄鷄鷄鷄鷄鷄鷄鷄鷄

| 鷄 | 鷄 | 鷄 | 鷄 | 鷄 | | | | |

**닭 계**

鷄姦(계간) 鷄群鶴(계군학) 鷄卵(계란) 鷄龍(계룡) 鷄鳴(계명) 養鷄(양계)

群鷄一鶴(군계일학) : 무리지어 있는 닭 가운데 있는 한 마리의 학이라는 뜻으로, 여러 평범(平凡)한 사람들 가운데 있는 뛰어난 한 사람을 이르는 말.

鳥部(새조)10획 총21획 ｜ 영 cock ｜ 중 鸡[jī] ｜ 일 鷄[ケイ](にわとり) 【난이도】 중학용, 읽기 4급, 쓰기 3급

古古古古古

| 古 | 古 | 古 | 古 | 古 | | | | |

**예 고**

古代(고대) 古物(고물) 古字(고자) 古迹(고적) 古典(고전) 蒙古(몽고) 古今(고금)

古稀(고희) : 70세를 일컬음. 일흔 살까지 산다는 것은 옛날에는 드문 일이라는 뜻. 인생칠십고래희(人生七十古來稀)에서 유래한 말.

口部(입구) 2획총5획 ｜ 영 old ｜ 중 gǔ ｜ 일 コ(ふるい) 【난이도】 중학용, 읽기 6급, 쓰기 5급

| 考 | 考考考考考考 |
| | 考　考　考　考　考 |
| **상고할 고** | 先考丈(선고장) 祖考(조고) 先考(선고) 王考(왕고) 深思熟考(심사숙고) |
| | 深思熟考(심사숙고) : ① 깊이 생각하고 깊이 고찰(考察)함. ②신중(愼重)을 기하여 곰곰이 생각함. |
| 耂部(늙을노)2획 총6획 | 영think 중kǎo 일コウ(かんがえる)【난이도】중학용, 읽기 5급, 쓰기 4급 |

| 告 | 告告告告告告告 |
| | 告　告　告　告　告 |
| **고할 고** | 警告(경고) 廣告(광고) 申告(신고) 報告(보고) 豫告(예고) 報告書(보고서) |
| | 出必告反必面(출필고반필면) :「나갈 때는 부모님께 반드시 출처를 알리고 돌아오면 반드시 얼굴을 뵈어 안전함을 알려 드린다」라는 뜻으로, 밖에 나갔다오거나 들어올 때 부모님께 반드시 알려야함을 이르는 말. |
| 口部(입구) 4획총7획 | 영tell 중gào 일コク(つげる)【난이도】중학용, 읽기 5급II, 쓰기 4급II |

| 固 | 固固固固固固固固 |
| | 固　固　固　固　固 |
| **굳을 고** | 固執(고집) 確固(확고) 堅固(견고) 鞏固(공고) 固有(고유) 固定(고정) 固守(고수) |
| | 固定觀念(고정관념) : 어떤 사람의 마음속에 잠재하여, 항상 머리에서 떠나지 않고, 외계의 동향이나 상황의 변화에 의해서도 변혁되기가 어려운 생각. |
| 囗部(큰입구)5획 총8획 | 영hard・firm 중gù 일コ(かたい・かたまる)【난이도】중학용, 읽기 5급, 쓰기 4급 |

| 故 | 故故故故故故故故故 |
| | 故　故　故　故　故 |
| **연고 고** | 故意(고의) 故人(고인) 故障(고장) 故鄕(고향) 事故(사고) 緣故(연고) 故國(고국) |
| | 竹馬故友(죽마고우) : 대나무 말을 타고 놀던 옛 친구(親舊)라는 뜻으로, 어릴 때부터 가까이 지내며 자란 친구(親舊)를 이르는 말. |
| 攵部(등글월문)5획 총9획 | 영ancient 중gù 일コ(ゆえ)【난이도】중학용, 읽기 4급II, 쓰기 3급II |

| 苦 | 苦苦苦苦苦苦苦苦苦 |
| | 苦　苦　苦　苦　苦 |
| **쓸 고** | 苦悶(고민) 苦痛(고통) 苦衷(고충) 苦惱(고뇌) 苦杯(고배) 苦心(고심) 苦樂(고락) |
| | 苦盡甘來(고진감래) :「쓴 것이 다하면 단 것이 온다」라는 뜻으로, 고생(苦生) 끝에 낙이 온다라는 말. |
| 艹部(초두)5획 총9획 | 영bitter 중苦[kǔ] 일ク(くるしい・くるしむ)【난이도】중학용, 읽기 6급II, 쓰기 5급II |

高高高高高高高高高高
高高高高高

高句麗(고구려) 高齡化(고령화) 高位(고위) 提高(제고) 最高(최고) 高價(고가)

天高馬肥(천고마비) : 하늘은 높고 말은 살찐다는 뜻으로, 하늘이 맑고 모든 것이 풍성함을 이르는 말. 高樓巨閣(고루거각) : 높고 큰 누각(樓閣).

높을 고

高部(높을고)0획총10획 | 영high 중gāo 일コウ(たか·たかい) 【난이도】중학용, 읽기 6급Ⅱ, 쓰기 5급Ⅱ

---

曲曲曲曲曲曲
曲曲曲曲曲

曲線(곡선) 懇曲(간곡) 屈曲(굴곡) 婉曲(완곡) 歪曲(왜곡) 戲曲(희곡) 曲面(곡면)

九曲肝腸(구곡간장) : 아홉 번 구부러진 간과 창자라는 뜻으로, 굽이 굽이 사무친 마음속 또는 깊은 마음속. 迂餘曲折(우여곡절) : 이리저리 굽음.

굽을 곡

日部(가로왈)2획총6획 | 영bent 중qū 일キョク(まがる·まげる) 【난이도】중학용, 읽기 5급, 쓰기 4급

---

谷谷谷谷谷谷谷
谷谷谷谷谷

谷王(곡왕) 谷風(곡풍) 溪谷(계곡) 幽谷(유곡) 栗谷(율곡) 峽谷(협곡) 乾谷(건곡)

進退維谷(진퇴유곡) : 앞으로도 뒤로도 나아가거나 물러서지 못하다라는 뜻으로, 궁지(窮地)에 빠진 상태(狀態).

골 곡

谷部(골곡) 0획 총7획 | 영valley 중gù 일コク(たに)【난이도】중학용, 읽기 3급Ⅱ, 쓰기 2급

---

穀穀穀穀穀穀穀穀穀穀穀穀穀穀穀
穀穀穀穀穀

穀頭生角(곡두생각) 穀腹絲身(곡복사신) 一年之計莫如樹穀(일년지계막여수곡)

五穀不升(오곡불승) : 오곡이 익지 않았다고 하여 '흉년(凶年)이 듦'의 비유.
一粒之穀必分而食(일립지곡필분이식) : 한 낱의 곡식이라도 반드시 나누어서 먹어야 함.

곡식 곡

禾部(벼화)10획총15획 | 영corn·grain 중谷[gǔ] 일コク(たなつもの)【난이도】중학용, 읽기 4급, 쓰기 3급

---

困困困困困困困
困困困困困

困却(곤각) 困境(곤경) 困窮(곤궁) 困難(곤란) 貧困(빈곤) 疲困(피곤) 困惑(곤혹)

困獸猶鬪(곤수유투) : 위급한 경우에는 짐승일지라도 적을 향해 싸우려 덤빈다는 뜻으로, 곧 궁지에 빠지면 약한 자가 도리어 강한 자를 해칠 수 있다는 뜻.

곤할 곤

口部(큰입구) 4획총7획 | 영distress 중kùn 일コン(こまる)【난이도】중학용, 읽기 4급, 쓰기 3급

坤坤坤坤 坤坤坤坤

| 坤 | 坤 | 坤 | 坤 | 坤 | | | | |
|---|---|---|---|---|---|---|---|---|

**땅 곤**

土部(흙토)5획 총8획

乾坤(건곤) 坤宮(곤궁) 乾坤歌(건곤가) 坤命(곤명) 乾坤坎離(건곤감리)

乾坤一擲(건곤일척):「하늘이냐 땅이냐를 한 번 던져서 결정한다」는 뜻으로, 운명과 흥망(興亡)을 걸고 단판으로 승부(勝負)나 성패를 겨룸.

영divination sign 중kūn 일コン(つち) 【난이도】중학용, 읽기 3급, 쓰기 2급

---

骨骨骨骨骨骨骨骨骨骨

| 骨 | 骨 | 骨 | 骨 | 骨 | | | | |
|---|---|---|---|---|---|---|---|---|

**뼈 골**

骨部(뼈골)0획 총10획

骨子(골자) 露骨的(노골적) 膝蓋骨(슬개골) 皆骨山(개골산) 遺骨(유골) 骨格(골격)

換骨奪胎(환골탈태):환골은 옛사람의 시문(詩文)을 본떠서 어구를 만드는 것, 탈태는 고시(古詩)의 뜻을 본떠서 원시(原詩)와 다소 뜻을 다르게 짓는 것을 말함.

영bone 중gǔ 일コツ(ほね) 【난이도】중학용, 읽기 4급, 쓰기 3급

---

工工工

| 工 | 工 | 工 | 工 | 工 | | | | |
|---|---|---|---|---|---|---|---|---|

**장인 공**

工部(장인공)0획 총3획

工夫(공부) 工事(공사) 工業(공업) 工場(공장) 加工(가공) 竣工(준공) 人工(인공)

同工異曲(동공이곡):같은 악공(樂工)끼리라도 곡조를 달리한다는 뜻으로, 동등한 재주의 작가라도 문체(文體)에 따라 특이(特異)한 광채(光彩)를 냄을 이르는 말.

영artisan 중gōng 일ク·コウ(たくみ) 【난이도】중학용, 읽기 7급II, 쓰기 6급

---

公公公公

| 公 | 公 | 公 | 公 | 公 | | | | |
|---|---|---|---|---|---|---|---|---|

**공변될 공**

八部(여덟팔)2획 총4획

公開(공개) 公共(공공) 公式(공식) 公約(공약) 公薦(공천) 公布(공포) 公平(공평)

愚公移山(우공이산):우공이 산을 옮긴다는 말로, 남이 보기엔 어리석은 일처럼 보이지만 한 가지 일을 끝까지 밀고 나가면 언젠가는 목적을 달성할 수 있다는 뜻.

영public 중gōng 일コウ(おおやけ) 【난이도】중학용, 읽기 6급II, 쓰기 5급II

---

功功功功功

| 功 | 功 | 功 | 功 | 功 | | | | |
|---|---|---|---|---|---|---|---|---|

功過(공과) 功勞(공로) 功臣(공신) 功績(공적) 農功(농공) 成功(성공) 功名(공명)

螢雪之功(형설지공):반딧불과 눈빛으로 이룬 공이라는 뜻으로, 가난을 이겨내며 반딧불과 눈(雪)빛으로 글을 읽어가며 고생 속에서 공부하여 이룬 공을 일컫는 말.

**공 공**

力部(힘 력)3획 총5획

영merits 중gōng 일コウ(いさお) 【난이도】중학용, 읽기 6급II, 쓰기 5급II쓰기

**共** 함께 공

八部(여덟팔) 4획 총6획

共共共共共共

共 共 共 共 共

共同(공동) 公共(공공) 共助(공조) 共通(공통) 共有(공유) 共感(공감)

天人共怒(천인공노) : 하늘과 사람이 함께 분노한다는 뜻으로, ① 누구나 분노할 만큼 증오(憎惡)스러움. ② 또는, 도저히 용납(容納)될 수 없음의 비유(比喩·譬喩).

영 together 중 gòng 일 キョウ(とも) 【난이도】 중학용, 읽기 6급II, 쓰기 5급II

---

**空** 빌 공

穴部(구멍혈) 3획총8획

空空空空空空空空

空 空 空 空 空

空家(공가) 空間(공간) 空氣(공기) 空轉(공전) 空中(공중) 空港(공항) 空想(공상)

卓上空論(탁상공론) : 탁자(卓子) 위에서만 펼치는 헛된 논설(論說)이란 뜻으로, 실현성(實現性)이 없는 허황(虛荒)된 이론(理論)을 일컬음.

영 empty 중 kōng 일 クウ(そら) 【난이도】 중학용, 읽기 7급II, 쓰기 6급

---

**果** 열매 과

木部(나무목) 4획 총8획

果果果果果果果果

果 果 果 果

果敢(과감) 果實(과실) 果然(과연) 結果(결과) 成果(성과) 效果(효과) 因果(인과)

因果應報(인과응보) : 원인과 결과는 서로 물고 물린다는 뜻으로, 과거 또는 전생의 선악의 인연에 따라서 뒷날 길흉 화복(禍福)의 갚음을 받게 됨을 이르는 말.

영 fruit 중 guǔ 일 カ(はて) 【난이도】 중학용, 읽기 6급II, 쓰기 5급II

---

**科** 과목 과

禾部(벼화) 4획 총9획

科科千禾禾科科科科

科 科 科 科 科

教科書(교과서) 科學(과학) 科目(과목) 科擧(과거) 科學的(과학적) 教科(교과)

金科玉條(금과옥조) : 「금옥(金玉)과 같은 법률(法律)」이라는 뜻으로, 소중(所重)히 여기고 지켜야 할 규칙(規則)이나 교훈(敎訓).

영 subject, course 중 kē 일 カ(しな) 【난이도】 중학용, 읽기 4급, 쓰기 3급

---

**過** 지날 과

辶部(책받침) 9획총13획

過過過過過過過過過過過過過

過 過 過 過 過

過去(과거) 過誤(과오) 過剩(과잉) 過程(과정) 不過(불과) 謝過(사과) 超過(초과)

過猶不及(과유불급) : 모든 사물(事物)이 정도(程度)를 지나치면 미치지 못한 것과 같다는 뜻으로, 중용(中庸)이 중요(重要)함을 가리키는 말.

영 pass 중 过[guo] 일 過[カ](すぎる·すこす) 【난이도】 중학용, 읽기 5급II, 쓰기 4급II

## 課

과정 과

言部(말씀언)8획총15획

課課課課課課課課課課課課課課課

| 課 | 課 | 課 | 課 | 課 | | | | | |

課題(과제) 賦課(부과) 課程(과정) 課稅(과세) 課長(과장) 課外(과외) 放課(방과)

旬課(순과) : 조선(朝鮮) 시대(時代)에, 열흘마다 성균관( 에게 글제(−題)를 내어 주고 제술(製述)을 시키던 일.

영mposition 중課[kè] 일カ 【난이도】중학용, 읽기 5급II, 쓰기 4급II

## 官

벼슬 관

宀部(갓머리)5획총8획

官官官官官官官官

| 官 | 官 | 官 | 官 | 官 | | | | | |

官僚(관료) 官吏(관리) 官廳(관청) 秘書官(비서관) 長官(장관) 宦官(환관)

牧民之官(목민지관) : 백성(百姓)을 기르는 벼슬아치라는 뜻으로, 원이나 수령(守令) 등(等) 외직 문관(文官)을 통칭(通稱)하는 말.

영official rank 중guān 일カン(つかさ) 【난이도】중학용, 읽기 4급II, 쓰기 3급II

## 關

빗장 관

門部(문문)11획총19획

關關關關關關關關關關關關關關關關關關關

| 關 | 關 | 關 | 關 | 關 | | | | | |

關聯(관련) 關係(관계) 機關(기관) 關係者(관계자) 關心(관심) 無關(무관)

吾不關焉(오불관언) : ① 나는 그 일에 상관하지 아니함. ② 또는 그런 태도(態度).
運數所關(운수소관) : 모든 일이 운수의 탓이라 하여 사람의 힘으로는 어찌할 수 없다는 말.

영bolt, connect 중关[guān] 일カン(せき) 【난이도】중학용, 읽기 7급II, 쓰기 6급

## 觀

볼 관

見部(볼견)18획총25획

觀觀觀觀觀觀觀觀觀觀觀觀觀觀觀觀觀觀觀觀觀觀觀觀

| 觀 | 觀 | 觀 | 觀 | 觀 | | | | | |

觀光(관광) 觀點(관점) 觀察(관찰) 觀測(관측) 傍觀(방관) 主觀(주관) 樂觀(낙관)

明若觀火(명약관화) : 불을 보는 것 같이 밝게 보인다는 뜻으로, 더 말할 나위 없이 명백(明白)함. 觀過知仁(관과지인) : 인(仁)과 불인(不仁)은 곧 알 수 있다는 말.

영see 중观[guàn] 일コウ(おおやけ) 【난이도】중학용, 읽기 6급II, 쓰기 5급II

## 光

빛 광

儿部(어진사람인발)4획총6획

光光光光光光

| 光 | 光 | 光 | 光 | 光 | | | | | |

觀光(관광) 榮光(영광) 月光(월광) 光州(광주) 光景(광경) 光彩(광채) 光線(광선)

眼光紙背(안광지배) : 눈빛이 종이의 뒤까지 꿰뚫어본다는 뜻으로, 독서(讀書)의 이해력(理解力)이 날카롭고 깊음을 이르는 말.

영light 중guāng 일コウ(ひかり・ひかる) 【난이도】중학용, 읽기 6급II, 쓰기 5급II

## 廣

넓을 광

廣廣廣廣廣廣廣廣廣庿庿庿廣廣廣
廣 廣 廣 廣 廣

廣告(광고) 廣大(광대) 廣範圍(광범위) 廣域(광역) 廣場(광장) 廣州(광주)

高臺廣室(고대광실) : 높은 누대(樓臺)와 넓은 집이라는 뜻으로, 크고도 좋은 집을 이르는 말. 廣大無邊(광대무변) : 너르고 커서 끝이 없음.

[영]broad [중]广[guang] [일]広[コウ](ひろい) 【난이도】중학용, 읽기 5급Ⅱ, 쓰기 4급Ⅱ

广部(엄호)12획총15획

## 交

사귈 교

交交交交交交
交 交 交 交 交

交流(교류) 交涉(교섭) 交替(교체) 交通(교통) 交換(교환) 外交(외교) 交易(교역)

管鮑之交(관포지교) : 옛날 중국의 관중(管仲)과 포숙아(鮑叔牙)처럼 친구(親舊) 사이가 다정함을 이르는 말로, 친구 사이의 매우 다정하고 허물없는 교제(交際).

[영]associate [중]jiāo [일]コウ(まじわる) 【난이도】중학용, 읽기 6급, 쓰기 5급

亠部(돼지해머리)4획총6획

## 校

학교 교

校校校校校校校校校校
校 校 校 校 校

學校(학교) 高校(고교) 登校(등교) 初等學校(초등학교) 將校(장교) 校歌(교가)

私立學校(사립학교) : 사인(私人) 또는 사법인(私法人)이 설립, 경영하는 학교.
休校(휴교) : ① 학교가 수업을 한동안 쉼. ② 또는 그런 일. 開校(개교).

[영]school [중]jiào [일]コウ(くらべる) 【난이도】중학용, 읽기 6급Ⅱ, 쓰기 5급Ⅱ

木部(나무목)6획 총10획

## 教

가르칠 교

教教教教教教教教教教教
教 教 教 教 教

宗教(종교) 基督教(기독교) 宣教(선교) 佛教(불교) 儒教(유교) 布教(포교)

孟母三遷之教(맹모삼천지교) : 맹자의 어머니가 맹자의 교육을 위해 세 번이나 이사를 한 가르침이라는 뜻으로, 교육에는 주위 환경이 중요하다는 가르침을 이르는 말.

[영]educate [중]教[jiào] [일]教[キョウ](おしえる) 【난이도】중학용, 읽기 4급, 쓰기 3급

攵部(등글월문)7획총11획

## 橋

다리 교

橋橋橋橋橋橋橋橋橋橋橋橋橋橋橋
橋 橋 橋 橋 橋

橋梁(교량) 板橋(판교) 連陸橋(연륙교) 架橋(가교) 橋架(교가) 橋頭堡(교두보)

銀河鵲橋(은하작교) : 견우 직녀(牽牛織女)의 전설에 있는 7월 칠석(七夕)에 은하수(銀河水)에 놓는다는 까막까치의 다리. 橋脚(교각) : 다리의 몸체를 받치는 기둥.

【영어】bridge 【부수】桥[qiáo] [일]キョウ(はし) 【난이도】중학용, 읽기 5급, 쓰기 4급

木部(나무목)12획총16획

| 九 | 九九 |
|---|---|
| | 九 九 九 九 九 |
| 아홉 구 | 九萬里(구만리) 九十(구십) 九原(구원) 九有(구유) 九重(구중) 九天(구천) |
| | 九牛一毛(구우일모) : 아홉 마리 소에 털 한가닥이 빠진 정도라는 뜻으로, ① 아주 큰 물건 속에 있는 아주 작은 물건. ② 여러 마리의 소의 털 중에서 한 가닥의 털. |
| 乙部(새을)1획 총2획 | 영nine 중jiǔ 일キュウ(ここの·ここのつ) 【난이도】 중학용, 읽기 8급, 쓰기 6급Ⅱ |

| 口 | 口口口 |
|---|---|
| | 口 口 口 口 口 |
| 입 구 | 口味(구미) 口號(구호) 家口(가구) 人口(인구) 窓口(창구) 緘口(함구) 口實(구실) |
| | 口蜜腹劍(구밀복검) : 입으로는 달콤함을 말하나 뱃속에는 칼을 감추고 있다는 뜻으로, 겉으로는 친절(親切)하나 마음속은 음흉(陰凶)한 생각을 품고 있는 것. |
| 口部(입구)0획 총3획 | 영mouth 중kǒu 일コウ(くち) 【난이도】 중학용, 읽기 7급, 쓰기 6급 |

| 久 | 久久久 |
|---|---|
| | 久 久 久 久 久 |
| 오랠 구 | 永久(영구) 持久力(지구력) 悠久(유구) 恒久的(항구적) 永久的(영구적) |
| | 日久月深(일구월심) : 날이 오래고 달이 깊어 간다는 뜻으로, 무언가 바라는 마음이 세월이 갈수록 더해짐을 이르는 말. |
| ノ部(삐침별)2획총3획 | 영long time 중jiǔ 일キュウ(ひさしい) 【난이도】 중학용, 읽기 3급Ⅱ, 쓰기 2급 |

| 句 | 句句句句句 |
|---|---|
| | 句 句 句 句 句 |
| 글귀 구 | 高句麗(고구려) 佳句(가구) 句節(구절) 句讀(구두) 詩句(시구) 文句(문구) |
| | 美辭麗句(미사여구) : 아름다운 말과 글귀라는 뜻으로, ① 아름다운 문장(文章). ② 아름다운 말로 꾸민 듣기 좋은 글귀. |
| 口部(입구)2획 총5획 | 영phrase 중jù 일ク 【난이도】 중학용, 읽기 4급Ⅱ, 쓰기 3급Ⅱ |

| 究 | 究究究究究究究 |
|---|---|
| | 究 究 究 究 究 |
| 연구할 구 | 研究(연구) 講究(강구) 研究員(연구원) 探究(탐구) 研究所(연구소) 研究者(연구자) |
| | 究竟不淨(구경부정) : 사람이 죽으면 그 육신은 땅에 묻히어 흙이 되고, 벌레가 먹으면 똥이 되는 등 신체의 종말(終末)이 깨끗하지가 못하다는 말. |
| 穴部(구멍혈)2획 총 7획 | 【영어】 study 【부수】 jiǔ 일キュウ(きわめる) 【난이도】 중학용, 읽기 4급Ⅱ, 쓰기 3급Ⅱ |

求 求 求 求 求 求 求

| 求 | 求 | 求 | 求 | 求 | | | | |

求職(구직) 要求(요구) 慾求(욕구) 請求(청구) 促求(촉구) 追求(추구) 求職(구직)

緣木求魚(연목구어) : 나무에 인연(因緣)하여 물고기를 구(求)한다라는 뜻으로, 목적이나 수단(手段)이 일치(一致)하지 않아 성공이 불가능(不可能)함을 이르는 말.

**구할 구**

水部(아래물수)2획총7획

영obtain, get 중qiú 일キュウ(もとめる) 【난이도】중학용, 읽기 4급Ⅱ, 쓰기 3급Ⅱ

---

救 救 救 救 救 救 救 救 救 救 救

| 救 | 救 | 救 | 救 | 救 | | | | |

救濟(구제) 救濟金融(구제금융) 救濟命令(구제명령) 自力救濟(자력구제)

行政救濟(행정구제) : 위법이나 옳지 않은 행정 작용을 시정하고, 행정 작용으로 말미암아 입는 국민(國民)의 재산에서의 손해(損害)를 보상(補償)하는 일.

**구원할 구**

攴部(등글월문)7획총11획

영relieve 중jiù 일キュウ(すくう) 【난이도】중학용, 읽기 5급, 쓰기 4급

---

舊 舊 舊 舊 舊 舊 舊 舊 舊 舊 舊 舊 舊 舊 舊 舊 舊 舊

| 舊 | 舊 | 舊 | 舊 | 舊 | | | | |

舊家(구가) 舊正(구정) 舊態(구태) 復舊(복구) 守舊(수구) 親舊(친구) 舊官(구관)

送舊迎新(송구영신) : 묵은해를 보내고 새해를 맞는다는 뜻으로, ① 묵은해를 보내고, 새해를 맞이함. ② 구관(舊官)을 보내고, 신관(新官)을 맞이함.

**예 구**

臼部(절구구)12획총18획

영old 중旧[jiù] 일旧[キュウ](ふるい) 【난이도】중학용, 읽기 5급Ⅱ, 쓰기 4급Ⅱ

---

國 國 國 國 國 國 國 國 國 國 國

| 國 | 國 | 國 | 國 | 國 | | | | |

國家(국가) 國民(국민) 國際(국제) 國會(국회) 美國(미국) 中國(중국) 韓國(한국)

救國干城(구국간성) : 나라를 구하는 방패와 성이란 뜻으로, 나라를 구(救)하여 지키는 믿음직한 군인(軍人)이나 인물(人物)을 의미함.

**나라 국**

口部(큰입구몸)8획총11획

영country 중国[guó] 일国[コク](くに) 【난이도】중학용, 읽기 8급, 쓰기 6급Ⅱ

---

君 君 君 君 君 君 君

| 君 | 君 | 君 | 君 | 君 | | | | |

君臣(군신) 君王(군왕) 君子(군자) 君主(군주) 檀君(단군) 聖君(성군) 夫君(부군)

君子三樂(군자삼락) : 군자의 세 가지 즐거움이라는 뜻으로, 첫째는 부모가 다 살아 계시고 형제가 무고한 것, 둘째는 하늘과 사람에게 부끄러워할 것이 없는 것, 셋째는 천하의 영재를 얻어 교육하는 것.

**임금 군**

口部(입구) 4획 총7획

영king 중jūn 일クン(きみ) 【난이도】중학용, 읽기 4급, 쓰기 3급

# 軍

군사 군

車部(수레거)2획총9획

軍軍軍軍軍軍軍軍軍

軍 軍 軍 軍 軍

軍隊(군대) 軍事(군사) 軍人(군인) 國軍(국군) 美軍(미군) 將軍(장군) 海軍(해군)

獨不將軍(독불장군) : 혼자서는 장군을 못한다는 뜻으로, 남의 의견(意見)을 무시하고 혼자 모든 일을 처리하는 사람의 비유(比喩·譬喩). 급해야 서둘러서 일을 함.

영military·district 중军[jūn] 일グン(いくさ) 【난이도】 중학용, 읽기 8급, 쓰기 6급Ⅱ

# 郡

고을 군

阝(邑)部(우부방)7획총10획

郡郡郡郡郡郡郡郡郡郡

郡 郡 郡 郡 郡

郡民(군민) 郡守(군수) 郡廳(군청) 各郡(각군) 漢四郡(한사군) 郡内(군내)

百郡秦幷(백군진병) : 진시황(秦始皇)이 천하(天下)를 봉군(封郡)하는 법(法)을 폐(廢)하고 일백군(100郡)을 둠.

영country 중jùn 일クン(こおり) 【난이도】 중학용, 읽기 6급, 쓰기 5급

# 弓

활 궁

弓部(활궁) 0획총3획

弓弓弓

弓 弓 弓 弓 弓

弓家(궁가) 弓矢(궁시) 弓馬(궁마) 弓隊(궁대) 洋弓(양궁) 弓手(궁수) 弓裔(궁예)

他弓莫輓(타궁막만) : 남의 활을 당겨 쏘지 말라는 뜻으로, ① 무익(無益)한 일은 하지 말라는 말. ② 자기(自己)가 닦은 것을 지켜 딴 데 마음 쓰지 말 것을 이르는 말.

영bow 중gōng 일キュウ(ゆみ) 【난이도】 중학용, 읽기 3급Ⅱ, 쓰기 2급

# 卷

책 권

已部(병부절)6획총8획

卷卷卷卷卷卷卷卷

卷 卷 卷 卷 卷

席卷(석권) 開卷(개권) 卷頭言(권두언) 長卷紙(장권지) 經卷(경권) 卷數(권수)

手不釋卷(수불석권) : 손에서 책을 놓지 않는다는 뜻으로, 늘 책을 가까이하여 학문을 열심히 함. 開卷有益(개권유익) : 「책을 펴서 읽으면 반드시 이로움이 있다」는 뜻.

영volume 중juàn 일カン·ケン(まき·まく) 【난이도】 중학용, 읽기 4급, 쓰기 3급

# 勸

권할 권

力部(힘력)18획총20획

勸勸勸勸勸勸勸勸勸勸勸勸勸勸勸勸勸勸勸

勸 勸 勸 勸 勸

勸告(권고) 勸勵(권려) 勸誘(권유) 勸獎(권장) 强勸(강권) 獎勸(장권) 勸善(권선)

勸善懲惡(권선징악) : 착한 행실(行實)을 권장(勸獎)하고 악(惡)한 행실(行實)을 징계(懲戒)함. 懲勸(징권) : 악을 징계(懲戒)하고 선을 권장(勸獎)함.

영advise 중劝[quàn] 일勸[カン](すすめる) 【난이도】 중학용, 읽기 4급, 쓰기 3급

## 權

권세 권

木部(나무목)18획총22획

權 十 權 權 權 權 權 權 權 權 權 權 權 權 權 權 權 權
權 權 權 權 權

政權(정권) 執權(집권) 權利(권리) 權限(권한) 權力(권력) 人權(인권) 權威(권위)

權不十年(권불십년) : 권세(權勢)는 10년을 넘지 못한다는 뜻으로, ① 권력은 오래가지 못하고 늘 변(變)함. ② 또는 영화(榮華)는 일시적이어서 계속되지 않음.

영power 중权[quán] 일權[ケン·ゴン] 【난이도】중학용, 읽기 4급II, 쓰기 3급II

## 貴

귀할 귀

貝部(조개패)5획총12획

貴 貴 貴 貴 貴 貴 貴 貴 貴 貴 貴 貴
貴 貴 貴 貴 貴

貴族(귀족) 貴中(귀중) 貴重(귀중) 貴下(귀하) 高貴(고귀) 稀貴(희귀) 貴賤(귀천)

洛陽紙貴(낙양지귀) : 낙양의 종이가 귀해졌다는 뜻으로, ① 문장이나 저서(著書)가 호평을 받아 잘 팔림을 이르는 말. ② 쓴 글의 평판(評判)이 널리 알려짐.

영noble 중贵[guì] 일キ(たっとい·たっとぶ) 【난이도】중학용, 읽기 5급, 쓰기 4급

## 歸

돌아갈 귀

止部(그칠지)14획총18획

歸 歸 歸 歸 歸 歸 歸 歸 歸 歸 歸 歸 歸 歸 歸 歸 歸
歸 歸 歸 歸 歸

歸家(귀가) 歸國(귀국) 歸路(귀로) 歸趨(귀추) 歸鄕(귀향) 回歸(회귀) 歸屬(귀속)

事必歸正(사필귀정) : 처음에는 시비(是非) 곡직(曲直)을 가리지 못하여 그릇되더라도 모든 일은 결국에 가서는 반드시 정리(正理)로 돌아감.

영retern, go back 중归[jiù] 일帰[キ](かえる) 【난이도】중학용, 읽기 5급II, 쓰기 4급II

## 均

고를 균

土部(흙토)4획 총7획

均 均 均 均 均 均 均
均 均 均 均 均

均衡(균형) 平均(평균) 不均衡(불균형) 均等(균등) 均霑(균점) 均役法(균역법)

陰陽相均(음양상균) : 음과 양이 서로 잘 어울림. 不均衡(불균형) : ① 균형이 잡히지 않고 어느 편으로 치우쳐서 고르지 못함. ② 고르지 않음.

영even 중jūn 일キン(ならす) 【난이도】중학용, 읽기 4급, 쓰기 3급

## 極

다할 극

木部(나무목)8획총12획

極 極 極 極 極 極 極 極 極 極 極 極 極
極 極 極 極 極

極度(극도) 極甚(극심) 極致(극치) 極限(극한) 南極(남극) 積極(적극) 北極(북극)

極樂淨土(극락정토) : 아미타불이 살고 있다는 정토. 이 세상에서 서쪽으로 십만 억의 불토를 지나 서 있으며, 모든 것이 완전히 갖추어 불과(佛果)를 얻은 사람이 죽어서 이곳에 다시 태어난다는 곳.

영utmost 중极[jí] 일キョク·ゴク(きわまる) 【난이도】중학용, 읽기 4급, 쓰기 3급

## 近

가까울 근

辶部(책받침)4획총8획

近近近近近近近近

附近(부근) 遠近(원근) 隣近(인근) 接近(접근) 最近(최근) 側近(측근) 近海(근해)

遠水不救近火(원수불구근화) : 먼 데 있는 물은 가까운 데의 불을 끄는 데는 쓸모가 없다는 뜻으로, 무슨 일이든 멀리 있는 것은 급할 때에 소용이 없음을 이르는 말.

영near 중近[jìn] 일近[キン](ちかい) 【난이도】 중학용, 읽기 6급, 쓰기 5급

## 根

뿌리 근

木部(나무목)6획총10획

根根根根根根根根根根

根幹(근간) 根據(근거) 根本(근본) 根源(근원) 根絶(근절) 同根(동근) 禍根(화근)

盤根錯節(반근착절) : 구부러진 나무뿌리와 울퉁불퉁한 나무의 마디란 뜻으로, ① 얽히고 설켜 처리하기에 곤란한 사건. ② 세상일에 난관이 많음의 비유.

영root 중gēn 일コン(ね) 【난이도】 중학용, 읽기 6급, 쓰기 5급

## 勤

부지런할 근

力部(힘력)11획총13획

勤勤勤勤勤勤勤勤勤勤勤勤勤

勤務(근무) 勤勞者(근로자) 勤勞(근로) 勤勉(근면) 出勤(출근) 退勤(퇴근)

勤勤孜孜(근근자자) : 매우 부지런하고 정성(精誠)스러움.
敬天勤民(경천근민) : 하느님을 받들고 백성을 통치하기를 게을리 하지 아니함.

영diligent 중qín 일キン・コン(いそしむ・つとめる) 【난이도】 중학용, 읽기 4급, 쓰기 3급

## 今

이제 금

人部(사람인)2획총4획

今今今今

只今(지금) 今般(금반) 昨今(작금) 古今(고금) 今方(금방) 今番(금번) 今年(금년)

今昔之感(금석지감) : 지금과 옛날을 비교할 때 차이(差 異)가 매우 심(甚)하여 느껴지는 감정. 博古知今(박고지금) : 널리 옛일을 알면 오늘날의 일도 알게 됨.

영now 중jīn 일コン・キン(いま) 【난이도】 중학용, 읽기 6급Ⅱ, 쓰기 5급Ⅱ

## 金

쇠 금

金部(쇠금)0획 총8획

金金金金金金金金

金額(금액) 金融(금융) 金錢(금전) 稅金(세금) 賃金(임금) 資金(자금) 募金(모금)

見金如石(견금여석) : 황금 보기를 돌같이 한다는 뜻에서, ① 지나친 욕심을 절제함. ② 대의를 위해서 부귀영화(富貴榮華)를 돌보지 않는다는 의미(意味).

영gold 중jīn 일キン・コン(かな・かね) 【난이도】 중학용, 읽기 8급, 쓰기 6급Ⅱ

| 禁 | 禁 十 朿 朿 柰 柰 柕 林 禁 禁 禁 禁 禁 |
|---|---|
| | 禁 禁 禁 禁 禁 |
| 금할 금 | 禁止(금지) 禁煙(금연) 禁忌(금기) 拘禁(구금) 監禁(감금) 宮禁(궁금) 解禁(해금) |
| | 來者勿禁(내자물금) : 오는 사람을 금해서는 안 됨. 入境問禁(입경문금) : 국경(國境)에 들어서면 그 나라에서 금(禁)하는 것을 물어 보라는 말. |
| 示部(보일시) 8획 총13획 | 영forbid 중jìn 일キン(きんずる) 【난이도】중학용, 읽기 4급Ⅱ, 쓰기 3급Ⅱ |

| 及 | 及 及 及 及 |
|---|---|
| | 及 及 及 及 及 |
| 미칠 급 | 及第(급제) 可及的(가급적) 普及(보급) 遡及(소급) 言及(언급) 波及(파급) 普及(보급) |
| | 過猶不及(과유불급) : 모든 사물(事物)이 정도(程度)를 지나치면 미치지 못한 것과 같다는 뜻으로, 중용(中庸)이 중요(重要)함을 가리키는 말. |
| 又部(또우) 2획 총4획 | 영reach 중jí 일キュウ(および・およぶ) 【난이도】중학용, 읽기 3급Ⅱ, 쓰기 2급 |

| 急 | 急 急 急 急 急 急 急 急 急 |
|---|---|
| | 急 急 急 急 急 |
| 급할 급 | 緊急(긴급) 急騰(급등) 急激(급격) 急增(급증) 時急(시급) 至急(지급) 急速(급속) |
| | 焦眉之急(초미지급) : 「눈썹이 타게 될 만큼 위급한 상태(狀態)」란 뜻으로, 그대로 방치(放置)할 수 없는 매우 다급(多急)한 일이나 경우(境遇)를 비유(比喩・譬喩)한 말. |
| 心部(마음심) 5획 총9획 | 영hurried 중急[jí] 일キュウ(いそぐ) 【난이도】중학용, 읽기 6급Ⅱ, 쓰기 5급Ⅱ |

| 給 | 給 給 給 給 給 給 給 給 給 給 給 給 |
|---|---|
| | 給 給 給 給 給 |
| 줄 급 | 供給(공급) 支給(지급) 給與(급여) 需給(수급) 俸給(봉급) 月給(월급) 發給(발급) |
| | 給水功德(급수공덕) : 불교(佛敎)에서 물을 떠서 남에게 주는 공덕(功德), 즉 지극(至極)히 쉽고도 대단치 않으나, 남을 위(爲)하여 일하는 것은 선행(善行)이라는 말. |
| 糸部(실사) 6획 총12획 | 영give 중给[gěi] 일キュウ(いそぐ) 【난이도】중학용, 읽기 5급, 쓰기 4급 |

|  | 己 己 己 |
|---|---|
| | 己 己 己 己 己 |
| 몸 기 | 己丑(기축) 克己(극기) 利己心(이기심) 利己的(이기적) 自己(자기) 修己(수기) |
| | 克己復禮(극기복례) : 욕망(慾望)이나 사(詐)된 마음 등(等)을 자기자신(自己自身)의 의지력(意志力)으로 억제(抑制)하고 예의(禮儀)에 어그러지지 않도록 함. |
| 己部(몸기) 0획 총3획 | 영self 중jǐ 일キ・コ(おのれ) 【난이도】중학용, 읽기 5급Ⅱ, 쓰기 4급Ⅱ |

| 技 | 技技技技技技技 |
|---|---|
| | 技　技　技　技　技 |
| 재주 기 | 技術(기술) 競技(경기) 技能(기능) 特技(특기) 技巧(기교) 技師(기사) 技術的(기술적) |
| | 技術提携(기술제휴) : 나라와 나라끼리 기업(企業)이나 특허(特許), 기술(技術) 등(等)을 서로 교환(交換), 제휴(提携)하는 것. 五中沒技(오중몰기) : 화살을 다섯 개 쏘아서 다 맞힘. |
| 扌(手)部(재방변)4획총7획 | 영skill 중jì 일キ(わざ) 【난이도】 중학용, 읽기 5급, 쓰기 4급 |

| 其 | 其其其其其其其其 |
|---|---|
| | 其　其　其　其　其 |
| 그 기 | 其間(기간) 其餘(기여) 其亦(기역) 其他(기타) 各其(각기) 及其也(급기야) |
| | 去其枝葉(거기지엽) : 가지와 잎을 제거(除去)한다는 뜻으로, 사물(事物)의 원인(原因)이 되는 것을 없앤다는 말. 其臭如蘭(기취여란) : 절친(切親)한 친구(親舊) 사이. |
| 八部(여덟팔)6획 총8획 | 영it 중qí 일キ(その) 【난이도】 중학용, 읽기 3급II, 쓰기 2급 |

| 起 | 起起起起起起起起起起 |
|---|---|
| | 起　起　起　起　起 |
| 일어날 기 | 起訴(기소) 起源(기원) 想起(상기) 惹起(야기) 隆起(융기) 提起(제기) 起立(기립) |
| | 七顚八起(칠전팔기) : 일곱 번 넘어져도 여덟 번째 일어난다는 뜻으로, 실패(失敗)를 거듭하여도 굴하지 않고 다시 일어섬. |
| 走部(달릴주) 3획총10획 | 영rise 중qǐ 일キ(おきる·おこす·おこる)【난이도】 중학용, 읽기 4급II, 쓰기 3급II |

| 記 | 記記記記記記記記記記 |
|---|---|
| | 記　記　記　記　記 |
| 기록할 기 | 記錄(기록) 記憶(기억) 史記(사기) 記念(기념) 記者(기자) 日記(일기) 記號(기호) |
| | 博覽强記(박람강기) : 동서 고금의 서적을 널리 읽고, 그 내용을 잘 기억하고 있음. 大書特記(대서특기) : 뚜렷이 드러나게 큰 글씨로 쓰다라는 뜻으로, 누구나 알게 크게 여론화 함. |
| 言部(말씀언)3획 총10획 | 영record 중记[jì] 일キ(しるす)【난이도】 중학용, 읽기 7급II, 쓰기 6급 |

| 氣 | 氣氣氣氣氣氣氣氣氣氣 |
|---|---|
| | 氣　氣　氣　氣　氣 |
| 기운 기 | 景氣(경기) 節氣(절기) 感氣(감기) 電氣(전기) 空氣(공기) 氣溫(기온) 勇氣(용기) |
| | 浩然之氣(호연지기) : ① 도의(道義)에 근거(根據)를 두고 굽히지 않고 흔들리지 않는 바르고 큰 마음. ② 하늘과 땅 사이에 가득 찬 넓고 큰 정기(精氣). |
| 气部(기운기엄)6획총10획 | 영energy, air 중气[qì] 일気[キ·ケ]【난이도】 중학용, 읽기 7급II, 쓰기 6급 |

| 旣 | 旣旣旣旣白白自旣旣旣旣 |
|---|---|
| | 旣 旣 旣 旣 旣 |
| | 旣決(기결) 旣得權(기득권) 旣成(기성) 旣往(기왕) 旣定(기정) 旣存(기존) |
| 이미 기 | 旣往之事(기왕지사) : 이미 지나간 일.  旣定(기정) : ① 이미 정함.  ② 미리 작정함.<br>旣望(기망) : 음력으로 매달 16일, 이미 망월(望月:15일)이 지났다는 뜻에서 16일. |
| 无部(이미기방) 7획 총11획 | 영already  중旣[jì]  일旣[キ](すでに) 【난이도】중학용, 읽기 3급, 쓰기 2급 |

| 基 | 基基甘甘其其其其基基 |
|---|---|
| | 基 基 基 基 基 |
| | 基盤(기반) 基本(기본) 基調(기조) 基準(기준) 基地(기지) 基礎(기초) 基金(기금) |
| 터 기 | 榮業所基(영업소기) : (이상)과 같이 잘 지키면 번성하는 기본(基本)이 됨.<br>不失基本(불실기본) : 본분(本分)을 잃지 아니하고 잘 지킴. |
| 土部(흙토) 8획 총11획 | 영base  중jī  일キ(もと·もとい) 【난이도】중학용, 읽기 5급II, 쓰기 4급II |

| 期 | 期甘甘其其其其期期期期 |
|---|---|
| | 期 期 期 期 期 |
| | 期待(기대) 期間(기간) 早期(조기) 時期(시기) 任期(임기) 延期(연기) 初期(초기) |
| 기약할 기 | 百年佳期(백년가기) : 남편과 아내가 되어 한평생 같이 지내자는 아름다운 언약.<br>不期而會(불기이회) : 뜻하지 아니한 때에 우연(偶然)히 서로 만남 |
| 月部(달월) 8획 총12획 | 영expect · meet  중qī  일キ·ゴ(かならず) 【난이도】중학용, 읽기 5급, 쓰기 4급 |

| 幾 | 幾幾幾幾幾幾幾幾幾幾幾幾 |
|---|---|
| | 幾 幾 幾 幾 幾 |
| | 幾年(기년) 幾微(기미) 幾數(기수) 幾日(기일) 幾何(기하) 幾回(기회) 幾十(기십) |
| 몇 기 | 幾死之境(기사지경) : 거의 다 죽게 된 지경(地境).<br>幾至死境(기지사경) : 거의 죽을 지경(地境)에 이름. |
| 幺部(작을요)9획총12획 | 영disposition, some  중几[jī]  일キ(いく) 【난이도】중학용, 읽기 3급, 쓰기 2급 |

| 吉 | 吉吉吉吉吉吉 |
|---|---|
| | 吉 吉 吉 吉 吉 |
| | 吉慶(길경) 吉坤(길곤) 吉運(길운) 吉兆(길조) 吉凶(길흉) 吉日(길일) 涓吉(연길) |
| 길할 길 | 吉凶禍福(길흉화복) : 길흉과 화복이라는 뜻으로, 즉 사람의 운수(運數)를 이름.<br>立春大吉(입춘대길) : 입춘(立春)을 맞이하여 길운(吉運)을 기원(祈願)하는 글. |
| 口部(입구) 3획 총6획 | 영lucky  중jí  일キチ·キツ(よい) 【난이도】중학용, 읽기 5급, 쓰기 4급 |

## 暖

**따뜻할 난**

暖暖暖暖暖暖暖暖暖暖暖暖暖

暖暖暖暖暖

暖房(난방) 溫暖(온난) 暖春(난춘) 地球溫暖化(지구온난화) 暖流(난류) 暖冬(난동)

飽食暖衣(포식난의) : 배 부르게 먹고 따뜻하게 옷을 입는다는 뜻으로, 의식(衣食)이 넉넉하여 불편(不便)함이 없이 편하게 지냄을 이르는 말.

日部(날일) 9획 총13획 | 영warm 중暖[nuǎn] 일ダン(あたたか·あたたかい) 【난이도】 중학용, 읽기 4급Ⅱ, 쓰기 3급Ⅱ

## 難

**어려울 난**

難難難難難苗苗苣莫莫莫難難難難難難難

難難難難難

難民(난민) 難易度(난이도) 難題(난제) 困難(곤란) 災難(재난) 患難(환난) 險難(험난)

難兄難弟(난형난제) : 누구를 형이나 아우라 하기 어렵다는 뜻으로, ① 누가 더 낫다고 할 수 없을 정도로 서로 비슷함. ② 사물의 우열이 없다는 말로 곧 비슷하다는 말.

隹部(새추)11획총19획 | 영difficult 중难[nán] 일ナン(むずかしい) 【난이도】 중학용, 읽기 4급Ⅱ, 쓰기 3급Ⅱ

## 男

**사내 남**

男男男男男男男

男男男男男

男女(남녀) 男妹(남매) 男性(남성) 男子(남자) 男便(남편) 妻男(처남) 次男(차남)

甲男乙女(갑남을녀) : 甲(갑)이라는 남자(男子)와 乙(을)이라는 여자라는 뜻으로, 신분이나 이름이 알려지지 아니한 그저 평범한 사람들을 이르는 말, 보통 평범한 사람들.

田部(밭전) 2획 총7획 | 영man 중nán 일ダン·ナン(おとこ) 【난이도】 중학용, 읽기 7급Ⅱ, 쓰기 6급

## 南

**남녘 남**

南南南南南南南南南

南南南南南

南極(남극) 南北(남북) 江南(강남) 慶南(경남) 嶺南(영남) 湖南(호남) 南側(남측)

南柯一夢(남가일몽) : 남쪽 가지에서의 꿈이란 뜻으로, 덧없는 꿈이나 한때의 헛된 부귀영화(富貴榮華)를 이르는 말.

十部(열십)7획총9획 | 영south 중nán 일ナン·ナ(みなみ) 【난이도】 중학용, 읽기 8급, 쓰기 6급Ⅱ

## 乃

**이에 내**

乃乃

乃公(내공) 乃父(내부) 乃至(내지) 乃後(내후) 人乃天(인내천) 終乃(종내)

乃服衣裳(내복의상) : 이에 의복(衣服)을 입게 하니 황제(黃帝)가 의관(衣冠)을 지어 등분(等分)을 분별(分別)하고 위의(威儀)를 엄숙(嚴肅)케 했음.

ノ部(삐침별) 1획총 2획 | 영namely 중nǎi 일ナイ[すなわち·なんじ] 【난이도】 중학용, 읽기 3급, 쓰기 2급

38

| 內 | 內內內內 |
|---|---|
| | [內] [內] [內] [內] [內] ☐ ☐ ☐ ☐ ☐ |
| 안 내 | 內閣(내각) 內需(내수) 內譯(내역) 內容(내용) 國內(국내) 案內(안내) 市內(시내) |
| | 內憂外患(내우외환) : 내부(內部)에서 일어나는 근심과 외부(外部)로부터 받는 근심<br>이란 뜻으로, 나라 안팎의 여러 가지 어려운 사태(事態)를 이르는 말. |
| 入部(들입) 2획 총4획 | 영inside 중內[nèi] 일內[ナイ](うち)【난이도】중학용, 읽기 7급II, 쓰기 6급 |

| 女 | 女女女 |
|---|---|
| | [女] [女] [女] [女] [女] ☐ ☐ ☐ ☐ ☐ |
| 계집 녀(여) | 女史(여사) 女性(여성) 女子(여자) 女人(여인) 男女(남녀) 處女(처녀) |
| | 善男善女(선남선녀) : 착한 남자(男子)와 착한 여자(女子)라는 뜻으로, ① 불교<br>(佛敎)에 귀의(歸依)한 남녀(男女). ② 신심이 깊은 사람들을 이르는 말. |
| 女部(계집녀) 0획 총3획 | 영female 중nǚ 일ジョ(おんな)【난이도】중학용, 읽기 8급, 쓰기 6급II |

| 年 | 年年午午年年 |
|---|---|
| | [年] [年] [年] [年] [年] ☐ ☐ ☐ ☐ ☐ |
| 해 년(연) | 年金(연금) 年齡(연령) 年末(연말) 來年(내년) 每年(매년) 昨年(작년) 今年(금년) |
| | 權不十年(권불십년) : 권세는 10년을 넘지 못한다는 뜻으로, ① 권력은 오래가지<br>못하고 늘 변함. ② 또는 영화(榮華)는 일시적이어서 계속(繼續)되지 않음. |
| 干部(방패간)3획 총6획 | 영year 중nián 일ネン(とし)【난이도】중학용, 읽기 8급, 쓰기 6급II |

| 念 | 念念念念念念念念 |
|---|---|
| | [念] [念] [念] [念] [念] ☐ ☐ ☐ ☐ ☐ |
| 생각 념(염) | 念頭(염두) 念慮(염려) 念願(염원) 觀念(관념) 記念(기념) 無念(무념) 默念(묵념) |
| | 無念無想(무념무상) : 일체(一切)의 생각이 없다는 뜻으로, 무아(無我)의 경지(境地)에<br>이르러 일체(一切)의 상념(想念)이 없음을 이르는 말. |
| 心部(마음심) 4획총8획 | 영think 중念[niàn] 일ネン(おもう)【난이도】중학용, 읽기 5급II, 쓰기 4급II |

| 怒 | 怒怒怒怒怒怒怒怒怒 |
|---|---|
| | [怒] [怒] [怒] [怒] [怒] ☐ ☐ ☐ ☐ ☐ |
| 성낼 노 | 憤怒(분노) 忿怒(분노) 大怒(대노) 怒氣(노기) 怒號(노호) 大怒(대로) 激怒(격노) |
| | 怒蠅拔劍(노승발검) : 파리를 보고 화를 내어 칼을 빼들고 쫓는다는 뜻으로,<br>① 사소한 일에 화를 잘냄. ② 보잘것없는 작은 일에 지나치게 큰 대책을 세움. |
| 心部(마음심)5획 총9획 | 영angry 중nù 일ド(いかる·おこる)【난이도】중학용, 읽기 4급II, 쓰기 3급II |

## 農

**농사 농**

辰部(별진) 6획 총13획

農農農農農農農農農農農農農

| 農 | 農 | 農 | 農 | 農 | | | | | | | |
|---|---|---|---|---|---|---|---|---|---|---|---|

農家(농가) 農民(농민) 農夫(농부) 農事(농사) 農業(농업) 農村(농촌) 農牛(농우)

農不失時(농불실시) : 농사(農事)짓는 일은 제 때를 놓치지 말아야 한다는 뜻. 배움도 이와 마찬가지로 배움의 때를 놓쳐서는 절대로 안 된다.

영farming 중農[nóng] 일ノウ【난이도】중학용, 읽기 7급Ⅱ, 쓰기 6급Ⅱ

---

## 能

**능할 능**

月部(달월)6획총10획

能能能能能能能能能能

| 能 | 能 | 能 | 能 | 能 | | | | | | | |
|---|---|---|---|---|---|---|---|---|---|---|---|

可能性(가능성) 能力(능력) 可能(가능) 機能(기능) 不可能(불가능) 修能(수능)

能書不擇筆(능서불택필) : 글씨를 잘 쓰는 이는 붓을 가리지 않는다는 뜻으로, 일에 능한 사람은 도구를 탓하지 않음을 이르는 말.

영able 중néng 일ノウ(よく)【난이도】중학용, 읽기 5급Ⅱ, 쓰기 4급Ⅱ

---

## 多

**많을 다**

夕部(저녁석) 3획 총6획

多多多多多多

| 多 | 多 | 多 | 多 | 多 | | | | | | | |
|---|---|---|---|---|---|---|---|---|---|---|---|

多急(다급) 多少(다소) 多數(다수) 多樣(다양) 多幸(다행) 過多(과다) 最多(최다)

多岐亡羊(다기망양) : 달아난 양을 찾다가 여러 갈래 길에 이르러 양을 잃었다는 뜻으로, ① 학문의 길이 여러 갈래로 나뉘어져 있어 진리를 찾기 어려움. ② 방침이 많아 할 바를 모르게 됨.

영many 중duō 일夕(おおい)【난이도】중학용, 읽기 6급, 쓰기 5급

---

## 丹

**붉을 단**

、部(점주)3획 총4획

丹丹丹丹

| 丹 | 丹 | 丹 | 丹 | 丹 | | | | | | | |
|---|---|---|---|---|---|---|---|---|---|---|---|

丹鳳(단봉) 丹粧(단장) 丹靑(단청) 丹楓(단풍) 牡丹(모란) 牧丹(목단) 丹田(단전)

一片丹心(일편단심) : 한 조각의 붉은 마음이란 뜻으로, ① 한결같은 참된 정성, 변치 않는 참된 마음을 이름. ② 오로지 한 곳으로 향한, 한 조각의 붉은 마음.

영red 중dān 일タン(あか)【난이도】중학용, 읽기 3급Ⅱ, 쓰기 2급

---

## 但

**다만 단**

亻部(사람인변)5획 총7획

但但但但但但但

| 但 | 但 | 但 | 但 | 但 | | | | | | | |
|---|---|---|---|---|---|---|---|---|---|---|---|

但只(단지) 非但(비단) 但書(단서) 不但空(부단공) 但馬(단마) 但中星(단중성)

但書(단서) : 첫머리에 「단(但)」자를 붙여 그 앞에 나옴. 본문(本文)의 설명(說明)이나 조건(條件)·예외(例外) 등(等)을 밝혀 나타내는 글.

영only 중dàn 일タン·ダン(ただし)【난이도】중학용, 읽기 3급Ⅱ, 쓰기 2급

| 單 | 單單單單單單單單單單單單 | | | | | | | | | |
|---|---|---|---|---|---|---|---|---|---|---|
| | 單 | 單 | 單 | 單 | 單 | | | | | |

홑 단

單純(단순) 簡單(간단) 單獨(단독) 單位(단위) 單語(단어) 名單(명단) 單價(단가)

單刀直入(단도직입) : 혼자서 칼을 휘두르고 거침없이 적진으로 쳐들어간다는 뜻으로, 문장이나 언론의 너절한 허두(虛頭)를 빼고 바로 그 요점으로 풀이하여 들어감을 이르는 말.

口部(입구) 9획 총12획 　영single　중单[dān]　일単[タン](ひとえ)　【난이도】중학용, 읽기 4급II, 쓰기 3급II

| 短 | 短短短矢矢矢短短短短短短 | | | | | | | | | |
|---|---|---|---|---|---|---|---|---|---|---|
| | 短 | 短 | 短 | 短 | 短 | | | | | |

짧을 단

短縮(단축) 長短(장단) 短期(단기) 短期的(단기적) 短期間(단기간) 短點(단점)

絕長補短(절장보단) : 긴 것을 잘라서 짧은 것에 보태어 부족(不足)함을 채운다는 뜻으로, 좋은 것으로 부족(不足)한 것을 보충(補充)함을 이르는 말.

矢部(화살시) 7획 총12획 　영short　중duǎn　일タン(みじかい)　【난이도】중학용, 읽기 6급II, 쓰기 5급II

| 端 | 端端端端端端端端端端端端端端 | | | | | | | | | |
|---|---|---|---|---|---|---|---|---|---|---|
| | 端 | 端 | 端 | 端 | 端 | | | | | |

끝 단, 단정할 단

端末(단말) 端緒(단서) 端正(단정) 多端(다단) 末端(말단) 北端(북단) 異端(이단)

首鼠兩端(수서양단) : 구멍 속에서 목을 내민 쥐가 나갈까 말까 망설인다는 뜻으로, ① 거취를 결정하지 못하고 망설이는 모양 ② 어느 쪽으로도 붙지 않고 양다리를 걸치는 것을 이르는 말.

立部(설립) 9획 총14획 　영end　중duān　일タン(はし・はた・は)　【난이도】중학용, 읽기 4급II, 쓰기 3급II

| 達 | 達達達達達達達達達達達達達 | | | | | | | | | |
|---|---|---|---|---|---|---|---|---|---|---|
| | 達 | 達 | 達 | 達 | 達 | | | | | |

통달할 달

達辯(달변) 達成(달성) 熟達(숙달) 調達(조달) 暢達(창달) 通達(통달) 發達(발달)

欲速不達(욕속부달) : ① 빨리 하고자 하면 도달(到達)하지 못함.
② 어떤 일을 급(急)하게 하면 도리어 이루지 못함.

辶部(책받침) 9획총13획 　영succeed　중达[dá]　일達[タツ](さとる)　【난이도】중학용, 읽기 4급II, 쓰기 3급II

| 談 | 談談談談談談談談談談談談談談談 | | | | | | | | | |
|---|---|---|---|---|---|---|---|---|---|---|
| | 談 | 談 | 談 | 談 | 談 | | | | | |

말씀 담

會談(회담) 懇談會(간담회) 頂上會談(정상회담) 俗談(속담) 壯談(장담) 德談(덕담)

街談巷說(가담항설) : ① 길거리나 세상 사람들 사이에 떠도는 이야기. ② 세상에 떠도는 뜬 소문. 巷談(항담) : 거리에 떠도는 소문, 동네에서 뭇 사람들이 지껄여 옮기는 말.

言部(말씀언) 8획총15획 　영speak　중谈[tán]　일ダン(はなす)　【난이도】중학용, 읽기 5급, 쓰기 4급

答答答答答答答答答答答答

| 答 | 答 | 答 | 答 | 答 | | | |

答辯(답변) 對答(대답) 問答(문답) 應答(응답) 解答(해답) 和答(화답) 正答(정답)

東問西答(동문서답) : 동쪽을 묻는 데 서쪽을 대답(對答)한다는 뜻으로, 묻는 말에 대(對)하여 전혀 엉뚱한 대답(對答).

**대답할 답**

竹部(대죽)6획 총12획 | 영answer 중dá 일トウ(こたえ·こたえる) 【난이도】중학용, 읽기 7급Ⅱ, 쓰기 6급

---

堂堂堂堂堂堂堂堂堂堂堂

| 堂 | 堂 | 堂 | 堂 | 堂 | | | |

講堂(강당) 內堂(내당) 堂堂(당당) 祠堂(사당) 書堂(서당) 食堂(식당) 佛堂(불당)

先堂(선당) : ① 남의 어머니의 경칭(敬稱). 모당(母堂). 모부인(母夫人).
② 천자(天子)를 낳은 부인(夫人)을 이르는 말.

**집 당**

土部(흙토) 8획 총11획 | 영house 중táng 일トウ(おもてざしき) 【난이도】중학용, 읽기 6급Ⅱ, 쓰기 5급Ⅱ

---

當當當當當當當當當當當當當

| 當 | 當 | 當 | 當 | 當 | | | |

當局(당국) 當面(당면) 當選(당선) 當然(당연) 當場(당장) 擔當(담당) 當職(당직)

當來導師(당래도사) : 내세에 출현하는 도사. 지금으로부터 56억 7천만 세(歲)를 지나 이 세계에 출현, 성도(成道)하여 중생을 화도(化導) 한다는 미륵보살.

**마땅할 당**

田部(밭전) 8획총13획 | 영suitable 중当[dāng] 일当[トウ](あたる) 【난이도】중학용, 읽기 5급Ⅱ, 쓰기 4급Ⅱ

---

大大大

| 大 | 大 | 大 | 大 | 大 | | | |

大暑(대서) 大統領(대통령) 大寒(대한) 大韓民國(대한민국) 最大(최대) 大幅(대폭)

大器晩成(대기만성) : 큰 그릇은 늦게 이루어진다는 뜻으로, ① 크게 될 인물은 오랜 공적을 쌓아 늦게 이루어짐. ② 또는, 만년이 되어 성공하는 일을 이름.

**큰 대**

大部(큰대)0획총3획 | 영great 중dà 일タイ(おおきい) 【난이도】중학용, 읽기 8급, 쓰기 6급Ⅱ

---

代代代代代

| 代 | 代 | 代 | 代 | 代 | | | |

代表(대표) 代替(대체) 時代(시대) 代身(대신) 代案(대안) 代辯人(대변인)

前代未聞(전대미문) : 「지난 시대에는 들어 본 적이 없다」는 뜻으로, 매우 놀랍거나 새로운 일을 이르는 말. 絕代佳人(절대가인) : 이 세상에 비할 데 없는 미인.

**대신할 대**

イ部(사람인변)3획 총5획 | 영substitute 중dài 일タイ·ダイ(かえる·かわる) 【난이도】중학용, 읽기 6급Ⅱ, 쓰기 5급Ⅱ

待待待待待待待待待

待 待 待 待 待

**待** 기다릴 대

期待(기대) 企待(기대) 虐待(학대) 待接(대접) 待遇(대우) 忽待(홀대) 優待(우대)

席藁待罪(석고대죄) : 거적을 깔고 엎드려 벌 주기를 기다린다는 뜻으로, 죄과에 대한 처분을 기다림.
鶴首苦待(학수고대) : 학처럼 목을 길게 빼고 기다린다는 뜻으로, 몹시 기다림을 이르는 말.

彳部(두인변) 6획 총 9획 | 영wait 중dài 일タイ(まつ) 【난이도】 중학용, 읽기 6급, 쓰기 5급

---

對對對對對對對對對對對對對對

對 對 對 對 對

**對** 대할 대

對策(대책) 對象(대상) 對應(대응) 反對(반대) 對備(대비) 對話(대화) 對峙(대치)

刮目相對(괄목상대) : 눈을 비비고 다시 보며 상대(相對)를 대(對)한다는 뜻으로, 다른 사람의 학식(學識)이나 업적(業績)이 크게 진보(進步)한 것을 말함.

寸部(마디촌) 11획 총14획 | 영reply 중对[duì] 일対[タイ](こたえる) 【난이도】 중학용, 읽기 6급II, 쓰기 5급II

---

德德德德德德德德德德德德德

德 德 德 德 德

**德** 덕 덕

德談(덕담) 德目(덕목) 德分(덕분) 德澤(덕택) 道德(도덕) 美德(미덕) 恩德(은덕)

背恩忘德(배은망덕) : 남에게 입은 은덕(恩德)을 잊고 배반(背反)함.
德不孤必有隣(덕불고필유린) : 덕이 있으면 따르는 사람이 있으므로 외롭지 않다는 뜻.

彳部(두인변) 12획총15획 | 영virtue 중德[dé] 일德[トク] 【난이도】 중학용, 읽기 5급II, 쓰기 4급II

---

刀刀

刀 刀 刀 刀 刀

**刀** 칼 도

銀粧刀(은장도) 長刀(장도) 短刀(단도) 大刀(대도) 面刀(면도) 寶刀(보도)

單刀直入(단도직입) : 혼자서 칼을 휘두르고 거침없이 적진으로 쳐들어간다는 뜻으로, 문장이나 언론의 너절한 허두(虛頭)를 빼고 바로 그 요점으로 풀이하여 들어감을 이르는 말.

刀部(칼도) 0획 총2획 | 영knife 중dāo 일トウ(かたな) 【난이도】 중학용, 읽기 3급II, 쓰기 2급

---

到到到到到到到到

到 到 到 到 到

**到** 이를 도

到着(도착) 到底(도저) 到達(도달) 殺到(쇄도) 到來(도래) 到處(도처) 殺到(쇄도)

精神一到何事不成(정신일도하사불성) : 정신을 한 곳으로 하면 무슨 일인들 이루어지지 않으랴라는 뜻으로, 정신을 집중하여 노력하면 어떤 어려운 일이라도 성취할 수 있다는 말.

刂部(선칼도방) 6획 총8획 | 영reach 중dào 일トウ(いたる) 【난이도】 중학용, 읽기 5급II, 쓰기 4급II

| 度 |
|---|
| 법도 도 |
| 厂部(엄호) 6획 총9획 |

度度度度度度度度度

度度度度度

制度(제도) 態度(태도) 速度(속도) 印度(인도) 過度(과도) 溫度(온도) 極度(극도)

度外視(도외시) : ① 안중에 두지 아니하고 무시함. ② 문제삼지 않음. ③ 불문에 부침.
優遊度日(우유도일) : 하는 일없이 한가롭게 세월을 보냄.

영law 중dù 일ド·タク·ト(のり) 【난이도】중학용, 읽기 6급, 쓰기 5급

| 島 |
|---|
| 섬 도 |
| 山部(뫼산)7획총10획 |

島島島島島島島島島島

島島島島島

獨島(독도) 韓半島(한반도) 汝矣島(여의도) 鬱陵島(울릉도) 島嶼(도서) 半島(반도)

無人孤島(무인고도) : 사람이 살지 않는 멀리 떨어진 외딴 섬.
絶海孤島(절해고도) : 육지(陸地)에서 아주 멀리 떨어져 있는 외로운 섬.

영island 중島[dǎo] 일トウ(しま) 【난이도】중학용, 읽기 5급, 쓰기 4급

| 徒 |
|---|
| 무리 도 |
| 彳部(두인변) 7획 총10획 |

徒徒徒徒徒徒徒徒徒徒

徒徒徒徒徒

門徒(문도) 信徒(신도) 教徒(교도) 徒消(도소) 徒銷(도소) 徒步(도보) 徒勞(도로)

家徒四壁(가도사벽) : 「집안이 네 벽 뿐」이라는 뜻으로, 집안 형편이 매우 어렵다는 것을 이르는 말. 無爲徒食(무위도식) : 하는 일 없이 헛되이 먹기만 함.

영crowd 중tú 일ト·ズ(かち) 【난이도】중학용, 읽기 4급, 쓰기 3급

| 都 |
|---|
| 도읍 도 |
| 阝(邑)部(우부방)9획총12획 |

都都都都都都都都都都都都

都都都都都

都市(도시) 都心(도심) 古都(고도) 首都(수도) 新都市(신도시) 王都(왕도)

松都三絶(송도삼절) : 황 진이가 칭한 말로 송도의 세 가지 유명(有名)한 존재(存在). 곧 서 화담, 황 진이, 박연폭포(瀑布)를 말함.

영capital 중都[dū] 일都[トウ](みやこ) 【난이도】중학용, 읽기 5급, 쓰기 4급

| 道 |
|---|
| 길 도 |
| 辶部(책받침)9획총13획 |

道道道道道道道道道道道道

道道道道道

道德(도덕) 道路(도로) 道理(도리) 軌道(궤도) 報道(보도) 鐵道(철도) 索道(삭도)

安貧樂道(안빈낙도) : ① 구차(苟且)하고 궁색(窮塞)하면서도 그것에 구속되지 않고 평안하게 즐기는 마음으로 살아감. ② 가난에 구애 받지 않고 도(道)를 즐김.

영road 중道[dào] 일道[トウ](みち) 【난이도】중학용, 읽기 7급, 쓰기 6급

圖 圖 圖 圖 圖 圖 圖 圖 圖 圖 圖 圖 圖 圖

| 圖 | 圖 | 圖 | 圖 | 圖 | | | |

**그림 도**

圖謀(도모) 圖書(도서) 試圖(시도) 意圖(의도) 地圖(지도) 圖章(도장)

河圖洛書(하도낙서) : 고대 중국에서 예언이나 수리(數理)의 기본이 된 책(冊).
各自圖生(각자도생) : 사람은 제각기 살아갈 방법(方法)을 도모(圖謀)함.

口部(큰입구몸)11획 총14획 | 영picture 중图[tú] 일図[ズ·ト](はかる) 【난이도】 중학용, 읽기 6급Ⅱ, 쓰기 5급Ⅱ

---

獨 獨 獨 獨 獨 獨 獨 獨 獨 獨 獨 獨 獨 獨 獨

| 獨 | 獨 | 獨 | 獨 | 獨 | | | |

**홀로 독**

獨島(독도) 獨立(독립) 獨逸(독일) 獨裁(독재) 獨特(독특) 單獨(단독) 唯獨(유독)

獨不將軍(독불장군) : 혼자서는 장군을 못한다는 뜻으로, 남의 의견을 무시하고 혼자 모든 일을 처리하는 사람의 비유(比喩·譬喩). 급해야 서둘러서 일을 함.

犭部(개사슴록변)13획 총16획 | 영alone 중独[dú] 일独[ドク] 【난이도】 중학용, 읽기 5급Ⅱ, 쓰기 4급Ⅱ

---

讀 讀 讀 讀 讀 讀 讀 讀 讀 讀 讀 讀 讀 讀 讀 讀 讀 讀 讀 讀

| 讀 | 讀 | 讀 | 讀 | 讀 | | | |

**읽을 독/구절 두**

讀書(독서) 讀者(독자) 句讀(구두) 朗讀(낭독) 吏讀(이두) 精讀(정독) 速讀(속독)

牛耳讀經(우이독경) : '쇠귀에 경 읽기'란 뜻으로, 우둔(愚鈍)한 사람은 아무리 가르치고 일러주어도 알아듣지 못함을 비유(比喩·譬喩)하여 이르는 말.

言部(말씀언)15획 총22획 | 영read 중读[dú] 일読[ドク](よむ) 【난이도】 중학용, 읽기 6급Ⅱ, 쓰기 5급Ⅱ

---

冬 冬 冬 冬 冬

| 冬 | 冬 | 冬 | 冬 | 冬 | | | |

**겨울 동**

冬眠(동면) 冬至(동지) 暖冬(난동) 立冬(입동) 春夏秋冬(춘하추동) 猛冬(맹동)

冬蟲夏草(동충하초) : 겨울에는 벌레이던 것이 여름에는 풀이 된다는 뜻으로, 동충하초과의 버섯을 통틀어 이르는 말. 거미·매미 따위의 곤충의 시체에 기생(寄生)하여 자실체(子實體)를 냄.

冫部(이수변) 3획 총5획 | 영winter 중dōng 일トウ(ふゆ) 【난이도】 중학용, 읽기 7급, 쓰기 6급

---

同 同 同 同 同 同

| 同 | 同 | 同 | 同 | 同 | | | |

**한가지 동**

同僚(동료) 同生(동생) 同時(동시) 同意(동의) 同胞(동포) 共同(공동) 合同(합동)

同病相憐(동병상련) : 같은 병자(病者)끼리 가엾게 여긴다는 뜻으로, 어려운 처지(處地)에 있는 사람끼리 서로 불쌍히 여겨 동정(同情)하고 서로 도움.

口部(입구) 3획 총6획 | 영same 중tóng 일トウ(おなじ) 【난이도】 중학용, 읽기 7급, 쓰기 6급

**東**

동녘 동

木部(나무목) 4획 총8획

東東東東東東東東

| 東 | 東 | 東 | 東 | 東 | | | | | |
|---|---|---|---|---|---|---|---|---|---|

東宮(동궁) 東大門(동대문) 東方(동방) 東西南北(동서남북) 東海(동해) 東山(동산)

馬耳東風(마이동풍) : 말 귀에 동풍이라는 뜻으로, 남의 비평(批評)이나 의견(意見)을 조금도 귀담아 듣지 아니하고 흘려 버림을 이르는 말.

영east 중东[dōng] 일トウ(ひがし) 【난이도】 중학용, 읽기 8급, 쓰기 6급II

---

**洞**

마을 동

氵部(삼수변)6획 총9획

洞洞洞洞洞洞洞洞洞

| 洞 | 洞 | 洞 | 洞 | 洞 | | | | | |
|---|---|---|---|---|---|---|---|---|---|

洞口(동구) 洞窟(동굴) 洞里(동리) 洞長(동장) 洞察(통찰) 洞察力(통찰력)

洞房華燭(동방화촉) : 부인의 방에 촛불이 아름답게 비친다는 뜻으로, 신랑이 신부의 방에서 첫날밤을 지내는 일. 결혼식(結婚式)날 밤 또는 혼례(婚禮)를 이르는 말.

영village 중dòng 일トウ(ほら) 【난이도】 중학용, 읽기 7급, 쓰기 6급

---

**動**

움직일 동

力部(힘력) 9획 총11획

動動動動動動動動動動動

| 動 | 動 | 動 | 動 | 動 | | | | | |
|---|---|---|---|---|---|---|---|---|---|

動作(동작) 不動産(부동산) 運動(운동) 移動(이동) 行動(행동) 活動(활동)

伏地不動(복지부동) : 땅에 엎드려 움직이지 아니한다는 뜻으로, 마땅히 해야 할 일을 하지 않고 몸을 사림을 비유(比喩·譬喩)하여 이르는 말.

영move 중动[dòng] 일ドウ(うごかす·うごく) 【난이도】 중학용, 읽기 7급II, 쓰기 6급

---

**童**

아이 동

立部(설립) 7획 총12획

童童童童童童童童童童童童

| 童 | 童 | 童 | 童 | 童 | | | | | |
|---|---|---|---|---|---|---|---|---|---|

兒童(아동) 童子(동자) 童話(동화) 童男(동남) 孩童(해동) 童孩(동해) 童蒙(동몽)

三尺童子(삼척동자) :키가 석 자밖에 되지 않는 어린아이라는 뜻으로, 철모르는 어린아이를 이르는 말. 童子削髮(동자삭발) : 어릴 때에 출가하여 승려가 됨.

영child 중tóng 일ドウ(わらべ) 【난이도】 중학용, 읽기 6급II, 쓰기 5급II

---

**斗**

말 두

斗部(말두) 0획 총4획

斗斗斗斗

| 斗 | 斗 | 斗 | 斗 | 斗 | | | | | |
|---|---|---|---|---|---|---|---|---|---|

斗頓(두둔) 泰斗(태두) 山斗(산두) 斗宇(두우) 北斗七星(북두칠성) 大斗(대두)

車載斗量(거재두량) : 「수레에 싣고 말(斗)로 될 수 있을 정도(程度)」라는 뜻으로, 인재(人材)나 물건(物件)이 아주 많음을 비유함.

영measure 중dǒu 일ト(とます) 【난이도】 중학용, 읽기 4급II, 쓰기 3급II

| | |
|---|---|
| **豆**<br>콩 두<br>豆部(콩두) 0획 총7획 | 豆豆豆豆豆豆豆<br>豆 豆 豆 豆 豆<br>豆腐(두부) 山豆根(산두근) 大豆(대두) 綠豆(녹두) 豆滿江(두만강) 豆油(두유)<br>一簞食一豆羹(일단사일두갱) : 대나무로 만든 밥그릇 하나에 담긴 밥과 제기(祭器) 하나에 떠 놓은 국이라는 뜻으로, ① 얼마 안되는 음식. ② 변변치 못한 음식.<br>영bean 중dòu 일ズ·トウ(まめ) 【난이도】 중학용, 읽기 4급II, 쓰기 3급II |

| | |
|---|---|
| **頭**<br>머리 두<br>頁部(머리혈) 7획 총16획 | 頭頭頭頭頭頭頭頭頭頭頭頭頭頭頭頭<br>頭 頭 頭 頭 頭<br>饅頭(만두) 念頭(염두) 話頭(화두) 劈頭(벽두) 年頭(연두) 冒頭(모두) 頭腦(두뇌)<br>羊頭狗肉(양두구육) : 「양(羊) 머리를 걸어놓고 개고기를 판다」는 뜻으로, ① 겉은 훌륭해 보이나 속은 그렇지 못한 것. ② 겉과 속이 서로 다름. ③말과 행동이 일치하지 않음.<br>영head 중头[dú] 일トウ(あたま·かしら) 【난이도】 중학용, 읽기 6급, 쓰기 5급 |

| | |
|---|---|
| **得**<br>얻을 득<br>彳部(두인변)8획 총11획 | 得得得得得得得得得得得<br>得 得 得 得 得<br>得失(득실) 得意(득의) 納得(납득) 說得(설득) 所得(소득) 獲得(획득) 利得(이득)<br>一擧兩得(일거양득) : ① 한 번 들어 둘을 얻음. ② 한 가지의 일로 두 가지의 이익을 보는 것.<br>種豆得豆(종두득두) : 콩을 심어 콩을 얻는다는 뜻으로, 원인에 따라 결과가 생긴다는 말.<br>영get 중de 일トク(える) 【난이도】 중학용, 읽기 4급II, 쓰기 3급II |

| | |
|---|---|
| **登**<br>오를 등<br>癶部(필발머리)7획 총12획 | 登登登登登登登登登登登登<br>登 登 登 登 登<br>登校(등교) 登錄(등록) 登山(등산) 登院(등원) 登場(등장) 登載(등재) 登壇(등단)<br>登龍門(등용문) : 용문(龍門)에 오른다는 뜻으로, ① 입신(立身) 출세(出世)의 관문(關門)을 이르는 말. ② 또는 뜻을 펴서 크게 영달함을 비유해 이르는 말.<br>영climb 중dēng 일ト·トウ(のぼる) 【난이도】 중학용, 읽기 7급, 쓰기 6급 |

| | |
|---|---|
| **等**<br>무리 등<br>竹部(대죽)6획총12획 | 等等等等等等等等等等等等<br>等 等 等 等 等<br>等級(등급) 高等(고등) 均等(균등) 劣等感(열등감) 差等(차등) 平等(평등) 降等(강등)<br>兩性平等(양성평등) : 남자와 여자가 사회적(社會的)으로나 법률적(法律的)으로 성별(性別)에 의(依)한 차별(差別)이 없이 동등(同等)하게 받는 대우(待遇).<br>영class 중děng 일トウ(ひとしい) 【난이도】 중학용, 읽기 6급II, 쓰기 5급II |

# 燈

등잔 등

火部(불화)12획총16획

燈油(등유) 點燈(점등) 街路燈(가로등) 信號燈(신호등) 消燈(소등) 電燈(전등)

燈下不明(등하불명) : '등잔(燈盞) 밑이 어둡다'는 뜻으로, ① 가까이 있는 것이 도리어 알아내기 어려움을 이르는 말. ② 남의 일은 잘 알 수 있으나 제 일은 자기가 잘 모른다는 말.

영lamp 중灯[dēng] 일灯[トウ](ひ) 【난이도】 중학용, 읽기 4급Ⅱ, 쓰기 3급Ⅱ

---

# 落

떨어질 락

艹部(초두머리) 9획총13획

落選(낙선) 漏落(누락) 轉落(전락) 墮落(타락) 墜落(추락) 下落(하락) 急落(급락)

烏飛梨落(오비이락) : '까마귀 날자 배 떨어진다'는 속담의 한역으로, 아무런 관계도 없이 한 일이 공교롭게 다른 일과 때가 일치해 혐의(嫌疑)를 받게 됨을 이르는 말.

영fall 중落[luò] 일落[ラク](おちる·おとす) 【난이도】 중학용, 읽기 5급, 쓰기 4급

---

# 樂

즐거울 락

木部(나무목)11획총15획

樂觀(낙관) 樂園(낙원) 苦樂(고락) 娛樂(오락) 音樂(음악) 快樂(쾌락) 同樂(동락)

君子三樂(군자삼락) : 군자(君子)의 세 가지 즐거움이라는 뜻으로, 첫째는 부모가 다 살아 계시고 형제가 무고한 것, 둘째는 하늘과 사람에게 부끄러워할 것이 없는 것, 셋째는 천하의 영재를 얻어 교육하는 것.

영pleasure 중乐[yuè] 일樂[ラク](たのしい) 【난이도】 중학용, 읽기 6급Ⅱ, 쓰기 5급Ⅱ

---

# 卵

알 란

卩部(병부절)5획총7획

受精卵(수정란) 鷄卵(계란) 卵巢(난소) 産卵(산란) 魚卵(어란) 卵生(난생) 排卵(배란)

累卵之勢(누란지세) : 포개어 놓은 알의 형세(形勢)라는 뜻으로, 몹시 위험(危險)한 형세(形勢)를 비유적(比喩的)으로 이르는 말.

영egg 중luǎn 일ラン(たまご) 【난이도】 중학용, 읽기 4급, 쓰기 3급

---

# 浪

물결 랑/낭

氵部(삼수변) 7획총10획

浪費(낭비) 激浪(격랑) 浪人(낭인) 波浪(파랑) 浪漫的(낭만적) 風浪(풍랑)

風打浪打(풍타낭타) : 「바람 부는 대로 물결치는 대로」라는 뜻으로, 일정(一定)한 주의(主義)나 주장(主張)이 없이 그저 대세(大勢)에 따라 행동(行動)함을 이르는 말.

영wave 중làng 일ロウ(なみ) 【난이도】 중학용, 읽기 3급Ⅱ, 쓰기 2급

郎 郎 郎 郎 郎 郎 良 郎 郎 郎

| 郎 | 郎 | 郎 | 郎 | 郎 | | | | | |

新郎(신랑) 花郎(화랑) 壻郎(서랑) 通德郎(통덕랑) 宣務郎(선무랑) 武郎(무랑)

白面書郎(백면서랑) : ① 희고 고운 얼굴에 글만 읽는 사람이란 뜻.
② 세상일(世上一)에 조금도 경험(經驗)이 없는 사람.

**사내 랑/낭**

阝(邑)部(우부방)7획총10획 | 영man 중láng 일ロウ(おとこ) 【난이도】 중학용, 읽기 3급Ⅱ, 쓰기 2급

來 才 才 才 來 來 來 來

| 來 | 來 | 來 | 來 | 來 | | | | | |

來年(내년) 去來(거래) 未來(미래) 往來(왕래) 由來(유래) 將來(장래) 招來(초래)

苦盡甘來(고진감래) : '쓴 것이 다하면 단 것이 온다'라는 뜻으로, 고생 끝에 낙(樂)이
온다라는 말. 說往說來(설왕설래) : 서로 변론(辯論)을 주고받으며 옥신각신함.

**올 래/내**

人部(사람인) 6획총8획 | 영come 중来[lái] 일来[ライ](きたす・きたる) 【난이도】 중학용, 읽기 7급, 쓰기 6급Ⅱ

冷 冷 冷 冷 冷 冷 冷

| 冷 | 冷 | 冷 | 冷 | 冷 | | | | | |

冷徹(냉철) 冷戰(냉전) 冷酷(냉혹) 冷却(냉각) 冷情(냉정) 冷淡(냉담) 冷房(냉방)

殘杯冷炙(잔배냉적) : 마시다 남은 술과 다 식은 구운 고기라는 뜻으로, 약소(略少)하
고 보잘것없는 주안상으로 푸대접(一待接)받는 것을 말함.

**찰 랭/냉**

冫部(이수변) 5획총7획 | 영cool 중lěng 일レイ(さます・さめる・ひや) 【난이도】 중학용, 읽기 5급, 쓰기 4급

良 良 良 良 良 良 良

| 良 | 良 | 良 | 良 | 良 | | | | | |

良書(양서) 良識(양식) 良心(양심) 良好(양호) 改良(개량) 不良(불량) 優良(우량)

良藥苦口(양약고구) : 좋은 약은 입에 쓰다는 뜻으로, 충언(忠言)은 귀에 거슬린다는 말.
美風良俗(미풍양속) : 아름답고 좋은 풍속(風俗).

**어질 량/양**

艮部(어긋날간)1획총7획 | 영good nature 중liáng 일リョウ(よい) 【난이도】 중학용, 읽기 5급Ⅱ, 쓰기 4급Ⅱ

兩 兩 兩 兩 兩 兩 兩 兩

| 兩 | 兩 | 兩 | 兩 | 兩 | | | | | |

兩國(양국) 兩面(양면) 兩班(양반) 兩人(양인) 兩者(양자) 兩側(양측) 兩手(양수)

一擧兩得(일거양득) : ① 한 번 들어 둘을 얻음. ② 한 가지의 일로 두 가지의 이
익을 보는 것. 進退兩難(진퇴양난) : 나아갈 수도 물러설 수도 없는 궁지에 빠짐.

**두 량/양**

入部(들입) 6획총8획 | 영both 중两[liǎng] 일両[リョウ] 【난이도】 중학용, 읽기 4급Ⅱ, 쓰기 3급Ⅱ

# 凉

凉凉凉凉凉凉凉凉凉凉

| 凉 | 凉 | 凉 | 凉 | 凉 | | | | | |
|---|---|---|---|---|---|---|---|---|---|

서늘할 량/양

納凉(납량) 炎凉(염량) 凄凉(처량) 淸凉(청량) 寒凉(한량) 荒凉(황량) 溫凉(온량)

炎凉世態(염량세태) : 뜨거웠다가 차가워지는 세태라는 뜻으로, 권세가 있을 때에는 아첨(阿諂)하여 좇고 권세(權勢)가 떨어지면 푸대접하는 세속(世俗)의 형편.

冫部(이수변) 8획 총10획 · 영cool 중凉[liáng] 일リョウ(すずしい·すずむ) 【난이도】중학용, 읽기 특급Ⅱ

# 量

量量量量量量量量量量量量

| 量 | 量 | 量 | 量 | 量 | | | | | |
|---|---|---|---|---|---|---|---|---|---|

헤아릴 량/양

量産(양산) 計量(계량) 器量(기량) 度量(도량) 數量(수량) 容量(용량) 測量(측량)

自由裁量(자유재량) : ① 자기 스스로가 옳다고 믿는 바에 따라서 일을 결단함. ② 국가 기관이 자기의 판단에 따라서 적당(適當)한 처리(處理)를 할 수 있는 일.

里部(마을리)5획총12획 · 영amount 중liáng 일リョウ(はかる) 【난이도】중학용, 읽기 5급, 쓰기 4급

# 旅

旅旅旅旅旅旅旅旅旅旅

| 旅 | 旅 | 旅 | 旅 | 旅 | | | | | |
|---|---|---|---|---|---|---|---|---|---|

나그네 려/여

旅行(여행) 旅團(여단) 旅券(여권) 軍旅(군려) 旅情(여정) 旅客(여객) 旅館(여관)

旅進旅退(여진여퇴) : 나란히 나아가고 나란히 물러선다는 뜻으로, 정견(定見)이나 절조(節操)가 없이 다만 남의 의견(意見)을 추종(追從)함을 이르는 말.

方部(모방) 6획 총10획 · 영traveler 중lǚ 일リョ(たび) 【난이도】중학용, 읽기 5급Ⅱ, 쓰기 4급Ⅱ

# 力

力力

| 力 | 力 | 力 | 力 | 力 | | | | | |
|---|---|---|---|---|---|---|---|---|---|

힘 력/역

力量(역량) 權力(권력) 努力(노력) 能力(능력) 總力(총력) 協力(협력) 活力(활력)

全心全力(전심전력) : 온 마음과 온 힘을 다 기울임.
盡忠竭力(진충갈력) : 충성(忠誠)을 다하고 힘을 다함.

力部(힘력) 0획 총2획 · 영strength, energy 중lì 일リキ·リョク](ちから) 【난이도】중학용, 읽기 7급Ⅱ, 쓰기 6급

# 歷

歷歷歷歷歷歷歷歷歷歷歷歷歷歷歷歷

| 歷 | 歷 | 歷 | 歷 | 歷 | | | | | |
|---|---|---|---|---|---|---|---|---|---|

지낼 력/역

歷史(역사) 歷史的(역사적) 經歷(경력) 履歷書(이력서) 學歷(학력) 前歷(전력)

故事來歷(고사내력) : ① 예로부터 전해 내려온 사물(事物)에 관한 유래나 역사(歷史). ② 또는, 사물(事物)이 그런 결과(結果)가 된 이유(理由)나 경위(經緯).

止部(그칠지)12획총16획 · 영go through 중历[lì] 일歷[レキ](へる) 【난이도】중학용, 읽기 5급Ⅱ, 쓰기 4급Ⅱ

連連連連連連車連連連連
連連連連連

連結(연결) 連帶(연대) 連絡(연락) 連繫(연계) 連累(연루) 連續(연속) 連鎖(연쇄)

連理枝(연리지) : 두 나무의 가지가 맞닿아서 결이 서로 통(通)한 것의 뜻으로, 화목(和睦)한 부부(夫婦) 또는 남녀(男女) 사이를 비유(比喩·譬喩)하여 이르는 말.

이을 련/연

辶部(책받침)7획 총11획

영 connect 중 连[lián] 일 連[レン](つらなる) 【난이도】 중학용, 읽기 4급Ⅱ, 쓰기 3급Ⅱ

---

練練練練練練練練練練練練練練練
練練練練練

訓練(훈련) 洗練(세련) 練習(연습) 未練(미련) 熟練(숙련) 調練(조련) 修練(수련)

非熟練工(비숙련공) : 아직 일에 숙달(熟達)하지 못한 직공(職工).
各個訓練(각개훈련) : 개개인(個個人)을 상대(相對)로 하는 훈련(訓練).

익힐 련/연

糸部(실사)9획 총15획

영 practice 중 练[liàn] 일 練[レン](ねる) 【난이도】 중학용, 읽기 5급Ⅱ, 쓰기 4급Ⅱ

---

列列列列列列
列列列列列

列車(열차) 系列(계열) 隊列(대열) 陳列(진열) 齒列(치열) 行列(행렬) 序列(서열)

所經列邑(소경열읍) : 중도에 지나는 여러 고을.
列眉(열미) : 두 눈썹이 나란히 있다는 뜻으로, 명백(明白)함의 비유.

벌릴 렬/열

刂部(선칼도방)4획 총6획

영 display 중 liè 일 レツ(ねる) 【난이도】 중학용, 읽기 4급Ⅱ, 쓰기 3급Ⅱ

---

烈烈烈烈烈烈烈烈烈烈
烈烈烈烈烈

烈女(열녀) 烈士(열사) 強烈(강렬) 先烈(선렬) 熱烈(열렬) 壯烈(장렬) 猛烈(맹렬)

殉國烈士(순국열사) : 나라를 위(爲)해 목숨을 바치며 싸운 열사(烈士).
烈不二更(열불이경) : 열녀(烈女)는 두 번 시집가지 않는다는 의미.

세찰 렬/열

灬部(연화발)6획 총10획

영 fierce 중 liè 일 レツ(はげしい) 【난이도】 중학용, 읽기 4급, 쓰기 3급

---

令令令令令
令令令令令

令愛(영애) 令狀(영장) 命令(명령) 法令(법령) 司令官(사령관) 傳令(전령)

巧言令色(교언영색) : 남의 환심(歡心)을 사기 위(爲)해 교묘(巧妙)히 꾸며서 하는 말과 아첨(阿諂)하는 얼굴빛.

하여금 령/영

人部(사람인)3획 총5획

영 order 중 lìng 일 レイ 【난이도】 중학용, 읽기 5급, 쓰기 4급

## 領

거느릴 령/영

頁部(머리혈)5획총14획

領領領領領領領領領領領領領領

領 領 領 領 領

領收證(영수증) 領袖(영수) 領域(영역) 領土(영토) 大統領(대통령) 橫領(횡령)

要領不得(요령부득) : 사물(事物)의 주요(主要)한 부분(部分)을 잡을 수 없다는 뜻으로, 말이나 글의 요령(要領)을 잡을 수 없음을 이르는 말.

영lead, command 중領[lǐng] 일リョウ(えり) 【난이도】중학용, 읽기 5급, 쓰기 4급

## 例

법식 례/예

イ部(사람인변)6획총8획

例例例例例例例例

例 例 例 例 例

次例(차례) 事例(사례) 類例(유례) 條例(조례) 例外(예외) 例事(예사) 慣例(관례)

考例施賞(고례시상) : 전례(前例)를 참고(參考)하여 상을 줌.
異例的(이례적) : 상례(常例)를 벗어난 특이(特異)한 것.

영instance 중lì 일レイ(たとえる) 【난이도】중학용, 읽기 6급, 쓰기 5급

## 禮

예도 례/예

示部(보일시)13획 총18획

禮禮禮禮禮禮禮禮禮禮禮禮禮禮禮禮

禮 禮 禮 禮 禮

禮儀(예의) 禮節(예절) 缺禮(결례) 冠禮(관례) 茶禮(차례) 祭禮(제례) 婚禮(혼례)

仁義禮智(인의예지) : 인(仁), 의(義), 예(禮), 지(智)의 사단(四端). 사람으로서 갖추어야 할 네 가지 마음가짐, 곧 어짊과 의로움과 예의(禮儀)와 지혜(智慧·知慧).

영courtesy 중礼[lǐ] 일礼[レイ] 【난이도】중학용, 읽기 6급, 쓰기 5급

## 老

늙을 로/노

老部(늙을노)0획총6획

老老老老老老

老 老 老 老 老

老鍊(노련) 老少(노소) 老人(노인) 老子(노자) 敬老(경로) 元老(원로) 村老(촌로)

百年偕老(백년해로) : 부부가 서로 사이좋고 화락하게 같이 늙음을 이르는 말.
男女老少(남녀노소) : 남자와 여자와 늙은이와 젊은이. 곧 모든 사람.

영old 중lǎo 일ロウ(おいる) 【난이도】중학용, 읽기 7급, 쓰기 6급

## 勞

일할 로/노

力部(힘력)10획 총12획

勞勞勞勞勞勞勞勞勞勞勞勞

勞 勞 勞 勞 勞

勞動(노동) 勞務(노무) 勞使(노사) 勞組(노조) 勞總(노총) 勤勞(근로) 慰勞(위로)

犬馬之勞(견마지로) : 개나 말의 하찮은 힘이라는 뜻으로, ① 임금이나 나라에 충성을 다하는 노력. ② 윗사람에게 바치는 자기의 노력을 낮추어 말할 때 쓰는 말.

영work 중劳[láo] 일労[ロウ](いたわる) 【난이도】중학용, 읽기 5급II, 쓰기 4급II

## 路

길 로/노

足部(발족) 6획 총13획

路路路路路路路路路路路路路

| 路 | 路 | 路 | 路 | 路 | | | | | |
|---|---|---|---|---|---|---|---|---|---|

路線(노선) 經路(경로) 岐路(기로) 道路(도로) 隘路(애로) 鍾路(종로) 水路(수로)

路不拾遺(노불습유) : 백성(百姓)이 길에 떨어진 물건(物件)을 줍지 않는다는 뜻으로, 나라가 평화(平和)롭고 모든 백성(百姓)이 매우 정직(正直)한 모양을 이르는 말.

영road 중lù 일ロ(じ) 【난이도】 중학용, 읽기 6급, 쓰기 5급

---

## 露

이슬 로/노

雨部(비 우) 13획 총21획

露露露露露露露露露露露露露露露露露露露露露

| 露 | 露 | 露 | 露 | 露 | | | | | |
|---|---|---|---|---|---|---|---|---|---|

露出(노출) 露呈(노정) 白露(백로) 寒露(한로) 吐露(토로) 暴露(폭로) 結露(결로)

雨露之恩(우로지은) : 비와 이슬이 만물을 기르는 것처럼 은혜가 골고루 미침을 이르는 말.
草露人生(초로인생) : 해가 나면 없어질 풀잎에 맺힌 이슬처럼 덧없는 인생을 이르는 말.

영dew 중lù 일ロ(つゆ) 【난이도】 중학용, 읽기 3급II, 쓰기 2급

---

## 綠

푸를 록/녹

糸部(실사) 8획 총14획

綠綠綠綠綠綠綠綠綠綠綠綠綠綠

| 綠 | 綠 | 綠 | 綠 | 綠 | | | | | |
|---|---|---|---|---|---|---|---|---|---|

綠色(녹색) 草綠(초록) 綠末(녹말) 葉綠素(엽록소) 綠地(녹지) 新綠(신록)

草綠同色(초록동색) : 풀빛과 녹색(綠色)은 같은 빛깔이란 뜻으로, 같은 처지(處地)의 사람과 어울리거나 기우는 것.

영green 중绿[lǜ] 일綠[ロク](みどり) 【난이도】 중학용, 읽기 6급, 쓰기 5급

---

## 論

논의할 론/논

言部(말씀언) 8획총15획

論論論論論論論論論論論論論論論

| 論 | 論 | 論 | 論 | 論 | | | | | |
|---|---|---|---|---|---|---|---|---|---|

論難(논란) 論爭(논쟁) 論議(논의) 勿論(물론) 言論(언론) 輿論(여론) 討論(토론)

卓上空論(탁상공론) : 탁자(卓子) 위에서만 펼치는 헛된 논설(論說)이란 뜻으로, 실현성(實現性)이 없는 허황(虛荒)된 이론(理論)을 일컬음.

영discuss 중论[lùn] 일ロン 【난이도】 중학용, 읽기 4급II, 쓰기 3급II

---

## 料

헤아릴 료/요

斗部(말두) 6획 총10획

料料料料料料料料料料

| 料 | 料 | 料 | 料 | 料 | | | | | |
|---|---|---|---|---|---|---|---|---|---|

資料(자료) 料金(요금) 保險料(보험료) 材料(재료) 手數料(수수료) 調味料(조미료)

鼻元料簡(비원요간) : ① 당장 만을 생각하는 얕은 생각. ② 그 자리에서 떠오른 생각. ③ 임기응변(臨機應變). 大違所料(대위소료) : 생각하는 바와 크게 다름.

영measure 중liào 일リョウ(はかる) 【난이도】 중학용, 읽기 5급, 쓰기 4급

# 柳

버들 류/유

木部(나무목) 5획 총9획

柳柳柳柳柳柳柳柳柳

柳

柳京(유경) 楊柳(양류) 花柳(화류) 柳器(유기) 細柳(세류) 柳腰(유요) 柳枝(유요)

路柳墻花(노류장화) : 길 가의 버들과 담 밑의 꽃은 누구든지 쉽게 만지고 꺾을 수 있다는 뜻으로, 기생(妓生)을 의미(意味)함.

영willow 중liǔ 일リュウ(やなぎ) 【난이도】 중학용, 읽기 4급, 쓰기 3급

---

# 流

흐를 류/유

氵部(삼수변) 7획 총10획

流流流流流流流流流流

流

流水(유수) 流入(유입) 流出(유출) 流通(유통) 流行(유행) 交流(교류) 物流(물류)

落花流水(낙화유수) : 떨어지는 꽃과 흐르는 물이라는 뜻으로, ① 가는 봄의 경치. ② 남녀 간 서로 그리워하는 애틋한 정을 이르는 말. ③ 힘과 세력이 약해져 아주 보잘것없이 됨.

영stream 중流[liú] 일リュウ(ながす·ながれる) 【난이도】 중학용, 읽기 5급II, 쓰기 4급II

---

# 留

머무를 류/유

田部(밭전) 5획 총10획

留留留留留留留留留留

留

滯留(체류) 保留(보류) 留保(유보) 抑留(억류) 繫留(계류) 留念(유념) 留學(유학)

人死留名(인사유명) : 「사람은 죽어서 이름을 남긴다」는 뜻으로, 사람의 삶이 헛되지 아니하면 그 이름이 길이 남음을 이르는 말.

영stay 중liú 일リュウ(とまる·とめる) 【난이도】 중학용, 읽기 4급II, 쓰기 3급II

---

# 六

여섯 륙/육

八部(여덟팔) 2획 총4획

六六六六

六

五臟六腑(오장육부) 六何原則(육하원칙) 六道(육도) 六月(유월) 六界(육계)

八面六臂(팔면육비) : 「여덟 개의 얼굴과 여섯 개의 팔」이라는 뜻으로, 뛰어난 능력으로 다방면에 걸쳐 눈부신 수완(手腕)을 발휘(發揮)하는 사람을 이르는 말.

영six 중liú 일ロク 【난이도】 중학용, 읽기 8급, 쓰기 6급II

---

# 陸

뭍 륙/육

阝(阜)部(좌부방) 8획 총11획

陸陸陸陸陸陸陸陸陸陸陸

陸

大陸(대륙) 陸軍(육군) 連陸橋(연륙교) 着陸(착륙) 陸上(육상) 軟着陸(연착륙)

陸地行船(육지행선) : 육지(陸地)에서 배를 저으려 한다는 뜻으로, 곧 되지 않을 일을 억지로 하고자 함의 비유(比喩·譬喩).

영land 중陆[liú] 일リク(おか) 【난이도】 중학용, 읽기 5급II, 쓰기 4급II

倫倫倫倫倫倫倫倫倫倫

| 倫 | 倫 | 倫 | 倫 | 倫 | | | | | |

인륜 륜/윤

倫理(윤리) 不倫(불륜) 五倫(오륜) 人倫(인륜) 天倫(천륜) 悖倫(패륜) 背倫(배륜)

三綱五倫(삼강오륜) : 유교 도덕의 바탕이 되는 세 가지 강령과 다섯 가지의 인륜을 이르는 말. 삼강(三綱) : 군위신강(君爲臣綱), 부위자강(父爲子綱), 부위부강(夫爲婦綱).

亻部(사람인변)8획총10획　영 morals　중 伦[lún]　일 リン(みち·たぐい) 【난이도】 중학용, 읽기 3급Ⅱ, 쓰기 2급

---

律律律律律律律律律

| 律 | 律 | 律 | 律 | 律 | | | | | |

법 률/율

規律(규율) 法律(법률) 韻律(운율) 自律(자율) 自律的(자율적) 調律(조율)

千篇一律(천편일률) : 여러 시문(詩文)의 격조가 변화 없이 비슷비슷하다는 뜻으로, 여러 사물이 거의 비슷비슷하여 특색이 없음을 비유하여 이르는 말.

彳部(두인변)6획 총9획　영 law　중 lǜ　일 リツ·リチ 【난이도】 중학용, 읽기 4급Ⅱ, 쓰기 3급Ⅱ

---

利利千禾禾利利

| 利 | 利 | 利 | 利 | 利 | | | | | |

이로울 리/이

利用(이용) 利益(이익) 利害(이해) 權利(권리) 勝利(승리) 有利(유리) 不利(불리)

漁夫之利(어부지리) : 어부지리(漁父之利). 어부(漁夫)의 이익이라는 뜻으로, 둘이 다투는 틈을 타서 엉뚱한 제3자(第三者)가 이익(利益)을 가로챔을 이르는 말.

刂部(선칼도방)5획총7획　영 profit　중 lì　일 リ(きく) 【난이도】 중학용, 읽기 6급Ⅱ, 쓰기 5급Ⅱ

---

李十才李李李李

| 李 | 李 | 李 | 李 | 李 | | | | | |

오얏 리/이

李朝(이조) 李氏王朝(이씨왕조) 李朝史(이조사) 李太白(이태백) 李花(이화)

李下不整冠(이하부정관) : 오얏나무 밑에서 갓을 고쳐 쓰면 오얏 도둑으로 오해받기 쉬우므로 그런 곳에서는 갓을 고쳐 쓰지 말라는 뜻으로, 남에게 의심받을 만한 일은 아예 하지 말라는 말.

木部(나무 목)3획총7획　영 plum　중 lǐ　일 リ(すもも) 【난이도】 중학용, 읽기 6급, 쓰기 5급

---

里里里里里里里

| 里 | 里 | 里 | 里 | 里 | | | | | |

마을 리/이

洞里(동리) 鄕里(향리) 舊里(구리) 里落(이락) 村里(촌리) 里巷(이항) 郊里(교리)

五里霧中(오리무중) : 짙은 안개가 5리나 끼어 있는 속에 있다는 뜻으로, ① 무슨 일에 대(對)하여 방향이나 상황을 알 길이 없음을 이르는 말. ② 일의 갈피를 잡기 어려움.

里部(마을리) 0획총7획　영 village　중 lǐ　일 リ(さと) 【난이도】 중학용, 읽기 7급, 쓰기 6급

| 理 | 理理理理理理理理理理 |
|---|---|
| | 理 理 理 理 理 |

理由(이유) 理解(이해) 管理(관리) 整理(정리) 處理(처리) 總理(총리) 無理(무리)

連理枝(연리지) : 두 나무의 가지가 맞닿아서 결이 서로 통(通)한 것의 뜻으로, 화목 (和睦)한 부부(夫婦) 또는 남녀(男女) 사이를 비유(比喩·譬喩)하여 이르는 말.

**다스릴 리/이**

王部(구슬옥)7획총11획 | 영reason, logic 중lǐ 일リ(ことわり) 【난이도】 중학용, 읽기 6급Ⅱ, 쓰기 5급Ⅱ

| 林 | 林林林林林林林林 |
|---|---|
| | 林 林 林 林 林 |

林木(임목) 林業(임업) 林學(임학) 密林(밀림) 山林(산림) 森林(삼림) 育林(육림)

桂林一枝(계림일지) : 계수나무 숲의 한 가지라는 뜻으로, ① '사람됨이 비범(非凡) 하면서도 겸손(謙遜)함'의 비유. ② '대수롭지 않은 출세(出世)'의 비유.

**수풀 림/임**

木部(나무목)4획총8획 | 영forest 중lín 일リン(はやし) 【난이도】 중학용, 읽기 7급, 쓰기 6급

| 立 | 立立立立立 |
|---|---|
| | 立 立 立 立 立 |

立冬(입동) 立秋(입추) 立春(입춘) 立夏(입하) 建立(건립) 孤立(고립) 自立(자립)

立春大吉(입춘대길) : 입춘(立春)을 맞이하여 길운(吉運)을 기원(祈願)하는 글.
無援孤立(무원고립) : 아무도 도와 줄 사람이 없는 외로운 처지(處地).

**설 립/입**

立部(설립)0획총5획 | 영establish 중lì 일リツ(たつ·たてる) 【난이도】 중학용, 읽기 7급Ⅱ, 쓰기 6급

| 馬 | 馬馬馬馬馬馬馬馬馬馬 |
|---|---|
| | 馬 馬 馬 馬 馬 |

出馬(출마) 車馬(거마) 愛馬(애마) 騎馬(기마) 駑馬(노마) 駿馬(준마) 落馬(낙마)

馬耳東風(마이동풍) : 말의 귀에 동풍이라는 뜻으로, 남의 비평(批評)이나 의견(意見)을 조금도 귀담아 듣지 아니하고 흘려 버림을 이르는 말.

**말 마**

馬部(말마)0획 총10획 | 영horse 중马[mǎ] 일バ(うま·ま) 【난이도】 중학용, 읽기 5급, 쓰기 4급

| 莫 | 莫莫莫莫莫莫莫莫莫莫莫 |
|---|---|
| | 莫 莫 莫 莫 莫 |

莫强(막강) 莫大(막대) 莫論(막론) 莫甚(막심) 莫逆(막역) 莫重(막중) 莫及(막급)

莫逆之友(막역지우) : 마음이 맞아 서로 거스르는 일이 없는, 생사(生死)를 같이할 수 있는 친밀(親密)한 벗. 莫無可奈(막무가내) : 도무지 어찌할 수 없음.

**없을 막**

艹部(초두머리)7획11획 | 영not 중莫[mò] 일莫[バク](くれ·さびしい) 【난이도】 중학용, 읽기 3급Ⅱ, 쓰기 2급

## 晚

晚晚晚晚晚晚晚晚晚晚晚

晚 晚 晚 晚 晚

晚期(만기) 晚年(만년) 晚餐(만찬) 晚秋(만추) 晚婚(만혼) 早晚間(조만간)

大器晚成(대기만성) 큰 그릇은 늦게 이루어진다는 뜻으로, ① 크게 될 인물은 오랜 공적(功績)을 쌓아 늦게 이루어짐. ② 또는, 만년(晚年)이 되어 성공하는 일을 이름.

**늦을 만**

日部(날일)7획총11획　영late　중wǎn　일バン(おくれる)【난이도】중학용, 읽기 3급Ⅱ, 쓰기 2급

## 萬

萬萬萬萬萬萬萬萬萬萬萬萬萬

萬 萬 萬 萬 萬

萬金(만금) 萬物(만물) 萬事(만사) 萬象(만상) 家和萬事成(가화만사성)

氣高萬丈(기고만장) : 기운(氣運)이 만장이나 뻗치었다는 뜻으로, ① 펄펄 뛸 만큼 크게 성이 남. ② 또는 일이 뜻대로 되어 나가 씩씩한 기운(氣運)이 대단하게 뻗침.

**일만 만**

艹部(초두머리)9획총13획　영ten thousand　중万[wàn]　일万[マン](よろず)【난이도】중학용, 읽기 8급, 쓰기 6급Ⅱ

## 滿

滿滿滿滿滿滿滿滿滿滿滿滿滿滿

滿 滿 滿 滿 滿

滿足(만족) 未滿(미만) 不滿(불만) 肥滿(비만) 小滿(소만) 圓滿(원만) 滿喫(만끽)

滿身瘡痍(만신창이) : 온몸이 성한 데 없는 상처(傷處)투성이라는 뜻으로, 아주 형편(形便)없이 엉망임을 형용(形容)해 이르는 말.

**찰 만**

氵部(삼수변)11획총14획　영full　중滿[mǒn]　일滿[マン](みちる)【난이도】중학용, 읽기 4급Ⅱ, 쓰기 3급Ⅱ

## 末

末末末末末

末 末 末 末 末

週末(주말) 年末(연말) 終末(종말) 顚末(전말) 結末(결말) 本末(본말) 末期(말기)

强弩之末(강노지말) : 「힘찬 활에서 튕겨나온 화살도 마지막에는 힘이 떨어져 비단(緋緞)조차 구멍을 뚫지 못한다」는 뜻으로, 아무리 강한 힘도 마지막에는 결국 쇠퇴하고 만다는 의미.

**끝 말**

木部(나무 목)1획 총5획　영end　중mò　일マツ(すえ)【난이도】중학용, 읽기 5급, 쓰기 4급

## 亡

亡亡亡

亡 亡 亡 亡 亡

亡靈(망령) 亡命(망명) 亡身(망신) 逃亡(도망) 滅亡(멸망) 死亡(사망) 興亡(흥망)

亡羊補牢(망양보뢰) : 양을 잃고서 그 우리를 고친다는 뜻으로, ① 실패(失敗)한 후에 일을 대비(對備)함. ② 이미 어떤 일을 실패(失敗)한 뒤에 뉘우쳐도 소용이 없음.

**망할 망**

亠部(돼지해머리)1획 총3획　영ruin　중wáng　일ボウ・モウ(ない)【난이도】중학용, 읽기 5급, 쓰기 4급

| 忙 | 忙忙忙忙忙忙 |
|---|---|
| | 忙 忙 忙 忙 忙 |
| 바쁠 망 | 多忙(다망) 煩忙(번망) 奔忙(분망) 繁忙(번망) 忙中(망중) 忙月(망월) 忙殺(망살) |
| | 忙中有閑(망중유한) : 바쁜 가운데에도 한가(閑暇)한 짬이 있음. |
| | 多事多忙(다사다망) : 일이 많아 몹시 바쁨. 눈코 뜰 사이 없이 바쁨. |
| 忄(心)部(심방변)3획총6획 | 영busy 중máng 일ボウ(いそがしい) 【난이도】 중학용, 읽기 3급, 쓰기 2급 |

| 忘 | 忘忘忘忘忘忘忘 |
|---|---|
| | 忘 忘 忘 忘 忘 |
| 잊을 망 | 忘却(망각) 忘恩(망은) 健忘(건망) 難忘(난망) 勿忘草(물망초) 備忘錄(비망록) |
| | 白骨難忘(백골난망) : 죽어도 잊지 못할 큰 은혜(恩惠)를 입음이란 뜻으로, 남에게 큰 은혜(恩惠)나 덕을 입었을 때 고마움을 표시(表示)하는 말. |
| 心部(마음심)3획총7획 | 영forget 중wàng 일ボウ(わすれる) 【난이도】 중학용, 읽기 3급, 쓰기 2급 |

| 望 | 望望望望望望望望望望望 |
|---|---|
| | 望 望 望 望 望 |
| 바랄 망 | 展望(전망) 希望(희망) 失望(실망) 絶望(절망) 所望(소망) 怨望(원망) 眺望(조망) |
| | 望雲之情(망운지정) : 구름을 바라보며 그리워한다는 뜻으로, ① 타향에서 고향에 계신 부모를 생각함. ② 멀리 떠나온 자식이 어버이를 사모하여 그리는 정. |
| 月部(달월) 7획 총11획 | 영hope 중wàng 일ボウ(のぞむ) 【난이도】 중학용, 읽기 5급Ⅱ, 쓰기 4급Ⅱ |

| 每 | 每每每每每每每 |
|---|---|
| | 每 每 每 每 每 |
| 매양 매 | 每年(매년) 每番(매번) 每事(매사) 每月(매월) 每日(매일) 每時(매주) 每週(매주) |
| | 每事不成(매사불성) : 하는 일마다 실패(失敗)함. |
| | 每人悅之(매인열지) : 각 사람의 마음을 다 기쁘게 함. |
| 毋部(말무) 2획 총7획 | 영every, always 중měi 일每[マイ](ごと) 【난이도】 중학용, 읽기 7급Ⅱ, 쓰기 6급 |

| 妹 | 妹妹妹妹妹妹妹妹 |
|---|---|
| | 妹 妹 妹 妹 妹 |
| 손아래누이 매 | 男妹(남매) 兄弟姉妹(형제자매) 妹弟(매제) 妹兄(매형) 姉妹結緣(자매결연) |
| | 三從妹夫(삼종매부) : 팔촌(八寸) 누이의 남편(男便). |
| | 兄弟姉妹同氣而生(형제자매동기이생) : 형제와 자매는 기운을 같이하여 태어났음. |
| 女部(계집녀)5획총8획 | 영younger sister 중mèi 일マイ(いもうと) 【난이도】 중학용, 읽기 3급Ⅱ, 쓰기 2급 |

買

살 매

貝部(조개패) 5획 총12획

買 買 買 買 買 買 買 買 買 買 買 買

買 買 買 買 買

賣買(매매) 購買(구매) 買入(매입) 買收(매수) 買價(매가) 買票(매표) 買上(매상)

買占賣惜(매점매석) : 물건값이 오를 것을 예상하고 물건(物件)을 많이 사두었다가 값이 오른 뒤 아껴서 팖.

영buy 중买[mǎi] 일バイ(かう) 【난이도】 중학용, 읽기 5급, 쓰기 4급

---

賣

팔 매

貝部(조개패) 8획 총15획

賣 賣 賣 賣 賣 賣 賣 賣 賣 賣 賣 賣 賣 賣 賣

賣 賣 賣 賣 賣

販賣(판매) 賣却(매각) 賣買(매매) 賣出(매출) 競賣(경매) 賣渡(매도) 賣場(매장)

薄利多賣(박리다매) : 이익(利益)을 적게 보고 많이 팔아 이문을 올림

立稻先賣(입도선매) : 벼를 논에 세워 둔 채로 미리 돈을 받고 팖.

영sell 중卖[mài] 일売[バイ](うる·うれる) 【난이도】 중학용, 읽기 5급, 쓰기 4급

---

麥

보리 맥

麥部(보리맥) 0획 총11획

麥 麥 麥 麥 麥 麥 麥 夾 來 麥 麥

麥 麥 麥 麥 麥

麥酒(맥주) 生麥酒(생맥주) 蕎麥麴(교맥국) 麥芽糖(맥아당) 麥浪(맥랑) 麥芽(맥아)

麥秀之歎(맥수지탄) : 보리만 무성하게 자란 것을 탄식함이라는 뜻으로, 고국의 멸망을 탄식함.

菽麥不辨(숙맥불변) : 콩인지 보리인지 분별하지 못한다는 뜻으로, 어리석고 못난 사람.

영barley 중麦[mài] 일麦[バク](むぎ) 【난이도】 중학용, 읽기 3급Ⅱ, 쓰기 2급

---

免

면할 면

儿部(어진사람인발) 5획 총7획

免 免 免 免 色 免 免

免 免 免 免 免

赦免(사면) 謀免(모면) 罷免(파면) 免除(면제) 免疫(면역) 減免(감면) 免責(면책)

功勞免賤(공로면천) : 조선(朝鮮) 시대(時代)에, 나라에 공로(功勞)를 세운 노비(奴婢)가 그 신분(身分)에서 벗어나던 일.

영avoid 중miǎn 일メン(まぬかれる) 【난이도】 중학용, 읽기 3급Ⅱ, 쓰기 2급

---

勉

힘쓸 면

力部(힘력) 7획 총9획

勉 勉 勉 免 色 免 免 勉 勉

勉 勉 勉 勉 勉

勉強(면강) 勉勵(면려) 勉力(면력) 勉學(면학) 勸勉(권면) 勤勉(근면) 力勉(역면)

刻苦勉勵(각고면려) : ① 심신(心身)을 괴롭히고 노력(努力)함.
② 대단히 고생(苦生)하여 힘써 정성(精誠)을 들임.

영exert 중miǎn 일ベン(つとめる) 【난이도】 중학용, 읽기 4급, 쓰기 3급

## 面

낯 면

面部(낯면) 0획 총 9획

面面面面面面面面面

面 面 面 面 面

面接(면접) 局面(국면) 反面(반면) 外面(외면) 相面(상면) 全面(전면) 畵面(화면)

四面楚歌(사면초가) : 사방에서 들리는 초(楚)나라의 노래라는 뜻으로, 적에게 둘러싸인 상태나 누구의 도움도 받을 수 없는 고립 상태에 빠짐을 이르는 말.

영face 중miàn 일メン(おも·おもて·つら) 【난이도】 중학용, 읽기 7급, 쓰기 6급

## 眠

잠잘 면

目部(눈목) 5획 총 10획

眠眠眠眠眠眠眠眠眠眠

眠 眠 眠 眠 眠

眠食(면식) 冬眠(동면) 不眠症(불면증) 睡眠(수면) 永眠(영면) 休眠(휴면)

春眠不覺曉(춘면불각효) : '봄 잠에 날이 새는 줄 모른다'라는 뜻으로, 좋은 분위기 (雰圍氣)에 취(醉)하여 시간 가는 줄 모르는 경우를 비유(比喩·譬喩)하는 말.

영sleep 중mián 일ミン(ねむい·ねむる) 【난이도】 중학용, 읽기 3급II, 쓰기 2급

## 名

이름 명

口部(입구) 3획 총 6획

名名名名名名

名 名 名 名 名

名分(명분) 名譽(명예) 名義(명의) 名節(명절) 名稱(명칭) 姓名(성명) 號名(호명)

立身揚名(입신양명) : ① 사회적으로 인정을 받고 출세하여 이름을 세상(世上)에 드날림. ② 후세(後世)에 이름을 떨쳐 부모(父母)를 영광(榮光)되게 해 드리는 것.

영name 중míng 일メイ(な) 【난이도】 중학용, 읽기 7급II, 쓰기 6급

## 命

목숨 명

口部(입구) 5획 총 8획

命命命命命命命命

命 命 命 命 命

命令(명령) 命題(명제) 使命(사명) 生命(생명) 人命(인명) 運命(운명) 特命(특명)

佳人薄命(가인박명) : 아름다운 사람은 명이 짧다는 뜻으로, 여자(女子)의 용모(容貌)가 너무 아름다우면 운명(運命)이 기박(棋博)하고 명이 짧다는 말.

영life 중mìng 일メイ(いのち) 【난이도】 중학용, 읽기 7급, 쓰기 6급

## 明

밝을 명

日部(날일) 4획 총 8획

明明明明明明明明

明 明 明 明 明

明白(명백) 糾明(규명) 辨明(변명) 說明(설명) 淸明(청명) 透明(투명) 解明(해명)

燈下不明(등하불명) : '등잔 밑이 어둡다'는 뜻으로, ① 가까이 있는 것이 도리어 알아 내기 어려움을 이르는 말. ② 남의 일은 잘 알 수 있으나 제 일은 자기가 잘 모른다는 말.

영right 중míng 일メイ(あかす·あかり) 【난이도】 중학용, 읽기 6급II, 쓰기 5급II

| 鳴 | 鳴鳴鳴鳴鳴鳴鳴鳴鳴鳴鳴鳴鳴鳴 |
|---|---|
| 울 명 | 鳴 鳴 鳴 鳴 鳴 |
| | 鳴動(명동) 鷄鳴(계명) 共鳴(공명) 悲鳴(비명) 自鳴(자명) 自鳴鼓(자명고) |
| | 孤掌難鳴(고장난명) : 외손뼉은 울릴 수 없다는 뜻으로, ① 혼자서는 어떤 일을 이룰 수 없다는 말. ② 상대(相對) 없이는 싸움이 일어나지 않음을 이르는 말. |
| 鳥部(새조) 3획 총14획 | 영chirp 중鸣[míng] 일メイ(なく) 【난이도】 중학용, 읽기 4급, 쓰기 3급 |

| 毛 | 毛毛毛毛 |
|---|---|
| 털 모 | 毛 毛 毛 毛 毛 |
| | 毛孔(모공) 毛髮(모발) 毛皮(모피) 不毛(불모) 羊毛(양모) 二毛(이모) 毫毛(호모) |
| | 九牛一毛(구우일모) : 아홉 마리 소에 털 한가닥이 빠진 정도라는 뜻으로, ① 아주 큰 물건 속에 있는 아주 작은 물건. ② 여러 마리의 소의 털 중에서 한 가닥의 털. |
| 毛部(털모) 0획 총4획 | 영hair 중máo 일[モウ](け) 【난이도】 중학용, 읽기 4급Ⅱ, 쓰기 3급Ⅱ |

| 母 | 乚𠃌母母母 |
|---|---|
| 어미 모 | 母 母 母 母 母 |
| | 母校(모교) 母國(모국) 老母(노모) 父母(부모) 學父母(학부모) 祖母(조모) |
| | 孟母三遷(맹모삼천) : 맹자(孟子)의 어머니가 맹자를 제대로 교육하기 위하여 집을 세 번이나 옮겼다는 뜻으로, 교육에는 주위 환경(環境)이 중요하다는 가르침. |
| 母部(말무) 1획 총5획 | 영mother 중mǔ 일ボ(はは) 【난이도】 중학용, 읽기 8급, 쓰기 6급Ⅱ |

| 暮 | 暮暮暮暮暮暮暮暮暮暮莫莫莫暮暮暮 |
|---|---|
| 저물 모 | 暮 暮 暮 暮 暮 |
| | 歲暮(세모) 旦暮(단모) 暮秋(모추) 暮牛(모우) 年暮(연모) 朝暮(조모) 晚暮(만모) |
| | 朝三暮四(조삼모사) :「아침에 세 개, 저녁에 네 개」라는 뜻으로, ① 당장 눈앞에 나타나는 차별만을 알고 그 결과가 같음을 모름의 비유. ② 간사한 꾀를 써서 남을 속임을 이르는 말. |
| 日部(날일)11획 총15획 | 영evening 중mù 일ボ(くらす·くれる) 【난이도】 중학용, 읽기 3급, 쓰기 2급 |

| 木 | 木木木木 |
|---|---|
| 나무 목 | 木 木 木 木 木 |
| | 木工(목공) 木手(목수) 木材(목재) 木草(목초) 草木(초목) 枕木(침목) 植木(식목) |
| | 緣木求魚(연목구어) : 나무에 인연(因緣)하여 물고기를 구(求)한다라는 뜻으로, 목적이나 수단이 일치(一致)하지 않아 성공(成功)이 불가능(不可能)함을 이르는 말. |
| 木部(나무목) 0획 총4획 | 영tree 중mù 일ボク(き·こ) 【난이도】 중학용, 읽기 8급, 쓰기 6급Ⅱ |

# 目

눈 목

目部(눈목) 0획 총5획

目 目 目 目 目

| 目 | 目 | 目 | 目 | 目 | | | | |
|---|---|---|---|---|---|---|---|---|

目的(목적) 目標(목표) 科目(과목) 刮目(괄목) 題目(제목) 注目(주목) 刮目(괄목)

刮目相對(괄목상대) : 눈을 비비고 다시 보며 상대(相對)를 대(對)한다는 뜻으로, 다른 사람의 학식(學識)이나 업적(業績)이 크게 진보(進步)한 것을 말함.

영eye 중mù 일モク(おも·おもて·つら) 【난이도】 중학용, 읽기 6급, 쓰기 5급

---

# 卯

토끼 묘

卩部(병부절)3획총5획

卯 卯 卯 卯 卯

| 卯 | 卯 | 卯 | 卯 | 卯 | | | | |
|---|---|---|---|---|---|---|---|---|

卯酒(묘주) 卯時(묘시) 卯酉(묘유) 丁卯(정묘) 乙卯(을묘) 癸卯(계묘) 己卯(기묘)

己卯名臣(기묘명신) : 중종(中宗) 14년의 기묘사화(己卯士禍)에 관련된 신하들.
寅葬卯發(인장묘발) : 장사(葬事) 지낸 뒤에 곧 복(福)을 받음.

영rabbit 중mǎo 일ボウ(う) 【난이도】 중학용, 읽기 3급, 쓰기 2급

---

# 妙

묘할 묘

女部(계집녀)4획 총7획

妙 妙 妙 妙 妙 妙 妙

| 妙 | 妙 | 妙 | 妙 | 妙 | | | | |
|---|---|---|---|---|---|---|---|---|

妙齡(묘령) 妙技(묘기) 妙案(묘안) 巧妙(교묘) 奇妙(기묘) 微妙(미묘) 絶妙(절묘)

當意卽妙(당의즉묘) : ① 그 경우에 적합한 재치를 그 자리에서 부림, 곧 임기응변(臨機應變). ② 그 자리의 분위기에 맞추어 즉각 재치 있는 언동(言動)을 함.

영strange 중miào 일チク(なおす) 【난이도】 중학용, 읽기 4급, 쓰기 3급

---

# 戊

다섯째 천간 무

戈部(창과) 1획 총5획

戊 戊 戊 戊 戊

| 戊 | 戊 | 戊 | 戊 | 戊 | | | | |
|---|---|---|---|---|---|---|---|---|

戊辰(무진) 戊戌(무술) 戊午(무오) 戊子(무자) 戊申(무신) 戊夜(무야) 戊寅(무인)

丙辛夜半生戊子(병신야반생무자) : '일진(日辰)의 천간(天干)이 병(丙)이나 신(辛)으로 된 날의 자시(子時)는 무자시(戊子時)가 됨'이라는 말.

중wù 일ボ·ボウ(つちのえ) 【난이도】 중학용, 읽기 3급, 쓰기 2급

---

# 武

호반 무

止部(그철지)4획 총8획

武 武 武 武 武 武 武 武

| 武 | 武 | 武 | 武 | 武 | | | | |
|---|---|---|---|---|---|---|---|---|

武官(무관) 武器(무기) 武力(무력) 武裝(무장) 武帝(무제) 核武器(핵무기)

武陵桃源(무릉도원) : 이 세상(世上)을 떠난 별천지(別天地)를 이르는 말.
文武兼全(문무겸전) : 문식과 무략을 다 갖추고 있음.

영military 중wǔ 일ブ(たけしい) 【난이도】 중학용, 읽기 4급II, 쓰기 3급II

| | |
|---|---|
| **茂**<br><br>무성할 무<br><br>艹部(초두머리)5획 총9획 | 茂茂茂茂茂茂茂茂茂<br>茂茂茂茂茂<br><br>茂林(무림) 茂山郡(무산군) 茂盛(무성) 茂朱郡(무주군) 繁茂(번무)<br><br>松茂柏悅(송무백열) : 소나무가 무성(茂盛)하면 잣나무가 기뻐한다는 뜻으로, 남이 잘되는 것을 기뻐함을 비유(比喩·譬喩)하여 이르는 말.<br><br>영flourishing 중茂[mào] 일茂[モ](しげる) 【난이도】 중학용, 읽기 3급Ⅱ, 쓰기 2급 |
| **務**<br><br>힘쓸 무<br><br>力部(힘력) 9획 총11획 | 務務務務務務務務務務務<br>務務務務務<br><br>勤務(근무) 業務(업무) 義務(의무) 任務(임무) 職務(직무) 債務(채무) 實務(실무)<br><br>開物成務(개물성무) : ① 만물의 뜻을 열어 천하의 사무(事務)를 성취(成就)함.<br>② 사람이 아직 모르는 곳을 개발하고, 사람이 하고자 하는 바를 성취(成就)시킴.<br><br>영exert 중务[wù] 일ム(つとまる·つとめる) 【난이도】 중학용, 읽기 4급Ⅱ, 쓰기 3급Ⅱ |
| **無**<br><br>없을 무<br><br>灬部(연화발) 8획 총12획 | 無無無無無無無無無無無無<br>無無無無無<br><br>無關(무관) 無能(무능) 無理(무리) 無視(무시) 無條件(무조건) 無效(무효)<br><br>有備無患(유비무환) : 준비가 있으면 근심이 없다라는 뜻으로, ① 미리 준비(準備)가 되어 있으면 우환(憂患)을 당(當)하지 아니함. ② 또는 뒷걱정이 없다는 뜻.<br><br>영nothing 중无[wú] 일ム(ない) 【난이도】 중학용, 읽기 5급, 쓰기 4급 |
| **舞**<br><br>춤출 무<br><br>舛部(어그러질천)8획총14획 | 舞舞舞舞舞舞舞舞舞舞舞舞舞舞<br>舞舞舞舞舞<br><br>舞臺(무대) 鼓舞(고무) 舞踊(무용) 僧舞(승무) 亂舞(난무) 鼓舞的(고무적)<br><br>商羊鼓舞(상양고무) : 상양(商羊)이라는 새가 날아다니면 큰 비가 온다는 전설(傳說)에서, 홍수(洪水)·수해가 있을 것을 미리 알린다는 뜻. 歌舞音曲(가무음곡) : 노래와 춤과 음악.<br><br>영dance 중wǔ 일ボ·ブ(まい·まう) 【난이도】 중학용, 읽기 4급, 쓰기 3급 |
| **墨**<br><br>먹 묵<br><br>土部(흙토)12획 총15획 | 墨墨墨墨墨墨墨墨墨墨墨墨墨墨墨<br>墨墨墨墨墨<br><br>墨家(묵가) 墨客(묵객) 墨子(묵자) 墨刑(묵형) 墨畵(묵화) 筆墨(필묵) 白墨(백묵)<br><br>近墨者黑(근묵자흑) : 먹을 가까이하면 검어진다는 뜻으로, 나쁜 사람을 가까이 하면 그 버릇에 물들기 쉽다는 말.<br><br>영ink 중mò 일ボク(すみ) 【난이도】 중학용, 읽기 3급Ⅱ, 쓰기 2급 |

| 文 | 文文文文 |
|---|---|
| | 文 文 文 文 文 |
| 글월 문 | 文書(문서) 文字(문자) 文章(문장) 文化(문화) 論文(논문) 注文(주문) 序文(서문) |
| | 文房四友(문방사우) : 서재에 꼭 있어야 할 네 벗, 즉 종이, 붓, 벼루, 먹을 말함. |
| | 一文不通(일문불통) : 한 글자에도 통하지 못한다는 뜻으로, 한 글자도 읽지 못함. |
| 文部(글월문)0획총4획 | 영letter 중wén 일ブン(もじ) 【난이도】 중학용, 읽기 7급, 쓰기 6급 |

| 門 | 門門門門 門 門門門 |
|---|---|
| | 門 門 門 門 門 |
| 문 문 | 門中(문중) 家門(가문) 南大門(남대문) 部門(부문) 專門(전문) 窓門(창문) |
| | 門前成市(문전성시) : 대문(大門) 앞이 저자를 이룬다는 뜻으로, 세도가(勢道家) 나 부잣집 문 앞이 방문객(訪問客)으로 저자(=市)를 이루다시피 함을 이르는 말. |
| 門部(문문)0획총8획 | 영door 중门[mén] 일モン(かど) 【난이도】 중학용, 읽기 8급, 쓰기 6급Ⅱ |

| 問 | 問問問問 問 問問問 問問問 |
|---|---|
| | 問 問 問 問 問 |
| 물을 문 | 問題(문제) 訪問(방문) 疑問(의문) 諮問(자문) 質問(질문) 學問(학문) 顧問(고문) |
| | 不問曲直(불문곡직) : 굽음과 곧음을 묻지 않는다는 뜻으로, ① 옳고 그름을 가 리지 않고 함부로 일을 처리(處理)함. ② 잘잘못을 묻지 않고 함부로 행(行)함. |
| 口部(입구) 8획 총11획 | 영ask 중问[wèn] 일モン(とい·とう·とん) 【난이도】 중학용, 읽기 7급, 쓰기 6급 |

| 聞 | 聞聞聞聞 聞 聞 聞聞 聞聞聞聞聞 |
|---|---|
| | 聞 聞 聞 聞 聞 |
| 들을 문 | 見聞(견문) 所聞(소문) 新聞(신문) 申聞鼓(신문고) 聽聞會(청문회) 醜聞(추문) |
| | 前代未聞(전대미문) : 지난 시대(時代)에는 들어 본 적이 없다는 뜻으로, 매우 놀랍 거나 경이로운 일을 이르는 말. |
| 耳部(귀이)8획 총14획 | 영hear 중闻[wèn] 일モン·ブン(きく·きこえる) 【난이도】 중학용, 읽기 6급Ⅱ, 쓰기 5급Ⅱ |

| 勿 | 勿勿勿勿 |
|---|---|
| | 勿 勿 勿 勿 勿 |
| 말 물 | 勿驚(물경) 勿論(물론) 勿忘草(물망초) 勿施(물시) 勿念(물념) 勿侵(물침) |
| | 勿忘草(물망초) : 지칫과에 딸린 여러해살이풀. 높이는 20~30㎝이며, 잎은 길둥근꼴로 어 긋 맞게 나고, 봄·여름에 남색의 작은 꽃이 겹총상꽃차례로 핌. 유럽 원산으로, 관상용. |
| 勹部(쌀포몸) 2획 총4획 | 영don't 중wù 일モツ·モチ(なかれ) 【난이도】 중학용, 읽기 3급Ⅱ, 쓰기 2급 |

## 物

物 物 物 物 物 物 物 物

物 物 物 物 物

物件(물건) 物質(물질) 物品(물품) 事物(사물) 膳物(선물) 植物(식물) 人物(인물)

見物生心(견물생심) : 물건(物件)을 보면 욕심(慾心)이 생긴다는 뜻.
物心一如(물심일여) : 마음과 형체가 구별없이 하나로 일치된 상태.

**만물 물**

牛部(소우) 4획 총8획

영 matter, goods 중 wù 일 ブツ(もの) 【난이도】 중학용, 읽기 7급Ⅱ, 쓰기 6급

---

## 未

未 未 未 未 未

未 未 未 未 未

未洽(미흡) 未來(미래) 未滿(미만) 未熟(미숙) 未決(미결) 未盡(미진) 未完(미완)

未曾有(미증유) : 지금까지 아직 한 번도 있어 본 적이 없음. 前代未聞(전대미문) :「지난 시대에는 들어 본 적이 없다」는 뜻으로, 매우 놀랍거나 새로운 일을 이르는 말.

**아닐 미**

木部(나무목)1획 총5획

영 not 중 wèi 일 ミ·ビ(いまだ) 【난이도】 중학용, 읽기 4급Ⅱ, 쓰기 3급Ⅱ

---

## 米

米 米 米 米 米 米

米 米 米 米 米

庚加米(경가미) 白米(백미) 玄米(현미) 米穀(미곡) 米價(미가) 米飮(미음) 米作(미작)

米珠薪桂(미주신계) :「쌀은 구슬 보다 비싸고, 땔감은 계수나무보다 비싸다」는 뜻으로, 물가가 치솟아 생활(生活)하기 어렵다는 것을 이르는 말.

**쌀 미**

米部(쌀미) 0획 총6획

영 rice 중 mǐ 일 マイ·ベイ(こめ) 【난이도】 중학용, 읽기 6급, 쓰기 5급

---

## 尾

尾 尾 尾 尾 尾 尾 尾

尾 尾 尾 尾 尾

尾行(미행) 尾星(미성) 尾宿(미수) 語尾(어미) 曆尾(역미) 末尾(말미) 交尾(교미)

去頭截尾(거두절미) :「머리와 꼬리를 잘라버린다」는 뜻으로, ① 앞뒤의 잔사설을 빼놓고 요점(要點)만을 말함. ② 앞뒤를 생략(省略)하고 본론(本論)으로 들어감.

**꼬리 미**

尸部(주검시) 4획 총7획

영 tail 중 wěi 일 ビ(お) 【난이도】 중학용, 읽기 3급Ⅱ, 쓰기 2급

---

## 味

味 味 味 味 味 味 味 味

味 味 味 味 味

意味(의미) 調味料(조미료) 興味(흥미) 趣味(취미) 口味(구미) 吟味(음미) 無味(무미)

山海珍味(산해진미) : 산과 바다의 산물(産物)을 다 갖추어 아주 잘 차린 진귀(珍貴)한 음식이란 뜻으로, 온갖 귀한 재료로 만든 맛. 좋은 음식.

**맛 미**

口部(입구) 5획 총8획

영 taste 중 wèi 일 ミ(あじ·あじわう) 【난이도】 중학용, 읽기 4급Ⅱ, 쓰기 3급Ⅱ

美美美美美美美美美

美 美 美 美 美

美國(미국) 美軍(미군) 美德(미덕) 美術(미술) 美人(미인) 甘美(감미)

絶世代美(절세대미) : 이 세상(世上)에서는 견줄 사람이 없을 정도(程度)로 뛰어나게 아름다운 여자(女子). 絶世美人(절세미인) : ☞ 절세가인(絶世佳人).

아름다울 미

羊部(양양) 3획 총9획

영beautiful 중美[měi] 일ビ(うつくしい) 【난이도】 중학용, 읽기 6급, 쓰기 5급

---

民民民民民

民 民 民 民 民

民間(민간) 國民(국민) 庶民(서민) 市民(시민) 住民(주민) 大韓民國(대한민국)

經世濟民(경세제민) : 세사(世事)를 잘 다스려 도탄(塗炭)에 빠진 백성(百姓)을 구(求)함. 경국제세(經國濟世)라고도 함. (준말)경제(經濟).

백성 민

氏部(각씨씨)1획총5획

영people 중mín 일ミン(たみ) 【난이도】 중학용, 읽기 8급, 쓰기 6급II

---

密密密密密密密密密密密

密 密 密 密 密

機密(기밀) 綿密(면밀) 秘密(비밀) 隱密(은밀) 精密(정밀) 緻密(치밀) 密談(밀담)

奧密稠密(오밀조밀) : ① (솜씨나 재주가) 매우 세밀(細密)하고 교묘(巧妙)한 모양. ② (성질(性質)이) 매우 자상스럽고 꼼꼼한 모양.

빽빽할 밀

宀部(갓머리) 8획 총11획

영dense, secrete 중mì 일ミツ(ひそか) 【난이도】 중학용, 읽기 4급II, 쓰기 3급II

---

朴朴朴朴朴朴

朴 朴 朴 朴 朴

純朴(순박) 簡朴(간박) 質朴(질박) 厚朴(후박) 朴質(박질) 儉朴(검박) 朴忠(박충)

朴正熙(박정희) : 한국의 군인, 정치가. 1963년 12월 제5대, 제6대 , 제7대, 제8대, 대통령(大統領). 1978년 12월 제9대 대통령(大統領).

후박나무박/성씨 박

木部(나무목)2획 총6획

영naive 중pǔ 일ボク(ほお) 【난이도】 중학용, 읽기 6급, 쓰기 5급

---

反反反反

反 反 反 反 反

反對(반대) 反駁(반박) 反映(반영) 反省(반성) 違反(위반) 反應(반응) 反面(반면)

反哺之孝(반포지효) : 「까마귀 새끼가 자란 뒤에 늙은 어미에게 먹이를 물어다 주는 효성(孝誠)」이라는 뜻으로, 자식(子息)이 자라서 부모(父母)를 봉양(奉養)함.

되돌릴 반

又部(또우) 2획 총4획

영return 중fǎn 일タン・ハン(そらす・そる) 【난이도】 중학용, 읽기 6급II, 쓰기 5급II

# 半

**반 반**

十部(열십) 3획 총5획

半 半 半 半 半

| 半 | 半 | 半 | 半 | 半 | | | | | |

折半(절반) 韓半島(한반도) 半導體(반도체) 上半期(상반기) 下半期(하반기)

半百(반백) : 백의 절반, 또는 백 살의 절반.  半面之分(반면지분) : 일면지분(一面之分)도 못 되는 교분(交分)으로 얼굴만 겨우 알 뿐이고 교제(交際)는 얕은 사이.

영half 중bàn 일ハン(なかば) 【난이도】중학용, 읽기 6급II, 쓰기 5급II

---

# 飯

**밥 반**

食部(밥식변)4획 총 13획

飯 飯 飯 飯 飯 飯 飯 飯 飯 飯 飯 飯 飯

| 飯 | 飯 | 飯 | 飯 | 飯 | | | | | |

飯店(반점) 飯酒(반주) 飯饌(반찬) 加飯(가반) 白飯(백반) 朝飯(조반) 麥飯(맥반)

十匙一飯(십시일반) : 열 사람이 한 술씩 보태면 한 사람 먹을 분량(分量)이 된다는 뜻으로, 여러 사람이 힘을 합(合)하면 한 사람을 돕기는 쉽다는 말.

영cooked rice 중饭[fàn] 일ハン(めし) 【난이도】중학용, 읽기 3급II, 쓰기 2급

---

# 發

**필 발/쏠 발**

癶部(필발머리) 7획 총 12획

發 發 發 發 發 發 發 發 發 發 發 發

| 發 | 發 | 發 | 發 | 發 | | | | | |

發生(발생) 發展(발전) 發表(발표) 發揮(발휘) 開發(개발) 摘發(적발) 出發(출발)

一觸卽發(일촉즉발) : 한 번 닿기만 하여도 곧 폭발(爆發)한다는 뜻으로, 조그만 자극(刺戟)에도 큰 일이 벌어질 것 같은 아슬아슬한 상태(狀態)를 이르는 말.

영bloom 중发[fā] 일発[ハツ](ひらく) 【난이도】중학용, 읽기 6급II, 쓰기 5급II

---

# 方

**모 방**

方部(모방) 0획 총 4획

方 方 方 方

| 方 | 方 | 方 | 方 | 方 | | | | | |

方法(방법) 方式(방식) 方針(방침) 方向(방향) 四方(사방) 地方(지방) 處方(처방)

八方美人(팔방미인) : ① 어느 모로 보나 아름다운 미인. ② 누구에게나 두루 곱게 보이는 방법으로 처세하는 사람. ③ 여러 방면(方面)의 일에 능통(能通)한 사람.

영square 중fāng 일ホウ(かた) 【난이도】중학용, 읽기 7급II, 쓰기 6급

---

# 防

**막을 방**

阝(阜)部(좌부방)4획 총7획

防 防 防 防 防 防 防

| 防 | 防 | 防 | 防 | 防 | | | | | |

防禦(방어) 豫防(예방) 防止(방지) 攻防(공방) 防牌(방패) 國防(국방) 防疫(방역)

衆口難防(중구난방) : 여러 사람의 입을 막기 어렵다는 뜻으로, 막기 어려울 정도(程度)로 여럿이 마구 지껄임을 이르는 말.

영block 중fáng 일ボウ(ふせぐ) 【난이도】중학용, 읽기 4급II, 쓰기 3급II

## 放

放送(방송) 開放(개방) 放置(방치) 放漫(방만) 解放(해방) 釋放(석방) 放棄(방기)

凍足放尿(동족방뇨) : 언 발에 오줌 누기라는 뜻으로, 잠시의 효력이 있을 뿐, 그 효력은 없어지고 마침내는 더 나쁘게 될 일을 함. 앞을 내다보지 못하는 고식지계를 비웃는 말.

영release 중fàng 일ホウ(はなす) 【난이도】 중학용, 읽기 6급II, 쓰기 5급II

놓을 방

攵部(등글월문)4획 총8획

## 房

暖房(난방) 煖房(난방) 冷房(냉방) 藥房(약방) 店房(점방) 廚房(주방) 獨房(독방)

洞房華燭(동방화촉) : 부인의 방에 촛불이 아름답게 비친다는 뜻으로, 신랑이 신부의 방에서 첫날밤을 지내는 일. 결혼식(結婚式)날 밤 또는 혼례(婚禮)를 이르는 말.

영room 중fáng 일ボウ(ふさ) 【난이도】 중학용, 읽기 4급II, 쓰기 3급II

방 방

戶部(지게호)4획 총8획

## 訪

訪問(방문) 巡訪(순방) 訪韓(방한) 禮訪(예방) 探訪(탐방) 尋訪(심방) 答訪(답방)

戶別訪問(호별방문) : 집집마다 찾아다님. 探訪(탐방) : ① 탐문하여 찾아 봄. ② 기자 등이 어떤 기사 거리를 얻기 위하여 목적하는 사람을 찾아가는 일.

영visit 중访[fǎng] 일ホウ(おとずれる·とう) 【난이도】 중학용, 읽기 4급II, 쓰기 3급II

찾을 방

言部(말씀언) 4획 총11획

## 杯

角杯(각배) 乾杯(건배) 苦杯(고배) 毒杯(독배) 祝杯(축배) 暴杯(폭배) 勸杯(권배)

杯中蛇影(배중사영) : 술잔 속의 뱀 그림자라는 뜻으로, ① 자기 스스로 의혹된 마음이 생겨 고민하는 일. ② 아무 것도 아닌 일에 의심을 품고 지나치게 근심을 함.

영cup 중bēi 일ハイ(さかずき) 【난이도】 중학용, 읽기 3급, 쓰기 2급

잔 배

木部(나무목)4획 총8획

## 拜

拜別(배별) 拜謁(배알) 答拜(답배) 歲拜(세배) 禮拜(예배) 崇拜(숭배) 參拜(참배)

百拜致謝(백배치사) : 수 없이 절을 하며 치사(致詞·致辭)함.
拜上(배상) : '절하고 올림'의 뜻으로, 편지 끝의 자기 이름 밑에 쓰는 말.

영bow 중bài 일拜[ハイ](おがむ) 【난이도】 중학용, 읽기 4급II, 쓰기 3급II

절 배

手部(손수) 5획 총9획

白白白白白

| 白 | 白 | 白 | 白 | 白 | | | | |

白駒(백구) 白露(백로) 白馬(백마) 白鳥(백조) 明白(명백) 自白(자백) 黑白(흑백)

紅東白西(홍동백서) : 제사 때 제물을 차려 놓는 차례. 붉은 과실(果實)은 동쪽에 흰 과실은 서쪽에 차리는 격식을 뜻함. 집사자를 기준으로 왼쪽이 동쪽.

흰 백

白部(흰백) 0획 총5획 · 영white 중bái 일ハク(しろい) 【난이도】중학용, 읽기 8급, 쓰기 6급Ⅱ

百百百百百百

| 百 | 百 | 百 | 百 | 百 | | | | |

百穀(백곡) 百萬(백만) 百姓(백성) 百濟(백제) 百中(백중) 百貨店(백화점)

一罰百戒(일벌백계) : 한 사람을 벌주어 백 사람을 경계(警戒)한다는 뜻으로, 한 가지 죄와 또는 한 사람을 벌(罰)줌으로써 여러 사람의 경각심을 불러일으킴.

일백 백

白部(흰백) 1획 총6획 · 영a hundred 중bǎi 일ヒャク(もも) 【난이도】중학용, 읽기 7급, 쓰기 6급

番番番番番番番番番番番番

| 番 | 番 | 番 | 番 | 番 | | | | |

番號(번호) 番地(번지) 當番(당번) 今番(금번) 這番(저번) 單番(단번) 順番(순번)

不寢番(불침번) : ① 자지 않고 번갈아 실내(室內)의 경비(警備) 안전(安全) 을 맡는 일. ② 또는 그 사람.

차례 번

田部(밭전) 7획 총12획 · 영number 중fān 일バン(つかい) 【난이도】중학용, 읽기 6급, 쓰기 5급

伐伐伐代伐伐

| 伐 | 伐 | 伐 | 伐 | 伐 | | | | |

伐木工(벌목공) 矜伐(긍벌) 盜伐(도벌) 自伐(자벌) 征伐(정벌) 討伐(토벌)

百馬伐驥(백마벌기) : 백 마리의 말이 한 마리의 준마를 친다는 뜻으로, 뭇 신하 들이 한 현신(賢臣)을 제거하기 위해 몰아침을 비유(比喻·譬喻)해 이르는 말.

칠 벌

亻部(사람인변) 4획 총6획 · 영attack 중fá 일バツ(うつ) 【난이도】중학용, 읽기 4급Ⅱ, 쓰기 3급Ⅱ

凡凡凡

| 凡 | 凡 | 凡 | 凡 | 凡 | | | | |

平凡(평범) 非凡(비범) 凡人(범인) 出凡(출범) 凡例(범례) 凡常(범상) 凡節(범절)

禮儀凡節(예의범절) : 모든 예의(禮儀)와 절차(節次). 凡聖不二(범성불이) : 범인 (凡人)과 성인(聖人)의 구별은 있지만, 본성(本性)은 일체 평등하다는 말.

무릇 범

几部(안석 궤) 1획 총3획 · 영common 중fán 일ボン·ハン(およそ) 【난이도】중학용, 읽기 3급Ⅱ, 쓰기 2급

## 法

법 법

氵部(삼수변) 5획 총8획

法法法法法法法法

法 法 法 法 法

法律(법률) 法案(법안) 法院(법원) 方法(방법) 不法(불법) 民法(민법) 憲法(헌법)

法古創新(법고창신) : 옛것을 본받아 새로운 것을 창조한다는 뜻으로, 옛것에 토대를 두되 그것을 변화시킬 줄 알고 새 것을 만들어 가되 근본을 잃지 않아야 한다는 뜻.

영law 중fǎ 일ホウ(のり) 【난이도】 중학용, 읽기 5급II, 쓰기 4급II

## 變

변할 변

言部(말씀언)16획총23획

絲絲糸糸絲絲絲絲絲絲絲絲絲絲絲變變

變 變 變 變 變

變化(변화) 變動(변동) 變質(변질) 變形(변형) 變貌(변모) 變遷(변천) 異變(이변)

天災地變(천재지변) : 지진·홍수·태풍 따위와 같이, 자연 현상에 의해 빚어지는 재앙.
變化無雙(변화무쌍) : 세상이 변하여 가는 것이 더할 수 없이 많고 심함.

영change 중変[biàn] 일変[ベン](かえる·かわる) 【난이도】 중학용, 읽기 5급II, 쓰기 4급II

## 別

다를 별

刂部(선칼도방) 5획 총7획

別別別別別別別

別 別 別 別 別

別途(별도) 各別(각별) 個別(개별) 區別(구별) 差別(차별) 離別(이별) 特別(특별)

別世界(별세계) : ① 이 세상(世上) 밖의 다른 세상(世上).
② 속(俗)된 세상(世上)과는 딴 판으로 아주 좋은 세상(世上).

영different 중bié 일ベツ(わかれる) 【난이도】 중학용, 읽기 6급, 쓰기 5급

## 丙

남녘 병

一部(한일)4획 총5획

丙丙丙丙丙

丙 丙 丙 丙 丙

丙子胡亂(병자호란) 丙寅洋擾(병인양요) 丙子(병자) 丙寅(병인) 丙戌(병술)

丙舍傍啓(병사방계) : 병사(丙舍) 곁에 통로(通路)를 열어 궁전(宮殿) 내(內)를 출입(出入)하는 사람들의 편리(便利)를 도모(圖謀)했음.

영south 중bǐng 일ヘイ(ひのえ) 【난이도】 중학용, 읽기 3급II, 쓰기 2급

## 兵

군사 병

八部(여덟팔) 5획 총7획

兵兵兵兵兵兵兵

兵 兵 兵 兵 兵

兵力(병력) 兵士(병사) 兵役(병역) 士兵(사병) 將兵(장병) 派兵(파병) 工兵(공병)

草木皆兵(초목개병) : 온 산의 풀과 나무까지도 모두 적병으로 보인다는 뜻으로, 적의 힘을 두려워한 나머지 하찮은 것에도 겁냄을 이르는 말.

영soldier 중bǐng 일ヘイ(つわもの) 【난이도】 중학용, 읽기 5급II, 쓰기 4급II

## 病

질병 병

广部(병질엄)5획 총10획

病病病病病病病病病病

| 病 | 病 | 病 | 病 | 病 | | | | | |
|---|---|---|---|---|---|---|---|---|---|

病院(병원) 疾病(질병) 病弊(병폐) 病菌(병균) 發病(발병) 問病(문병) 病者(병자)

同病相憐(동병상련) : 같은 병자(病者)끼리 가엾게 여긴다는 뜻으로, 어려운 처지 (處地)에 있는 사람끼리 서로 불쌍히 여겨 동정(同情)하고 서로 도움.

영illness 중bìng 일ビョウ·ヘイ(やまい·やむ)【난이도】중학용, 읽기 6급, 쓰기 5급Ⅱ

## 步

걸음 보

止部(그칠지)3획 총7획

步步步步步步步

| 步 | 步 | 步 | 步 | 步 | | | | | |
|---|---|---|---|---|---|---|---|---|---|

步道(보도) 踏步(답보) 散步(산보) 初步(초보) 退步(퇴보) 闊步(활보) 輕步(경보)

五十步百步(오십보백보) : 오십 보 도망한 자가 백 보 도망한 자를 비웃는다라는 뜻으로, 조금 낫고 못한 차이는 있지만 본질적으로 차이가 없음.

영walk 중bù 일ホ·ブ·フ(あゆむ·あるく)【난이도】중학용, 읽기 4급Ⅱ, 쓰기 3급Ⅱ

## 保

보전할 보

亻部(사람인변)7획총9획

保保保保保保保保保

| 保 | 保 | 保 | 保 | 保 | | | | | |
|---|---|---|---|---|---|---|---|---|---|

保護(보호) 保障(보장) 確保(확보) 安保(안보) 擔保(담보) 保險(보험) 保守(보수)

民保於信(민보어신) : 백성(百姓)은 신의(信義)가 있을 때에 안정(安定)된다는 뜻으로, 백성(百姓)은 신의(信義)에 의(依)해서만 잘 다스려진다는 말.

영keep 중bǎo 일ホ·フ(たもつ)【난이도】중학용, 읽기 4급Ⅱ, 쓰기 3급Ⅱ

## 報

갚을 보

土部(흙 토)9획 총12획

報報報報報報報報報報報報

| 報 | 報 | 報 | 報 | 報 | | | | | |
|---|---|---|---|---|---|---|---|---|---|

報道(보도) 情報(정보) 報告(보고) 弘報(홍보) 報酬(보수) 通報(통보) 諜報(첩보)

結草報恩(결초보은) :「풀을 묶어서 은혜를 갚는다」라는 뜻으로, ① 죽어 혼이 되더라도 입은 은혜를 잊지 않고 갚음. ② 무슨 짓을 하여서든지 잊지 않고 은혜에 보답(報答)함.

영repay 중報[bào] 일ホウ(むくいる)【난이도】중학용, 읽기 4급Ⅱ, 쓰기 3급Ⅱ

## 伏

엎드릴 복

亻部(사람인변)4획총6획

伏伏伏伏伏伏

| 伏 | 伏 | 伏 | 伏 | 伏 | | | | | |
|---|---|---|---|---|---|---|---|---|---|

伏兵(복병) 伏線(복선) 屈伏(굴복) 三伏(삼복) 潛伏(잠복) 降伏(항복) 埋伏(매복)

伏地不動(복지부동) : 땅에 엎드려 움직이지 아니한다는 뜻으로, 마땅히 해야 할 일을 하지 않고 몸을 사림을 비유(比喩·譬喩)하여 이르는 말.

영lie face down 중fú 일フク(ふす·ふせる)【난이도】중학용, 읽기 4급, 쓰기 3급

| 服 | 服服服服服服服服 |
|---|---|
| | 服 服 服 服 服 |
| 옷 복 | 服務(복무) 服從(복종) 屈服(굴복) 克服(극복) 衣服(의복) 降服(항복) 服裝(복장) |
| | 上命下服(상명하복) : 윗사람의 명령(命令)에 아랫사람이 따름. |
| | 微服潛行(미복잠행) : 남이 알아보지 못하게 미복으로 넌지시 다님. |
| 月部(달월) 4획총8획 | 영clothes 중fú 일フク(きもの) 【난이도】중학용, 읽기 6급, 쓰기 5급 |

| 復 | 復復復復復復復復復復 |
|---|---|
| | 復 復 復 復 復 |
| 돌아올 복/부 | 回復(회복) 復歸(복귀) 反復(반복) 復活(부활) 復元(복원) 復舊(복구) 光復(광복) |
| | 死灰復燃(사회부연) :「다 탄 재가 다시 불이 붙었다」는 뜻으로, ① 세력을 잃었던 사람이 다시 세력을 잡음. ② 혹은 곤경에 처해 있던 사람이 훌륭하게 됨을 비유하는 말. |
| 彳部(두인변) 9획총12획 | 영restore 중复[fù] 일フク(かえる·また) 【난이도】중학용, 읽기 4급II, 쓰기 3급II |

| 福 | 福福福福福福福福福福福福福福 |
|---|---|
| | 福 福 福 福 福 |
| 복 복 | 福券(복권) 福利(복리) 福音(복음) 多福(다복) 晚福(만복) 幸福(행복) 天福(천복) |
| | 吉凶禍福(길흉화복) : 길흉(吉凶)과 화복(禍福)이라는 뜻으로, 즉 사람의 운수(運數)를 이름. 反禍爲福(반화위복) : ☞ 전화위복(轉禍爲福). |
| 示部(보일시) 9획 총14획 | 영fortune 중福[fú] 일福[フク](さいわい) 【난이도】중학용, 읽기 5급II, 쓰기 4급II |

| 本 | 本本本本本 |
|---|---|
| | 本 本 本 本 本 |
| 근본 본 | 本分(본분) 本質(본질) 本末(본말) 基本(기본) 根本(근본) 日本(일본) 資本(자본) |
| | 拔本塞源(발본색원) : 근본(根本)을 빼내고 원천(源泉)을 막아 버린다는 뜻으로, 사물(事物)의 폐단(弊端)을 없애기 위(爲)해서 그 뿌리째 뽑아 버림을 이르는 말. |
| 木部(나무목) 1획 총5획 | 영origin 중běn 일ホン(もと) 【난이도】중학용, 읽기 6급, 쓰기 5급 |

| 奉 | 奉奉奉奉奉奉奉奉 |
|---|---|
| | 奉 奉 奉 奉 奉 |
| 받들 봉 | 奉畓(봉답) 奉仕(봉사) 奉事(봉사) 奉獻(봉헌) 奉化(봉화) 天奉畓(천봉답) |
| | 滅私奉公(멸사봉공) : 사(私)를 버리고 공(公)을 위(爲)하여 힘써 일함. |
| | 奉養(봉양) : 어버이나 할아버지, 할머니를 받들어 모시고 섬김. |
| 大部(큰대) 5획총8획 | 영revere 중fèng 일ホウ(たてまつる) 【난이도】중학용, 읽기 5급II, 쓰기 4급II |

| | |
|---|---|
| 逢<br>만날 봉<br>辶部(책받침) 7획 총11획 | 逢逢逢逢逢逢逢逢逢逢逢<br>逢 逢 逢 逢 逢<br>相逢(상봉) 逢着(봉착) 逢變(봉변) 遭逢(조봉) 逢辱(봉욕) 更逢(갱봉) 逢年(봉년)<br>欲哭逢打(욕곡봉타) :「울려는 아이 뺨치기라는 속담(俗談)」의 한역으로, 불평(不平)을 품고 있는 사람을 선동(煽動)함을 비유(比喩·譬喩)한 말.<br>영meet 중逢[féng] 일逢[ホウ](あう·おおきい) 【난이도】중학용, 읽기 3급II, 쓰기 2급 |
| 父<br>아비 부<br>父部(아비부)0획 총 4획 | 父父父父<br>父 父 父 父 父<br>父母(부모) 父子(부자) 父親(부친) 父兄(부형) 師父(사부) 神父(신부) 祖父(조부)<br>父子有親(부자유친) : 오륜(五倫 ; 父子有親, 君臣有義, 夫婦有別, 長幼有序, 朋友有信))의 하나. 아버지와 아들 사이의 도는 친애(親愛)에 있음.<br>영father 중fù 일フ(ちち) 【난이도】중학용, 읽기 8급, 쓰기 6급II |
| 夫<br>지아비 부<br>大部(큰대) 1획 총 4획 | 夫夫夫夫<br>夫 夫 夫 夫 夫<br>夫君(부군) 夫婦(부부) 夫人(부인) 工夫(공부) 農夫(농부) 漁夫(어부) 匹夫(필부)<br>漁夫之利(어부지리) : 어부지리(漁父之利). 어부(漁夫)의 이익(利益)이라는 뜻으로, 둘이 다투는 틈을 타서 엉뚱한 제3자(第三者)가 이익(利益)을 가로챔을 이르는 말.<br>영husband 중fú 일フ(おっと) 【난이도】중학용, 읽기 7급, 쓰기 6급 |
| 扶<br>도울 부<br>扌(手)部(재방변)4획총7획 | 扶扶扶扶扶扶扶<br>扶 扶 扶 扶 扶<br>扶安(부안) 扶養(부양) 扶餘(부여) 扶助(부조) 扶持(부지) 扶護(부호) 扶腋(부액)<br>相扶相助(상부상조) : 서로서로 도움.<br>相互扶助(상호부조) : 서로 돕는 일.<br>영assist 중fú 일フ(たすける) 【난이도】중학용, 읽기 3급II, 쓰기 2급 |
| 否<br>아닐 부<br>口部(입구) 4획 총7획 | 否否否否否否否<br>否 否 否 否 否<br>拒否(거부) 與否(여부) 否認(부인) 否定(부정) 否決(부결) 安否(안부) 當否(당부)<br>曰可曰否(왈가왈부) : 좋으니 나쁘니 하고 떠들어댐. 運否天賦(운부천부) : 운이 좋고 나쁨은 모두가 하늘의 뜻이라는 의미(意味)로, 운을 하늘에 맡김을 이르는 말.<br>영not, no 중fǒu 일ヒ(いな) 【난이도】중학용, 읽기 4급, 쓰기 3급 |

## 浮
뜻 부

浮浮浮浮浮浮浮浮浮浮浮

| 浮 | 浮 | 浮 | 浮 | 浮 | | | | | |
|---|---|---|---|---|---|---|---|---|---|

浮刻(부각) 浮力(부력) 浮上(부상) 浮揚(부양) 浮揚策(부양책) 浮遊(부유)

浮言流說(부언유설) : 아무 근거없이 널리 퍼진 소문(所聞). 터무니없이 떠도는 말.
羅浮之夢(나부지몽) : 나부산(羅浮山)의 꿈이라는 뜻으로, 덧없는 한바탕의 꿈을 이르는 말.

氵部(삼수변)7획총10획　영float　중fú　일フ(うかぶ·うかべる)　【난이도】중학용, 읽기 3급Ⅱ, 쓰기 2급

## 婦
아내 부

婦婦婦婦婦婦婦婦婦婦婦

| 婦 | 婦 | 婦 | 婦 | 婦 | | | | | |
|---|---|---|---|---|---|---|---|---|---|

婦人(부인) 家政婦(가정부) 内命婦(내명부) 慰安婦(위안부) 主婦(주부)

匹夫匹婦(필부필부) : 평범(平凡)한 남자(男子)와 평범(平凡)한 여자(女子).
夫爲婦綱(부위부강) : 남편(男便)은 아내의 벼리가 됨. [三綱(삼강)].

女部(계집녀)8획총11획　영wife　중妇[fù]　일婦[フ](おんな)　【난이도】중학용, 읽기 4급Ⅱ, 쓰기 3급Ⅱ

## 部
거느릴 부/떼 부

部部部部部部部部部部部部

| 部 | 部 | 部 | 部 | 部 | | | | | |
|---|---|---|---|---|---|---|---|---|---|

一部(일부) 部分(부분) 部隊(부대) 幹部(간부) 部處(부처) 内部(내부) 部門(부문)

半部論語(반부논어) : 반 권의 논어라는 뜻으로, ① 학습(學習)의 중요함을 이르는 말. ② 자신의 지식을 겸손(謙遜)하게 이르는 말.

阝部(우부방) 8획 총11획　영department　중bù　일ブ(べ)　【난이도】중학용, 읽기 6급Ⅱ, 쓰기 5급Ⅱ

## 富
부자 부

富富富富富富富富富富富富

| 富 | 富 | 富 | 富 | 富 | | | | | |
|---|---|---|---|---|---|---|---|---|---|

富貴(부귀) 富裕(부유) 富者(부자) 貧富(빈부) 貧富(빈부) 致富(치부) 猝富(졸부)

富國强兵(부국강병) : 부유(富裕)한 나라와 강(强)한 군사(軍士)라는 뜻으로, 나라를 부유(富裕)하게 하고, 군대(軍隊)를 강(强)하게 함.

宀部(갓머리)9획 총12획　영rich　중fù　일フ·フウ(とみ·とむ)　【난이도】중학용, 읽기 4급Ⅱ, 쓰기 3급Ⅱ

## 北
북녘 북

北北北北北

| 北 | 北 | 北 | 北 | 北 | | | | | |
|---|---|---|---|---|---|---|---|---|---|

北韓(북한) 敗北(패배) 對北(대북) 南北(남북) 慶北(경북) 北側(북측) 拉北(납북)

南男北女(남남북녀) : 예전부터 우리나라에서 남쪽 지방(地方)은 남자(男子)가 잘나고, 북쪽 지방(地方)은 여자(女子)가 곱다는 뜻으로 일러 내려오는 말.

匕部(비수비)3획 총5획　영north　중běi　일ホク(きた)　【난이도】중학용, 읽기 8급, 쓰기 6급Ⅱ

## 分

分分分分

分 分 分 分 分

分明(분명) 分析(분석) 分野(분야) 部分(부분) 大部分(대부분) 充分(충분)

兩寡分悲(양과분비) : 두 과부(寡婦)가 슬픔을 서로 나눈다는 뜻으로, 같은 처지(處地)에 있는 사람끼리 서로 동정(同情)한다는 말.

나눌 분

刀部(칼도) 2획총4획

영divide 중fēn 일フン(わける) 【난이도】 중학용, 읽기 6급II, 쓰기 5급II

## 不

不不不不

不 不 不 不 不

不可(불가) 不過(불과) 不動産(부동산) 不足(부족) 不法(불법) 不安(불안)

過猶不及(과유불급) : 모든 사물(事物)이 정도(程度)를 지나치면 미치지 못한 것과 같다는 뜻으로, 중용(中庸)이 중요(重要)함을 가리키는 말.

아니 불/아닐 부

一部(한일) 3획총4획

영not 중bù 일フ·ブ 【난이도】 중학용, 읽기 7급II, 쓰기 6급

## 佛

佛佛伀仸侣佛佛

佛 佛 佛 佛 佛

佛教(불교) 彌勒佛(미륵불) 佛家(불가) 抑佛(억불) 彷佛(방불) 佛堂(불당)

佛頭着糞(불두착분) : 부처의 얼굴에 똥을 묻힌다는 뜻으로, ① 훌륭한 저서에 서투른 서문을 쓴다는 말. ② 깨끗한 것을 더럽히거나 착한 사람이 모욕을 당할 때 비유하여 이르는 말.

부처 불

亻部(사람인변)5획총7획

영buddha 중佛[fó] 일仏[ブツ](ほとけ) 【난이도】 중학용, 읽기 4급II, 쓰기 3급II

## 朋

朋朋月月朋朋朋朋

朋 朋 朋 朋 朋

朋友(붕우) 朋知(붕지) 朋執(붕집) 同朋(동붕) 佳朋(가붕) 朋黨(붕당) 面朋(면붕)

朋友責善(붕우책선) : 친구는 서로 착한 일을 권한다는 뜻으로, 참다운 친구라면 서로 나쁜 짓을 못 하도록 권(勸)하고 좋은 길로 이끌어야 함.

벗 붕

月部(달월)4획 총8획

영friend 중péng 일ホウ(とも) 【난이도】 중학용, 읽기 3급, 쓰기 2급

## 比

比比比比

比 比 比 比 比

比較(비교) 比率(비율) 比重(비중) 比較的(비교적) 櫛比(즐비) 對比(대비)

比翼鳥(비익조) : 암컷과 수컷이 눈과 날개가 하나씩이라서 짝을 짓지 않으면 날지 못한다는 새로서, 남녀(男女) 사이 혹은 부부애(夫婦愛)가 두터움을 이르는 말.

견줄 비

比部(견줄비) 0획 총4획

영compare 중bǐ 일ヒ(くらべる) 【난이도】 중학용, 읽기 5급, 쓰기 4급

## 非

**아닐 비**

非部(아닐비) 0획 총8획

非 非 非 非 非 非 非 非

非難(비난) 非但(비단) 非理(비리) 非命(비명) 非常(비상) 是非(시비) 非凡(비범)

非一非再(비일비재) : 같은 일이 한두 번이 아님이란 뜻으로, 한둘이 아님.
似而非(사이비) : 겉으로 보기에는 비슷한 듯하지만 근본적으로는 아주 다른 것.

영not 중fēi 일ヒ(あらず) 【난이도】중학용, 읽기 4급Ⅱ, 쓰기 3급Ⅱ

---

## 飛

**날 비**

飛部(날비) 0획 총9획

飛 飛 飛 飛 飛 飛 飛 飛 飛

飛馬(비마) 飛躍的(비약적) 飛行機(비행기) 飛火(비화) 雄飛(웅비) 飛龍(비룡)

烏飛梨落(오비이락) : '까마귀 날자 배 떨어진다'는 속담의 한역으로, 아무런 관계도 없이 한 일이 공교롭게 다른 일과 때가 일치해 혐의(嫌疑)를 받게 됨을 이르는 말.

영fly 중飞[fē] 일飛[ヒ](とぶ) 【난이도】중학용, 읽기 4급Ⅱ, 쓰기 3급Ⅱ

---

## 備

**갖출 비**

亻部(사람인변)10획총12획

備 備 備 備 備 備 備 備 備 備 備 備

準備(준비) 對備(대비) 裝備(장비) 設備(설비) 整備(정비) 警備(경비) 豫備(예비)

有備無患(유비무환) : 「준비가 있으면 근심이 없다」라는 뜻으로, ① 미리 준비(準備)가 되어 있으면 우환(憂患)을 당(當)하지 아니함. ② 또는 뒷걱정이 없다는 뜻.

영prepare 중备[bèi] 일ビ(そなえる·そなわる) 【난이도】중학용, 읽기 4급Ⅱ, 쓰기 3급Ⅱ

---

## 悲

**슬플 비**

心部(마음심)8획 총12획

悲 悲 悲 悲 悲 悲 悲 悲 悲 悲 悲 悲

悲觀(비관) 悲劇(비극) 悲鳴(비명) 悲報(비보) 悲哀(비애) 悲慘(비참) 喜悲(희비)

興盡悲來(흥진비래) : 즐거운 일이 지나가면 슬픈 일이 닥쳐온다는 뜻으로, ① 세상일이 순환됨을 가리키는 말. ② 세상의 온갖 일에 너무 자만하거나 낙담하지 말라는 뜻.

영sad 중bēi 일ヒ(かなしい·かなしむ) 【난이도】중학용, 읽기 4급Ⅱ, 쓰기 3급Ⅱ

---

## 鼻

**코 비**

鼻部(코비)0획 총14획

鼻 鼻 鼻 鼻 鼻 鼻 鼻 鼻 鼻 鼻 鼻 鼻 鼻 鼻
鼻 鼻 鼻 鼻 鼻

鼻祖(비조) 鼻炎(비염) 鼻音(비음) 阿鼻(아비) 高鼻(고비) 鼻孔(비공) 鼻骨(비골)

阿鼻叫喚(아비규환) : 「아비 지옥과 규환 지옥」이라는 뜻으로, 여러 사람이 비참한 지경에 처하여 그 고통에서 헤어나려고 비명을 지르며 몸부림침을 형용해 이르는 말.

영nose 중bí 일ビ(はな) 【난이도】중학용, 읽기 5급, 쓰기 4급

貧 分 分 分 貧 貧 貧 貧 貧 貧 貧

貧 貧 貧 貧 貧

가난할 빈

貝部(조개패)4획 총11획

貧困(빈곤) 貧富(빈부) 貧血(빈혈) 貧賤(빈천) 貧弱(빈약) 淸貧(청빈) 賤貧(천빈)

安貧樂道(안빈낙도) : ① 구차(苟且)하고 궁색(窮塞)하면서도 그것에 구속되지 않고 평안하게 즐기는 마음으로 살아감. ② 가난에 구애받지 않고 도를 즐김.

영poor 중貧[pín] 일ヒン・ビン(まずしい) 【난이도】 중학용, 읽기 4급Ⅱ, 쓰기 3급Ⅱ

氷 氷 氷 氷 氷

氷 氷 氷 氷 氷

얼음 빙

水部(물 수) 1획 총5획

氷河(빙하) 氷晶(빙정) 解氷(해빙) 流氷(유빙) 薄氷(박빙) 結氷(결빙) 細氷(세빙)

氷姿玉質(빙자옥질) : 얼음같이 투명(透明)한 모습과 옥과 같이 뛰어난 바탕이라는 뜻으로, ① 용모(容貌)와 재주가 모두 뛰어남. ② 매화(梅花)의 다른 이름.

영ice 중氷[bīng] 일ヒョウ[こおり・ひ] 【난이도】 중학용, 읽기 5급, 쓰기 4급

巳 巳 巳

巳 巳 巳 巳 巳

뱀 사

己部(몸기) 0획 총3획

上巳(상사) 巳方(사방) 乙巳(을사) 癸巳(계사) 己巳(기사) 巳初(사초) 巳時(사시)

乙巳條約(을사조약) : 1905년 일본(日本)이 한국(韓國)의 외교권(外交權)을 박탈(剝奪)하기 위(爲)해 한국(韓國) 정부(政府)를 강압(強壓)하여 체결(締結)한 조약(條約).

영snake 중巳[sì] 일シ(み) 【난이도】 중학용, 읽기 3급, 쓰기 2급

士 士 士

士 士 士 士 士

선비 사

士部(선비사) 0획총3획

士兵(사병) 博士(박사) 辯護士(변호사) 人士(인사) 操縱士(조종사) 武士(무사)

士農工商(사농공상) : 선비·농부·공장(工匠)·상인 등 네 가지 신분을 아울러 이르는 말. 봉건(封建) 시대의 계급 관념(觀念)을 순서(順序)대로 일컫는 말.

영scholar 중士[shì] 일シ 【난이도】 중학용, 읽기 5급Ⅱ, 쓰기 4급Ⅱ

仕 仕 仕 仕 仕

仕 仕 仕 仕 仕

벼슬 사

亻部(사람인변)3획 총5획

仕進(사진) 仕退(사퇴) 勤仕(근사) 奉仕(봉사) 奉仕者(봉사자) 出仕(출사)

仕非爲貧(사비위빈) : 관리(官吏)는 빈한(貧寒)해도 녹을 먹기 위(爲)해 일하지 않는다는 뜻으로, 관리(官吏)된 사람은 덕(德)을 천하(天下)에 펴야 한다는 말.

영public office 중仕[shì] 일シ(つかえる) 【난이도】 중학용, 읽기 5급Ⅱ, 쓰기 4급Ⅱ

史史史史史

| 史 | 史 | 史 | 史 | 史 | | | | |

史家(사가) 史記(사기) 史料(사료) 史上(사상) 史書(사서) 女史(여사) 歷史(역사)

三冬文史(삼동문사) : 가난한 사람은 농사(農事) 짓느라고 여가(餘暇)가 없어 다만 삼동에 학문(學問)을 닦는다는 뜻으로, 자기(自己)를 겸손(謙遜)히 이르는 말.

영history 중shǐ 일シ(ふみ) 【난이도】 중학용, 읽기 5급Ⅱ, 쓰기 4급Ⅱ

역사 사
口部(입구) 2획 총 5획

---

四四四四四

| 四 | 四 | 四 | 四 | 四 | | | | |

四君子(사군자) 四德(사덕) 四方(사방) 四書(사서) 四寸(사촌) 四海(사해)

朝三暮四(조삼모사) : 아침에 세 개, 저녁에 네 개라는 뜻으로, 당장 눈앞에 나타나는 차별(差別)만을 알고 그 결과(結果)가 같음을 모름의 비유.

영four 중sì 일シ(よ·よつ) 【난이도】 중학용, 읽기 8급, 쓰기 6급Ⅱ

넉 사
囗部(큰입구몸) 2획 총 5획

---

死死死死死死

| 死 | 死 | 死 | 死 | 死 | | | | |

死亡(사망) 死藏(사장) 生死(생사) 橫死(횡사) 死亡者(사망자) 飢死(기사) 慘死(참사)

兔死狗烹(토사구팽) : 「사냥하러 가서 토끼를 잡으면, 사냥하던 개는 쓸모가 없게 되어 삶아 먹는다」는 뜻으로, ① 필요할 때 요긴하게 써 먹고 쓸모가 없어지면 가혹하게 버린다는 뜻.

영die 중sǐ 일シ(しぬ) 【난이도】 중학용, 읽기 6급, 쓰기 5급

죽을 사
歹部(죽을사) 2획 총 6획

---

寺寺寺寺寺寺

| 寺 | 寺 | 寺 | 寺 | 寺 | | | | |

寺刹(사찰) 寺院(사원) 寺門(사문) 佛寺(불사) 寺人(시인) 寺宇(사우) 寺社(사사)

上下寺不及(상하사불급) : 위에 미치기에는 짧고, 아래에 대기는 길다는 뜻으로, 두 가지 일이 모두 실패(失敗)하게 됨을 비유한 말.

영temple 중sì 일ジ(てら) 【난이도】 중학용, 읽기 4급Ⅱ, 쓰기 3급Ⅱ

절 사
寸部(마디촌) 3획 총 6획

---

私私私私私私私

| 私 | 私 | 私 | 私 | 私 | | | | |

私學(사학) 私人(사인) 私淑(사숙) 私生活(사생활) 私的(사적) 私教育(사교육)

先公後私(선공후사) : 사(私)보다 공(公)을 앞세움이란 뜻으로, 사사(私事)로운 일이나 이익(利益)보다 공익(公益)을 앞세움.

영private 중sī 일シ(わたくし·わたし) 【난이도】 중학용, 읽기 4급, 쓰기 3급

사사로울 사
禾部(벼화) 2획 총 7획

使使使使使使使

| 使 | 使 | 使 | 使 | 使 | | | | |

使命(사명) 使臣(사신) 使用(사용) 勞使(노사) 大使(대사) 行使(행사) 特使(특사)

咸興差使(함흥차사) : ① 심부름꾼이 가서 소식(消息)이 없거나, 또는 회답(回答)이 더딜 때의 비유. ② 한 번 간 사람이 돌아오지 않거나 소식(消息)이 없음.

**부릴 사**

イ部(사람인변) 6획 총8획

영employ 중shǐ 일シ(すかう) 【난이도】 중학용, 읽기 6급, 쓰기 5급

---

舍舍舍舍舍舍舍舍

| 舍 | 舍 | 舍 | 舍 | 舍 | | | | |

舍廊(사랑) 廳舍(청사) 寄宿舍(기숙사) 精舍(정사) 驛舍(역사) 畜舍(축사)

舍己從人(사기종인) : 자기의 이전 행위를 버리고 타인의 선행(善行)을 본떠 행함.
作舍道傍(작사도방) : 의견이 서로 달라서 일을 결정하지 못함을 일컫는 말.

**집 사**

舌部(혀설) 2획 총8획

영house 중shè 일舍[シャ] 【난이도】 중학용, 읽기 4급II, 쓰기 3급II

---

事事事事亭亭亭事

| 事 | 事 | 事 | 事 | 事 | | | | |

事件(사건) 事故(사고) 事例(사례) 事實(사실) 事業(사업) 從事(종사) 行事(행사)

事必歸正(사필귀정) : 처음에는 시비(是非) 곡직(曲直)을 가리지 못하여 그릇되더라도 모든 일은 결국에 가서는 반드시 정리(正理)로 돌아감.

**일 사**

亅部(갈고리궐)7획 총8획

영work, occupation 중shì 일ジ·ズ(こと) 【난이도】 중학용, 읽기 7급II, 쓰기 6급

---

思思思思思思思思思

| 思 | 思 | 思 | 思 | 思 | | | | |

思考(사고) 思慮(사려) 思慕(사모) 思惟(사유) 思想(사상) 深思(심사) 意思(의사)

居安思危(거안사위) : 평안(平安)할 때에도 위험(危險)과 곤란(困難)이 닥칠 것을 생각하며 잊지말고 미리 대비(對備)해야 함.

**생각 사**

心部(마음심)5획 총9획

영think 중sī 일シ(おもう) 【난이도】 중학용, 읽기 5급, 쓰기 4급

---

射射射身身身身射射

| 射 | 射 | 射 | 射 | 射 | | | | |

射擊(사격) 射手(사수) 亂射(난사) 反射(반사) 發射(발사) 注射(주사) 速射(속사)

射魚指天(사어지천) : 물고기를 잡으려고 하늘을 향해 쏜다는 뜻으로, 고기는 물에서 구해야 하는데 하늘에서 구함, 곧 불가능한 일을 하려 함을 이르는 말.

**쏠 사**

寸部(마디촌)7획 총10획

영shoot 중shè 일シャ(いる) 【난이도】 중학용, 읽기 4급, 쓰기 3급

## 師

師師師師師師師師師師
師 師 師 師 師

師範(사범) 師弟(사제) 講師(강사) 敎師(교사) 牧師(목사) 醫師(의사) 看護師(간호사)

師弟同行(사제동행) : ① 스승과 제자(弟子)가 함께 길을 감.
② 스승과 제자(弟子)가 한 마음으로 연구(硏究)하여 나아감.

스승 사

巾部(수건건)7획 총10획 | 영teacher 중师[shī] 일シ(せんせい) 【난이도】중학용, 읽기 4급Ⅱ, 쓰기 3급Ⅱ

## 絲

絲絲絲絲絲絲絲絲絲絲絲絲
絲 絲 絲 絲 絲

絹絲(견사) 螺絲(나사) 綿絲(면사) 毛絲(모사) 原絲(원사) 製絲(제사) 製絲(제사)

一絲不亂(일사불란) : 한 오라기의 실도 흐트러지지 않았다는 뜻으로, 질서(秩序)나
체계(體系) 따위가 잘 잡혀 있어서 조금도 흐트러짐이 없음을 이르는 말.

실 사

糸部(실사)6획 총12획 | 영thread 중丝[sī] 일シ(いと) 【난이도】중학용, 읽기 4급, 쓰기 3급

## 謝

謝謝謝謝謝謝謝謝謝謝謝謝謝謝謝謝謝
謝 謝 謝 謝 謝

謝過(사과) 謝禮(사례) 謝罪(사죄) 感謝(감사) 代謝(대사) 薄謝(박사) 謝意(사의)

新陳代謝(신진대사) : 묵은 것이 없어지고 새것이 대신(代身) 생기거나 들어서는 일.
百拜致謝(백배치사) : 수 없이 절을 하며 치사(致詞·致辭)함.

사례할 사

言部(말씀언)10획총17획 | 영thank 중谢[xiè] 일シャ(あやまる) 【난이도】중학용, 읽기 4급Ⅱ, 쓰기 3급Ⅱ

## 山

山山山
山 山 山 山 山

寺刹(사찰) 寺院(사원) 寺門(사문) 佛寺(불사) 寺人(시인) 寺宇(사우) 寺社(사사)

上下寺不及(상하사불급) : 위에 미치기에는 짧고, 아래에 대기는 길다는 뜻으로, 두
가지 일이 모두 실패(失敗)하게 됨을 비유한 말.

뫼 산

山部(뫼산) 0획 총3획 | 영mountain 중shān 일サン·セン(やま) 【난이도】중학용, 읽기 8급, 쓰기 6급Ⅱ

## 産

産産産産産産産産産産産
産 産 産 産 産

財産(재산) 不動産(부동산) 産業(산업) 生産(생산) 資産(자산) 遺産(유산) 破産(파산)

蕩敗家産(탕패가산) : ☞ 탕진가산(蕩盡家産). 傾家破産(경가파산) : 온 집안의 재
산(財産)을 모두 없앰. 蕩盡家産(탕진가산) : 집안의 재산을 모두 써서 없애 버림.

낳을 산

生部(날생)6획 총11획 | 영bear 중产[chǎn] 일サン(うまれる·うむ·うぶ) 【난이도】중학용, 읽기 5급Ⅱ, 쓰기 4급Ⅱ

## 散

흘을 산

攵部(등글월문)8획 총12획

散 散 散 散 散 散 散 散 散 散 散 散

散 散 散 散 散

霧散(무산) 分散(분산) 離散家族(이산가족) 解散(해산) 擴散(확산) 散步(산보)

風飛雹散(풍비박산) : 바람이 불어 우박(雨雹)이 이리 저리 흩어진다는 뜻으로, 엉망으로 깨어져 흩어져 버림. 사방(四方)으로 흩어짐. '풍지박산'은 잘못된 말임.

영scatter 중sǎn 일サン(ちらかす·ちらかる·ちる·ちらす)【난이도】중학용, 읽기 4급, 쓰기 3급

## 算

셈할 산

竹部(대죽)8획 총14획

算 算 算 算 算 算 算 算 算 算 算 算 算 算

算 算 算 算 算

豫算(예산) 計算(계산) 淸算(청산) 推算(추산) 決算(결산) 算數(산수) 公算(공산)

利害打算(이해타산) : 이해(利害) 관계(關係)를 이모저모 따져 헤아리는 일.
謀算之輩(모산지배) : 꾀를 내어 이해타산(利害打算)을 일삼는 무리.

영count 중suàn 일サン(かぞえる)【난이도】중학용, 읽기 7급, 쓰기 6급

## 殺

죽일 살/감할 쇄

殳部(창수)7획 총11획

殺 殺 殺 殺 殺 殺 殺 殺 殺 殺 殺

殺 殺 殺 殺 殺

被殺(피살) 自殺(자살) 殺害(살해) 相殺(상쇄) 抹殺(말살) 殺到(쇄도) 殺菌(살균)

矯角殺牛(교각살우) : 「쇠뿔을 바로 잡으려다 소를 죽인다」라는 뜻으로, 결점(缺點)이나 흠을 고치려다 수단(手段)이 지나쳐 도리어 일을 그르침.

영kill 중杀[shā] 일サツ(ころす)【난이도】중학용, 읽기 4급Ⅱ, 쓰기 3급Ⅱ

## 三

석 삼

一部(한 일) 2획 총3획

三 三 三

三 三 三 三 三

三伏(삼복) 三秋(삼추) 三極(삼극) 三昧(삼매) 三神山(삼신산) 三次元(삼차원)

朝三暮四(조삼모사) : 「아침에 세 개, 저녁에 네 개」라는 뜻으로, ① 당장 눈앞에 나타나는 차별만을 알고 그 결과가 같음을 모름의 비유. ② 간사한 꾀를 써서 남을 속임을 이르는 말.

영three 중sān 일サン(み·みつ·みっつ)【난이도】중학용, 읽기 8급, 쓰기 6급Ⅱ

## 上

위 상

一部(한일) 2획 총3획

上 上 上

上 上 上 上 上

上級(상급) 上昇(상승) 以上(이상) 引上(인상) 世上(세상) 祖上(조상) 賣上(매상)

雪上加霜(설상가상) : 눈 위에 또 서리가 내린다는 뜻으로, 어려운 일이 겹침을 이름 또는 '환난(患難)이 거듭됨'을 비유(比喩·譬喩)하여 이르는 말.

영upper 중shàng 일ジョウ(うえ)【난이도】중학용, 읽기 7급Ⅱ, 쓰기 6급

尚 尚 尚 尚 尚 尚 尚 尚

| 尚 | 尚 | 尚 | 尚 | 尚 | | | | | |

高尚(고상) 尚宮(상궁) 崇尚(숭상) 呂尚(여상) 嘉尚(가상) 慶尚(경상) 尚書(상서)

口尚乳臭(구상유취) : 입에서 아직 젖내가 난다는 뜻으로, 말과 하는 짓이 아직 유치함을 일컬음.

時機尚早(시기상조) : 오히려 때가 이르다는 뜻으로, 아직 때가 되지 않음을 이르는 말.

**오히려 상**

小部(적을소) 5획 총8획

영rather 중shàng 일ショウ(なお) 【난이도】 중학용, 읽기 3급II, 쓰기 2급

---

相 相 相 相 相 相 相 相 相

| 相 | 相 | 相 | 相 | 相 | | | | | |

相當(상당) 相對(상대) 相面(상면) 相殺(상쇄) 相互(상호) 樣相(양상) 眞相(진상)

刮目相對(괄목상대) : 눈을 비비고 다시 보며 상대(相對)를 대(對)한다는 뜻으로, 다른 사람의 학식(學識)이나 업적(業績)이 크게 진보(進步)한 것을 말함.

**서로 상**

目部(눈목) 4획 총9획

영mutually 중xiàng 일ショウ(あい) 【난이도】 중학용, 읽기 5급II, 쓰기 4급II

---

常 常 常 常 常 常 常 常 常 常 常

| 常 | 常 | 常 | 常 | 常 | | | | | |

常識(상식) 非常(비상) 異常(이상) 日常的(일상적) 正常(정상) 恒常(항상)

無常(무상) : 상주(常住)하는 것이 없다는 뜻으로, ① '나고 죽으며 흥하고 망(亡)하는 것이 덧없음'의 일컬음. ② 모든 것이 늘 변(變)함.

**항상 상**

巾部(수건건)8획총11획

영always 중cháng 일ジョウ(つね·とこ) 【난이도】 중학용, 읽기 4급II, 쓰기 3급II

---

商 商 商 商 商 商 商 商 商 商

| 商 | 商 | 商 | 商 | 商 | | | | | |

協商(협상) 商品(상품) 通商(통상) 商人(상인) 商業(상업) 商店(상점) 商品券(상품권)

士農工商(사농공상) : 선비·농부(農夫)·공장(工匠)·상인(商人) 등 네 가지 신분을 아울러 이르는 말. 봉건(封建) 시대의 계급 관념(觀念)을 순서대로 일컫는 말.

**장사 상**

口部(입구) 8획 총11획

영trade 중shāng 일ジョウ(あきなう) 【난이도】 중학용, 읽기 5급II, 쓰기 4급II

---

喪 喪 喪 喪 喪 喪 喪 喪 喪 喪

| 喪 | 喪 | 喪 | 喪 | 喪 | | | | | |

喪失(상실) 喪家(상가) 弔喪(조상) 喪亡(상망) 初喪(초상) 喪妻(상처) 喪輿(상여)

冠婚喪祭(관혼상제) : 관례(冠禮)·혼례(婚禮)·상례(喪禮)·제례(祭禮)의 네 가지 예를 두고 말함. 落膽喪魂(낙담상혼) : 몹시 놀라 얼이 빠지고 정신(精神) 없음.

**죽을 상**

口部(입구)9획총12획

영mourning 중喪[sàng] 일ソウ(うしなう) 【난이도】 중학용, 읽기 3급II, 쓰기 2급

82

| 想 | 想想想想想想想想想想想想想 |
|---|---|
| | 想 想 想 想 想 |
| **생각할 상** | 構想(구상) 發想(발상) 思想(사상) 想像(상상) 豫想(예상) 幻想(환상) 夢想(몽상) |
| | 無念無想(무념무상) : 일체(一切)의 생각이 없다는 뜻으로, 무아(無我)의 경지(境地)에 이르러 일체(一切)의 상념(想念)이 없음을 이르는 말. |
| 心部(마음심)9획총13획 | 영think 중xiǎng 일ソウ·ソ(おもう) 【난이도】 중학용, 읽기 4급Ⅱ, 쓰기 3급Ⅱ |

| 傷 | 傷傷傷傷傷傷傷傷傷傷傷傷傷 |
|---|---|
| | 傷 傷 傷 傷 傷 |
| **상할 상** | 傷處(상처) 傷害(상해) 凍傷(동상) 負傷(부상) 殺傷(살상) 損傷(손상) 火傷(화상) |
| | 中傷謀略(중상모략) : 터무니없는 말로 헐뜯거나 남을 해치려고 속임수를 써서 일을 꾸밈. 傷哉之歎(상재지탄) : 살림이 군색(窘塞)하고 가난함에 대한 한탄(恨歎). |
| 亻部(사람인변)11획총13획 | 영injure 중伤[shāng] 일ショウ(きず·いたむ) 【난이도】 중학용, 읽기 4급, 쓰기 3급 |

| 賞 | 賞賞賞賞賞賞賞賞賞賞賞賞賞賞賞賞 |
|---|---|
| | 賞 賞 賞 賞 賞 |
| **상줄 상** | 賞罰(상벌) 賞讚(상찬) 鑑賞(감상) 受賞(수상) 襃賞(포상) 懸賞(현상) 大賞(대상) |
| | 信賞必罰(신상필벌) : 상을 줄 만한 훈공(勳功)이 있는 자에게 반드시 상을 주고, 벌할 죄과가 있는 자에게는 반드시 벌을 준다는 뜻으로, 곧, 상벌을 공정·엄중히 하는 일. |
| 貝部(조개패)8획 총15획 | 영award 중賞[shǎng] 일ショウ(ぼめる) 【난이도】 중학용, 읽기 5급, 쓰기 4급 |

| 霜 | 霜霜霜霜霜霜霜霜霜霜霜霜霜霜霜霜霜 |
|---|---|
| | 霜 霜 霜 霜 霜 |
| **서리 상** | 霜降(상강) 霜菊(상국) 霜露(상로) 霜雪(상설) 降霜(강상) 風霜(풍상) 加霜(가상) |
| | 雪上加霜(설상가상) : 눈 위에 또 서리가 내린다는 뜻으로, 어려운 일이 겹침을 이름 또는 '환난(患難)이 거듭됨'을 비유(比喩·譬喩)하여 이르는 말. |
| 雨部(비우)9획 총17획 | 영frost 중shuāng 일ソウ(しも) 【난이도】 중학용, 읽기 3급Ⅱ, 쓰기 2급 |

| 色 | 色色色色色色 |
|---|---|
| | 色 色 色 色 色 |
| **빛 색** | 色彩(색채) 綠色(녹색) 靑色(청색) 無色(무색) 遜色(손색) 特色(특색) 灰色(회색) |
| | 草綠同色(초록동색) : 풀빛과 녹색(綠色)은 같은 빛깔이란 뜻으로, 같은 처지(處地)의 사람과 어울리거나 기우는 것. |
| 色部(빛색) 0획총6획 | 영color 중sè 일ショク(いろ) 【난이도】 중학용, 읽기 7급, 쓰기 6급 |

| | |
|---|---|
| 生<br>날 생<br>生部(날생)0획 총5획 | 生 生 生 生 生<br>生 生 生 生 生<br>生計(생계) 生命(생명) 生産(생산) 生活(생활) 誕生(탄생) 學生(학생) 學生(학생)<br>生者必滅(생자필멸) : 생명(生命)이 있는 것은 반드시 죽게 마련이라는 뜻으로,<br>불교(佛教)에서 세상만사(世上萬事)가 덧없음을 이르는 말.<br>영born 중shēng 일セイ(いかす·いきる) 【난이도】 중학용, 읽기 8급, 쓰기 6급Ⅱ |

| | |
|---|---|
| 西<br>서녘 서<br>襾部(덮을아)1획 총6획 | 西 西 西 西 西 西<br>西 西 西 西 西<br>西歐(서구) 西紀(서기) 西部(서부) 西洋(서양) 西海(서해) 東西(동서) 西向(서향)<br>紅東白西(홍동백서) : 제사(祭祀) 때 제물(祭物)을 차려 놓는 차례(次例). 붉은 과<br>실(果實)은 동쪽에 흰 과실(果實)은 서쪽에 차리는 격식(格式)을 뜻함.<br>영west 중xī 일サイ·セイ(にし) 【난이도】 중학용, 읽기 8급, 쓰기 6급Ⅱ |

| | |
|---|---|
| 序<br>차례 서<br>广部(엄호) 4획총7획 | 序 序 序 序 序 序 序<br>序 序 序 序 序<br>秩序(질서) 順序(순서) 次序(차서) 序列(서열) 序文(서문) 序論(서론) 序詩(서시)<br>夫婦有別長幼有序(부부유별장유유서) : 남편(男便)과 아내 사이에는 분별(分別)이<br>있어야 하고, 어른과 어린이 사이에는 차례(次例)가 있어야 함.<br>영order 중xù 일ジョ(ついで) 【난이도】 중학용, 읽기 5급, 쓰기 4급 |

| | |
|---|---|
| 書<br>글 서<br>日部(가로왈)6획 총10획 | 書 書 書 書 書 書 書 書 書 書<br>書 書 書 書 書<br>書類(서류) 書翰(서한) 教科書(교과서) 讀書(독서) 文書(문서) 報告書(보고서)<br>家書萬金(가서만금) : 타국이나 타향에 살 때는 고향 가족의 편지가 더없이 반갑고,<br>그 소식의 값이 황금 만 냥보다 더 소중하다는 말. 가서저만금(家書抵萬金)의 준말.<br>영writing 중书[shū] 일ショ(かく) 【난이도】 중학용, 읽기 6급Ⅱ, 쓰기 5급Ⅱ |

| | |
|---|---|
| 暑<br>더울 서<br>日部(날일)9획 총13획 | 暑 暑 暑 暑 暑 暑 暑 暑 暑 暑 暑 暑 暑<br>暑 暑 暑 暑 暑<br>大暑(대서) 小暑(소서) 處暑(처서) 避暑(피서) 避暑客(피서객) 酷暑(혹서)<br>病風傷暑(병풍상서) : '바람에 병들고 더위에 상함'이라는 뜻으로, '고생(苦生)스러운<br>세상(世上)살이에 쪼들림'이라는 말.<br>영hot 중暑[shǔ] 일暑[ショ](あつい) 【난이도】 중학용, 읽기 3급, 쓰기 2급 |

| 夕 | ク タ タ |
|---|---|
| | 夕　夕　夕　夕　夕 |
| 저녁 석 | 夕刊(석간) 夕陽(석양) 夕潮(석조) 月夕(월석) 朝夕(조석) 秋夕(추석) 七夕(칠석) |
| | 朝令夕改(조령석개) : 아침에 명령(命令)을 내리고 저녁에 다시 바꾼다는 뜻으로, 법령(法令)의 개정(改定)이 너무 빈번(頻煩)하여 믿을 수가 없음을 이르는 말. |
| 夕部(저녁석) 0획총3획 | 영evening 중xī 일セキ(ゆう) 【난이도】 중학용, 읽기 7급, 쓰기 6급 |

| 石 | 石 石 石 石 石 |
|---|---|
| | 石　石　石　石　石 |
| 돌 석 | 石榴(석류) 石油(석유) 石炭(석탄) 巖石(암석) 寶石(보석) 玉石(옥석) 隕石(운석) |
| | 一石二鳥(일석이조) : 한 개의 돌을 던져 두 마리의 새를 맞추어 떨어뜨린다는 뜻으로, 한 가지 일을 해서 두 가지 이익(利益)을 얻음을 이르는 말. |
| 石部(돌석) 0획총5획 | 영stone 중shí 일シャク·セキ·コク(いし) 【난이도】 중학용, 읽기 6급, 쓰기 5급 |

| 昔 | 昔 昔 昔 昔 昔 昔 昔 昔 |
|---|---|
| | 昔　昔　昔　昔　昔 |
| 옛 석 | 昔年(석년) 昔歲(석세) 崇昔(숭석) 昔人(석인) 遙昔(요석) 今昔(금석) 古昔(고석) |
| | 今昔之感(금석지감) : 지금과 옛날을 비교할 때 차이가 매우 심하여 느껴지는 감정.<br>宿昔之憂(숙석지우) : 밤낮으로 잊을 수 없는 근심이라는 뜻으로, 깊은 근심이나 묵은 근심을 이름. |
| 日部(날일)4획총8획 | 영past·ancient 중xī 일シャク·セキ(むかし) 【난이도】 중학용, 읽기 3급, 쓰기 2급 |

| 席 | 席 席 席 席 席 席 席 席 席 席 |
|---|---|
| | 席　席　席　席　席 |
| 자리 석 | 缺席(결석) 私席(사석) 首席(수석) 座席(좌석) 酒席(주석) 參席(참석) 出席(출석) |
| | 席藁待罪(석고대죄) : 거적을 깔고 엎드려 벌(罰) 주기를 기다린다는 뜻으로, 죄과(罪過)에 대(對)한 처분(處分)을 기다림. |
| 巾部(수건건)7획총10획 | 영seat 중xí 일セキ(むしろ·せき) 【난이도】 중학용, 읽기 6급, 쓰기 5급 |

| 惜 | 惜 惜 惜 惜 惜 惜 惜 惜 惜 惜 惜 |
|---|---|
| | 惜　惜　惜　惜　惜 |
| 아낄 석 | 惜別(석별) 哀惜(애석) 惜敗(석패) 賣惜(매석) 愛惜(애석) 憐惜(연석) 悼惜(도석) |
| | 不惜身命(불석신명) : 불도(佛道)를 닦으려면 스스로의 몸이나 목숨을 아끼지 말아야 함. 일반적(一般的)으로 자기(自己)의 몸을 돌보지 않음을 이름. |
| 忄部(심방면)8획총11획 | 영prize 중xī 일セキ(おしい·おしむ) 【난이도】 중학용, 읽기 3급II, 쓰기 2급 |

| 仙 | 仙仙仙仙仙 | | | | | | | | |
|---|---|---|---|---|---|---|---|---|---|
| | 仙 | 仙 | 仙 | 仙 | 仙 | | | | |
| 신선 선 | 仙客(선객) 仙禽(선금) 仙靈(선령) 仙人(선인) 仙院(선원) 詩仙(시선) 神仙(신선) | | | | | | | | |
| | 仙姿玉質(선자옥질) : 신선(神仙)의 자태(姿態)와 옥 같은 바탕이라는 뜻으로, 용모(容貌)도 아름다운데다가 기품(氣稟)도 뛰어난 사람을 형용(形容)해 이르는 말. | | | | | | | | |
| 亻部(사람인변) 3획 총5획 | 영hermit 중xiān 일セン 【난이도】중학용, 읽기 5급Ⅱ, 쓰기 4급Ⅱ | | | | | | | | |

| 先 | 先先先先先先 | | | | | | | | |
|---|---|---|---|---|---|---|---|---|---|
| | 先 | 先 | 先 | 先 | 先 | | | | |
| 먼저 선 | 于先(우선) 先生(선생) 優先(우선) 先祖(선조) 先輩(선배) 先導(선도) 先手(선수) | | | | | | | | |
| | 先夫人(선부인) : 남의 돌아가신 어머니를 일컫는 말. 先大人(선대인) : 남의 돌아가신 아버지를 일컫는 말. 先考丈(선고장) : 남의 돌아가신 아버지를 높이어 일컫는 말. | | | | | | | | |
| 儿部(어진사람인발)4획총6획 | 영first 중xiān 일セン(さき) 【난이도】중학용, 읽기 8급, 쓰기 6급Ⅱ | | | | | | | | |

| 船 | 船船舟舟舟舟舟船船船船船 | | | | | | | | |
|---|---|---|---|---|---|---|---|---|---|
| | 船 | 船 | 船 | 船 | 船 | | | | |
| 배 선 | 船舶(선박) 漁船(어선) 船員(선원) 船長(선장) 風船(풍선) 商船(상선) 造船(조선) | | | | | | | | |
| | 破釜沈船(파부침선) : 「솥을 깨뜨리고 배를 가라앉힌다」는 뜻으로, 싸움터로 나가면서 살아 돌아오기를 바라지 않고 결전(決戰)을 각오함을 이르는 말. | | | | | | | | |
| 舟部(배주)5획총11획 | 영ship 중chuán 일セン(ふな·ふね) 【난이도】중학용, 읽기 5급, 쓰기 4급 | | | | | | | | |

| 善 | 善善善善善善善善善善善善 | | | | | | | | |
|---|---|---|---|---|---|---|---|---|---|
| | 善 | 善 | 善 | 善 | 善 | | | | |
| 착할 선 | 善導(선도) 善隣(선린) 善惡(선악) 善戰(선전) 善行(선행) 獨善(독선) 最善(최선) | | | | | | | | |
| | 善男善女(선남선녀) : 착한 남자(男子)와 착한 여자(女子)라는 뜻으로, ① 불교(佛敎)에 귀의(歸依)한 남녀(男女). ② 신심이 깊은 사람들을 이르는 말. | | | | | | | | |
| 口部(입구) 9획 총12획 | 영good 중shàn 일ゼン(よい) 【난이도】중학용, 읽기 5급, 쓰기 4급 | | | | | | | | |

| 線 | 線線線線線線線線線線線線線線線 | | | | | | | | |
|---|---|---|---|---|---|---|---|---|---|
| | 線 | 線 | 線 | 線 | 線 | | | | |
| 줄 선 | 混線(혼선) 路線(노선) 戰線(전선) 視線(시선) 無線(무선) 一線(일선) 伏線(복선) | | | | | | | | |
| | 絲來線去(사래선거) : 일이 얽히고 설키거나 더욱 번거로워짐. 赤線地帶(적선지대) : 홍등가(紅燈街)를 달리 일컫는 말. | | | | | | | | |
| 糸部(실사)9획총15획 | 영line 중线[xiàn] 일セン(すじ) 【난이도】중중학용, 읽기 6급Ⅱ, 쓰기 5급Ⅱ | | | | | | | | |

| 選 | 選選選選選選選選選選選選選選選選 |
|---|---|
| | 選　選　選　選　選 |
| **가릴 선** | 選擧(선거) 選擇(선택) 總選(총선) 選拔(선발) 大選(대선) 選定(선정) 當選(당선) |
| | 人工選擇(인공선택) : ☞ 인위선택(人爲選擇). |
| | 取捨選擇(취사선택) : 취할 것은 취(取)하고, 버릴 것은 버려서 골라잡음. |
| ⻌部(책받침)12획 총16획 | 영select 중选[xuǎn] 일セン(えらぶ) 【난이도】 중학용, 읽기 5급, 쓰기 4급 |

| 鮮 | 鮮鮮鮮鮮鮮魚魚鮮魚魚魚魚鮮鮮鮮鮮鮮 |
|---|---|
| | 鮮　鮮　鮮　鮮　鮮 |
| **고울 선** | 朝鮮(조선) 新鮮(신선) 鮮明(선명) 古朝鮮(고조선) 生鮮(생선) 南朝鮮(남조선) |
| | 若烹小鮮(약팽소선) : 치대국약팽소선(治大國若烹小鮮)의 준말. 큰 나라를 다스리는 것은 작은 생선을 삶는 것과 같다는 뜻으로, 무엇이든 가만히 두면서 지켜보는 것이 가장 좋은 정치란 뜻. |
| 魚部(물고기어) 6획 총17획 | 영pretty 중鮮[xiān] 일セン(あざやか) 【난이도】 중학용, 읽기 5급Ⅱ, 쓰기 4급Ⅱ |

| 舌 | 舌舌舌舌舌舌 |
|---|---|
| | 舌　舌　舌　舌　舌 |
| **혀 설** | 口舌數(구설수) 雀舌茶(작설차) 毒舌(독설) 舌戰(설전) 言舌(언설) 筆舌(필설) |
| | 金口閉舌(금구폐설) : 「귀중(貴重)한 말을 할 수 있는 입을 다물고 혀를 놀리지 않는다」는 뜻으로, 침묵(沈默)함을 이르는 말. |
| 舌部(혀설)0획 총6획 | 영tongue 중shé 일ゼツ(した) 【난이도】 중학용, 읽기 4급, 쓰기 3급 |

| 雪 | 雪雪雪雪雪雪雪雪雪雪雪 |
|---|---|
| | 雪　雪　雪　雪　雪 |
| **눈 설** | 小雪(소설) 大雪(대설) 白雪(백설) 雪糖(설탕) 暴雪(폭설) 雪嶽山(설악산) 雪景(설경) |
| | 雪上加霜(설상가상) : 눈 위에 또 서리가 내린다는 뜻으로, 어려운 일이 겹침을 이름 또는 '환난(患難)이 거듭됨'을 비유(比喩·譬喩)하여 이르는 말. |
| 雨部(비우)3획 총11획 | 영snow 중xuě 일セツ(すすぐ·ゆき) 【난이도】 중학용, 읽기 6급Ⅱ, 쓰기 5급Ⅱ |

| 設 | 設設設設設設設設設設設 |
|---|---|
| | 設　設　設　設　設 |
| **베풀 설** | 設立(설립) 設備(설비) 設置(설치) 建設(건설) 施設(시설) 新設(신설) |
| | 醴酒不設(예주불설) : 익은 술을 베풀지 않는다는 뜻으로, 손님을 대우(待遇)하는 예가 차츰 없어짐을 이르는 말. |
| 言部(말씀언)4획 총11획 | 영give 중设[shè] 일セツ(もうける) 【난이도】 중학용, 읽기 4급Ⅱ, 쓰기 3급Ⅱ |

| | |
|---|---|
| **說**<br><br>말씀 설<br><br>言部(말씀언) 7획 총14획 | 說說說說說說說說說說說說說說<br>說 說 說 說 說<br><br>說得(설득) 說明(설명) 演說(연설) 發說(발설) 辱說(욕설) 遊說(유세) 傳說(전설)<br><br>甘言利說(감언이설) : 달콤한 말과 이로운 이야기라는 뜻으로, 남의 비위에 맞도록 꾸민 달콤한 말과 이로운 조건(條件)을 내세워 남을 꾀이는 말.<br><br>영speak 중说[shuō] 일說[セツ·ゼイ(とく)]【난이도】중학용, 읽기 5급II, 쓰기 4급II |
| **成**<br><br>이룰 성<br><br>戈部(창과) 3획 총7획 | 成成成成成成成<br>成 成 成 成 成<br><br>成功(성공) 成果(성과) 成熟(성숙) 成長(성장) 成績(성적) 成敗(성패) 造成(조성)<br><br>門前成市(문전성시) : 대문(大門) 앞이 저자를 이룬다는 뜻으로, 세도가(勢道家)나 부잣집 문 앞이 방문객(訪問客)으로 저자(市)를 이루다시피 함을 이르는 말.<br><br>영accomplish 중chéng 일セイ·ジウ(なす·なる)【난이도】중학용, 읽기 6급II, 쓰기 5급II |
| **姓**<br><br>성 성<br><br>女部(계집녀) 5획 총8획 | 姓姓姓姓姓姓姓姓<br>姓 姓 姓 姓 姓<br><br>百姓(백성) 姓名(성명) 姓氏(성씨) 姓孫(성손) 異姓(이성) 同姓(동성) 他姓(타성)<br><br>二姓之合(이성지합) : 성이 다른 남자와 여자가 혼인(婚姻)을 하는 일.<br>同姓同本(동성동본) : 같은 성(姓)에다 같은 관향. 성(姓)도 같고 본(本)도 같음.<br><br>영family name 중xìng 일ショウ·セイ(みょうじ)【난이도】중학용, 읽기 7급II, 쓰기 6급 |
| **性**<br><br>성품 성<br><br>忄部(심방변) 5획 총8획 | 性性性性性性性性<br>性 性 性 性 性<br><br>性格(성격) 性質(성질) 個性(개성) 女性(여성) 理性(이성) 特性(특성)<br><br>失性痛哭(실성통곡) : 정신에 이상이 생길 정도(程度)로 슬피 통곡(痛哭)함.<br>自性本佛(자성본불) : 본디부터 갖추고 있는 불성(佛性).<br><br>영nature 중xìng 일ショウ·セイ(さが)【난이도】중학용, 읽기 5급II, 쓰기 4급II |
| **星**<br><br>별 성<br><br>日部(날일) 5획 총9획 | 星星星星星星星星星<br>星 星 星 星 星<br><br>冥王星(명왕성) 衛星(위성) 土星(토성) 流星(유성) 恒星(항성) 行星(행성) 彗星(혜성)<br><br>井中視星(정중시성) : 우물 속에서 별을 본다는 뜻으로, 우물 안에서는 겨우 몇 개의 별밖에 보이지 않는 것과 같이 사사로운 마음에 가리우면 견해가 한 편에 치우치게 됨을 이르는 말.<br><br>영star 중xīng 일セイ·ショウ(ほし)【난이도】중학용, 읽기 4급II, 쓰기 3급II |

省省省少省省省省省

| 省 | 省 | 省 | 省 | 省 | | | | |

省略(생략) 省墓(성묘) 省察(성찰) 歸省(귀성) 反省(반성) 自省(자성) 節省(절생)

昏定晨省(혼정신성) : 저녁에는 잠자리를 보아 드리고, 아침에는 문안을 드린다는 뜻으로, 자식이 아침저녁으로 부모의 안부를 물어서 살핌을 이르는 말.

**살필 성/덜 생**

目部(눈목) 4획총9획 | 영investigate 중shěng 일ショウ·セイ(かえりみる)【난이도】중학용, 읽기 6급II, 쓰기 5급II

城土城城坊坊坊城城城

| 城 | 城 | 城 | 城 | 城 | | | | |

城郭(성곽) 城門(성문) 開城(개성) 籠城(농성) 陰城(음성) 築城(축성) 土城(토성)

金城湯池(금성탕지) : 쇠로 만든 성과 끓는 물을 채운 못이란 뜻으로, ① 매우 견고한 성과 해자(垓子). ② 전(傳)하여, 침해받기 어려운 장소를 비유(比喩·譬喩).

**재 성**

土部(흙토) 7획총10획 | 영castle 중chéng 일ジョウ(しろ)【난이도】중학용, 읽기 4급II, 쓰기 3급II

盛庶斥庶成成成成盛盛盛盛

| 盛 | 盛 | 盛 | 盛 | 盛 | | | | |

盛典(성전) 盛行(성행) 茂盛(무성) 繁盛(번성) 旺盛(왕성) 隆盛(융성) 豊盛(풍성)

榮枯盛衰(영고성쇠) : 영화(榮華)롭고 마르고 성(盛)하고 쇠함이란 뜻으로, 개인(個人)이나 사회(社會)의 성(盛)하고 쇠함이 서로 뒤바뀌는 현상(現象).

**성할 성**

皿部(그릇명) 7획 총12획 | 영thriving 중shèng 일セイ(もる·さかる)【난이도】중학용, 읽기 4급II, 쓰기 3급II

聖聖聖聖聖聖聖聖聖聖聖聖聖

| 聖 | 聖 | 聖 | 聖 | 聖 | | | | |

聖君(성군) 聖神(성신) 聖域(성역) 聖人(성인) 聖誕節(성탄절) 聖賢(성현)

聖人不仁(성인불인) : 성인(聖人)은 인애(仁愛)를 모르는 불인(不仁)한 사람이라는 뜻으로, 백성을 자연의 순리(順理)에 맡기는 성인(聖人)의 대인(大仁)을 이르는 말.

**성인 성**

耳部(귀이) 7획총13획 | 영saint 중圣[shèng] 일セイ(ひじり)【난이도】중학용, 읽기 4급II, 쓰기 3급II

誠誠誠誠誠誠誠誠誠誠誠誠誠誠

| 誠 | 誠 | 誠 | 誠 | 誠 | | | | |

誠實(성실) 誠意(성의) 精誠(정성) 至誠(지성) 致誠(치성) 忠誠(충성) 孝誠(효성)

至誠感天(지성감천) : 지극(至極)한 정성(精誠)에는 하늘도 감동(感動)한다라는 뜻으로, 무엇이든 정성껏(精誠-) 하면 하늘이 움직여 좋은 결과(結果)를 맺는다는 뜻.

**정성 성**

言部(말씀언) 7획 총14획 | 영sincerity 중诚[chéng] 일セイ(まこと)【난이도】중학용, 읽기 4급II, 쓰기 3급II

89

| 聲 | 聲聲聲聲聲聲声聲聲聲聲聲聲聲聲聲聲 |
|---|---|
| | 聲 聲 聲 聲 聲 |

聲價(성가) 聲帶(성대) 聲明(성명) 聲援(성원) 發聲(발성) 音聲(음성) 喊聲(함성)

虛張聲勢(허장성세) : 헛되이 목소리의 기세(氣勢)만 높인다는 뜻으로, 실력(實力)이 없으면서도 허세(虛勢)로만 떠벌림.

**소리 성**

耳部(귀이)11획 총17획

영sound 중声[shēng] 일セイ·ショウ(こえ·こわ) 【난이도】 중학용, 읽기 4급II, 쓰기 3급II

---

| 世 | 世世世世世 |
|---|---|
| | 世 世 世 世 世 |

世界(세계) 世紀(세기) 世代(세대) 世上(세상) 世俗(세속) 世襲(세습) 出世(출세)

隔世之感(격세지감) : 아주 바뀐 다른 세상(世上)이 된 것 같은 느낌 또는 딴 세대(世代)와 같이 많은 변화(變化)가 있었음을 비유(比喩·譬喩)하는 말.

**인간 세**

一部(한일) 4획 총5획

영generation 중shì 일セ·セイ(よ) 【난이도】 중학용, 읽기 7급II, 쓰기 6급

---

| 洗 | 洗洗洗洗洗洗洗洗洗 |
|---|---|
| | 洗 洗 洗 洗 洗 |

洗濯(세탁) 洗練(세련) 洗鍊(세련) 洗手(세수) 洗面(세면) 洗滌(세척) 洗禮(세례)

刮腸洗胃(괄장세위) :「칼로 창자를 도려내고 잿물로 위를 씻어 낸다」는 뜻으로, 마음을 고쳐먹고 스스로 새사람이 됨을 이르는 말.

**씻을 세**

氵部(삼수변)6획 총9획

영wash 중xǐ 일セン(あらう) 【난이도】 중학용, 읽기 5급II, 쓰기 4급II

---

| 細 | 細細細細細細細細細細細 |
|---|---|
| | 細 細 細 細 細 |

細胞(세포) 仔細(자세) 零細(영세) 詳細(상세) 纖細(섬세) 細菌(세균) 微細(미세)

細微之事(세미지사) : 자질레하고 대수롭지 않은 일.
零細農民(영세농민) : 농사(農事)를 적게 지어 겨우 살아가는 가난한 농민(農民).

**가늘 세**

糸部(실사) 5획 총11획

영thin 중細[xì] 일サイ(こまか·こまかい) 【난이도】 중학용, 읽기 4급II, 쓰기 3급II

---

| 稅 | 稅稅稅稅稅稅稅稅稅稅稅稅 |
|---|---|
| | 稅 稅 稅 稅 稅 |

稅金(세금) 租稅(조세) 稅制(세제) 課稅(과세) 國稅廳(국세청) 讓渡稅(양도세)

稅熟貢新(세숙공신) : 곡식(穀食)이 익으면 부세(負稅)하여 국용(國用)을 준비(準備)하고, 신곡(新穀)으로 종묘(宗廟)에 제사(祭祀)를 올림.

**구실 세**

禾部(벼화)7획 총12획

영tax 중稅[shuì] 일稅[セイ] 【난이도】 중학용, 읽기 4급II, 쓰기 3급II

## 勢

**권세 세**

力部(힘력)11획 총13획

勢 勢 勢 勢 势 势 勢 堑 埶 執 執 勢 勢

勢 勢 勢 勢 勢

姿勢(자세) 趨勢(추세) 勢力(세력) 攻勢(공세) 情勢(정세) 症勢(증세) 政勢(정세) 優勢(우세)

累卵之勢(누란지세) : 포개어 놓은 알의 형세(形勢)라는 뜻으로, 몹시 위험(危險)한 형세(形勢)를 비유적으로 이르는 말.

영 force, power 중 势[shi] 일 セイ(いきおい)【난이도】중학용, 읽기 4급Ⅱ, 쓰기 3급Ⅱ

---

## 歲

**해 세**

止部(그칠지) 9획 총13획

歲 歲 歲 歲 歲 歲 歲 歲 歲 歲 歲 歲 歲

歲 歲 歲 歲 歲

歲暮(세모) 歲拜(세배) 歲時風俗(세시풍속) 歲月(세월) 歲饌(세찬) 歲費(세비)

歲寒三友(세한삼우) : 추운 겨울의 세 벗이라는 뜻으로, 겨울철 관상용(觀賞用)의 세 가지 나무, 곧 소나무(松)·대나무(竹)·매화나무(梅)를 말함.

영 age, year 중 岁[sui] 일 サイ·セイ(とし)【난이도】중학용, 읽기 5급Ⅱ, 쓰기 4급Ⅱ

---

## 小

**작을 소**

小部(작을소)0획 총3획

小 小 小

小 小 小 小 小

縮小(축소) 小滿(소만) 小暑(소서) 小寒(소한) 小雪(소설) 最小限(최소한)

大同小異(대동소이) : 혜시(惠施)의 소동이(小同異), 대동이(大同異) 론(論)에서 비롯된 말로, ①거의 같고 조금 다름. ② 비슷함.

영 small 중 xiǎo 일 ショウ(お·こ·ちいさい)【난이도】중학용, 읽기 8급, 쓰기 6급Ⅱ

---

## 少

**적을 소/젊을 소**

小部(작을소) 1획 총4획

小 小 小 少

少 少 少 少 少

少年(소년) 少數(소수) 減少(감소) 老少(노소) 多少(다소) 些少(사소) 靑少年(청소년)

男女老少(남녀노소) : 남자(男子)와 여자(女子)와 늙은이와 젊은이. 곧 모든 사람.
老少同樂(노소동락) : 노인(老人)과 젊은이가 함께 즐김.

영 young 중 shǎo 일 ショウ(すくない·すこし)【난이도】중학용, 읽기 7급, 쓰기 6급

---

## 所

**바 소**

戶部(지게호) 4획 총8획

所 所 所 戶 所 所 所 所

所 所 所 所 所

所見(소견) 所得(소득) 所聞(소문) 所屬(소속) 所有(소유) 場所(장소) 住所(주소)

無所不爲(무소불위) : ① 못 할 일이 없음. ② 하지 못하는 일이 없음.
所願成就(소원성취) : 원하던 바를 이룸.

영 place 중 所[suǒ] 일 所[ショ](ところ)【난이도】중학용, 읽기 7급, 쓰기 6급

## 笑

웃음 소

竹部(대죽) 4획 총10획

笑笑笑笑笑笑笑笑笑笑

| 笑 | 笑 | 笑 | 笑 | 笑 | | | | | |

微笑(미소) 大笑(대소) 談笑(담소) 嘲笑(조소) 冷笑(냉소) 笑覽(소람) 媚笑(미소)

笑裏藏刀(소리장도) : 웃음 속에 칼을 감춘다는 뜻으로, 말은 좋게 하나 마음속으로 는 해칠 뜻을 가진 것을 비유(比喩·譬喩)하여 일컫는 말.

영laugh 중笑[xiào] 일ショウ(えむ·わらう) 【난이도】 중학용, 읽기 4급Ⅱ, 쓰기 3급Ⅱ

## 消

꺼질 소

氵(水)部(삼수변) 7획 총10획

消消消消消消消消消消

| 消 | 消 | 消 | 消 | 消 | | | | | |

消費(소비) 消費者(소비자) 取消(취소) 消極的(소극적) 消耗(소모) 消滅(소멸)

雲消霧散(운소무산) : 구름이나 안개가 걷힐 때처럼 산산이 흩어져 흔적도 없이 됨을 이르는 말, 즉, 의심이나 근심 걱정 등이 깨끗이 사라짐을 비유.

영extinguish 중xiāo 일ショウ(きえる·けす) 【난이도】 중학용, 읽기 6급Ⅱ, 쓰기 5급Ⅱ

## 素

흴 소

糸部(실사)4획 총10획

素素素素素素素素素素

| 素 | 素 | 素 | 素 | 素 | | | | | |

素材(소재) 素地(소지) 酸素(산소) 水素(수소) 要素(요소) 平素(평소) 酵素(효소)

尸位素餐(시위소찬) : 재덕(才德)이나 공적(功績)도 없이 높은 자리에 앉아 녹만 받 는다는 뜻으로, 자기(自己) 직책(職責)을 다하지 않음을 이르는 말.

영hwite, as usual 중素[sù] 일ソ·ツ(しろい) 【난이도】 중학용, 읽기 4급Ⅱ, 쓰기 3급Ⅱ

## 俗

풍속 속

亻部(사람인변) 7획 총9획

俗俗俗俗俗俗俗俗俗

| 俗 | 俗 | 俗 | 俗 | 俗 | | | | | |

俗談(속담) 俗字(속자) 俗諦(속제) 民俗(민속) 世俗(세속) 低俗(저속) 風俗(풍속)

半僧半俗(반승반속) : 반은 승려(僧侶)가고, 반은 속인(俗人)이라는 뜻으로, 어중간(於 中間)하여 무엇이라고 분명(分明)하게 명목(名目)을 붙이기 어려움을 이르는 말.

영custom 중sú 일ゾク 【난이도】 중학용, 읽기 4급Ⅱ, 쓰기 3급Ⅱ

## 速

빠를 속

辶部(책받침) 7획 총11획

速速速速速速速速速速速

| 速 | 速 | 速 | 速 | 速 | | | | | |

迅速(신속) 速度(속도) 拙速(졸속) 早速(조속) 急速(급속) 高速(고속) 超高速(초고속)

欲速不達(욕속부달) : ① 빨리 하고자 하면 도달(到達)하지 못함. ② 어떤 일을 급(急)하게 하면 도리어 이루지 못함. 不速之客(불속지객) : 불청객(不請客). 군손님.

영fast 중速[sù] 일速ゾク (はやい·はやまる) 【난이도】 중학용, 읽기 6급, 쓰기 5급급Ⅱ

## 續

續續續續續續續續續續續續續續續續
續 續 續 續 續

續續 (속속) 繼續 (계속) 連續 (연속) 接續 (접속) 持續 (지속) 持續的 (지속적)

狗尾續貂 (구미속초) : 담비 꼬리가 모자라 개 꼬리로 잇는다는 뜻으로, ① 좋은 것 다음에
나쁜 것을 잇는 것. ② 쓸 만한 인격자가 없어 자질이 부족한 사람을 고관에 등용함을 이름.

잇닿을 속

糸部(실사)15획 총21획 | 영continue 중续[xù] 일続[ゾク](つづく) 【난이도】 중학용, 읽기 4급Ⅱ, 쓰기 3급Ⅱ

## 孫

孫了子子孫孫孫孫孫孫
孫 孫 孫 孫 孫

孫子 (손자) 後孫 (후손) 子孫 (자손) 孫兒 (손아) 世孫 (세손) 姓孫 (성손) 絕孫 (절손)

車螢孫雪 (차형손설) : 차윤(車胤)의 반딧불과 손강(孫康)의 눈(雪)이라는 뜻으
로, 어려운 처지(處地)에서의 면학(勉學)을 비유해 이르는 말.

손자 손

子部(아들자) 7획총10획 | 영grandson 중孫[sūn] 일ソン(まご) 【난이도】 중학용, 읽기 6급, 쓰기 5급

## 松

松松松松松松松松
松 松 松 松 松

松島 (송도) 松柏 (송백) 松嶽 (송악) 松炭 (송탄) 松坡區 (송파구) 松花 (송화)

歲寒松柏 (세한송백) : 추운 계절(季節)에도 소나무와 잣나무는 잎이 지지 않는다는
뜻으로, 어떤 역경 속에서도 변하지 않는 굳은 절개(節槪·節介)를 의미(意味)함.

소나무 송

木部(나무목) 4획 총8획 | 영pine 중sōng 일ショウ(まつ) 【난이도】 중학용, 읽기 4급, 쓰기 3급

## 送

送送送送送送送送送送
送 送 送 送 送

放送 (방송) 運送 (운송) 送還 (송환) 輸送 (수송) 發送 (발송) 送金 (송금) 送別 (송별)

送舊迎新 (송구영신) : 묵은해를 보내고 새해를 맞는다는 뜻으로, ① 묵은해를 보내
고, 새해를 맞이함. ② 구관(舊官)을 보내고, 신관(新官)을 맞이함.

보낼 송

辶部(책받침) 6획 총10획 | 영send 중送[sòng] 일送[ソウ](おくる) 【난이도】 중학용, 읽기 4급Ⅱ, 쓰기 3급Ⅱ

## 水

水水水水
水 水 水 水 水

水泳 (수영) 水面 (수면) 水位 (수위) 水準 (수준) 雨水 (우수) 湖水 (호수) 洪水 (홍수)

水魚之交 (수어지교) : 물과 물고기의 사귐이란 뜻으로, ① 임금과 신하 또는 부부 사
이처럼 매우 친밀한 관계를 이르는 말. ② 서로 떨어질 수 없는 친한 사이를 일컫는 말.

물 수

水部(물수) 0획 총4획 | 영water 중shuǐ 일スイ(みず) 【난이도】 중학용, 읽기 8급, 쓰기 6급Ⅱ

手手手手

| 手 | 手 | 手 | 手 | 手 | | | | |
|---|---|---|---|---|---|---|---|---|

手段(수단) 手數料(수수료) 手帖(수첩) 拍手(박수) 失手(실수) 着手(착수)

束手無策(속수무책) : 손을 묶인 듯이 어찌 할 방책(方策)이 없어 꼼짝 못하게 된다는 뜻으로, 뻔히 보면서 어찌할 바를 모르고 꼼짝 못한다는 뜻.

손 수

手部(손수) 0획 총4획

영hand 중shǒu 일シュ(て·た) 【난이도】중학용, 읽기 7급Ⅱ, 쓰기 6급

---

守守守守守守

| 守 | 守 | 守 | 守 | 守 | | | | |
|---|---|---|---|---|---|---|---|---|

守備(수비) 守勢(수세) 守節(수절) 守則(수칙) 守護(수호) 保守(보수) 遵守(준수)

獨守空房(독수공방) : 빈방에서 혼자 잠이란 뜻으로, 부부(夫婦)가 서로 별거(別居)하여 여자(女子)가 남편(男便) 없이 혼자 지냄을 뜻함.

지킬 수

宀部(갓머리) 3획 총6획

영keep 중shǒu 일シュ·ツ(まもる·もり) 【난이도】중학용, 읽기 4급Ⅱ, 쓰기 3급Ⅱ

---

收收收收收收

| 收 | 收 | 收 | 收 | 收 | | | | |
|---|---|---|---|---|---|---|---|---|

收斂(수렴) 收拾(수습) 收入(수입) 押收(압수) 領收(영수) 撤收(철수) 吸收(흡수)

覆水不收(복수불수) : ① 엎질러진 물은 다시 담지 못한다는 뜻. ② 한 번 저지른 일은 다시 어찌 할 수 없음을 이름. ③ 다시 어떻게 수습(收拾)할 수 없을 만큼 일이 그릇됨.

거둘 수

又部(등글월문)2획 총6획

영gather 중shōu 일收[シュウ](おさまる) 【난이도】중학용, 읽기 4급Ⅱ, 쓰기 3급Ⅱ

---

秀秀秀秀秀秀秀

| 秀 | 秀 | 秀 | 秀 | 秀 | | | | |
|---|---|---|---|---|---|---|---|---|

優秀(우수) 秀才(수재) 秀敏(수민) 俊秀(준수) 秀越(수월) 閨秀(규수) 特秀(특수)

麥秀之歎(맥수지탄) : 보리만 무성(茂盛)하게 자란 것을 탄식(歎息)함이라는 뜻으로, 고국의 멸망(滅亡)을 탄식(歎息)함.

빼어날 수

禾部(벼화) 2획 총7획

영surpass 중xiù 일シュウ(ひいでる) 【난이도】중학용, 읽기 4급, 쓰기 3급

---

受受受受受受受受

| 受 | 受 | 受 | 受 | 受 | | | | |
|---|---|---|---|---|---|---|---|---|

受諾(수락) 受信(수신) 受容(수용) 受取(수취) 甘受(감수) 引受(인수) 接受(접수)

自受用身(자수용신) : 수행(修行)이 완성되어 복덕(福德)과 지혜(智慧·知慧)가 원만(圓滿)하고 밝아 늘 진리를 관조하여 스스로 그 법락을 받는 불신(佛身).

받을 수

又部(또우) 6획총8획

영receive 중shòu 일ジュ(うかる·うける) 【난이도】중학용, 읽기 4급Ⅱ, 쓰기 3급Ⅱ

## 首

머리 수

首部(머리수) 0획 총9획

首 首 首 首 首 首 首 首 首

首 首 首 首 首

首肯(수긍) 首腦部(수뇌부) 首都(수도) 首席(수석) 部首(부수) 歲首(세수)

首丘初心(수구초심) : 여우는 죽을 때 구릉을 향해 머리를 두고 초심으로 돌아간다라 는 뜻으로, ① 근본을 잊지 않음. ② 또는 죽어서라도 고향 땅에 묻히고 싶어하는 마음.

영head 중shǒu 일シュ(くび) 【난이도】중학용, 읽기 5급II, 쓰기 4급II

---

## 修

닦을 수

亻部(사람인변) 8획 총10획

修 修 修 修 修 修 修 修 修

修 修 修 修 修

修交(수교) 修能(수능) 修辭(수사) 修身(수신) 修正(수정) 修學(수학) 硏修(연수)

阿修羅場(아수라장) : ① 전란이나 그밖의 일로 인하여 큰 혼란 상태에 빠진 곳. 또 는 그 상태(狀態). ② 아수라(阿修羅) 왕(王)이 제석천과 싸운 마당.

영cultivate 중修[xiū] 일シュウ·シュ(おさめる) 【난이도】중학용, 읽기 4급II, 쓰기 3급II

---

## 授

줄 수

扌(手)部(재방변) 8획 총11획

授 授 授 授 授 授 授 授 授 授

授 授 授 授 授

教授(교수) 授業(수업) 授受(수수) 授與(수여) 傳授(전수) 授乳(수유) 授賞(수상)

見危授命(견위수명) : 「위험(危險)을 보면 목숨을 바친다」는 뜻으로, 나라의 위태(危 殆)로운 지경(地境)을 보고 목숨을 바쳐 나라를 위(爲)해 싸우는 것을 말함.

영give 중shòu 일ジュ(さずかる·さずける) 【난이도】중학용, 읽기 4급II, 쓰기 3급II

---

## 須

모름지기 수

頁部(머리혈) 3획 총12획

須 須 須 須 須 須 須 須 須 須 須

須 須 須 須 須

必須(필수) 須要(수요) 必須的(필수적) 須彌山(수미산) 必須科目(필수과목)

男兒須讀五車書(남아수독오거서) : 남자(男子)는 모름지기 다섯수레에 실을 만큼의 책을 읽으라는 말. 不須多言(불수다언) : 여러 말을 할 필요(必要)가 없음.

영should 중須[xū] 일シュ(すべからく) 【난이도】중학용, 읽기 3급, 쓰기 2급

---

## 愁

근심 수

心部(마음심) 9획 총13획

愁 愁 愁 愁 愁 愁 愁 愁 愁 愁 愁 愁 愁

愁 愁 愁 愁 愁

鄕愁(향수) 憂愁(우수) 愁心(수심) 客愁(객수) 旅愁(여수) 悲愁(비수) 哀愁(애수)

桂玉之愁(계옥지수) : 「땔나무는 계수나무와 같고 쌀은 옥과 같이 귀해서 근심」이라 는 뜻으로, 양식(糧食)과 땔감이 매우 귀하여 생활이 빈곤함을 두고 이르는 말.

영worry 중chóu 일シュウ(うれい·うれえる) 【난이도】중학용, 읽기 3급II, 쓰기 2급

| 壽 | 壽壽壽壽壽壽壽壽壽壽壽壽壽壽 |
|---|---|
| | 壽　壽　壽　壽　壽 |
| | 天壽(천수) 壽宴(수연) 長壽(장수) 祝壽宴(축수연) 萬壽(만수) 壽命(수명) |
| **목숨 수** | 卒壽(졸수) : 졸(卒)의 약자의 모양에서 따와 졸수(卒壽)는 구십세, 즉 90세.<br>米壽(미수) :「미(米)」자를 분해하면 팔십팔이 되기 때문에 미수는 ‘(88세)’의 다른 이름. |
| 士部(선비사)11획총14획 | 영longevity 중寿[shòu] 일寿[ジュ](ことぶき)【난이도】중학용, 읽기 3급II, 쓰기 2급 |

| 誰 | 誰誰誰誰誰誰誰誰誰誰誰誰誰誰誰 |
|---|---|
| | 誰　誰　誰　誰　誰 |
| | 誰某(수모) 誰何(수하) 誰何者(수하자) 我誰堂(아수당) 誰某誰某(수모수모) |
| **누구 수** | 誰怨誰咎(수원수구) : 누구를 원망(怨望)하며 누구를 탓하랴라는 뜻으로, 곧, 남을<br>원망(怨望)하거나 꾸짖을 것이 없음. |
| 言部(말씀언)8획총15획 | 영who 중谁[shéi] 일スイ(だれ)【난이도】중학용, 읽기 3급, 쓰기 2급 |

| 數 | 數數數數數數數數數數數數數數數 |
|---|---|
| | 數　數　數　數　數 |
| | 數値(수치) 額數(액수) 多數(다수) 相當數(상당수) 指數(지수) 手數料(수수료) |
| **셀 수/자주 삭** | 權謀術數(권모술수) : 목적 달성을 위해서는 인정이나 도덕을 가리지 않고 권세(權勢)<br>와 모략(謀略) 중상(中傷) 등(等) 갖은 방법(方法)과 수단(手段)을 쓰는 술책(術策). |
| 攵部(등글월문)11획 총15획 | 영count 중数[shǔ] 일数[スウ·ス](かず·かぞえる)【난이도】중학용, 읽기 7급, 쓰기 6급 |

| 樹 | 樹樹樹樹樹樹樹樹樹樹樹樹樹樹樹樹 |
|---|---|
|  | 樹　樹　樹　樹　樹 |
| | 樹林(수림) 樹立(수립) 樹木(수목) 樹脂(수지) 建樹(건수) 果樹(과수) 植樹(식수) |
| **나무 수** | 風樹之歎(풍수지탄) : 부모(父母)에게 효도(孝道)를 다하려고 생각할 때에는 이미<br>돌아가셔서 그 뜻을 이룰 수 없음을 이르는 말. |
| 木部(나무목)12획총16획 | 영tree 중树[shù] 일ジュ(き)【난이도】중학용, 읽기 6급, 쓰기 5급 |

| 雖 | 雖雖雖雖雖雖雖雖雖雖雖雖雖雖雖雖 |
|---|---|
|  | 雖　雖　雖　雖　雖 |
| | 一歌雖美豈達永夜(일가수미기달영야) 僧雖憎袈裟何憎(승수증가사하증) |
| **비록 수** | 飮食雖厭賜之必嘗(음식수염사지필상) : 음식(飮食)이 비록 먹기 싫더라도 부모<br>(父母)님이 주시면 반드시 맛을 봄 |
| 隹部(새추)9획총17획 | 영even if 중虽[suī] 일スイ(いえども)【난이도】중학용, 읽기 3급, 쓰기 2급 |

## 叔

아재비 숙

又部(또우) 6획 총8획

叔叔叔叔叔叔叔叔

叔叔叔叔叔

叔母(숙모) 叔父(숙부) 叔姪(숙질) 堂叔(당숙) 堂叔母(당숙모) 外叔(외숙)

伯仲叔季(백중숙계) : 형제(兄弟)의 차례(次例)를 나타내는 말. 백(伯)은 맏이, 중(仲)은 둘째, 숙(叔)은 셋째, 계(季)는 막내.

영uncle 중shū 일シュク(おじ) 【난이도】중학용, 읽기 4급, 쓰기 3급

## 淑

맑을 숙

氵部(삼수변) 8획 총11획

淑淑淑淑淑淑淑淑淑淑淑

淑淑淑淑淑

淑景(숙경) 淑女(숙녀) 淑明(숙명) 私淑(사숙) 貞淑(정숙) 賢淑(현숙) 淑心(숙심)

窈窕淑女(요조숙녀) : ① 마음씨가 고요하고 맑은 여자(女子). ② 마음씨가 얌전하고 자태(姿態)가 아름다운 여자(女子).

영pure 중shū 일シュク(よし・しとやか) 【난이도】중학용, 읽기 3급Ⅱ, 쓰기 2급

## 宿

잘 숙

宀部(갓머리) 8획 총11획

宿宿宿宿宿宿宿宿宿宿宿

宿宿宿宿宿

宿命(숙명) 宿泊(숙박) 宿所(숙소) 宿食(숙식) 宿願(숙원) 宿題(숙제) 星宿(성수)

風餐露宿(풍찬노숙) : 바람에 불리면서 먹고, 이슬을 맞으면서 잔다는 뜻으로, 떠돌아다니며 고생(苦生)스러운 생활(生活)을 비유(比喩・譬喩)해 이르는 말.

영sleep 중sù 일シュク(さやど・やどす・やどる) 【난이도】중학용, 읽기 5급Ⅱ, 쓰기 4급Ⅱ

## 純

순수할 순

糸部(실사) 4획 총10획

純純純純純純純純純純

純純純純純

單純(단순) 純粹(순수) 不純(불순) 純利益(순이익) 純眞(순진) 純潔(순결) 純情(순정)

純眞無垢(순진무구) : 마음과 몸이 아주 깨끗하여 조금도 더러운 때가 없음.
至高至純(지고지순) : 더할 수 없이 높고 순수(純粹)함.

영pure 중純[chún] 일ジュン(きいと) 【난이도】중학용, 읽기 4급Ⅱ, 쓰기 3급Ⅱ

## 順

순할 순

頁部(머리혈)3획 총12획

順順順順順順順順順順順順

順順順順順

順序(순서) 順位(순위) 順坦(순탄) 順理(순리) 順從(순종) 順調(순조) 順風(순풍)

雨順風調(우순풍조) : 바람 불고 비오는 것이 때와 분량(分量)이 알맞음.
名正言順(명정언순) : 명분(名分)이 정당(正當)하고 말이 사리(事理)에 맞음.

영mild 중順[shùn] 일ジュン(したがう) 【난이도】중학용, 읽기 5급Ⅱ, 쓰기 4급Ⅱ

| 戌 | 戌戌戌戌戌戌 |
|---|---|
| | 戌 戌 戌 戌 戌 |
| 개 술 | 壬戌(임술) 戌方(술방) 戌時(술시) 丙戌(병술) 庚戌(경술) 戌初(술초) 甲戌(갑술) |
| | 庚戌國恥(경술국치) : 국권피탈(國權被奪)을 경술년(庚戌年)에 당(當)한 나라의 수치(羞恥)라는 뜻으로 일컫는 말. |
| 戈部(창과) 2획 총6획 | 영dog 중xū 일ジュツ(いぬ) 【난이도】 중학용, 읽기 3급, 쓰기 2급 |

| 崇 | 崇崇崇崇崇崇崇崇崇崇崇 |
|---|---|
| | 崇 崇 崇 崇 崇 |
| 높을 숭 | 崇禮門(숭례문) 崇拜(숭배) 崇尙(숭상) 崇仰(숭앙) 崇高(숭고) 石崇(석숭) |
| | 欽崇之禮(흠숭지례) : 천주(天主)에게만 드리는 흠모(欽慕)와 공경(恭敬). |
| | 欽崇(흠숭) : ☞ 흠숭지례(欽崇之禮). |
| 山部(뫼산) 8획총11획 | 영high 중chóng 일スウ(あがめる) 【난이도】 중학용, 읽기 4급, 쓰기 3급 |

| 拾 | 拾拾拾拾拾拾拾拾拾 |
|---|---|
| | 拾 拾 拾 拾 拾 |
| 주을 습/열 십 | 收拾(수습) 拾得(습득) 收拾策(수습책) 拾得者(습득자) 拾遺(습유) 再收拾(재수습) |
| | 路不拾遺(노불습유) : 백성(百姓)이 길에 떨어진 물건(物件)을 줍지 않는다는 뜻으로, 나라가 평화(平和)롭고 모든 백성(百姓)이 매우 정직(正直)한 모양을 이르는 말. |
| 扌(手)部(재방변)6획 총9획 | 영pick up 중shí 일シュウ·ジュウ(ひろう) 【난이도】 중학용, 읽기 3급Ⅱ, 쓰기 2급 |

| 習 | 習習習習習習習習習習習 |
|---|---|
| | 習 習 習 習 習 |
| 익힐 습 | 習慣(습관) 習性(습성) 復習(복습) 修習(수습) 練習(연습) 自習(자습) 學習(학습) |
| | 學而時習(학이시습) : 배우고 때로 익힌다는 뜻으로, 배운 것을 항상 복습(復習)하고 연습(練習)하면 그 참 뜻을 알게 됨. |
| 羽部(깃우) 5획총11획 | 영study, practice 중习[xí] 일シュウ(ならう) 【난이도】 중학용, 읽기 6급, 쓰기 5급 |

| 承 | 承承承承承承承承 |
|---|---|
| | 承 承 承 承 承 |
| 이을 승 | 承諾(승낙) 承服(승복) 承恩(승은) 承認(승인) 承化(승화) 繼承(계승) 傳承(전승) |
| | 起承轉結(기승전결) : 시문(詩文)을 짓는 형식의 한 가지, 글의 첫머리를 기(起), 그 뜻을 이어받아 쓰는 것을 승(承), 뜻을 한번 부연시키는 것을 전(轉), 전체를 맺는 것을 결(結)이라 함. |
| 手部(손수) 4획총8획 | 영support 중chéng 일ショウ(うけたまわる) 【난이도】 중학용, 읽기 4급Ⅱ, 쓰기 3급Ⅱ |

|  | 乘乘乖乖乘乘乘乘乘乘 |
| --- | --- |
| | 乘 乘 乘 乘 乘 |
| 탈 승 | 乘客(승객) 大乘的(대승적) 便乘(편승) 乘用車(승용차) 乘降場(승강장) 搭乘(탑승) |
| | 千乘之國(천승지국) : 일천 수레의 나라라는 뜻으로, 대 제후(諸侯)의 나라를 이르는 말. 無賃乘車(무임승차) : 차비를 내지 않고 차를 타는 일. |
| ノ部(삐침별)9획 총10획 | 영 ride 중 chéng 일 ジョウ(のせる·のる) 【난이도】중학용, 읽기 3급II, 쓰기 2급 |

| 勝 | 刀勝月月月肘勝肘膀膀勝勝 |
| --- | --- |
| | 勝 勝 勝 勝 勝 |
| 이길 승 | 勝利(승리) 勝敗(승패) 勝負(승부) 名勝(명승) 勝者(승자) 壓勝(압승) 勝訴(승소) |
| | 百戰百勝(백전백승) : 백번 싸워 백번 이긴다는 뜻으로, 싸울 때마다 번번이 이김. 景勝之地(경승지지) : 경치(景致) 좋기로 이름난 곳. |
| 力部(힘력)10획총12획 | 영 win 중 胜[shèng] 일 ショウ(かつ·まさる) 【난이도】중학용, 읽기 6급, 쓰기 5급 |

| 示 | 示示示示示 |
| --- | --- |
| | 示 示 示 示 示 |
| 보일 시 | 提示(제시) 示威(시위) 示唆(시사) 指示(지시) 誇示(과시) 表示(표시) 示範(시범) |
| | 勿秘昭示(물비소시) : '감춤 없이 밝히어 보이라'의 뜻으로, 점쟁이가 외는 주문(呪文)의 맨 끝마디 말. |
| 示部(보일시)0획 총5획 | 영 exhibit 중 shì 일 ジ·シ(しめす) 【난이도】중학용, 읽기 5급, 쓰기 4급급II |

| 市 | 市市市市市 |
| --- | --- |
| | 市 市 市 市 市 |
| 저자 시 | 市内(시내) 市外(시외) 市民(시민) 市場(시장) 市長(시장) 市廳(시청) 都市(도시) |
| | 門前成市(문전성시) : 대문(大門) 앞이 저자를 이룬다는 뜻으로, 세도가(勢道家)나 부잣집 문 앞이 방문객(訪問客)으로 저자(=市)를 이루다시피 함을 이르는 말. |
| 巾部(수건건) 2획 총5획 | 영 market 중 shì 일 シ(いち) 【난이도】중학용, 읽기 7급II, 쓰기 6급 |

|  | 始始始始始始始始 |
| --- | --- |
| | 始 始 始 始 始 |
| | 始乘(시승) 始作(시작) 始祖(시조) 始初(시초) 開始(개시) 原始(원시) 創始(창시) |
| 비로소 시 | 始終一貫(시종일관) : 처음부터 끝까지 한결같이 관철(貫徹)함. 始終如一(시종여일) : 처음이나 나중이 한결같아서 변(變)함없음. |
| 女部(계집녀) 5획 총8획 | 영 begin 중 shǐ 일 シ(はじまる·はじめる) 【난이도】중학용, 읽기 6급II, 쓰기 5급II |

## 是

옳을 시

日部(날일) 5획 총9획

是 是 是 是 是 是 是 是 是

| 是 | 是 | 是 | 是 | 是 | | | | | |
|---|---|---|---|---|---|---|---|---|---|

亦是(역시) 是非(시비) 是認(시인) 或是(혹시) 是正(시정) 都是(도시) 必是(필시)

實事求是(실사구시) : 사실에 바탕을 두어 진리를 탐구함. 공리공론을 떠나 정확한 고증을 바탕으로 하는 과학적, 객관적 학문 태도를 이르는 것으로, 중국 청나라 고증학의 학문 태도에서 볼 수 있다. 조선 시대 실학파의 학문에 큰 영향을 주었다.

영right 중shì 일ゼ(これ) 【난이도】 중학용, 읽기 4급II, 쓰기 3급II

---

## 施

베풀 시

方部(모방) 5획 총9획

施 施 施 施 施 施 施 施 施

| 施 | 施 | 施 | 施 | 施 | | | | | |
|---|---|---|---|---|---|---|---|---|---|

實施(실시) 施設(시설) 施行(시행) 施設物(시설물) 布施(포시) 施行令(시행령)

方圓可施(방원가시) : 방형(方形)이나 원형(圓形)이나 다 잘 들어맞다는 뜻으로, 갖가지 재능(才能)이 있어서 어떤 일에도 적합(適合)함을 이르는 말.

영give 중shī 일シ·セ(しく·ほどこす) 【난이도】 중학용, 읽기 4급II, 쓰기 3급II

---

## 時

때 시

日部(날일) 6획 총10획

時 時 時 時 時 時 時 時 時 時

| 時 | 時 | 時 | 時 | 時 | | | | | |
|---|---|---|---|---|---|---|---|---|---|

時間(시간) 時期(시기) 時點(시점) 當時(당시) 同時(동시) 隨時(수시) 臨時(임시)

晚時之歎(만시지탄) : 때늦은 한탄(恨歎)이라는 뜻으로, 시기(時期)가 늦어 기회(機會)를 놓친 것이 원통(冤痛)해서 탄식(歎息)함을 이르는 말.

영time 중shí 일ジ(とき) 【난이도】 중학용, 읽기 7급II, 쓰기 6급

---

## 視

볼 시

示部(보일시) 7획 총12획

視 視 視 視 視 視 視 視 視 視 視 視

| 視 | 視 | 視 | 視 | 視 | | | | | |
|---|---|---|---|---|---|---|---|---|---|

無視(무시) 監視(감시) 視角(시각) 視覺(시각) 重視(중시) 視線(시선) 視聽(시청)

白眼視(백안시) : 업신여기거나 냉대(冷待)하여 흘겨봄.

左顧右視(좌고우시) : 이쪽저쪽을 돌아본다는 뜻으로, 주위의 사람을 염려하여 결단을 주저함.

영look 중視[shi] 일視[シ](みる) 【난이도】 중학용, 읽기 4급II, 쓰기 3급II

---

## 試

시험할 시

言部(말씀언) 6획 총13획

試 試 試 試 試 試 試 試 試 試 試 試 試

| 試 | 試 | 試 | 試 | 試 | | | | | |
|---|---|---|---|---|---|---|---|---|---|

試驗(시험) 試圖(시도) 入試(입시) 試案(시안) 應試(응시) 考試(고시) 試料(시료)

試行錯誤(시행착오) : 학습(學習) 양식(樣式)의 한 가지로 실패(失敗)를 거듭하여 적용(適用)하는 일. 손다이크의 관찰(觀察)로 이론화(理論化)되었음.

영examine 중試[shi] 일シ(こころみる·ためす) 【난이도】 중학용, 읽기 4급II, 쓰기 3급II

| 詩 | 詩詩詩詩詩詩詩詩詩詩詩詩詩 |
|---|---|
| | 詩 詩 詩 詩 詩 |
| 시 시 | 詩歌(시가) 詩經(시경) 詩句(시구) 詩文(시문) 詩仙(시선) 詩人(시인) 詩集(시집) |
| | 詩禮之訓(시례지훈) : 시(詩)와 예(禮)의 가르침이라는 뜻으로, 자식(子息)이 아버지에게서 받는 교훈(敎訓). |
| 言部(말씀언)6획총13획 | 영poetry 중诗[shī] 일シ(からうた) 【난이도】중학용, 읽기 4급II, 쓰기 3급II |

| 式 | 式式式式式式 |
|---|---|
| | 式 式 式 式 式 |
| 법 식 | 方式(방식) 公式(공식) 正式(정식) 形式(형식) 樣式(양식) 株式(주식) 儀式(의식) |
| | 應行格式(응행격식) : 마땅히 갖추어야 할 격식(格式).<br>公式的(공식적) : 공적(公的)인 형식(形式)이나 방식(方式)을 가지는 (것). |
| 弋部(주살익)3획총6획 | 영rule, mode 중shì 일シキ(のり) 【난이도】중학용, 읽기 6급, 쓰기 5급 |

| 食 | 食食食食食食食食食 |
|---|---|
| | 食 食 食 食 食 |
| 밥 식 | 食口(식구) 食器(식기) 食堂(식당) 食事(식사) 禁食(금식) 斷食(단식) 飽食(포식) |
| | 三旬九食(삼순구식) : 삼순, 곧 한 달에 아홉 번 밥을 먹는다는 뜻으로, 집안이 가난하여 먹을 것이 없어 굶주린다는 말. |
| 食部(밥식)0획총9획 | 영food, eat 중shí 일ショク·ジキ(くう·たべる) 【난이도】중학용, 읽기 7급II, 쓰기 6급 |

| 植 | 植植植植植植植植植植植植 |
|---|---|
| | 植 植 植 植 植 |
| 심을 식 | 植木(식목) 植物(식물) 植民(식민) 植樹(식수) 動植物(동식물) 移植(이식) |
| | 孤根弱植(고근약식) : 일가(一家) 친척(親戚)이나 뒤에서 지원(支援)해 주는 사람이 없는 외로운 사람을 비유(比喩·譬喩)해 이르는 말. |
| 木部(나무목)8획총12획 | 영plant 중植[zhí] 일ショク(うえる·うわる) 【난이도】중학용, 읽기 7급, 쓰기 6급 |

| 識 | 識識識識識識識識識識識識識識識識識識 |
|---|---|
| | 識 識 識 識 識 |
| 알 식 | 認識(인식) 意識(의식) 知識(지식) 常識(상식) 良識(양식) 標識(표지) 識見(식견) |
| | 目不識丁(목불식정) : 고무래를 보고도 그것이 고무래 정(丁)자인 줄 모른다는 뜻으로, 글자를 전혀 모름, 또는 그러한 사람을 비유(比喩·譬喩)해 이르는 말. |
| 言部(말씀언)12획총19획 | 영recognize 중识[shí] 일シキ(しる) 【난이도】중학용, 읽기 5급II, 쓰기 4급II |

|  | 申 口 曰 曰 申 |
|---|---|
| | 申 申 申 申 申 |
| | 申請(신청) 申告(신고) 内申(내신) 申請書(갑신) 甲申(갑신) 申請書(신청서) 甲申(갑신) |
| | 三令五申(삼령오신) : 세 번 호령(號令)하고 다섯 번 거듭 일러준다는 뜻으로, 옛 군대(軍隊)에서 여러 차례(次例) 되풀이하여 자세(仔細)히 명령(命令)함을 이르는 말. |
| 아홉째지지 신 | |
| 田部(밭전) 0획 총5획 | 영Chinese zodiac 중shēn 일シン(さる)【난이도】중학용, 읽기 4급Ⅱ, 쓰기 3급Ⅱ |

|  | 臣 臣 臣 臣 臣 亐 臣 |
|---|---|
| | 臣 臣 臣 臣 臣 |
| | 臣僕(신복) 臣下(신하) 功臣(공신) 君臣(군신) 大臣(대신) 使臣(사신) 忠臣(충신) |
| | 亂臣賊子(난신적자) : 나라를 어지럽게 하는 신하(臣下)와 어버이를 해(害)치는 자식(子息) 또는 불충(不忠)한 무리. |
| 신하 신 | |
| 臣部(신하신) 0획총6획 | 영minister 중chén 일シン(もうす)【난이도】중학용, 읽기 5급Ⅱ, 쓰기 4급Ⅱ |

| 辛 | 辛 辛 辛 辛 辛 亠 辛 |
|---|---|
| | 辛 辛 辛 辛 辛 |
| | 艱辛(간신) 辛苦(신고) 辛辣(신랄) 辛壬獄事(신임옥사) 辛艱(신간) 辛酸(신산) |
| | 千辛萬苦(천신만고) : ① 마음과 몸을 온가지로 수고롭게 하고 애씀. ② 온갖 신고(辛苦). ③ 또는, 그것을 겪음. |
| 매울 신 | |
| 辛部(매울신)0획 총7획 | 영hot 중xīn 일シン(からい)【난이도】중학용, 읽기 3급, 쓰기 2급 |

| 身 | 身 身 身 身 身 身 身 |
|---|---|
| | 身 身 身 身 身 |
| | 身分(신분) 身體(신체) 補身(보신) 分身(분신) 立身(입신) 處身(처신) 獻身(헌신) |
| | 立身揚名(입신양명) : ① 사회적으로 인정을 받고 출세(出世)하여 이름을 세상에 드날림. ② 후세에 이름을 떨쳐 부모(父母)를 영광(榮光)되게 해 드리는 것. |
| 몸 신 | |
| 身部(몸신) 0획총7획 | 영body 중xīn 일シン(み)【난이도】중학용, 읽기 6급Ⅱ, 쓰기 5급Ⅱ |

| 信 | 信信信信信信信信信 |
|---|---|
| | 信 信 信 信 信 |
| | 信徒(신도) 信賴(신뢰) 信心(신심) 信義(신의) 不信(불신) 自信(자신) 確信(확신) |
| | 朋友有信(붕우유신) : 친구(親舊) 사이의 도리(道理)는 믿음에 있다는 뜻으로, 오륜(五倫; 父子有親, 君臣有義, 夫婦有別, 長幼有序, 朋友有信)의 하나. |
| 믿을 신 | |
| 亻部(사람인변)7획 총9획 | 영believe, trust 중shēn 일シン(まこと)【난이도】중학용, 읽기 6급Ⅱ, 쓰기 5급Ⅱ |

神神神神神神神神神神

| 神 | 神 | 神 | 神 | 神 | | | | | |

神經(신경) 神奇(신기) 神社(신사) 神主(신주) 神話(신화) 鬼神(귀신) 精神(정신)

神出鬼沒(신출귀몰) : 귀신(鬼神)처럼 자유자재(自由自在)로 나타나기도 하고, 숨기도 한다는 뜻으로, 날쌔게 나타났다 숨었다 하는 모양(模樣)을 이르는 말.

영 god, soul 중 神[shén] 일 神[ジン](かみ) 【난이도】 중학용, 읽기 6급Ⅱ, 쓰기 5급Ⅱ

**귀신 신**

示部(보일시) 5획 총 10획

---

新新新新新新新新新新新新

| 新 | 新 | 新 | 新 | 新 | | | | | |

新規(신규) 新羅(신라) 新聞(신문) 刷新(쇄신) 維新(유신) 斬新(참신) 革新(혁신)

送舊迎新(송구영신) : 묵은해를 보내고 새해를 맞는다는 뜻으로, ① 묵은해를 보내고, 새해를 맞이함. ② 구관(舊官)을 보내고, 신관(新官)을 맞이함.

영 new 중 xīn 일 シン(あたらしい) 【난이도】 중학용, 읽기 6급Ⅱ, 쓰기 5급Ⅱ

**새 신**

斤部(날근) 9획 총 13획

---

失失失失失

| 失 | 失 | 失 | 失 | 失 | | | | | |

失敗(실패) 失踪(실종) 損失(손실) 喪失(상실) 失業(실업) 失望(실망) 失手(실수)

茫然自失(망연자실) : 제 정신(精神)을 잃고 어리둥절한 모양(模樣)을 이르는 말.
小貪大失(소탐대실) : 작은 것을 탐하다가 오히려 큰 것을 잃음.

영 lose 중 shī 일 シツ(うしなう) 【난이도】 중학용, 읽기 6급, 쓰기 5급

**잃을 실**

大部(큰대) 2획 총 5획

---

室室室室室室室室室

| 室 | 室 | 室 | 室 | 室 | | | | | |

教室(교실) 蠶室(잠실) 室長(실장) 化粧室(화장실) 娛樂室(오락실) 室內(실내)

虛室生白(허실생백) : 방을 비우면 빛이 그 틈새로 들어와 환하다는 뜻으로, 무념무상(無念無想)의 경지에 이르면 저절로 진리에 도달할 수 있음을 비유해 이르는 말.

영 house 중 shì 일 シツ(むろ) 【난이도】 중학용, 읽기 8급, 쓰기 6급Ⅱ

**집 실**

宀部(갓머리) 6획 총 9획

---

實實實實實實實實實實實實實實

| 實 | 實 | 實 | 實 | 實 | | | | | |

實施(실시) 實際(실제) 實踐(실천) 實驗(실험) 事實(사실) 現實(현실) 確實(확실)

實事求是(실사구시) : 사실을 토대하여 진리를 탐구하는 일이란 뜻으로, 공론만 일삼는 양명학에 대한 반동으로서 청조의 고증 학파(學派)가 내세운 표어(標語).

영 fruit 중 实[shí] 일 実[ジツ](み・みのる) 【난이도】 중학용, 읽기 5급Ⅱ, 쓰기 4급Ⅱ

**열매 실**

宀部(갓머리) 11획 총 14획

| | |
|---|---|
| 心<br>마음 심<br>心部(마음심) 0획 총4획 | 心心心心<br>心 心 心 心 心<br>心臟(심장) 關心(관심) 民心(민심) 疑心(의심) 中心(중심) 核心(핵심)<br>以心傳心(이심전심) : 석가(釋迦)와 가섭이 마음으로 마음에 전한다는 뜻으로, 말로써 설명(說明)할 수 없는 심오(深奧)한 뜻은 마음으로 깨닫는 수밖에 없다는 말.<br>영heart 중xīn 일シン(こころ) 【난이도】 중학용, 읽기 7급, 쓰기 6급 |
| 甚<br>심할 심<br>甘部(달감) 4획총9획 | 甚甚甚甚甚甚甚甚甚<br>甚 甚 甚 甚 甚<br>甚大(심대) 甚至於(심지어) 激甚(격심) 極甚(극심) 尤甚(우심) 酷甚(혹심)<br>恩甚怨生(은심원생) : 사람에게 은혜(恩惠)를 베푸는 것이 도에 지나치면 도리어 원망(怨望)을 사게 됨. 去去益甚(거거익심) : 갈수록 더 심(甚)함.<br>영severe 중chén 일ジン(はなはだ·はなはだしい) 【난이도】 중학용, 읽기 3급II, 쓰기 2급 |
| 深<br>깊을 심<br>氵部(삼수변)8획 총11획 | 深深深深深深深深深深深<br>深 深 深 深 深<br>深刻(심각) 深度(심도) 深奧(심오) 深層(심층) 深化(심화) 水深(수심)<br>深思熟考(심사숙고) : ① 깊이 생각하고 깊이 고찰(考察)함. ② 신중(愼重)을 기하여 곰곰이 생각함. 深山幽谷(심산유곡) : 깊숙하고 고요한 산과 골짜기.<br>영deep 중深[shēn] 일シン(ふかい·ふかまる) 【난이도】 중학용, 읽기 4급II, 쓰기 3급II |
| <br>열 십<br>十部(열십) 0획총2획 | 十十<br>十 十 十 十 十<br>身分(신분) 身體(신체) 分身(분신) 立身(입신) 處身(처신) 獻身(헌신)<br>立身揚名(입신양명) : ① 사회적으로 인정을 받고 출세(出世)하여 이름을 세상에 드날림. ② 후세에 이름을 떨쳐 부모(父母)를 영광(榮光)되게 해 드리는 것.<br>영ten 중shí 일ジツ·ジュウ(と·とお) 【난이도】 중학용, 읽기 6급II, 쓰기 5급II |
| <br>성 씨<br>氏部(성씨) 0획 총4획 | 氏氏氏氏<br>氏 氏 氏 氏 氏<br>攝氏(섭씨) 姓氏(성씨) 氏族(씨족) 慈氏尊(자씨존) 某氏(모씨) 慈氏(자씨)<br>和氏之璧(화씨지벽) : 화씨가 발견한 구슬이라는 뜻으로, 천하 명옥(明玉)의 이름.<br>倉氏庫氏(창씨고씨) : 어떤 사물(事物)이 오래도록 변(變)하지 않음을 이르는 말.<br>영family name 중shì 일シ(うじ) 【난이도】 중학용, 읽기 4급, 쓰기 3급 |

## 我

나 아

戈部(창과) 3획 총7획

我 我 我 我 我 我 我

我 我 我 我 我

我國(아국) 我輩(아배) 我執(아집) 我意(아의) 我執(아집) 小我(소아) 自我(자아)

唯我獨尊(유아독존) : ① 이 세상에 나보다 존귀(尊貴)한 사람은 없다는 말. ② 또는, 자기만 잘 났다고 자부(自負)하는 독선적(獨善的)인 태도(態度)의 비유.

영I·we 중wǒ 일ガ(われ·わ) 【난이도】 중학용, 읽기 3급II, 쓰기 2급

## 兒

아이 아

儿部(어진사람인발)6획 총8획

兒 兒 兒 兒 兒 兒 兒 兒

兒 兒 兒 兒 兒

兒童(아동) 男兒(남아) 女兒(여아) 迷兒(미아) 幼兒(유아) 育兒(육아) 孤兒(고아)

男兒須讀五車書(남아수독오거서) : 남자(男子)는 모름지기 다섯수레에 실을 만큼의 책을 읽으라는 말.

영child 중ér 일ジ·ニ(こ) 【난이도】 중학용, 읽기 5급II, 쓰기 4급II

## 惡

악할 악/미워할 오

心部(마음심)8획 총12획

惡 惡 惡 惡 惡 惡 惡 惡 惡 惡 惡 惡

惡 惡 惡 惡 惡

惡談(악담) 惡法(악법) 惡習(악습) 惡種(악종) 惡疾(악질) 悖惡(패악) 暴惡(포악)

勸善懲惡(권선징악) : 착한 행실을 권장하고 악한 행실(行實)을 징계(懲戒)함.
羞惡之心(수오지심) : 사단(四端)의 하나. 자기의 옳지 못함을 부끄러워하고, 남의 옳지 못함을 미워하는 마음.

영bad 중惡[è] 일惡[アク·オ](わるい) 【난이도】 중학용, 읽기 5급II, 쓰기 4급II

## 安

편안 안

宀部(갓머리) 3획 총6획

安 安 安 安 安 安

安 安 安 安 安

安否(안부) 安心(안심) 安易(안이) 安逸(안일) 安靜(안정) 保安(보안) 治安(치안)

安貧樂道(안빈낙도) : ① 구차(苟且)하고 궁색하면서도 그것에 구속되지 않고 평안하게 즐기는 마음으로 살아감. ② 가난에 구애(拘碍)받지 않고 도(道)를 즐김.

영peaceful 중ān 일アン(やすい) 【난이도】 중학용, 읽기 7급II, 쓰기 6급

## 案

책상 안

木部(나무목) 6획총10획

案 案 案 案 案 案 案 案 案 案

案 案 案 案 案

勘案(감안) 方案(방안) 懸案(현안) 提案(제안) 法案(법안) 事案(사안) 代案(대안)

擧案齊眉(거안제미) : 「밥상을 눈썹 높이로 들어 공손(恭遜)히 남편(男便) 앞에 가지고 간다」는 뜻으로, 남편(男便)을 깍듯이 공경(恭敬)함을 일컫는 말.

영table 중àn 일アン 【난이도】 중학용, 읽기 5급, 쓰기 4급

## 眼

눈 안

目部(눈목) 6획 총11획

眼眼眼眼眼眼眼眼眼眼眼

眼目(안목) 眼界(안계) 眼鏡(안경) 眼中(안중) 眼力(안력) 眼球(안구) 面眼(면안)

眼下無人(안하무인) : 눈 아래에 사람이 없다는 뜻으로, ① 사람됨이 교만하여 남을 업신여김을 이르는 말. ② 태도가 몹시 거만하여 남을 사람같이 대하지 않는 것.

영eye 중yǎn 일ガン・ゲン(まなこ) 【난이도】중학용, 읽기 4급Ⅱ, 쓰기 3급Ⅱ

## 顔

얼굴 안

頁部(머리혈)9획총18획

顔顔顔顔顔顔顔顔顔顔顔顔顔顔顔顔顔

顔面(안면) 顔色(안색) 顔回(안회) 顔子(안자) 面顔(면안) 紅顔(홍안) 容顔(용안)

破顔大笑(파안대소) : 얼굴이 찢어지도록 크게 웃는다는 뜻으로, 즐거운 표정(表情)으로 한바탕 크게 웃음을 이르는 말.

영face 중顔[yán] 일ガン(かお) 【난이도】중학용, 읽기 3급Ⅱ, 쓰기 2급

## 暗

어두울 암

日部(날일)9획 총13획

暗暗暗暗暗暗暗暗暗暗暗暗暗

暗示(암시) 暗澹(암담) 暗鬱(암울) 明暗(명암) 暗記(암기) 暗躍(암약) 暗殺(암살)

暗中摸索(암중모색) : 어둠 속에서 손을 더듬어 찾는다라는 뜻으로, 어림짐작(斟酌)으로 사물(事物)을 알아내려 함을 이르는 말.

영dark 중àn 일アン(くらい) 【난이도】중학용, 읽기 4급Ⅱ, 쓰기 3급Ⅱ

## 巖

바위 암

山部(뫼산)20획총23획

巖巖巖巖巖巖巖巖巖巖巖巖巖巖巖巖巖巖巖巖

巖石(암석) 奇巖(기암) 火山巖(화산암) 火成巖(화성암) 玄武巖(현무암)

念力徹巖(염력철암) : 전념하는 힘이 바위를 뚫는다는 뜻으로, 불가능(不可能)해 보이는 일도 진심(眞心)으로 노력(努力)하면 이루지 못할 리가 없음을 이르는 말.

영rock 중岩[yán] 일巖[ガン](いわ・いわお) 【난이도】중학용, 읽기 3급Ⅱ, 쓰기 2급

## 仰

우러를 앙

亻部(사람인) 4획 총6획

仰仰仰仰仰仰

信仰(신앙) 崇仰(숭앙) 推仰(추앙) 仰釜日晷(앙부일구) 仰騰(앙등) 仰角(앙각)

仰天大笑(앙천대소) : 하늘을 쳐다보고 크게 웃음. 俯仰無愧(부앙무괴) : 하늘을 우러러보나 땅을 굽어보나 양심(良心)에 부끄러움이 없음을 이르는 말.

영respect 중yǎng 일ギョウ・コウ(あおぐ・おおせ) 【난이도】중학용, 읽기 3급Ⅱ, 쓰기 2급

哀哀哀哀哀哀哀哀哀
哀 哀 哀 哀 哀

哀悼(애도) 悲哀(비애) 哀惜(애석) 哀痛(애통) 哀慕(애모) 哀戚(애척) 哀歡(애환)

喜怒哀樂(희로애락) : 기쁨과 노여움, 슬픔과 즐거움이라는 뜻으로, 곧 사람의 여러 가지 감정을 이르는 말. 哀乞伏乞(애걸복걸) : 애처롭게 하소연하면서 빌고 또 빎.

**슬플 애**

口部(입구) 6획 총9획　영sad　중āi　일アイ(あわれ・あわれむ) 【난이도】 중학용, 읽기 3급Ⅱ, 쓰기 2급

---

愛愛愛愛愛愛愛愛愛愛愛愛愛
愛 愛 愛 愛 愛

愛國(애국) 愛情(애정) 博愛(박애) 戀愛(연애) 令愛(영애) 友愛(우애) 割愛(할애)

孝子愛日(효자애일) : 효자(孝子)는 날을 아낀다는 뜻으로, '될 수 있는 한 오래 부모(父母)에게 효성(孝誠)을 다하여 섬기고자 하는 마음'을 이름.

**사랑 애**

心部(마음심)9획 총13획　영love　중愛[ài]　일アイ(あいする) 【난이도】 중학용, 읽기 6급, 쓰기 5급

---

也也也
也 也 也 也 也

厥也(궐야) 及其也(급기야) 雍也(옹야) 必也(필야) 兮也(혜야) 或也(혹야)

獨也靑靑(독야청청) : 홀로 푸르다는 뜻으로, 홀로 높은 절개(節槪·節介)를 지켜 늘 변(變)함이 없음을 이르는 말.

**어조사 야**

乙部(새을)2획 총3획　영a particle, also　중yě　일ヤ(か・なり・また・や) 【난이도】 중학용, 읽기 3급, 쓰기 2급

---

夜夜夜夜夜夜夜夜
夜 夜 夜 夜 夜

夜間(야간) 夜景(야경) 夜光(야광) 夜勤(야근) 晝夜(주야) 徹夜(철야) 秋夜(추야)

晝耕夜讀(주경야독) : 낮에는 농사(農事) 짓고 밤에는 공부(工夫)한다는 뜻으로, 바쁜 틈을 타서 어렵게 공부(工夫)함을 이르는 말.

**밤 야**

夕部(저녁석) 5획 총8획　영night　중yè　일ヤ(よ・よる) 【난이도】 중학용, 읽기 6급, 쓰기 5급

---

野野野野野野野野野野野
野 野 野 野 野

野黨(야당) 野蠻(야만) 野外(야외) 野菜(야채) 分野(분야) 視野(시야) 與野(여야)

家鷄野鶩(가계야목) : 집의 닭을 미워하고 들의 물오리를 사랑한다는 뜻으로, 일상(日常) 흔한 것을 피(避)하고 새로운 것, 진기한 것을 존중(尊重)함을 비유(比喩·譬喩).

**들 야**

里部(마을리) 4획총11획　영field　중yě　일ヤ(の) 【난이도】 중학용, 읽기 6급, 쓰기 5급

## 約

맺을 약

糸部(실사) 3획 총9획

約約約約約約約約約

約 約 約 約 約

約束(약속) 契約(계약) 約定(약정) 公約(공약) 節約(절약) 條約(조약) 請約(청약)

百年佳約(백년가약) : 백년을 두고 하는 아름다운 언약(言約)이라는 뜻으로, 부부(夫婦)가 되겠다는 약속(約束).

영bind 중約[yuē] 일ヤク(おおむれ) 【난이도】중학용, 읽기 5급II, 쓰기 4급II

## 若

같을 약

艹部(초두머리)5획총9획

若若若若若若若若若

若 若 若 若 若

莫若(막약) 萬若(만약) 般若心經(반야심경) 不若(불약) 有若無(유약무)

傍若無人(방약무인) : 곁에 아무도 없는 것처럼 여긴다는 뜻으로, 주위(周圍)에 있는 다른 사람을 전혀 의식(意識)하지 않고 제멋대로 행동(行動)하는 것을 이르는 말.

영like 중若[ruò] 일若[ジャク](わかい·もしくは) 【난이도】중학용, 읽기 3급II, 쓰기 2급

## 弱

약할 약

弓部(활궁)7획 총10획

弱弱弱弱弱弱弱弱弱弱

弱 弱 弱 弱 弱

弱骨(약골) 弱者(약자) 弱化(약화) 强弱(강약) 懦弱(나약) 衰弱(쇠약) 脆弱(취약)

弱肉强食(약육강식) : 약한 자는 강한 자에게 먹힘이란 뜻으로, 생존 경쟁의 살벌함을 말함.
弱冠(약관) : 남자가 스무 살에 관례를 한다는 데서, 남자의 스무 살 된 때를 일컫는 말.

영weak 중弱[ruò] 일弱[ジャク](よわい·よわまる) 【난이도】중학용, 읽기 6급II, 쓰기 5급II

## 藥

약 약

艹部(초두머리)15획총19획

藥藥藥藥藥藥藥藥藥藥藥藥藥藥藥藥藥

藥 藥 藥 藥 藥

痲藥(마약) 藥局(약국) 農藥(농약) 藥房(약방) 藥品(약품) 藥效(약효) 藥用(약용)

死後藥方文(사후약방문) : 죽은 뒤에 약방문(藥方文)을 쓴다는 뜻으로, 이미 때가 지난 후(後)에 대책(對策)을 세우거나 후회(後悔)해도 소용(所用)없다는 말.

영medicine 중药[Yào] 일薬[ヤク](くすり) 【난이도】중학용, 읽기 6급II, 쓰기 5급II

## 羊

양 양

羊部(양양)0획 총6획

羊羊羊羊羊羊

羊 羊 羊 羊 羊

羊毛(양모) 羊水(양수) 亡羊之歎(망양지탄) 白羊(백양) 山羊(산양) 黑羊(흑양)

羊頭狗肉(양두구육) : 양 머리를 걸어놓고 개고기를 판다는 뜻으로, ① 겉은 훌륭해 보이나 속은 그렇지 못한 것. ② 겉과 속이 서로 다름. ③ 말과 행동이 일치하지 않음.

영sheep 중yáng 일ヨウ(ひつじ) 【난이도】중학용, 읽기 4급II, 쓰기 3급II

| | 洋洋洋洋洋洋洋洋洋 |
|---|---|
| | 洋 洋 洋 洋 洋 |

**큰 바다 양**

太平洋(태평양) 西洋(서양) 東洋(동양) 洋藥(양약) 遠洋漁船(원양어선)

望洋之歎(망양지탄) : 넓은 바다를 보고 탄식한다는 뜻으로, ① 남의 원대함에 감탄하고, 나의 미흡함을 부끄러워함의 비유. ② 제 힘이 미치지 못할 때 하는 탄식(歎息).

氵部(삼수변)6획 총9획 | 영ocean 중yáng 일ヨウ(おおうみ) 【난이도】중학용, 읽기 6급, 쓰기 5급

---

陽

| | 陽陽陽陽陽陽陽陽陽陽陽陽 |
|---|---|
| | 陽 陽 陽 陽 陽 |

**볕 양**

陽曆(양력) 斜陽(사양) 陰陽(음양) 重陽節(중양절) 太陽(태양) 太陽曆(태양력)

建陽多慶(건양다경) : 입춘(立春)을 맞이하여 길운(吉運)을 기원(祈願)하는 글. 입춘대길(立春大吉).

阝部(좌부방)9획 총12획 | 영sunshine 중阳[yáng] 일ヨウ(ひ) 【난이도】중학용, 읽기 6급, 쓰기 5급

---

揚

| | 揚揚揚揚揚揚揚揚揚揚揚揚 |
|---|---|
| | 揚 揚 揚 揚 揚 |

**날릴 양**

讚揚(찬양) 浮揚策(부양책) 浮揚(부양) 止揚(지양) 揭揚(게양) 稱揚(칭양) 宣揚(선양)

意氣揚揚(의기양양) : ① 의기(義氣)가 드높아 매우 자랑스럽게 행동(行動)하는 모양(模樣). ② 자랑스러워 뽐내는 모양(模樣).

扌(手)部(재방변)9획 총12획 | 영raise 중揚[yáng] 일ヨウ(あがる・あげる) 【난이도】중학용, 읽기 3급Ⅱ, 쓰기 2급

---

| | 養養養養養養養養養養養養養養養 |
|---|---|
| | 養 養 養 養 養 |

**기를 양**

養成(양성) 養殖(양식) 敎養(교양) 培養(배양) 營養(영양) 療養(요양) 涵養(함양)

養虎遺患(양호유환) : '범을 길러 화근을 남긴다'는 뜻으로, ① '화근을 길러서 걱정거리를 산다' 스스로 화를 자초했다는 말. ② 은혜를 베풀어 준 이로부터 도리어 해를 입게 됨을 이르는 말.

食部(밥식)6획 총15획 | 영breed 중养[yǎng] 일ヨウ(やしなう) 【난이도】중학용, 읽기 5급Ⅱ, 쓰기 4급Ⅱ

---

| | 讓讓讓讓讓讓讓讓讓讓讓讓讓讓讓讓讓讓 |
|---|---|
| | 讓 讓 讓 讓 讓 |

**사양할 양**

讓渡(양도) 讓渡稅(양도세) 讓步(양보) 謙讓(겸양) 分讓(분양) 移讓(이양)

辭讓之心(사양지심) : 사단(四端)의 하나. 겸손(謙遜)히 마다하며 받지 않거나 남에게 양보(讓步)하는 마음. 예(禮)의 근본(根本).

言部(말씀언)17획 총24획 | 영concede 중让[ràng] 일讓[ジョウ](ゆずる) 【난이도】중학용, 읽기 3급Ⅱ, 쓰기 2급

於 於 於 方 於 於 於 於

| 於 | 於 | 於 | 於 | 於 | | | |

**어조사 어**

於半(어반) 於馬間(어언간) 於中間(어중간) 於此彼(어차피) 甚至於(심지어)

靑出於藍(청출어람) : 푸른 색이 쪽에서 나왔으나 쪽보다 더 푸르다는 뜻으로, 제자(弟子)가 스승보다 나은 것을 비유하는 말.

方部(모방) 4획 총8획 | 영in·particle 중yū 일オ·ヨ(おいて·おける) 【난이도】중학용, 읽기 3급, 쓰기 2급

魚 魚 魚 魚 魚 魚 魚 魚 魚 魚 魚

| 魚 | 魚 | 魚 | 魚 | 魚 | | | |

**물고기 어**

魚卵(어란) 魚類(어류) 魚族(어족) 文魚(문어) 長魚(장어) 大魚(대어) 鮐魚(태어)

魚東肉西(어동육서) : 제사상(祭祀床)을 차릴 때에 어찬(魚饌)은 동쪽에, 육찬(肉饌)은 서쪽에 놓음.　水魚之交(수어지교) : 물과 물고기의 사귐이란 뜻.

魚部(물고기어)0획총11획 | 영fish 중鱼[yú] 일ギョ(うお·さかな) 【난이도】중학용, 읽기 5급, 쓰기 4급

漁 漁 漁 漁 漁 漁 漁 漁 漁 漁 漁 漁 漁

| 漁 | 漁 | 漁 | 漁 | 漁 | | | |

**고기잡을 어**

漁夫(어부) 漁船(어선) 農漁村(농어촌) 漁村(어촌) 漁場(어장) 漁具(어구)

漁夫之利(어부지리)어부지리(漁父之利). 어부(漁夫)의 이익(利益)이라는 뜻으로, 둘이 다투는 틈을 타서 엉뚱한 제3자(第三者)가 이익(利益)을 가로챔을 이르는 말.

氵部(삼수변)11획총14획 | 영fishing 중渔[yú] 일ギョ·リョウ(よわい·よわまる) 【난이도】중학용, 읽기 5급, 쓰기 4급

語 語 語 語 語 語 語 語 語 語 語 語 語

| 語 | 語 | 語 | 語 | 語 | | | |

**말씀 어**

語錄(어록) 國語(국어) 論語(논어) 言語(언어) 英語(영어) 單語(단어) 用語(용어)

語不成說(어불성설) : 말이 하나의 일관(一貫)된 논의(論議)로 되지 못함. 즉, 말이 이치(理致)에 맞지 않음을 뜻함.

言部(말씀언)7획총14획 | 영words 중语[yǔ] 일ゴ(かたらう·かたる) 【난이도】중학용, 읽기 7급, 쓰기 6급

億 億 億 億 億 億 億 億 億 億 億 億 億

| 億 | 億 | 億 | 億 | 億 | | | |

**억 억**

千億(천억) 十億(십억) 億臺(억대) 億劫(억겁) 百億(백억) 億兆(억조) 數億(수억)

億兆蒼生(억조창생) : ① 수 많은 백성(百姓). ② 수 많은 사람.

億萬之衆(억만지중) : 수많은 백성. 億萬蒼生(억만창생) : 수많은 백성(百姓).

亻部(사람인)13획총15획 | 영hundred million 중亿[yì] 일オク(おく) 【난이도】중학용, 읽기 5급, 쓰기 4급

| 憶 | 憶憶憶憶憶憶憶憶憶憶憶憶憶憶 |
|---|---|
| | 憶 憶 憶 憶 憶 |
| 생각할 억 | 記憶(기억) 追憶(추억) 記憶力(기억력) 回憶(회억) 憶起(억기) 憶測(억측) |
| | 憶吹簫樂(억취소악) : 제가 보아서 아는 대로 제 생각만으로 추측. 어림치고 하는 생각. 억지 추측. 憶昔當年(억석당년) : 오래 전(前)에 지난 일을 돌이켜 생각함. |
| ↑部(심방변)13획 총16획 | 영recall 중忆[yì] 일オク(おもう) 【난이도】 중학용, 읽기 3급II, 쓰기 2급 |

| 言 | 言言言言言言言 |
|---|---|
| | 言 言 言 言 言 |
| 말씀 언 | 言及(언급) 言論(언론) 言語(언어) 發言(발언) 宣言(선언) 證言(증언) |
| | 甘言利說(감언이설) : 달콤한 말과 이로운 이야기라는 뜻으로, 남의 비위에 맞도록 꾸민 달콤한 말과 이로운 조건(條件)을 내세워 남을 꾀이는 말. |
| 言部(말씀언)0획 총7획 | 영talk 중yán 일ケン・コン(いうこと) 【난이도】 중학용, 읽기 6급, 쓰기 5급 |

| 嚴 | 嚴嚴嚴嚴嚴嚴嚴嚴嚴嚴嚴嚴嚴嚴嚴嚴嚴嚴 |
|---|---|
| | 嚴 嚴 嚴 嚴 嚴 |
| 엄할 엄 | 嚴格(엄격) 嚴密(엄밀) 嚴肅(엄숙) 嚴正(엄정) 嚴重(엄중) 尊嚴(존엄) 森嚴(삼엄) |
| | 嚴親(엄친) : ① 엄하게 길러 주는 어버이라는 뜻으로, 남에게 '자기(自己)의 아버지'를 일컫는 말. ② 주로 밖의 일을 보는 어버이란 뜻으로, 아버지를 일컫는 말. |
| 口部(입구)17획 총20획 | 영strict 중严[yán] 일嚴[グン・ゴン](きびしい・おごそか) 【난이도】 중학용, 읽기 4급, 쓰기 3급 |

| 業 | 業業業業業業業業業業業業業 |
|---|---|
| | 業 業 業 業 業 |
| 업 업 | 業務(업무) 企業(기업) 事業(사업) 産業(산업) 職業(직업) 就業(취업) |
| | 自業自得(자업자득) : 불교(佛教)에서, 제가 저지른 일의 과보(果報)를 제 스스로 받음을 이르는 말. 安居樂業(안거낙업) : 편안(便安)히 살면서 생업(生業)을 즐김. |
| 木部(나무목)9획 총13획 | 영business 중业[yè] 일ギョウ・ゴウ(わざ) 【난이도】 중학용, 읽기 6급II, 쓰기 5급II |

| 汝 | 汝汝汝汝汝汝 |
|---|---|
| | 汝 汝 汝 汝 汝 |
| 너 여 | 汝等(여등) 宋汝志(송여지) 汝刀干(여도간) 丁汝昌(정여창) 汝輩(여배) |
| | 汝矣島(여의도) : 서울 영등포구 여의도동에 딸린 한강의 하중도(河中島). 한강(漢江)에 발달(發達)한 범람원으로 영등포(永登浦) 쪽에 작은 샛강이 있음. |
| 氵部(삼수변)3획총6획 | 영you 중rǔ 일ジョ(なんじ) 【난이도】 중학용, 읽기 3급, 쓰기 2급 |

如如如如如如

| 如 | 如 | 如 | 如 | 如 | | | | |

如干(여간) 如意(여의) 如前(여전) 如此(여차) 缺如(결여) 如何(여하) 或如(혹여)

見金如石(견금여석) : 황금(黃金) 보기를 돌같이 한다는 뜻에서, ① 지나친 욕심을 절제함. ② 대의를 위(爲)해서 부귀영화(富貴榮華)를 돌보지 않는다는 의미(意味).

영same 중rú 일ジョ·ニョ(ごとし) 【난이도】 중학용, 읽기 4급II, 쓰기 3급II

**같을 여**

女部(계집녀) 3획 총6획

---

余余余余余余余

| 余 | 余 | 余 | 余 | 余 | | | | |

余輩(여배) 余等(여등) 余月(여월) 余那山(여나산)

余那山(여나산) : 신라 때, 어떤 서생이 여나산에서 공부하여 과거에 급제하고 출세했다고, 처가에서 기뻐서 불렀다는 노래 이름. 여나산은 경주 계림 경내에 있는 산(山)임.

영more 중yú 일ヨ(あます·あまる) 【난이도】 중학용, 읽기 3급, 쓰기 2급

**나 여**

人部(사람인) 5획총7획

---

與與與與與與與與與與與與與

| 與 | 與 | 與 | 與 | 與 | | | | |

다른 사전에는 「與」를 14획으로 계산하고 있으나, 필자는 「與」를 13획으로 보고 있음. 이의 있으신 독자는 언제든 연락 바람.

與件(여건) 與黨(여당) 與否(여부) 與野(여야) 關與(관여) 寄與(기여) 給與(급여)

與狐謀皮(여호모피) : 여우하고 여우의 모피를 벗길 모의를 한다는 뜻으로, 이해가 상충하는 사람하고 의논하면 결코 이루어지지 않음을 비유해 이르는 말.

영join, participate 중与[yǔ] 일ヨ(あたえる) 【난이도】 중학용, 읽기 4급, 쓰기 3급

**더불어 여**

臼部(절구구)6획총13획

---

餘餘餘今今餘餘餘餘餘餘餘餘餘餘餘

| 餘 | 餘 | 餘 | 餘 | 餘 | | | | |

餘暇(여가) 餘技(여기) 餘年(여년) 餘分(여분) 餘裕(여유) 餘地(여지) 餘波(여파)

窮餘之策(궁여지책) : ① 궁한 끝에 나오는 한 꾀. ② 막다른 골목에서 그 국면(局面)을 타개하려고 생각다 못해 짜낸 꾀.

영remain 중馀[yú] 일余[ヨ](あまる) 【난이도】 중학용, 읽기 4급II, 쓰기 3급II

**남을 여**

食部(밥식) 7획 총16획

---

亦亦亦亦亦亦

| 亦 | 亦 | 亦 | 亦 | 亦 | | | | |

亦是(역시) 此亦(차역) 其亦(기역) 亦可(역가) 亦如是(역여시) 亦然(역연)

不亦說乎(불역열호) : 또한 기쁘지 아니한가. 『논어(論語)』의 학이편(學而篇)에 나오는 말. 盜亦有道(도역유도) : 도둑에게도 도둑으로서의 도리가 있다는 뜻.

영also 중yì 일エキ·ヤク(また·わき) 【난이도】 중학용, 읽기 3급II, 쓰기 2급

**또 역**

一部(돼지해머리)4획총6획

| 易 | 易 口 罗 罗 吊 易 易 易 |
|---|---|
| | 易 易 易 易 易 |
| | 易經(역경) 簡易(간이) 交易(교역) 貿易(무역) 周易(주역) 安易(안이) 容易(용이) |
| 바꿀 역/쉬울 이 | 易地思之(역지사지) : 처지(處地)를 서로 바꾸어 생각함이란 뜻으로, 상대방(相對方)의 처지(處地)에서 생각해봄. |
| 日部(날일) 4획 총8획 | 영easy, exchange 중yì 일イ・エキ(やさしい) 【난이도】 중학용, 읽기 4급, 쓰기 3급 |

| 逆 | 逆 逆 逆 屰 屰 苩 逆 逆 逆 逆 |
|---|---|
| | 逆 逆 逆 逆 逆 |
| | 逆轉(역전) 逆行(역행) 逆風(역풍) 拒逆(거역) 逆說(역설) 叛逆(반역) 反逆(반역) |
| 거스를 역 | 莫逆之友(막역지우) : 마음이 맞아 서로 거스르는 일이 없는, 생사(生死)를 같이 할 수 있는 친밀(親密)한 벗. |
| ⻌部(책받침)6획 총10획 | 영disobey 중逆[nì] 일逆[ギャク](さか・さからう)【난이도】 중학용, 읽기 4급II, 쓰기 3급II |

| 研 | 研 丆 丆 石 石 石 矴 研 研 研 研 |
|---|---|
| | 研 研 研 研 研 |
| | 研究(연구) 研究員(연구원) 研究所(연구소) 研究費(연구비) 研修(연수) 研磨(연마) |
| 갈 연 | 研之究之(연지구지) : ① 어떤 사물(事物)을 과학적(科學的)으로 분석(分析), 관찰(觀察)하는 일. ② 어떤 일에 대(對)하여 깊이 생각하고 사리(事理)를 따지어 보는 일. |
| 石部(돌석) 6획 총11획 | 영grind, study 중研[yán] 일研[ケン](とぐ)【난이도】 중학용, 읽기 4급II, 쓰기 3급II |

| 然 | 然 ク 夕 夕 夕 夕 然 然 然 然 然 然 |
|---|---|
| | 然 然 然 然 然 |
| | 自然(자연) 當然(당연) 蓋然性(개연성) 偶然(우연) 儼然(엄연) 果然(과연) 漠然(막연) |
| 그러할 연 | 浩然之氣(호연지기) : ① 도의(道義)에 근거(根據)를 두고 굽히지 않고 흔들리지 않는 바르고 큰 마음. ② 하늘과 땅 사이에 가득 찬 넓고 큰 정기(精氣). |
| ⺍部(연화발)8획 총12획 | 영so, such 중然[rán] 일然[ゼン・ネン](しかり)【난이도】 중학용, 읽기 7급, 쓰기 6급 |

| 煙 | 煙 煙 煙 煙 煙 煙 煙 煙 煙 煙 煙 煙 煙 |
|---|---|
| | 煙 煙 煙 煙 煙 |
| | 喫煙(끽연) 吸煙(흡연) 禁煙(금연) 煙氣(연기) 無煙炭(무연탄) 煤煙(매연) |
| 연기 연 | 康衢煙月(강구연월) : 강구(康衢)는 사통오달의 큰길로서 사람의 왕래가 많은 거리, 연월(煙月)은 연기가 나고 달빛이 비친다는 뜻으로, 태평한 세상의 평화로운 풍경. |
| 火部(불화) 9획 총13획 | 영smoke 중烟[yān] 일煙[エン](けむい・けむり)【난이도】 중학용, 읽기 4급II, 쓰기 3급II |

| 悅 | 悅悅悅悅悅悅悅悅悅悅 |
|---|---|
| | 悅 悅 悅 悅 悅 |

悅樂(열락) 悅慕(열모) 悅愛(열애) 媚悅(미열) 不悅(불열) 和悅(화열) 喜悅(희열)

近悅遠來(근열원래) : 부근(附近)에 있는 사람들이 즐거워하고, 먼 곳의 사람들이 흠모(欽慕)하여 모여든다는 뜻으로, 德(덕)이 널리 미침을 이르는 말.

**기쁠 열**

忄部(심방변)7획총10획

영joyful·pleased 중悅[yuè] 일悅[エツ](よろこぶ) 【난이도】 중학용, 읽기3급II, 쓰기 2급기 3급II

---

| 熱 | 熱熱熱熱熱熱熱熱熱熱熱熱熱熱熱 |
|---|---|
| | 熱 熱 熱 熱 熱 |

熱狂(열광) 熱氣(열기) 熱心(열심) 熱風(열풍) 加熱(가열) 過熱(과열) 熱中(열중)

以熱治熱(이열치열) : 열(熱)은 열로써 다스린다는 뜻으로, 힘에는 힘으로 또는 강(强)한 것에는 강(强)한 것으로 상대함을 이르는 말.

**더울 열**

灬部(연화발)11획총15획

영hot 중热[rè] 일ネツ(あつい) 【난이도】 중학용, 읽기 5급, 쓰기 4급

---

| 炎 | 炎炎炎炎炎炎炎炎 |
|---|---|
| | 炎 炎 炎 炎 炎 |

肝炎(간염) 肺炎(폐렴) 咽頭炎(인두염) 喉頭炎(후두염) 鼻炎(비염) 炎症(염증)

炎凉世態(염량세태) : 뜨거웠다가 차가워지는 세태라는 뜻으로, 권세가 있을 때에는 아첨(阿諂)하여 좇고 권세가 떨어지면 푸대접하는 세속(世俗)의 형편.

**불꽃 염**

火部(불화) 4획 총8획

영flame 중yán 일エン(ほのお) 【난이도】 중학용, 읽기 3급II, 쓰기 2급

---

| 葉 | 葉葉葉葉葉葉葉葉葉葉葉葉葉 |
|---|---|
| | 葉 葉 葉 葉 葉 |

葉綠素(엽록소) 葉書(엽서) 落葉(낙엽) 中葉(중엽) 枝葉(지엽) 闊葉(활엽)

金枝玉葉(금지옥엽) : '금 가지에 옥 잎사귀'란 뜻으로, ① 임금의 자손이나 집안을 이르는 말. ② 귀한 자손을 이르는 말. ③ 아름다운 구름을 형용하여 이르는 말.

**잎 엽**

艹部(초두머리)9획총13획

영leaf 중叶[yè] 일葉[ヨウ](は) 【난이도】 중학용, 읽기 5급, 쓰기 4급

---

| 永 | 永永永永永 |
|---|---|
| | 永 永 永 永 永 |

永劫(영겁) 永久(영구) 永眠(영면) 永生(영생) 永壽(영수) 永遠(영원) 永住(영주)

永遠無窮(영원무궁) : 영원(永遠)히 다함이 없음.
永世不忘(영세불망) : 영구(永久)히 잊지 아니함.

**길 영**

水部(물수) 1획총5획

영eternal 중yǒng 일エイ(ながい) 【난이도】 중학용, 읽기 6급, 쓰기 5급

**迎** 맞을 영

辶部(책받침) 4획 총8획

迎 迎 迎 迎 迎 迎 迎 迎

迎 迎 迎 迎 迎

歡迎(환영) 迎入(영입) 迎合(영합) 迎接(영접) 迎阿(영아) 迎鼓(영고) 迎歲(영세)

送舊迎新(송구영신) : 묵은해를 보내고 새해를 맞는다는 뜻으로, ① 묵은해를 보내고, 새해를 맞이함. ② 구관(舊官)을 보내고, 신관(新官)을 맞이함.

영welcome 중迎[yíng] 일ゲイ(むかえる) 【난이도】 중학용, 읽기 4급, 쓰기 3급

---

**英** 꽃부리 영

艹部(초두머리)5획 총9획

英 英 英 英 英 英 英 英 英

英 英 英 英 英

英國(영국) 英文(영문) 英敏(영민) 英語(영어) 英雄(영웅) 英才(영재) 英特(영재)

蓋世英雄(개세영웅) : 기상(氣像)이나 위력(威力)이 세상(世上)을 뒤엎을 만큼 큰 영웅(英雄). 英雄豪傑(영웅호걸) : 영웅(英雄)과 호걸(豪傑).

영elite 중英[yīng] 일英[エイ](はなぶさ) 【난이도】 중학용, 읽기 6급, 쓰기 5급

---

**榮** 영화 영

木部(나무목)10획 총14획

榮 榮 榮 榮 榮 榮 榮 榮 榮 榮 榮 榮 榮 榮

榮 榮 榮 榮 榮

榮光(영광) 榮譽(영예) 榮辱(영욕) 榮轉(영전) 榮華(영화) 繁榮(번영) 虛榮(허영)

榮枯盛衰(영고성쇠) : 영화(榮華)롭고 마르고 성(盛)하고 쇠함이란 뜻으로, 개인(個人)이나 사회(社會)의 성(盛)하고 쇠함이 서로 뒤바뀌는 현상(現象).

영glory 중荣[róng] 일栄[エイ](さかえる·はえ) 【난이도】 중학용, 읽기 4급Ⅱ, 쓰기 3급Ⅱ

---

**藝** 재주 예

艹部(초두머리)15획총19획

藝 藝 藝 藝 藝 藝 藝 藝 藝 藝 藝 藝 藝 藝 藝 藝 藝 藝

藝 藝 藝 藝 藝

藝能(예능) 藝術的(예술적) 工藝(공예) 武藝(무예) 文藝(문예) 書藝(서예)

百工技藝(백공기예) : 온갖 장인(匠人)의 재주.
貪欲無藝(탐욕무예) : 뇌물(賂物)을 탐함에 그 끝이 없음.

영art, skill 중艺[yì] 일芸[ゲイ](わざ) 【난이도】 중학용, 읽기 4급Ⅱ, 쓰기 3급Ⅱ

---

**五** 다섯 오

二部(두이) 2획 총4획

五 五 五 五

五 五 五 五 五

五大山(오대산) 五福(오복) 五十步百步(오십보백보) 五月(오월) 五行(오행)

五里霧中(오리무중) : 짙은 안개가 5리나 끼어 있는 속에 있다는 뜻으로, ① 무슨 일에 대하여 방향이나 상황을 알 길이 없음을 이르는 말. ② 일의 갈피를 잡기 어려움.

영five 중wǔ 일ゴ(いつ·いつつ)【난이도】 중학용, 읽기 8급, 쓰기 6급Ⅱ

## 午

낮 오

十部(열십) 2획 총4획

午午午午

午 午 午 午 午

午後(오후) 午前(오전) 端午(단오) 午餐(오찬) 正午(정오) 甲午(갑오) 下午(하오)

午後閑良(오후한량) : 배가 출출한 판에 함부로 먹어대는 짓.

午睡(오수) : 낮잠. 낮에 자는 잠.

영noon 중wǔ 일ゴ(うま·ひる)【난이도】중학용, 읽기 7급II, 쓰기 6급

## 吾

나 오

口部(입구) 4획 총7획

吾吾吾吾吾吾

吾 吾 吾 吾 吾

吾等(오등) 吾道(오도) 吾人(오인) 吾輩(오배) 金吾(금오) 吾家(오가) 吾君(오군)

吾鼻三尺(오비삼척) : 오비체수삼척(吾鼻涕垂三尺)의 준말로, 곤경(困境)에 처해 자기 일도 해결하기 어려운 판국에 어찌 남을 도울 여지가 있겠는가라는 말.

영I 중wú 일ゴ(われ)【난이도】중학용, 읽기 3급, 쓰기 2급

## 烏

까마귀 오

灬部(연화발)6획 총10획

烏烏烏烏烏烏烏烏烏烏

烏 烏 烏 烏 烏

烏竹軒(오죽헌) 三足烏(삼족오) 烏梅(오매) 日烏(일오) 烏鵲橋(오작교)

烏飛梨落(오비이락) : '까마귀 날자 배 떨어진다'는 속담의 한역으로, 아무런 관계도 없이 한 일이 공교롭게 다른 일과 때가 일치해 혐의(嫌疑)를 받게 됨을 이르는 말.

영crow 중乌[wū] 일ウオ(いずくんぞ·からす)【난이도】중학용, 읽기 3급II, 쓰기 2급

## 悟

깨달을 오

忄部(심방변)7획 총10획

悟悟悟悟悟悟悟悟悟悟

悟 悟 悟 悟 悟

覺悟(각오) 悟性(오성) 悟道(오도) 開悟(개오) 頓悟(돈오) 英悟(영오) 朗悟(낭오)

大悟覺醒(대오각성) : 크게 깨달아서 번뇌(煩惱), 의혹(疑惑)이 다 없어짐.

大悟大徹(대오대철) : 크게 깨달아서 번뇌(煩惱), 의혹(疑惑)이 다 없어짐.

영awake 중wú 일ゴ(さとる)【난이도】중학용, 읽기 3급II, 쓰기 2급

## 誤

그르칠 오

言部(말씀언)7획 총14획

誤誤誤誤誤誤誤誤誤誤誤誤誤誤

誤 誤 誤 誤 誤

誤謬(오류) 錯誤(착오) 誤解(오해) 過誤(과오) 誤認(오인) 誤審(오심) 誤導(오도)

試行錯誤(시행착오) : 학습(學習) 양식(樣式)의 한 가지로 실패(失敗)를 거듭하여 적용(適用)하는 일. 몬다이크의 관찰(觀察)로 이론화(理論化)되었음.

영mistake 중误[wú] 일誤[ゴ](あやまる)【난이도】중학용, 읽기 4급II, 쓰기 3급II

| | |
|---|---|
| 玉<br><br>구슬 옥<br><br>玉部(구슬옥)0획 총5획 | 玉 玉 玉 玉 玉<br>玉 玉 玉 玉 玉<br><br>玉童(옥동) 玉門(옥문) 玉石(옥석) 玉詠(옥영) 玉韻(옥운) 玉璽(옥새) 玉篇(옥편)<br><br>金枝玉葉(금지옥엽) : '금 가지에 옥 잎사귀'란 뜻으로, ① 임금의 자손이나 집안을 이르는 말. ② 귀한 자손을 이르는 말. ③ 아름다운 구름을 형용하여 이르는 말.<br><br>영gem, gewel 중yù 일ギョク(たま) 【난이도】 중학용, 읽기 4급Ⅱ, 쓰기 3급Ⅱ |
| 屋<br><br>집 옥<br><br>尸部(주검시)6획 총9획 | 屋 屋 屋 屋 屋 屋 屋 屋 屋<br>屋 屋 屋 屋 屋<br><br>家屋(가옥) 屋上(옥상) 酒屋(주옥) 書屋(서옥) 長屋(장옥) 屋內(옥내) 草屋(초옥)<br><br>三間草屋(삼간초옥) : 썩 작은 초가(草家).<br>數間茅屋(수간모옥) : 두서너 칸밖에 안 되는 띠집. 오두막집.<br><br>영house 중wū 일オク(や) 【난이도】 중학용, 읽기 5급, 쓰기 4급 |
| 溫<br><br>따뜻할 온<br><br>氵部(삼수변)10획 총13획 | 溫 溫 溫 溫 溫 溫 溫 溫 溫 溫 溫 溫 溫<br>溫 溫 溫 溫 溫<br><br>溫暖(온난) 溫度(온도) 溫돌(온돌) 溫室(온실) 溫情(온정) 溫厚(온후) 微溫(미온)<br><br>溫故知新(온고지신) : 옛것을 익히고 그것을 미루어서 새것을 앎. 다시 말하면, 옛 학문을 되풀이하여 연구하고, 현실을 처리할 수 있는 새로운 학문을 이해하여야 남의 스승이 될 수 있다.<br><br>영warm 중溫[oēn] 일溫[オン](あたたか) 【난이도】 중학용, 읽기 6급, 쓰기 5급 |
| 瓦<br><br>기와 와<br><br>瓦部(기와와) 0획 총5획 | 瓦 瓦 瓦 瓦 瓦<br>瓦 瓦 瓦 瓦 瓦<br><br>瓦器(와기) 煉瓦(연와) 瓦家(와가) 蓋瓦(개와) 瓦松(와송) 瓦花(와화) 青瓦(청와)<br><br>弄瓦(농와) : 옛날 중국(中國)에서, 딸을 낳으면 실패를 장난감으로 주었다는 옛일에서 온 말로, 딸을 낳은 일을 한문투(漢文-)로 이르는 말.<br><br>영tile 중wǎ 일ガ(かわら) 【난이도】 중학용, 읽기 3급Ⅱ, 쓰기 2급 |
| 臥<br><br>누울 와<br><br>臣部(신하신) 2획 총8획 | 臥 臥 臥 臥 臥 臥 臥 臥<br>臥 臥 臥 臥 臥<br><br>困臥(곤와) 臥床(와상) 臥席(와석) 臥炳(와병) 臥瓜(와과) 閑臥(한와) 臥榻(와탑)<br><br>臥薪嘗膽(와신상담) : 섶에 누워 쓸개를 씹는다는 뜻으로, 원수(怨讐)를 갚으려고 온갖 괴로움을 참고 견딤을 이르는 말.<br><br>영down 중臥[wò] 일ガ(ふしどふす) 【난이도】 중학용, 읽기 3급, 쓰기 2급 |

| 完 | 完完完完完完完 |
| 완전할 완 | 完 完 完 完 完 |

補完(보완) 完全(완전) 完成(완성) 未完(미완) 完了(완료) 完工(완공) 完固(완고)

完璧歸趙(완벽귀조) : '구슬을 온전히 조나라로 돌려보내다'라는 뜻으로, ① 흠이 없는 구슬. 결점이 없이 완전함. ② 빌렸던 물건(物件)을 온전히 반환함.

⽩部(갓머리) 4획총7획 | 영perfect 중wán 일カン(まっとうする) 【난이도】중학용, 읽기 5급, 쓰기 4급

| 曰 | 曰曰曰曰 |
| 가로 왈 | 曰 曰 曰 曰 曰 |

或曰(혹왈) 予曰(여왈) 又曰(우왈) 子曰(자왈) 曰是曰非(왈시왈비)

曰可曰否(왈가왈부) : 좋으니 나쁘니 하고 떠들어댐.
號曰百萬(호왈백만) : 말로는 백만을 일컬으나, 실상(實相)은 얼마 안 됨.

曰部(가로왈)0획총4획 | 영speak 중yuē 일エツ(いわく) 【난이도】중학용, 읽기 3급, 쓰기 2급

| 王 | 王王王王 |
| 임금 왕 | 王 王 王 王 王 |

王宮(왕궁) 王孫(왕손) 王室(왕실) 王子(왕자) 王朝(왕조) 大王(대왕) 先王(선왕)

王尊丈(왕존장) : ① 남의 할아버지를 일컫는 말.
② 할아버지와 나이가 비슷한 어른을 일컫는 말.

王部(구슬옥변)0획총4획 | 영king 중wáng 일オウ(きみ) 【난이도】중학용, 읽기 8급, 쓰기 6급II

| 往 | 往往往往往往往往 |
| 갈 왕 | 往 往 往 往 往 |

往年(왕년) 往來(왕래) 往復(왕복) 往事(왕사) 往往(왕왕) 旣往(기왕) 已往(이왕)

右往左往(우왕좌왕) : ① 오른쪽으로 갔다 왼쪽으로 갔다하며 종잡지 못함.
② 사방(四方)으로 왔다갔다 함.

彳部(두인변) 5획총8획 | 영go 중wǎng 일オウ(ゆく) 【난이도】중학용, 읽기 4급II, 쓰기 3급II

| 外 | 外夕夕外外 |
| 바깥 외 | 外 外 外 外 外 |

外交(외교) 外國(외국) 外面(외면) 外部(외부) 列外(열외) 除外(제외) 海外(해외)

門外漢(문외한) : ① 어떤 일에 바로 관계(關係)가 없는 사람. ② 어떤 일에 전문적 (專門的) 지식(知識)이나 조예(造詣)가 없는 사람.

夕部(저녁석) 2획총5획 | 영outside 중wài 일ガイ・ゲ(そと) 【난이도】중학용, 읽기 8급, 쓰기 6급II

## 要

요긴할 요

両部(덮을아)3획 총9획

要要要要要要要要要

| 要 | 要 | 要 | 要 | 要 | | | | | |

要求(요구) 要素(요소) 要請(요청) 所要(소요) 需要(수요) 重要(중요) 必要(필요)

要言不煩(요언불번) : 요긴(要緊)한 말은 번잡(煩雜)하지 않다는 뜻으로, 중요(重要)한 말은 긴 이야기를 듣지 않아도 그 뜻을 알 수 있음을 이르는 말.

영important 중yào 일ヨウ(かなめ·いる) 【난이도】 중학용, 읽기 5급II, 쓰기 4급II

## 浴

목욕할 욕

氵部(삼수변)7획 총10획

浴浴浴浴浴浴浴浴浴浴

| 浴 | 浴 | 浴 | 浴 | 浴 | | | | | |

浴室(욕실) 浴槽(욕조) 浴桶(욕통) 沐浴(목욕) 海水浴場(해수욕장) 浴湯(욕탕)

沐浴齋戒(목욕재계) : 제사(祭祀)를 지내거나 신성(神聖)한 일 따위를 할 때, 목욕(沐浴)해서 몸을 깨끗이 하고 마음을 가다듬어 부정(不淨)을 피(避)함.

영bathe 중yù 일ヨク(あびせる·あびる) 【난이도】 중학용, 읽기 5급, 쓰기 4급

## 欲

하고자할 욕

欠部(하품흠)7획 총11획

欲欲欲欲欲欲欲欲欲欲欲

| 欲 | 欲 | 欲 | 欲 | 欲 | | | | | |

欲界(욕계) 欲求(욕구) 欲情(욕정) 欲天(욕천) 三欲(삼욕) 六欲天(육욕천)

欲速不達(욕속부달) : ① 빨리 하고자 하면 도달(到達)하지 못함.
② 어떤 일을 급(急)하게 하면 도리어 이루지 못함.

영desire 중yù 일ヨク(ほしい·ほっする) 【난이도】 중학용, 읽기 3급II, 쓰기 2급

## 用

쓸 용

用部(쓸용) 0획 총5획

用用用用用

| 用 | 用 | 用 | 用 | 用 | | | | | |

用途(용도) 雇用(고용) 費用(비용) 使用(사용) 適用(적용) 採用(채용) 效用(효용)

無用之物(무용지물) : 아무 소용이 없는 물건이나 아무짝에도 쓸데없는 사람.
節用而愛人(절용이애인) : 나라의 재물을 아껴 쓰는 것이 곧 백성을 사랑함을 말함.

영use, employ 중yòng 일ヨウ(もちいる) 【난이도】 중학용, 읽기 6급II, 쓰기 5급II

## 勇

날랠 용

力部(힘력) 7획 총9획

勇勇勇勇勇勇勇勇勇

| 勇 | 勇 | 勇 | 勇 | 勇 | | | | | |

勇氣(용기) 勇敢(용감) 勇猛(용맹) 勇斷(용단) 蠻勇(만용) 强勇(강용) 猛勇(맹용)

匹夫之勇(필부지용) : 하찮은 남자(男子)의 용기(勇氣)라는 뜻으로, 소인(小人)이 깊은 생각 없이 혈기(血氣)만 믿고 함부로 부리는 용기(勇氣)를 이름.

영quick, brave 중yǒng 일ユウ(いさむ) 【난이도】 중학용, 읽기 6급II, 쓰기 5급II

|  容 <br> 얼굴 용 <br> 宀部(갓머리)7획총10획 | 容容容容容容容容容容 |
|---|---|
| | 容 容 容 容 容 |
| | 容納(용납) 容貌(용모) 容恕(용서) 容易(용이) 内容(내용) 包容(포용) 許容(허용) |
| | 花容月態(화용월태) : '꽃다운 얼굴과 달 같은 자태(姿態)'라는 뜻으로, 아름다운 여자(女子)의 고운 자태(姿態)를 이르는 말. |
| | 영face 중róng 일ヨウ(いれる) 【난이도】중학용, 읽기 4급Ⅱ, 쓰기 3급Ⅱ |

|  又 <br> 또 우 <br> 又部(또우)0획총2획 | 又又 |
|---|---|
| | 又 又 又 又 又 |
| | 又重之(우중지) 又況(우황) 又一李(우일이) 又曰(우왈) 自乘又乘(자승우승) |
| | 三年不飛又不鳴(삼년불비우불명) : 「삼 년간이나 한 번도 날지 않고 울지도 않는다」는 뜻으로, 뒷날에 웅비(雄飛)할 기회(機會)를 기다림을 이르는 말. |
| | 영and, again 중yòu 일ユウ(また) 【난이도】중학용, 읽기 3급, 쓰기 2급 |

| 于 <br> 어조사 우 <br> 二部(두이) 1획총3획 | 于于于 |
|---|---|
| | 于 于 于 于 于 |
| | 于今(우금) 于山國(우산국) 至于今日(지우금일) 于歸(우귀) 至于今(지우금) |
| | 三歲之習至于八十(삼세지습지우팔십) : 세 살 버릇 여든까지 감. <br> 飛于千里(비우천리) : 천리까지 날아감. |
| | 영particle 중yú 일ウ 【난이도】중학용, 읽기 3급, 쓰기 2급 |

|  牛 <br> 소 우 <br> 牛部(소우) 0획총4획 | 牛牛牛牛 |
|---|---|
| | 牛 牛 牛 牛 牛 |
| | 狂牛病(광우병) 牛乳(우유) 牡牛(모우) 暮牛(모우) 牝牛(빈우) 牽牛星(견우성) |
| | 矯角殺牛 (교각살우) : 「쇠뿔을 바로 잡으려다 소를 죽인다」라는 뜻으로, 결점(缺點)이나 흠을 고치려다 수단(手段)이 지나쳐 도리어 일을 그르침. |
| | 영ox, cow 중wǎng 일ギュウ(うし) 【난이도】중학용, 읽기 5급, 쓰기 4급 |

|  友 <br> 벗 우 <br> 又部(또우) 2획총4획 | 友友友友 |
|---|---|
| | 友 友 友 友 友 |
| | 友邦(우방) 友愛(우애) 友誼(우의) 友情(우정) 友好(우호) 朋友(붕우) 親友(친우) |
| | 竹馬故友(죽마고우) : 대나무 말을 타고 놀던 옛 친구(親舊)라는 뜻으로, 어릴 때부터 가까이 지내며 자란 친구(親舊)를 이르는 말. |
| | 영friend 중yǒu 일ユウ(とも) 【난이도】중학용, 읽기 5급Ⅱ, 쓰기 4급Ⅱ |

## 尤

尤 尤 尤 尤

尤 尤 尤 尤 尤

더욱 우

尢部(절름발이왕)1획 총4획

怨尤(건우) 尤隙(우극) 尤甚(우심) 尤極(우극) 尤妙(우묘) 尤物(우물) 怨尤(원우)

不怨天不尤人(불원천불우인) : 고난이나 역경(逆境)을 만나더라도 하늘이나 다른 사람을 원망(怨望)하지 않고 제 분수(分數)를 지켜 자기 발전과 향상(向上)을 꾀함.

영more over 중yóu 일ユウ(すぐれる·とがめる) 【난이도】 중학용, 읽기 3급, 쓰기 2급

---

## 右

右 右 右 右 右

右 右 右 右 右

오른쪽 우

口部(입구) 2획총5획

右傾化(우경화) 右相(우상) 右議政(우의정) 右翼(우익) 極右(극우) 右側(우측)

左顧右眄(좌고우면) : 왼쪽을 둘러보고 오른쪽을 짝눈으로 자세(仔細)히 살핀다는 뜻으로, 무슨 일에 얼른 결정(決定)을 짓지 못함을 비유(比喩·譬喩)함.

영right 중yòu 일ウ·ユウ(みぎ) 【난이도】 중학용, 읽기 7급II, 쓰기 6급

---

## 宇

宇 宇 宇 宇 宇 宇

宇 宇 宇 宇 宇

집 우

宀部(갓머리) 3획 총6획

宇宙(우주) 宇宙工學(우주공학) 宇宙船(우주선) 宇宙人(우주인)

上棟下宇(상동하우) : 대들보는 위에 꼿꼿이 가로 놓였고, 서까래는 그 양편에서 밑으로 내려뜨렸다는 뜻으로, 집을 짓는 것을 이르는 말.

영house 중yǔ 일ウ(いえ) 【난이도】 중학용, 읽기 3급II, 쓰기 2급

---

## 雨

雨 雨 雨 雨 雨 雨 雨 雨

雨 雨 雨 雨 雨

비 우

雨部(비우) 0획 총8획

雨水(우수) 降雨(강우) 穀雨(곡우) 夜雨(야우) 暴風雨(폭풍우) 豪雨(호우)

雨後竹筍(우후죽순) : 비가 온 뒤에 솟는 죽순(竹筍)이라는 뜻으로, 어떤 일이 일시(一時)에 많이 일어남을 이르는 말.

영rain 중yǔ 일ウ(あま·あめ) 【난이도】 중학용, 읽기 5급II, 쓰기 4급II

---

## 遇

遇 遇 遇 遇 禺 禺 禺 禺 禺 遇 遇 遇

遇 遇 遇 遇 遇

만날 우

辶部(책받침) 9획 총13획

境遇(경우) 待遇(대우) 處遇(처우) 禮遇(예우) 不遇(불우) 遭遇(조우) 接遇(접우)

盲龜遇木(맹귀우목) : 눈먼 거북이 물에 뜬 나무를 만났다는 뜻으로, 어려운 지경(地境)에 뜻밖의 행운(幸運)을 만나 어려움을 면하게 됨을 이르는 말.

영meet 중遇[yù] 일遇[グウ](めう) 【난이도】 중학용, 읽기 4급, 쓰기 3급

# 憂

근심 우

心部(마음심)11획총15획

憂慮(우려) 憂鬱(우울) 憂鬱症(우울증) 外憂(외우) 憂患(우환) 內憂(내우)

識字憂患(식자우환) : 글자를 아는 것이 오히려 근심이 된다는 뜻으로, 알기는 알아도 똑바로 잘 알고 있지 못하기 때문에 그 지식이 오히려 걱정거리가 됨.

영anxiety 중忧[yōu] 일ユウ(うい) 【난이도】 중학용, 읽기 3급Ⅱ, 쓰기 2급

# 云

이를 운

二部(두이) 2획총4획

云云(운운) 云爲(운위) 云謂(운위) 紛云(분운) 或云(혹운)

奉云山(봉운산) : 평안북도(平安北道) 후창군(厚昌郡) 동흥면(東興面)에 있는 산(山). 낭림산맥(狼林山脈)의 첫머리 부분(部分)을 이룸. 높이 1천 474m.

영say, cloud 중yún 일ウン(いう) 【난이도】 중학용, 읽기 3급, 쓰기 2급

# 雲

구름 운

雨部(비우) 4획총12획

雲橋(운교) 雲母(운모) 雲霧(운무) 九雲夢(구운몽) 靑雲(청운) 風雲(풍운)

望雲之情(망운지정) : 구름을 바라보며 그리워한다는 뜻으로, ① 타향에서 고향에 계신 부모를 생각함. ② 멀리 떠나온 자식이 어버이를 사모(思慕)하여 그리는 정.

영cloud 중yún 일ウン(くも) 【난이도】 중학용, 읽기 5급Ⅱ, 쓰기 4급Ⅱ

# 運

옮길 운

辶部(책받침) 9획총13획

運動(운동) 運命(운명) 運營(운영) 運用(운용) 運行(운행) 不運(불운) 幸運(행운)

運籌帷幄(운주유악) : 장막(帳幕) 안에서 산(算)가지를 놀린다는 뜻으로, 가만히 들어앉아 계책(計策)을 꾸밈을 나타냄.

영move 중运[yùn] 일運[ウン](はこぶ) 【난이도】 중학용, 읽기 6급Ⅱ, 쓰기 5급Ⅱ

# 雄

수컷 웅

隹部(새추) 4획총12획

雄辯(웅변) 英雄(영웅) 雌雄(자웅) 雄壯(웅장) 雄大(웅대) 雄飛(웅비) 雄雌(웅자)

蓋世英雄(개세영웅) : 기상(氣像)이나 위력(威力)이 세상(世上)을 뒤엎을 만큼 큰 영웅(英雄). 英雄豪傑(영웅호걸) : 영웅(英雄)과 호걸(豪傑).

영male 중xióng 일ユウ(お·おす) 【난이도】 중학용, 읽기 5급, 쓰기 4급

## 元

으뜸 원

元元元元

元 元 元 元 元

次元(차원) 復元(복원) 還元(환원) 元旦(원단) 元日(원일) 元老(원로) 元首(원수)

元亨利貞(원형이정) : 역학(易學)에서 말하는 천도(天道)의 네 원리(原理)라는 뜻으로, 사물(事物)의 근본(根本) 되는 원리(原理).

儿部(어진사람인발)2획총4획　영 principal　중 yuán　일 カン・ゲン(もと)　【난이도】 중학용, 읽기 5급Ⅱ, 쓰기 4급Ⅱ

---

## 怨

원망할 원

怨怨怨怨怨怨怨怨怨

怨 怨 怨 怨 怨

怨恨(원한) 怨望(원망) 怨讐(원수) 怨讎(원수) 怨聲(원성) 仇怨(구원) 宿怨(숙원)

戴天之怨讐(대천지원수) : 한 하늘 아래서는 같이 살 수 없는 원수(怨讐)란 뜻으로, 원한(怨恨)이 깊이 사무친 원수(怨讐)를 말함.

心部(마음심)5획총9획　영 grudge　중 yuàn　일 エン・オン(うらむ)　【난이도】 중중학용, 읽기 4급, 쓰기 3급

---

## 原

근원 원

原原原原原原原原原原

原 原 原 原 原

原因(원인) 原則(원칙) 原理(원리) 高原(고원) 原料(원료) 原告(원고) 原價(원가)

中原逐鹿(중원축록) : 중원(中原)은 중국 또는 천하를 말하며, 축록(逐鹿)은 서로 경쟁한다는 말로, 영웅(英雄)들이 다투어 천하(天下)는 얻고자 함을 뜻함.

厂部(민엄호)8획총10획　영 origin　중 yuán　일 ゲン(はら)　【난이도】 중학용, 읽기 5급, 쓰기 4급

---

## 圓

등글 원

圓圓圓圓圓圓圓圓圓圓圓圓圓

圓 圓 圓 圓 圓

圓滿(원만) 圓卓(원탁) 圓形(원형) 圓滑(원활) 卵圓形(난원형) 楕圓形(타원형)

方圓可施(방원가시) : 방형(方形)에나 원형(圓形)에나 다 잘 들어맞다는 뜻으로, 갖가지 재능(才能)이 있어서 어떤 일에도 적합(適合)함을 이르는 말.

囗部(큰입구몸)10획총13획　영 round　중 圆[yuán]　일 エン(まる)　【난이도】 중학용, 읽기 4급Ⅱ, 쓰기 3급Ⅱ

---

## 園

동산 원

園園園園園園園園園園園園園

園 園 園 園 園

園藝(원예) 公園(공원) 樂園(낙원) 動物園(동물원) 田園(전원) 庭園(정원)

桃園結義(도원결의) : 도원에서 의형제(義兄弟)를 맺는다는 뜻으로, ① 의형제를 맺음. ② 서로 다른 사람들이 사욕을 버리고 목적을 향해 합심할 것을 결의함.

囗部(큰입구몸)10획총13획　영 garden　중 园[yuán]　일 エン(その)　【난이도】 중학용, 읽기 6급, 쓰기 5급

遠遠遠遠遠遠遠袁袁袁遠遠遠遠

遠 遠 遠 遠 遠

遠隔(원격) 遠近(원근) 遠征(원정) 遠行(원행) 疏遠(소원) 永遠(영원) 遙遠(요원)

日暮途遠(일모도원) : 날은 저물었는데 갈 길은 멀다는 뜻으로, 이미 늙어 앞으로 목적(目的)한 것을 쉽게 달성(達成)하기 어렵다는 말.

멀 원

辶部(책받침)10획총14획

영far 중远[yuǎn] 일遠[エン·オン](とおい) 【난이도】 중학용, 읽기 6급, 쓰기 5급

---

願願願願願原原原原原原願願願願願願

願 願 願 願 願

願望(원망) 願書(원서) 民願(민원) 所願(소원) 訴願(소원) 宿願(숙원) 志願(지원)

憲法訴願(헌법소원) : 헌법 정신에 위배된 법률에 의하여 기본권(基本權)의 침해(侵害)를 받은 사람이 직접 헌법 재판소(裁判所)에 구제(救濟)를 청구(請求)하는 일.

원할 원

頁部(머리혈)10획총19획

영want, hope 중愿[yuàn] 일ガン(ねがう) 【난이도】 중학용, 읽기 5급, 쓰기 4급

---

月月月月

月 月 月 月 月

月光(월광) 月給(월급) 月蝕(월식) 月曜日(월요일) 月次(월차) 個月(개월) 歲月(세월)

淸風明月(청풍명월) : 맑은 바람과 밝은 달이라는 뜻으로, ① 결백하고 온건한 성격을 평하여 이르는 말. ② 풍자와 해학(諧謔)으로 세상사를 논함을 비유하여 이르는 말.

달 월

月部(달 월) 0획총4획

영moon 중yuè 일ガツ·ゲツ(つき) 【난이도】 중학용, 읽기 8급, 쓰기 6급Ⅱ

---

危危危危危危

危 危 危 危 危

危機(위기) 危險(위험) 危殆(위태) 危險性(위험성) 危機感(위기감) 危急(위급)

危機一髮(위기일발) : 머리털 하나로 천균(千鈞)이나 되는 물건(物件)을 끌어당긴다는 뜻으로, 당장에라도 끊어질 듯한 위험(危險)한 순간(瞬間)을 비유해 이르는 말.

위태할 위

㔾部(병부절)4획총6획

영danger 중wēi 일キ(あぶない·あやうい) 【난이도】 중학용, 읽기 4급, 쓰기 3급

---

位位位位位位位

位 位 位 位 位

位置(위치) 高位(고위) 單位(단위) 水位(수위) 順位(순위) 優位(우위) 地位(지위)

不遷之位(불천지위) : 큰 공훈(功勳)이 있는 사람으로서 영구히 사당(祠堂)에 위해 두는 것을 나라에서 허락(許諾)한 신위(神位).

자리 위

亻部(사람인변) 5획총7획

영position 중wèi 일イ(くらい) 【난이도】 중학용, 읽기 5급, 쓰기 4급

威威威威威威威威威

威 威 威 威 威

威力(위력) 威勢(위세) 威信(위신) 威嚴(위엄) 威脅(위협) 權威(권위) 示威(시위)

狐假虎威(호가호위) : 여우가 호랑이의 위세(威勢)를 빌려 호기(豪氣)를 부린다는 뜻으로, 남의 세력(勢力)을 빌어 위세(威勢)를 부림.

위엄 위

女部(계집녀) 6획총9획

영dignity 중wēi 일イ(たけし) 【난이도】중학용, 읽기 4급, 쓰기 3급

---

偉偉偉偉偉偉偉偉偉偉

偉 偉 偉 偉 偉

容貌魁偉(용모괴위) 偉大(위대) 偉人(위인) 偉力(위력) 偉業(위업) 偉勳(위훈)

偉人傳記(위인전기) : 동서(東西) 고금(古今)의 위인(偉人)들의 일생(一生)의 업적(業績) 및 일화(逸話) 등(等)을 사실(史實)에 입각(立脚)하여 적어 놓은 글

훌륭할 위

亻部(사람인변)9획 총11획

영great 중伟[wěi] 일イ(えらい) 【난이도】중학용, 읽기 5급Ⅱ, 쓰기 4급Ⅱ

---

爲爲爲爲爲爲爲爲爲爲爲爲

爲 爲 爲 爲 爲

爲主(위주) 當爲(당위) 無作爲(무작위) 人爲(인위) 行爲(행위) 商行爲(상행위)

磨斧爲針(마부위침) : '도끼를 갈아 바늘을 만든다'는 뜻으로, 아무리 이루기 힘든 일도 끊임없는 노력(努力)과 끈기 있는 인내(忍耐)로 성공(成功)하고야 만다는 뜻.

할 위

爪部(손톱조) 8획 총12획

영for 중为[wèi] 일爲[イ](なす・ため) 【난이도】중학용, 읽기 4급Ⅱ, 쓰기 3급Ⅱ

---

由由由由由

由 由 由 由 由

理由(이유) 自由(자유) 事由(사유) 由來(유래) 原由(원유) 緣由(연유) 經由(경유)

自由貿易協定(자유무역협정) : 국가 간 상품(商品)의 자유(自由)로운 이동(移動)을 위(爲)해 모든 무역(貿易) 장벽(障壁)을 제거(除去)시키는 협정(協定).

말미암을 유

田部(밭전) 0획 총5획

영cause 중yóu 일ユ・ユウ・ユイ(よし) 【난이도】중학용, 읽기 6급, 쓰기 5급

---

幼幼幼幼幼

幼 幼 幼 幼 幼

幼稚園(유치원) 幼兒(유아) 幼子(유자) 幼者(유자) 童幼(동유) 長幼(장유)

長幼有序(장유유서) : 오륜의 하나. 어른과 어린이 사이에는 순서와 질서가 있음.
黃口幼兒(황구유아) : 새 새끼의 주둥이가 노랗다는 뜻에서, 어린아이를 일컬음.

어릴 유

幺部(작을요) 2획총5획

영young 중yòu 일ヨウ(おさない) 【난이도】중학용, 읽기 3급Ⅱ, 쓰기 2급

| | |
|---|---|
| **有**<br>있을 유<br>月部(달월) 2획 총6획 | 有有有有有有<br><br>有權者(유권자) 有利(유리) 有名(유명) 固有(고유) 保有(보유) 所有(소유)<br><br>有備無患(유비무환) : 준비가 있으면 근심이 없다라는 뜻으로, ① 미리 준비(準備)가 되어 있으면 우환(憂患)을 당(當)하지 아니함. ② 또는 뒷걱정이 없다는 뜻.<br><br>영exist 중yǒu 일ユウ·ウ(ある) 【난이도】 중학용, 읽기 7급, 쓰기 6급 |
| **酉**<br>닭 유<br>酉部(닭유) 0획총7획 | 酉酉酉酉酉酉酉<br><br>乙酉(을유) 酉時(유시) 丁酉再亂(정유재란) 卯酉(묘유) 癸酉(계유) 己酉(기유)<br><br>己酉條約(기유조약) : 조선 광해군 원년(기유, 1609)에 조선과 일본 사이에, 사신의 접대(接待), 벌칙(罰則) 및 무역선의 출입(出入) 따위에 관해 맺은 조약.<br><br>영cock 중yǒu 일ユウ(とり·ひよみのとり) 【난이도】 중학용, 읽기 3급, 쓰기 2급 |
| <br>기름 유<br>氵部(삼수변)5획 총8획 | 油油油油油油油油<br><br>石油(석유) 油價(유가) 揮發油(휘발유) 潤滑油(윤활유) 原油(원유) 油田(유전)<br><br>麥秀黍油(맥수서유) : 보리의 이삭과 기장의 윤기라는 뜻으로, 고국의 멸망을 탄식함.<br>水上油(수상유) : '물 위에 뜬 기름'이란 뜻으로, 곧 서로 잘 어울릴 수 없는 사이를 이르는 말.<br><br>영oil 중yóu 일ユ(あぶら) 【난이도】 중학용, 읽기 6급, 쓰기 5급 |
| **柔**<br>부드러울 유<br>木部(나무목)5획총9획 | 柔柔柔柔柔柔柔柔柔<br><br>柔軟(유연) 懷柔(회유) 柔道(유도) 優柔(우유) 柔弱(유약) 柔和(유화) 溫柔(온유)<br><br>外柔内剛(외유내강) : 겉으로 보기에는 부드러우나 속은 꿋꿋하고 강(强)함.<br>内柔外剛(내유외강) : 속은 부드럽고, 겉으로는 굳셈.<br><br>영soft 중róu 일ジュウ·ニュウ(やわらか) 【난이도】 중학용, 읽기 3급II, 쓰기 2급 |
| <br>오직 유<br>口部(입구) 8획총11획 | 唯唯唯唯唯唯唯唯唯唯唯<br><br>唯一(유일) 唯獨(유독) 唯物論(유물론) 唯心論(유심론) 唯物主義(유물주의)<br><br>唯我獨尊(유아독존) : ① 이 세상에 나보다 존귀(尊貴)한 사람은 없다는 말. ② 또는, 자기만 잘 났다고 자부(自負)하는 독선적(獨善的)인 태도(態度)의 비유(比喩·譬喩).<br><br>영only·we 중wèi 일イ·ユイ(ただ) 【난이도】 중학용, 읽기 3급, 쓰기 2급 |

## 猶

오히려 유

犭部(개사슴록변) 9획 총12획

猶 猶 猶 猶 猶 猶 猶 猶 猶 猶 猶 猶

猶 猶 猶 猶 猶

猶不足(유부족) 猶豫未決(유예미결) 猶太人(유태인) 執行猶豫(집행유예)

過猶不及(과유불급) : 모든 사물(事物)이 정도(程度)를 지나치면 미치지 못한 것과 같다는 뜻으로, 중용(中庸)이 중요(重要)함을 가리키는 말.

영 yet·rather 중 犹[yóu] 일 猶[ユウ](なお) 【난이도】 중학용, 읽기 3급Ⅱ, 쓰기 2급

## 遊

놀 유

辶部(책받침)9획 총13획

遊 遊 方 方 方 斿 斿 斿 游 游 遊 遊 遊

遊 遊 遊 遊 遊

遊覽(유람) 遊離(유리) 遊說(유세) 遊園地(유원지) 遊戲(유희) 浮遊(부유)

魚遊釜中(어유부중) : 고기가 솥 속에서 논다는 뜻으로, 목숨이 붙어 있다 할지라도 오래 가지 못할 것을 비유(比喩·譬喩)하는 말.

영 swim, play 중 游[yóu] 일 遊[ユウ·ユ](あそぶ) 【난이도】 중학용, 읽기 4급, 쓰기 3급

## 遺

끼칠 유

辶部(책받침)12획 총16획

遺 遺 遺 遺 遺 貴 貴 貴 貴 貴 貴 貴 遺 遺 遺 遺

遺 遺 遺 遺 遺

遺憾(유감) 後遺症(후유증) 遺傳子(유전자) 遺跡(유적) 遺棄(유기) 遺産(유산)

路不拾遺(노불습유) : 백성(百姓)이 길에 떨어진 물건(物件)을 줍지 않는다는 뜻으로, 나라가 평화(平和)롭고 모든 백성(百姓)이 매우 정직(正直)한 모양을 이르는 말.

영 leave, remain 중 遗[yí] 일 遺[イ·ユイ](のこす) 【난이도】 중학용, 읽기 4급, 쓰기 3급

## 肉

고기 육

肉部(고기육) 0획 총6획

肉 肉 內 內 肉 肉

肉 肉 肉 肉 肉

筋肉(근육) 肉體(육체) 肉身(육신) 肉薄(육박) 熟肉(숙육) 肉體的(육체적)

魚東肉西(어동육서) : 제사상(祭祀床)을 차릴 때에 어찬(魚饌)은 동쪽에, 육찬(肉饌)은 서쪽에 놓음. 水魚之交(수어지교) : 물과 물고기의 사귐이란 뜻.

영 meat 중 ròu 일 ニク(しし) 【난이도】 중학용, 읽기 4급Ⅱ, 쓰기 3급Ⅱ

## 育

기를 육

肉(月)部(육달월)4획총8획

育 育 育 育 育 育 育 育

育 育 育 育 育

育成(육성) 教育(교육) 教育部(교육부) 教育廳(교육청) 保育(보육) 體育(체육)

父生母育(부생모육) : 아버지는 낳게 하고, 어머니는 낳아 기른다는 뜻으로, 부모(父母)가 자식(子息)을 낳아 길러 주심을 이르는 말.

영 bring up 중 yù 일 イク(そだつ·そだてる) 【난이도】 중학용, 읽기 7급, 쓰기 6급

# 恩

恩恩恩恩恩恩恩恩恩恩

| 恩 | 恩 | 恩 | 恩 | 恩 | | | | | |

恩惠(은혜) 恩師(은사) 承恩(승은) 背恩(배은) 報恩(보은) 恩誼(은의) 恩德(은덕)

恩甚怨生(은심원생) : 사람에게 은혜(恩惠)를 베푸는 것이 도에 지나치면 도리어
원망(怨望)을 사게 됨.

은혜 은

心部(마음심)6획총10획 　영favor 중ēn 일オン 【난이도】 중학용, 읽기 4급Ⅱ, 쓰기 3급Ⅱ

---

# 銀

銀銀銀銀銀銀銀銀銀銀銀銀銀銀

| 銀 | 銀 | 銀 | 銀 | 銀 | | | | | |

銀粧刀(은장도) 銀河水(은하수) 銀行(은행) 銀婚式(은혼식) 韓銀(한은)

銀河鵲橋(은하작교) : 견우 직녀(牽牛織女)의 전설(傳說)에 있는 7월 칠석(七夕)
에 은하수(銀河水)에 놓는다는 까막까치의 다리.

은 은

金部(쇠금) 6획총14획 　영silver 중銀[yín] 일ギン(しろがね) 【난이도】 중학용, 읽기 6급, 쓰기 5급

---

# 乙

乙

| 乙 | 乙 | 乙 | 乙 | 乙 | | | | | |

乙巳(을사) 乙酉(을유) 乙未(을미) 乙密臺(을밀대) 乙夜(을야) 乙丑(을축)

甲男乙女(갑남을녀) : 甲(갑)이라는 남자와 乙(을)이라는 여자라는 뜻으로, 신분이나 이
름이 알려지지 아니한 그저 평범(平凡)한 사람들을 이르는 말, 보통(普通) 평범한 사람들.

새 을

乙部(새을) 0획총1획 　영bird 중yì 일オツ(きのと) 【난이도】 중학용, 읽기 3급Ⅱ, 쓰기 2급

---

# 吟

吟吟吟吟吟吟吟

| 吟 | 吟 | 吟 | 吟 | 吟 | | | | | |

呻吟(신음) 吟味(음미) 吟客(음객) 吟詠(음영) 吟諷(음풍) 詠吟(영음) 愛吟(애음)

吟風詠月(음풍영월) : 맑은 바람과 밝은 달에 대(對)하여 시를 짓고 즐겁게 놂.
一觴一詠(일상일영) : 한 잔 술을 마시고는 한 수의 시를 읊음.

읊을 음

口部(입구) 4획 총7획 　영recite 중róu 일ギン(くちずさむ) 【난이도】 중학용, 읽기 3급, 쓰기 2급

---

# 音

音音音音音音音音音

| 音 | 音 | 音 | 音 | 音 | | | | | |

音樂(음악) 錄音(녹음) 騷音(소음) 字音(자음) 雜音(잡음) 轉音(전음)

空谷足音(공곡족음) : 아무 것도 없는 골짜기에 울리는 사람의 발자국 소리라는 뜻으
로, 쓸쓸할 때 손님이나 기쁜 소식(消息)이 온다는 말.

소리 음

音部(소리음) 0획총9획 　영sound 중yīn 일オン・イン(おと・ね) 【난이도】 중학용, 읽기 6급Ⅱ, 쓰기 5급Ⅱ

## 陰

陰陰陰陰陰陰陰陰陰陰陰

| 陰 | 陰 | 陰 | 陰 | 陰 | | | | | |

그늘 음

阝(阜)部(좌부방) 8획 총11획

陰極(음극) 陰謀(음모) 陰部(음부) 陰性(음성) 陰地(음지) 光陰(광음) 寸陰(촌음)

隙駒光陰(극구광음) : 흘러가는 세월(歲月)의 빠름은 달려가는 말을 문틈으로 보는 것과 같다는 뜻으로, 인생(人生)의 덧없고 짧음을 비유.

영shade 중阴[yīn] 일陰[イン](かげ·かげる) 【난이도】 중학용, 읽기 4급II, 쓰기 3급II

---

## 飮

飮飮飮今今今飮飮飮飮飮飮飮

| 飮 | 飮 | 飮 | 飮 | 飮 | | | | | |

마실 음

食部(밥식) 4획총13획

遊覽(유람) 遊離(유리) 遊說(유세) 遊園地(유원지) 遊戲(유희) 浮遊(부유)

魚遊釜中(어유부중) : 고기가 솥 속에서 논다는 뜻으로, 목숨이 붙어 있다 할지라도 오래 가지 못할 것을 비유(比喩·譬喩)하는 말.

영drink 중饮[yǐn] 일飮[イン·オン](のむ) 【난이도】 중학용, 읽기4급, 쓰기3급

---

## 邑

邑邑邑邑邑邑邑

| 邑 | 邑 | 邑 | 邑 | 邑 | | | | | |

고을 읍

邑部(고을읍) 0획총7획

都邑(도읍) 都邑地(도읍지) 井邑(정읍) 京邑(경읍) 邑內(읍내) 邑長(읍장)

都邑華夏(도읍화하) :도읍(都邑)은 왕성(王城)의 지위(地位)를 말한 것이고, 화하(華夏)는 당시(當時) 중국(中國)을 지칭(指稱)하던 말임.

영town 중yì 일オウ·ユウ(くに·うれえる·むら) 【난이도】 중학용, 읽기 7급, 쓰기 6급

---

## 泣

泣泣泣泣泣泣泣泣

| 泣 | 泣 | 泣 | 泣 | 泣 | | | | | |

울 읍

氵部(삼수변) 5획 총8획

泣訴(읍소) 哭泣(곡읍) 感泣(감읍) 泣哭(읍곡) 涕泣(체읍) 悲泣(비읍) 泣感(읍감)

泣斬馬謖(읍참마속) : 눈물을 머금고 마속의 목을 벤다는 뜻으로, 사랑하는 신하(臣下)를 법(法)대로 처단(處斷)하여 질서(秩序)를 바로잡음을 이르는 말.

영weep 중qì 일リュウ(なく) 【난이도】 중학용, 읽기 3급, 쓰기 2급

---

## 應

應應應應應應應應應應應應應應

| 應 | 應 | 應 | 應 | 應 | | | | | |

응할 응

心部(마음심)13획총17획

對應(대응) 反應(반응) 適應(적응) 應答(응답) 應援(응원) 呼應(호응) 應用(응용)

因果應報(인과응보) : 원인과 결과는 서로 물고 물린다는 뜻으로, 과거 또는 전생의 선악(善惡)의 인연에 따라서 뒷날 길흉 화복의 갚음을 받게 됨을 이르는 말.

영reply 중应[yīng] 일応[オウ](こたえる) 【난이도】 중학용, 읽기 4급II, 쓰기 3급II

衣衣衣衣衣衣

| 衣 | 衣 | 衣 | 衣 | 衣 | | | | |

衣服(의복) 衣裳(의상) 衣食(의식) 衣食住(의식주) 内衣(내의) 脫衣(탈의)

錦衣夜行(금의야행) : 비단옷(緋緞-)을 입고 밤길을 간다는 뜻으로, 아무 보람없는 행동(行動)을 비유(比喩·譬喩)하여 이르는 말.

영 clothing 중 yī 일 イ(ころも) 【난이도】중학용, 읽기 6급, 쓰기 5급

**옷 의**

衣部(옷의) 0획총6획

---

矣矣矣矣矣矣矣

| 矣 | 矣 | 矣 | 矣 | 矣 | | | | |

矣段(의단) 矣徒(의도) 矣徒等(의도등) 矣等(의등) 矣父(의아비) 矣任(의임)

萬事休矣(만사휴의) : 만 가지 일이 끝장이라는 뜻으로, 모든 일이 전혀 가망(可望)이 없는 절망(絶望)과 체념(諦念)의 상태(狀態)임을 이르는 말.

영 particle 중 yǐ 일 イ(じとじ) 【난이도】중학용, 읽기 3급, 쓰기 2급

**어조사 의**

矢部(화살시) 2획총7획

---

依依依依依依依依

| 依 | 依 | 依 | 依 | 依 | | | | |

依賴(의뢰) 依存(의존) 依支(의지) 依據(의거) 依他(의타) 歸依(귀의) 依託(의탁)

輔車相依(보거상의) : 수레의 덧방나무(輔)와 바퀴(車)가 서로 의지(依支)한다는 뜻으로, 서로 도와서 의지(依支)하는 깊은 관계(關係)를 이르는 말.

영 depend, rely 중 yì 일 イ·エ(よる) 【난이도】중학용, 읽기 4급, 쓰기 3급

**의지할 의**

亻部(사람인변) 6획총8획

---

意意意意意意意意意意意意意

| 意 | 意 | 意 | 意 | 意 | | | | |

意見(의견) 意圖(의도) 意味(의미) 意思(의사) 意識(의식) 意志(의지) 自意(자의)

意氣揚揚(의기양양) : ① 의기(義氣)가 드높아 매우 자랑스럽게 행동(行動)하는 모양(模樣). ② 자랑스러워 뽐내는 모양(模樣).

영 intention, will 중 yì 일 イ 【난이도】중학용, 읽기 6급II, 쓰기 5급II

**뜻 의**

心部(마음심)9획 총13획

---

義義義義義義義義義義義義義

| 義 | 義 | 義 | 義 | 義 | | | | |

義務(의무) 講義(강의) 信義(신의) 民主主義(민주주의) 意義(의의) 正義(정의)

捨生取義(사생취의) : 목숨을 버리고 의리(義理)를 좇음의 뜻으로, 비록 목숨을 버릴지언정 옳은 일을 함을 일컫는 말.

영 righteous 중 义[yì] 일 ギ(よし) 【난이도】중학용, 읽기 4급II, 쓰기 3급II

**옳을 의**

羊部(양양) 7획총13획

# 醫

醫 醫 醫 醫 醫 医 医 醫 醫 醫 醫 醫 醫 醫 醫 醫 醫
醫 醫 醫 醫 醫

**의원 의**

酉部(닭유) 11획 총18획

醫師(의사) 醫療(의료) 醫藥品(의약품) 醫學(의학) 醫療費(의료비) 名醫(명의)

先病者醫(선병자의) : 먼저 앓아 본 사람이 의원(醫員)이라는 뜻으로, 경험(經驗) 있는 사람이 남을 인도(引導)할 수 있다는 말.

영doctor 중医[yī] 일医[イ](いやす) 【난이도】중학용, 읽기 6급, 쓰기 5급

---

# 議

議 議 議 議 議 議 議 議 議 議 議 議 議 議 議 議 議
議 議 議 議 議

**의논할 의**

言部(말씀언)13획총20획

議員(의원) 論議(논의) 協議(협의) 審議(심의) 抗議(항의) 會議(회의) 合議(합의)

不可思議(불가사의) : 사람의 생각으로는 미루어 헤아릴 수도 없다는 뜻으로, 사람의 힘이 미치지 못하고 상상(想像)조차 할 수 없는 오묘(奧妙)한 것.

영discuss 중议[yì] 일ギ(はかる) 【난이도】중학용, 읽기 4급II, 쓰기 3급II

---

# 二

二 二
二 二 二 二

**두 이**

二部(두이) 0획총2획

二毛(이모) 二酸化(이산화) 二十(이십) 二元(이원) 二重(이중) 十二支(십이지)

一石二鳥(일석이조) : 한 개의 돌을 던져 두 마리의 새를 맞추어 떨어뜨린다는 뜻으로, 한 가지 일을 해서 두 가지 이익(利益)을 얻음을 이르는 말.

영two 중èr 일二(ふた·ふたつ) 【난이도】중학용, 읽기 8급, 쓰기 6급II

---

# 己

己 己 己
己 己 己 己 己

**이미 이**

己部(몸기) 0획 총3획

不得已(부득이) 已往(이왕) 已後(이후) 已成(이성) 萬不得已(만부득이) 已決(이결)

迫不得已(박부득이) : 일이 매우 급박하여 어떻게 할 수가 없음. 哭不得已笑(곡부득이소) : 울어야 할 것을 마지못해 웃는다는 뜻으로, 어쩔 수 없이 그 일을 하게 됨을 이르는 말.

영already 중yǐ 일イ(すでに·のみ·やむ) 【난이도】중학용, 읽기 3급II, 쓰기 2급

---

# 以

以 以 以 以 以
以 以 以 以 以

**써 이**

人部(사람인) 3획총5획

以南(이남) 以内(이내) 以上(이상) 以外(이외) 以前(이전) 以下(이하) 以後(이후)

以心傳心(이심전심) : 석가(釋迦)와 가섭이 마음으로 마음에 전한다는 뜻으로, ① 말로써 설명할 수 없는 심오(深奧)한 뜻은 마음으로 깨닫는 수밖에 없다는 말.

영by, with 중yǐ 일イ(もつて) 【난이도】중학용, 읽기 5급II, 쓰기 4급II

| | |
|---|---|
| **耳** <br> 귀 이 <br><br> 耳部(귀이) 0획총6획 | 耳耳耳耳耳耳 <br> 耳　耳　耳　耳　耳 <br><br> 耳目口鼻(이목구비) 内耳(내이) 外耳(외이) 馬耳山(마이산) 中耳炎(중이염) <br><br> 耳順(이순) : 나이 60세를 이르는 말로, 공자(孔子)가 60세가 되어 천지(天地) 만물의 이치(理致)에 통달(通達)하게 되고, 듣는 대로 모두 이해(理解)하게 된 데서 온 말. <br><br> 영ear 중ěr 일ジ(みみ) 【난이도】 중학용, 읽기 5급, 쓰기 4급 |
| **而** <br> 말이을 이 <br><br> 而部(말이을이)0획총6획 | 而而而而而而 <br> 而　而　而　而　而 <br><br> 學而時習之不亦說乎(학이시습지불역열호) 然而(연이) 乃而浦(내이포) <br><br> 渴而穿井(갈이천정) : 목이 말라야 비로소 샘을 판다는 뜻으로, 미리 준비(準備)를 하지 않고 있다가 일이 지나간 뒤에는 아무리 서둘러 봐도 아무 소용(所用)이 없음. <br><br> 영and then 중ér 일ジ(しかして) 【난이도】 중학용, 읽기 3급, 쓰기 2급 |
| **移** <br> 옮길 이 <br><br> 禾部(벼화) 6획총11획 | 移移移移移移移移移移移 <br> 移　移　移　移　移 <br><br> 移動(이동) 移徙(이사) 移植(이식) 移轉(이전) 移住(이주) 移替(이체) 推移(추이) <br><br> 愚公移山(우공이산) : 우공이 산을 옮긴다는 말로, 남이 보기엔 어리석은 일처럼 보이지만 한 가지 일을 끝까지 밀고 나가면 언젠가는 목적을 달성할 수 있다는 뜻. <br><br> 영carry, move 중yì 일イ(うつす·うつる) 【난이도】 중학용, 읽기 4급II, 쓰기 3급II |
| **異** <br> 다를 이 <br><br> 田部(밭전)6획 총11획 | 異異異異異異異異異異異 <br> 異　異　異　異　異 <br><br> 異見(이견) 異例的(이례적) 異常(이상) 異議(이의) 差異(차이) 特異(특이) <br><br> 同床異夢(동상이몽) : 같은 침상(寢床)에서 서로 다른 꿈을 꾼다는 뜻으로, 겉으로는 같이 행동(行動)하면서 속으로는 각기 딴 생각을 함을 이르는 말. <br><br> 영different 중异[yì] 일イ(こと) 【난이도】 중학용, 읽기 4급, 쓰기 3급 |
| **益** <br> 더할 익 <br><br> 皿部(그릇명) 5획총10획 | 益益益益益益益益益益 <br> 益　益　益　益　益 <br><br> 公益(공익) 國益(국익) 私益(사익) 收益(수익) 有益(유익) 利益(이익) 差益(차익) <br><br> 開卷有益(개권유익) : 책을 펴서 읽으면 반드시 이로움이 있다는 뜻으로, 독서(讀書)를 권장(勸獎)하는 말. 개권(開卷)은 책을 펴서 읽는 것을 말함. <br><br> 영add, benefit 중益[yì] 일益[エキ·ヤク](ます) 【난이도】 중학용, 읽기 4급II, 쓰기 3급II |

# 人

**人人**

人 人 人 人 人

人權(인권) 人物(인물) 人士(인사) 人事(인사) 人生(인생) 個人(개인) 老人(노인)

佳人薄命(가인박명) : 아름다운 사람은 명이 짧다는 뜻으로, 여자(女子)의 용모(容貌)가 너무 아름다우면 운명(運命)이 기박(棋博)하고 명이 짧다는 말.

사람 인

人部(사람인) 0획총2획

영person 중rén 일ジン·ニン(ひと) 【난이도】중학용, 읽기 8급, 쓰기 6급Ⅱ

---

# 引

**引 引 引 引**

引 引 引 引 引

引導(인도) 引渡(인도) 引上(인상) 引受(인수) 引用(인용) 引下(인하) 割引(할인)

我田引水(아전인수) : 자기 논에만 물을 끌어넣는다는 뜻으로, ① 자기의 이익을 먼저 생각하고 행동함. ② 또는 억지로 자기에게 이롭도록 꾀함을 이르는 말.

끌 인

弓部(활궁) 1획총4획

영draw, attract 중yǐn 일イン(ひく·ひける) 【난이도】중학용, 읽기 4급Ⅱ, 쓰기 3급Ⅱ

---

# 仁

**仁 仁 仁 仁**

仁 仁 仁 仁 仁

仁君(인군) 仁德(인덕) 仁壽(인수) 仁義(인의) 仁慈(인자) 仁祖(인조) 仁川(인천)

殺身成仁(살신성인) : 자신(自身)의 몸을 죽여 인(仁)을 이룬다는 뜻으로, 자기(自己)의 몸을 희생(犧牲)하여 옳은 도리(道理)를 행(行)함.

어질 인

亻部(사람인변) 2획총4획

영benevolent 중rén 일ジン·ニ(しみ) 【난이도】중학용, 읽기 4급, 쓰기 3급

---

# 因

**因 因 因 因 因 因**

因 因 因 因 因

因果(인과) 因緣(인연) 起因(기인) 死因(사인) 要因(요인) 原因(원인) 確因(확인)

因果應報(인과응보) : 원인과 결과는 서로 물고 물린다는 뜻으로, 과거 또는 전생의 선악의 인연에 따라서 뒷날 길흉 화복(禍福)의 갚음을 받게 됨을 이르는 말.

인할 인

口部(큰입구몸) 3획 총6획

영cause 중yīn 일イン(よる) 【난이도】중학용, 읽기 5급, 쓰기 4급

---

# 印

**印 印 印 印 印 印**

印 印 印 印 印

印度(인도) 印刷(인쇄) 烙印(낙인) 印尼(인니) 印象(인상) 印章(인장) 印影(인영)

諸行無常印(제행무상인) : 삼법인(三法印)의 하나. 우주(宇宙) 만물(萬物)은 항상(恒常) 돌고 변(變)하여 한 모양(模樣)으로 머물러 있지 아니함.

도장 인

卩部(병부절) 4획총6획

영seal 중yìn 일イン(しるし) 【난이도】중학용, 읽기 4급Ⅱ, 쓰기 3급Ⅱ

| 忍 | 忍忍忍忍忍忍忍 |
|---|---|
| | 忍 忍 忍 忍 忍 |
| | 忍耐(인내) 忍耐心(인내심) 殘忍(잔인) 忍耐力(인내력) 耐忍(내인) 忍苦(인고) |
| 참을 인 | 隱忍自重(은인자중) : 밖으로 드러내지 아니하고 참고 감추어 몸가짐을 신중히 함.<br>目不忍見(목불인견) : 차마 눈으로 볼 수 없을 정도로 딱하거나 참혹한 상황. |
| 心部(마음심) 3획 총7획 | 영bear 중rěn 일ニン(しのばせる·しのぶ)【난이도】중학용, 읽기 3급II, 쓰기 2급 |

| 寅 | 寅寅寅寅寅寅寅寅寅寅寅 |
|---|---|
| | 寅 寅 寅 寅 寅 |
| | 丙寅洋擾(병인양요) 甲寅字(갑인자) 甲寅(갑인) 丙寅(병인) 丙寅邪獄(병인사옥) |
| 범 인 | 壬寅獄(임인옥) : 조선(朝鮮) 경종(景宗) 2년 임인(壬寅) 년에 대옥(大獄)으로 끝났다<br>는 뜻으로, 신임사화(辛壬士禍)를 일컫는 딴 이름. |
| 宀部(갓머리) 8획 총11획 | 영tiger 중yín 일イン(つつしむ·とら)【난이도】중학용, 읽기 3급, 쓰기 2급 |

| 認 | 認認認認認認認認認認認認認認 |
|---|---|
| | 認 認 認 認 認 |
| | 認識(인식) 認定(인정) 承認(승인) 是認(시인) 否認(부인) 誤認(오인) 公認(공인) |
| 알 인 | 自他共認(자타공인) : 자기(自己)나 남들이 다 같이 인정(認定)함.<br>檢認定(검인정) : 검정(檢定)하고 인정(認定)함. |
| 言部(말씀언)7획총14획 | 영recognize 중认[rèn] 일ニン(みとめる)【난이도】중학용, 읽기 4급II, 쓰기 3급II |

| 一 | 一 |
|---|---|
| | 一 一 一 一 一 |
| | 一部(일부) 一般(일반) 一旦(일단) 一定(일정) 統一(통일) 唯一(유일) 一致(일치) |
| 한 일 | 一場春夢(일장춘몽) : 한바탕의 봄꿈처럼 헛된 영화(榮華)나 덧없는 일이란 뜻으로,<br>인생(人生)의 허무(虛無)함을 비유(比喩·譬喩)하여 이르는 말. |
| 一部(한일) 0획 총1획 | 영one 중yī 일イチ·イツ[ひと·ひとつ]【난이도】중학용, 읽기 8급, 쓰기 6급II |

| 日 | 日 日 日 日 |
|---|---|
| | 日 日 日 日 日 |
| | 日記(일기) 日本(일본) 日常(일상) 日程(일정) 嘉俳日(가배일) 每日(매일) |
| 날 일 | 日就月將(일취월장) : 날마다 달마다 성장(成長)하고 발전(發展)한다는 뜻으로, 학<br>업(學業)이 날이 가고 달이 갈수록 진보(進步)함을 이름. |
| 日部(날일) 0획총4획 | 영day, sun 중rì 일ジツ·ニチ(か·ひ)【난이도】중학용, 읽기 8급, 쓰기 6급II |

壬 壬 壬 壬

壬 壬 壬 壬 壬

壬辰倭亂(임진왜란) 壬辰(임진) 壬戌(임술) 壬午軍亂(임오군란) 壬亂(임란)

壬寅獄(임인옥) : 조선(朝鮮) 경종(景宗) 2년 임인(壬寅) 년에 대옥(大獄)으로 끝났다는 뜻으로, 신임사화(辛壬士禍)를 일컫는 딴 이름.

북방 임

士部(선비사)1획총4획 | 영 north 중 rén 일 ジン・ニン(みずのえ) 【난이도】중학용, 읽기 3급II, 쓰기 2급

---

八 入

入 入 入 入 入

入試(입시) 入學(입학) 加入(가입) 介入(개입) 購入(구입) 亂入(난입) 進入(진입)

漸入佳境(점입가경) : 가면 갈수록 경치(景致)가 더해진다는 뜻으로, 일이 점점 더 재미있는 지경(地境)으로 돌아가는 것을 비유(比喩・譬喩)하는 말로 쓰임.

들 입

入部(들입) 0획총2획 | 영 enter 중 rù 일 ニュウ(いる・いれる・はいる) 【난이도】중학용, 읽기 7급, 쓰기 6급

---

子 子 子

子 子 子 子 子

子女(자녀) 子息(자식) 骨子(골자) 孫子(손자) 男子(남자) 女子(여자) 電子(전자)

君子三樂(군자삼락) : 군자의 세 가지 즐거움이라는 뜻으로, 첫째는 부모가 다 살아 계시고 형제가 무고한 것, 둘째는 하늘과 사람에게 부끄러워할 것이 없는 것, 셋째는 천하의 영재를 얻어 교육하는 것.

아들 자

子部(아들자) 0획총3획 | 영 son 중 zǐ 일 シ・ス(こ) 【난이도】중학용, 읽기 7급II, 쓰기 6급

---

字 字 字 字 字 字

字 字 字 字 字

同字(동자) 文字(문자) 俗字(속자) 數字(숫자) 赤字(적자) 漢字(한자) 字劃(자획)

識字憂患(식자우환) : 글자를 아는 것이 오히려 근심이 된다는 뜻으로, 알기는 알아도 똑바로 잘 알고 있지 못하기 때문에 그 지식이 오히려 걱정거리가 됨.

글자 자

子部(아들자) 3획 총6획 | 영 letter 중 zì 일 ジ(あざ) 【난이도】중학용, 읽기 7급, 쓰기 6급

---

自 自 自 自 自 自

自 自 自 自 自

自己(자기) 自動(자동) 自動車(자동차) 自身(자신) 自然(자연) 自由(자유) 自體(자체)

自暴自棄(자포자기) : 자신(自身)을 스스로 해(害)치고 버린다는 뜻으로, 몸가짐이나 행동(行動)을 되는 대로 취(取)함.

스스로 자

自部(스스로자) 0획총6획 | 영 self 중 zì 일 ジ・シ(みずから) 【난이도】중학용, 읽기 7급II, 쓰기 6급

姉姉姉姉姉姉姉姉

| 姉 | 姉 | 姉 | 姉 | 姉 | | | |

姉兄(자형) 姉夫(자부) 姉妹(자매) 伯姉(백자) 長姉(장자) 異父姉妹(이부자매)

同母異父姉妹(동모이부자매) : 어머니는 같고 아버지가 다른 자매.
長姉(장자) : 자매 중 나이가 제일 많은 누이.

손윗누이 자

女部(계집녀) 5획총8획　영elder sister 중zǐ 일シ(あね)【난이도】중학용, 읽기 4급, 쓰기 3급

---

者者者者者者者者者

| 者 | 者 | 者 | 者 | 者 | | | |

勤勞者(근로자) 勞動者(노동자) 消費者(소비자) 被害者(피해자) 患者(환자)

結者解之(결자해지) : '일을 맺은 사람이 풀어야 한다'는 뜻으로, 일을 저지른 사람이
그 일을 해결(解決)해야 한다는 말.

놈 자

耂部(늙을로) 5획총9획　영person, man 중者[zhě] 일者[シャ](もの)【난이도】중학용, 읽기 6급, 쓰기 5급

---

慈慈慈慈慈慈慈慈慈慈慈慈慈

| 慈 | 慈 | 慈 | 慈 | 慈 | | |

慈悲心(자비심) 慈愛(자애) 無慈悲(무자비) 慈悲(자비) 仁慈(인자) 慈尊(자존)

慈親(자친) : 인자(仁慈)한 애정(愛情)으로 길러주는 어버이의 뜻으로, 남에게 대해
자기 어머니를 일컫는 말. 先慈(선자) : 세상(世上)을 떠난 어머니.

사랑 자

心部(마음심)9획총13획　영mercy 중慈[cí] 일ジ(いつくしむ)【난이도】중학용, 읽기 3급II, 쓰기 2급

---

作作作作作作作

| 作 | 作 | 作 | 作 | 作 | | | |

作家(작가) 作動(작동) 作物(작물) 作心(작심) 作用(작용) 作態(작태)

磨斧作針(마부작침) : 도끼를 갈아 바늘을 만든다는 뜻으로, 아무리 어려운 일이라
도 끈기 있게 노력(努力)하면 이룰 수 있음을 비유(比喩・譬喩)하는 말.

지을 작

亻部(사람인변) 5획 총7획　영make 중zuò 일サ・サク(つくる)【난이도】중학용, 읽기 6급II, 쓰기 5급II

---

昨昨昨昨昨昨昨昨昨

| 昨 | 昨 | 昨 | 昨 | 昨 | | | |

昨年(작년) 昨今(작금) 再昨年(재작년) 昨非(작비) 昨歲(작세) 昨冬(작동)

今是昨非(금시작비) :「오늘은 옳고 어제는 그르다」는 뜻으로, 과거(過去)의 잘
못을 지금에 와서야 비로소 깨달음을 이르는 말.

어제 작

日部(날일) 5획총9획　영yesterday 중zuó 일サク(きのう)【난이도】중학용, 읽기 6급II, 쓰기 5급II

## 壯

씩씩할 장

士部(선비사) 4획 총7획

壯 壯 壯 壯 壯 壯 壯

壯 壯 壯 壯 壯

壯談(장담) 壯雪(장설) 雄壯(웅장) 壯觀(장관) 壯元(장원) 少壯(소장) 宏壯(굉장)

老當益壯(노당익장) : ① 나이를 먹을수록 기력이 더욱 좋아짐. ② 그런 사람을 이름.
老益壯(노익장) : ① 나이는 들었으나 기력(氣力)은 더욱 좋아짐. ② 또는, 그런 사람.

영valiant 중壯[zhuàng] 일壯[ソウ](さかん) 【난이도】중학용, 읽기 4급, 쓰기 3급

## 長

긴 장

長部(길장) 0획총8획

長 長 長 長 長 長 長 長

長 長 長 長 長

長官(장관) 長期(장기) 長技(장기) 長點(장점) 校長(교장) 社長(사장) 船長(선장)

教學相長(교학상장) : 가르침과 배움이 서로 진보시켜 준다는 뜻으로, 사람에게 가르쳐 주거나 스승에게 배우거나 모두 자신의 학업(學業)을 증진(增進)시킴.

영long 중長[cháng] 일チョウ(ながい) 【난이도】중학용, 읽기 8급, 쓰기 6급Ⅱ

## 將

장수 장

寸部(마디촌) 8획총11획

將 將 將 將 將 將 將 將 將 將 將

將 將 將 將 將

將校(장교) 將軍(장군) 將來(장래) 將兵(장병) 將星(장성) 將帥(장수) 將次(장차)

日就月將(일취월장) : 날마다 달마다 성장(成長)하고 발전(發展)한다는 뜻으로, 학업(學業)이 날이 가고 달이 갈수록 진보(進步)함을 이름.

영general 중將[jiāng] 일將[ショウ](はた) 【난이도】중학용, 읽기 4급Ⅱ, 쓰기 3급Ⅱ

## 章

글 장

立部(설립) 6획 총11획

章 章 章 章 章 章 章 章 章 章 章

章 章 章 章 章

奎章閣(규장각) 圖章(도장) 文章(문장) 腕章(완장) 印章(인장) 勳章(훈장)

斷章取義(단장취의) : 남의 시문(詩文) 중(中)에서 전체(全體)의 뜻과는 관계(關係) 없이 자기(自己)가 필요(必要)한 부분(部分)만을 따서 마음대로 해석(解釋)하여 씀.

영sentence 중zhāng 일ショウ(あや) 【난이도】중학용, 읽기 6급, 쓰기 5급

## 場

마당 장

土部(흙토) 9획총12획

場 場 場 場 場 場 場 場 場 場 場 場

場 場 場 場 場

場所(장소) 廣場(광장) 工場(공장) 當場(당장) 市場(시장) 入場(입장) 退場(퇴장)

一場春夢(일장춘몽) : 한바탕의 봄꿈처럼 헛된 영화(榮華)나 덧없는 일이란 뜻으로, 인생(人生)의 허무(虛無)함을 비유(比喩·譬喩)하여 이르는 말.

영place 중場[chǎng] 일ショウ(みずから) 【난이도】중학용, 읽기 7급Ⅱ, 쓰기 6급

| 才 | 才才才 |
|---|---|
| | 才 才 才 才 才 |
| 재주 재 | 才能(재능) 才弄(재롱) 才質(재질) 秀才(수재) 人才(인재) 天才(천재) 俊才(준재) |
| | 三才(삼재) : ① 음양설(陰陽說)에서 만물(萬物)을 제재(制裁)한다는 뜻으로, 하늘(天)과 땅(地)과 사람(人). ② 관상(觀相)에서 이마와 코와 턱을 일컫는 말. |
| 才部(재방변) 0획총3획 | 영talent 중cái 일サイ(もちまえ·わざ) 【난이도】 중학용, 읽기 6급Ⅱ, 쓰기 5급Ⅱ |

| 再 | 再再冉再再再 |
|---|---|
| | 再 再 再 再 再 |
| 두 재 | 再開(재개) 再建(재건) 再考(재고) 再演(재연) 再次(재차) 再編(재편) 再發(재발) |
| | 東山再起(동산재기) : 동산(東山)에서 다시 일어난다는 뜻으로, 은퇴(隱退)한 사람이나 실패(失敗)한 사람이 재기(再起)하여 다시 세상(世上)에 나옴을 뜻함. |
| 冂部(멀경몸) 4획총6획 | 영twice 중zài 일サ·サイ(ふたたび) 【난이도】 중학용, 읽기 5급, 쓰기 4급 |

| 在 | 在在在在在在 |
|---|---|
| | 在 在 在 在 在 |
| 있을 재 | 在庫(재고) 在籍(재적) 不在(부재) 所在(소재) 存在(존재) 現在(현재) 駐在(주재) |
| | 命在頃刻(명재경각) : 목숨이 경각(頃刻)에 달렸다는 뜻으로, 숨이 곧 끊어질 지경(地境)에 이름, 거의 죽게 됨. |
| 土部(흙토) 3획총6획 | 영exist 중zài 일ザイ(ある) 【난이도】 중학용, 읽기 6급, 쓰기 5급 |

| 材 | 材材材材材材材 |
|---|---|
| | 材 材 材 材 材 |
| 재목 재 | 素材(소재) 材料(재료) 取材(취재) 人材(인재) 教材(교재) 木材(목재) 資材(자재) |
| | 棟梁之材(동량지재) : 마룻대와 들보로 쓸 만한 재목(材木)이라는 뜻으로, 나라의 중임을 맡을 만한 큰 인재(人材). 棟樑之材(동량지재) : ☞ 동량지재(棟梁之材) |
| 木部(나무목) 3획 총7획 | 영timber 중cái 일ザイ 【난이도】 중학용, 읽기 5급Ⅱ, 쓰기 4급Ⅱ |

| 哉 | 哉哉哉哉哉哉哉哉哉 |
|---|---|
| | 哉 哉 哉 哉 哉 |
| 어조사 재 | 德哉(덕재) 善哉(선재) 哀哉(애재) 壯哉(장재) 快哉(쾌재) 殆哉(태재) 乎哉(호재) |
| | 康哉之歌(강재지가) : 온 천하(天下)가 태평(太平)함을 칭송(稱頌)한 노래. |
| | 傷哉之歎(상재지탄) : 살림이 군색(窘塞)하고 가난함에 대한 한탄(恨歎). |
| 口部(입구) 6획총9획 | 영particle 중zāi 일サイ(か·かな·や) 【난이도】 중학용, 읽기 3급, 쓰기 2급 |

栽栽栽栽栽栽栽栽栽栽

栽 栽 栽 栽 栽

**심을 재**

木部(나무목)6획총10획

栽培(재배) 盆栽(분재) 植栽(식재) 栽植(재식) 輪栽(윤재) 栽植耕(재식경)

促成栽培(촉성재배) : 자연(自然)의 상태(狀態)에서는 성숙(成熟)하지 않는 시기(時期)에 빨리 성숙(成熟)시키는 재배(栽培) 방법(方法), 온실(溫室) 재배(栽培) 따위.

영plant 중zāi 일サイ 【난이도】중학용, 읽기 3급Ⅱ, 쓰기 2급

---

財財財財財財財財財財財

財 財 財 財 財

**재물 재**

貝部(조개패)3획총10획

財閥(재벌) 財産(재산) 財政(재정) 財源(재원) 財界(재계) 財物(재물) 財貨(재화)

以財發身(이재발신) : 재물(財物)로써 출세(出世)함.

德本財末(덕본재말) : 사람이 살아가는 데 덕이 뿌리가 되고 재물은 사소한 부분임.

영wealth 중財[cái] 일ザイ·サイ (たから) 【난이도】중학용, 읽기 5급Ⅱ, 쓰기 4급Ⅱ

---

爭爭爭爭爭爭爭爭

爭 爭 爭 爭 爭

**다툴 쟁**

爪部(손톱조) 4획총8획

競爭(경쟁) 戰爭(전쟁) 鬪爭(투쟁) 紛爭(분쟁) 論爭(논쟁) 爭點(쟁점) 爭取(쟁취)

百家爭鳴(백가쟁명) : ① 여러 사람이 서로 자기(自己) 주장(主張)을 내세우는 일. ② 많은 학자(學者)들의 활발(活潑)한 논쟁(論爭).

영quarrel 중爭[zhēng] 일爭[ソウ](あらそう) 【난이도】중학용, 읽기 5급, 쓰기 4급

---

底底底底底底底底

底 底 底 底 底

**밑 저**

厂部(엄호) 5획 총8획

徹底(철저) 到底(도저) 根底(근저) 海底(해저) 底邊(저변) 底意(저의) 天底(천저)

井底蛙(정저와) : 「우물 안의 개구리」라는 뜻으로, 세상(世上) 물정(物情)을 모르는 사람을 이르는 말. 海底(해저) : 바다 밑바닥.

영bottom 중dǐ 일テイ(そこ) 【난이도】고등용, 읽기 4급, 쓰기 3급

---

貯貯貯貯貯貯貯貯貯貯貯貯

貯 貯 貯 貯 貯

**쌓을 저**

貝部(조개패)5획총12획

貯藏(저장) 貯蓄(저축) 貯金(저금) 勤儉貯蓄(근검저축) 貯水池(저수지)

金屋貯嬌(금옥저교) : 집을 화려(華麗)하게 꾸며 놓고 총애(寵愛)하는 미인(美人)을 살게 함을 이르는 말.

영save 중貯[zhù] 일チョ(わえる) 【난이도】중학용, 읽기 5급, 쓰기 4급

# 著

나타날 저

艹部(초두머리) 9획 총13획

著著著著著著著著著著著著著

顯著(현저) 著者(저자) 著作權(저작권) 著述(저술) 著書(저서) 著名(저명)

著作權料(저작권료) : 저작권(著作權)을 사용(使用)한 대가(代價)로 저작권자(著作權者)에게 지불(支拂)하는 돈.

영write 중著[zhù] 일著[チョ](あらわす) 【난이도】 읽기 3급Ⅱ, 쓰기 2급

# 赤

붉을 적

赤部(붉을적) 0획 총7획

赤赤赤赤赤赤赤

赤道(적도) 赤信號(적신호) 赤字(적자) 赤潮(적조) 赤血球(적혈구) 赤化(적화)

赤裸裸(적나라) : 몸에 아무것도 걸치지 않은 발가벗은 상태라는 뜻으로, ① 아무것도 걸치지 않음. ② 숨김 없이 본디 모습 그대로 드러남.

영red 중chì 일セキ・シャク(あか・あかい) 【난이도】 중학용, 읽기 5급, 쓰기 4급

# 的

과녁 적

白部(흰백) 3획 총8획

的的的的的的的的

根本的(근본적) 目的(목적) 社會的(사회적) 心的(심적) 政治的(정치적)

弓的相適(궁적상적) : 활과 과녁이 서로 맞았다는 뜻으로, 기회(機會)가 서로 들어맞는다는 말. 積極的(적극적) : 사물(事物)에 대하여 긍정(肯定)하고 능동적인 것.

영target 중de 일テキ(まと) 【난이도】 중학용, 읽기 5급Ⅱ, 쓰기 4급Ⅱ

# 適

맞을 적

⻌部(책받침) 11획 총15획

適適適適適適適適適適適適適適適

適當(적당) 適法(적법) 適性(적성) 適用(적용) 適應(적응) 適切(적절) 適合(적합)

悠悠自適(유유자적) : 여유가 있어 한가롭고 걱정이 없는 모양(模樣)이라는 뜻으로, 속세에 속박(束縛)됨이 없이 자기가 하고 싶은 대로 마음 편히 지냄을 이르는 말.

영suit, fit 중适[shì] 일適[テキ](かなう) 【난이도】 중학용, 읽기 4급, 쓰기 3급

# 敵

원수 적

攵部(등글월문) 11획 총15획

敵敵敵敵敵敵敵敵敵敵敵敵敵敵敵

敵對視(적대시) 敵愾心(적개심) 敵對的(적대적) 無敵(무적) 敵軍(적군)

衆寡不敵(중과부적) : ① 적은 수효(數爻)로 많은 수효(數爻)를 대적(對敵)하지 못한다는 뜻. ② 적은 사람으로는 많은 사람을 이기지 못함.

영enemy 중敵[dí] 일テキ(かたき) 【난이도】 중학용, 읽기 4급Ⅱ, 쓰기 3급Ⅱ

**밭 전**

田部(밭전) 0획총5획

田畓田田田

田畓(전답) 田婦(전부) 田園(전원) 大田(대전) 油田(유전) 土田(토전) 私田(사전)

我田引水(아전인수) : 자기 논에만 물을 끌어넣는다는 뜻으로, ① 자기의 이익을 먼저 생각하고 행동함. ② 또는 억지로 자기에게 이롭도록 꾀함을 이르는 말.

영field 중tián 일デン(た) 【난이도】중학용, 읽기 4급II, 쓰기 3급II

---

**온전할 전**

入部(들입) 4획총6획

全全全全全全

全體(전체) 全般(전반) 安全(안전) 穩全(온전) 全國(전국) 完全(완전) 健全(건전)

文武雙全(문무쌍전) : 문무(文武)를 다 갖춤. 完全無缺(완전무결) : 충분(充分)하게 구비(具備)하여서 결점(缺點)이나 부족(不足)한 것이 없음.

영perfect 중quán 일ゼン(すべて·まったく) 【난이도】중학용, 읽기 7급II, 쓰기 6급II

---

**법 전**

八部(여덟팔)6획총8획

典典典典典典典典

典型的(전형적) 經典(경전) 古典(고전) 法典(법전) 事典(사전) 盛典(성전)

高文典冊(고문전책) : 국가 또는 임금의 명령에 의하여 간행된 귀중한 저술(著述). 華燭之典(화촉지전) : '화촉을 밝히는 의식'이란 뜻으로, 혼인식을 달리 일컫는 말.

영law 중diǎn 일テン 【난이도】중학용, 읽기 5급II, 쓰기 4급II

---

**앞 전**

刂部(선칼도방)7획 총9획

前前前前前前前前前

如前(여전) 前提(전제) 以前(이전) 午前(오전) 事前(사전) 從前(종전) 前哨(전초)

門前成市(문전성시) :「대문 앞이 저자를 이룬다」는 뜻으로, 세도가(勢道家)나 부잣집 문 앞이 방문객(訪問客)으로 저자를 이루다시피 함을 이르는 말.

영front 중qián 일ゼン(まえ) 【난이도】중학용, 읽기 7급II, 쓰기 6급

---

**펼 전**

尸部(주검시엄)7획총10획

展展展展展展展展展展

展望(전망) 發展(발전) 進展(진전) 展開(전개) 展示(전시) 祝發展(축발전)

親展(친전) : 편지(便紙)에서, 받는 사람이 직접(直接) 펴 보아 주기를 바란다는 뜻으로, 겉봉의 받는 사람의 이름 옆이나 아래에 쓰는 말.

영spread 중展[zhǎn] 일テン(のびる) 【난이도】중학용, 읽기 5급II, 쓰기 4급II

# 電

번개 전

雨部(비우) 5획총13획

電電電電電電電電電電電電電

電 電 電 電 電

携帯電話(휴대전화) 電話(전화) 電氣(전기) 電擊(전격) 電子(전자) 電擊的(전격적)

電光石火(전광석화) : 번갯불이나 부싯돌의 불이 번쩍이는 것처럼, ① 극히 짧은 시간 (時間). ② 아주 신속(迅速)한 동작(動作). ③ 일이 매우 빠른 것을 가리키는 말.

영lightning 중电[diàn] 일デン(あらわす)【난이도】중학용, 읽기 7급Ⅱ, 쓰기 6급

# 傳

전할 전

亻部(사람인변)11획총13획

傳傳傳傳傳傳傳傳傳傳傳傳傳

傳 傳 傳 傳 傳

傳家(전가) 傳記(전기) 傳達(전달) 傳說(전설) 傳言(전언) 傳染(전염) 傳統(전통)

以心傳心(이심전심) : 석가(釋迦)와 가섭이 마음으로 마음에 전한다는 뜻으로, 말로 써 설명(說明)할 수 없는 심오(深奧)한 뜻은 마음으로 깨닫는 수밖에 없다는 말.

영convey 중传[chuán] 일伝[デン](つたえる)【난이도】중학용, 읽기 5급Ⅱ, 쓰기 4급Ⅱ

# 戰

싸움 전

戈部(창과)12획 총16획

戰戰戰戰戰戰戰戰戰戰戰戰戰戰戰戰

戰 戰 戰 戰 戰

戰爭(전쟁) 戰略(전략) 挑戰(도전) 作戰(작전) 冷戰(냉전) 戰線(전선) 戰鬪(전투)

臨戰無退(임전무퇴) : 삼국 통일의 원동력이 된 화랑(花郞)의 세속오계(世俗五戒)의 하나. 싸움에 임하여 물러섬이 없음. 사군이충, 사친이효, 교우이신.

영war 중战[zhàn] 일セン(たたかう·いくさ)【난이도】중학용, 읽기 6급Ⅱ, 쓰기 5급Ⅱ

# 錢

돈 전

金部(쇠금)8획 총16획

錢錢錢錢錢錢錢錢錢錢錢錢錢錢錢錢

錢 錢 錢 錢 錢

銅錢(동전) 金錢(금전) 稅錢(세전) 口錢(구전) 代錢(대전) 換錢(환전) 分錢(분전)

擧放錢債(거방전채) : 조선 시대에, 벼슬아치가 그의 관내 주민에게 이자를 받고 돈을 꿔주던 일. 無錢取食(무전취식) : 돈이 없이 남의 파는 음식(飮食)을 먹음.

영money 중钱[qián] 일錢[セン](ぜに)【난이도】중학용, 읽기 4급, 쓰기 3급

# 絶

끊을 절

糸部(실사) 6획총12획

絶絶絶絶絶絶絶絶絶絶絶絶

絶 絶 絶 絶 絶

絶對(절대) 根絶(근절) 絶望(절망) 拒絶(거절) 絶叫(절규) 悽絶(처절) 斷絶(단절)

絶世代美(절세대미) : 이 세상(世上)에서는 견줄 사람이 없을 정도(程度)로 뛰어나게 아름다운 여자(女子). 絶世美人(절세미인) : ☞ 절세가인(絶世佳人).

영cut off 중绝[jué] 일ゼツ(たえる·たつ)【난이도】중학용, 읽기 4급Ⅱ, 쓰기 3급Ⅱ

## 節

마디 절

竹部(대죽) 9획 총15획

節約(절약) 節次(절차) 季節(계절) 名節(명절) 守節(수절) 時節(시절) 調節(조절)

傲霜孤節(오상고절) : 서릿발이 심한 추위 속에서도 굴하지 않고 홀로 꼿꼿하다는 뜻으로, 충신(忠臣) 또는 국화(菊花)를 말함.

영joint 중节[jié] 일セツ·セチ(ふし) 【난이도】중학용, 읽기 5급II, 쓰기 4급II

## 店

가게 점

广部(엄호) 5획 총8획

店鋪(점포) 便宜店(편의점) 商店(상점) 割引店(할인점) 飮食店(음식점) 酒店(주점)

百貨店(백화점) : 여러 가지 상품을 갖춰 놓고 파는 큰 규모의 상점(商店).
山寺野店(산사야점) : 산 속의 절간과 들의 객주집.

영shop 중diàn 일テン(みせ) 【난이도】중학용, 읽기 5급II, 쓰기 4급II

## 接

이을 접

扌(手)部(재방변) 8획 총11획

接近(접근) 接線(접선) 接續(접속) 接觸(접촉) 間接(간접) 待接(대접) 直接(직접)

破器相接(파기상접) : 깨어진 그릇 조각을 서로 맞춘다는 뜻으로, 이미 잘못된 일을 바로잡으려고 쓸데없이 애씀을 이르는 말.

영associate 중jiē 일セツ(つぐ) 【난이도】중학용, 읽기 4급II, 쓰기 3급II

## 丁

고무래 정

一部(한일) 1획 총2획

丁寧(정녕) 丁若鏞(정약용) 丁香(정향) 白丁(백정) 兵丁(병정) 壯丁(장정)

目不識丁(목불식정) : 고무래를 보고도 그것이 고무래 정(丁)자인 줄 모른다는 뜻으로, 글자를 전혀 모름, 또는 그러한 사람을 비유(比喩·譬喩)해 이르는 말.

영rake, adult 중dīng 일チョウ·テイ(まえ) 【난이도】중학용, 읽기 4급, 쓰기 3급

## 井

우물 정

井部(우물정) 0획 총4획

井邑(정읍) 油井(유정) 市井(시정) 坎井之蛙(감정지와) 井田(정전) 管井(관정)

井中視星(정중시성) : 우물 속에서 별을 본다는 뜻으로, 우물 안에서는 겨우 몇 개의 별밖에 보이지 않는 것과 같이 사사로운 마음에 가리우면 견해가 한 편에 치우치게 됨을 이르는 말.

영well 중jǐng 일ショウ·セイ(い) 【난이도】중학용, 읽기 3급II, 쓰기 2급

# 正

바를 정

止部(그칠지) 1획총5획

正 正 正 正 正

正 正 正 正 正

正答(정답) 正當(정당) 正道(정도) 正面(정면) 正式(정식) 正直(정직) 正確(정확)

事必歸正(사필귀정) : 처음에는 시비(是非) 곡직(曲直)을 가리지 못하여 그릇되더라도 모든 일은 결국에 가서는 반드시 정리(正理)로 돌아감.

영straight 중zhèng 일ショウ·セイ(ただしい)【난이도】중학용, 읽기 7급II, 쓰기 6급

# 政

정사 정

攵部(등글월문) 5획총9획

政 政 政 政 政 政 政 政 政

政 政 政 政 政

政權(정권) 政府(정부) 政策(정책) 政治(정치) 國政(국정) 施政(시정) 財政(재정)

垂簾聽政(수렴청정) : 발을 내리고 정사(政事)를 듣는다는 뜻으로, 나이 어린 임금이 등극(登極)했을 때 왕대비나 대왕대비가 왕을 도와서 정사를 돌봄을 이르는 말.

영politice 중zhèng 일セイ·ショウ(まつりごと)【난이도】중학용, 읽기 4급II, 쓰기 3급II

# 定

정할 정

宀部(갓머리) 5획총8획

定 定 定 定 定 定 定 定

定 定 定 定 定

定期(정기) 定額(정액) 決定(결정) 規定(규정) 豫定(예정) 認定(인정) 指定(지정)

會者定離(회자정리) : 만나면 언젠가는 헤어지게 되어 있다는 뜻으로, 인생의 무상(無常)함을 인간의 힘으로는 어찌 할 수 없는 이별의 아쉬움을 일컫는 말.

영settle 중dìng 일ジョウ·テイ(さだまる·さだめる)【난이도】중학용, 읽기 6급, 쓰기 5급

# 貞

곧을 정

貝部(조개패) 2획 총9획

貞 貞 貞 貞 貞 貞 貞 貞 貞

貞 貞 貞 貞 貞

貞烈(정렬) 貞淑(정숙) 貞節(정절) 貞操(정조) 不貞(부정) 忠貞(충정) 貞潔(정결)

元亨利貞(원형이정) : 역학(易學)에서 말하는 천도(天道)의 네 원리(原理)라는 뜻으로, 사물(事物)의 근본(根本) 되는 원리(原理).

영virtuous 중贞[zhēn] 일テイ(ただしい)【난이도】중학용, 읽기 3급II, 쓰기 2급

# 庭

뜰 정

广部(엄호) 7획총10획

庭 庭 庭 庭 庭 庭 庭 庭 庭 庭

庭 庭 庭 庭 庭

庭園(정원) 家庭(가정) 校庭(교정) 家庭婦(가정부) 宮庭(궁정) 法庭(법정) 親庭(친정)

門庭若市(문정약시) : 대문(大門) 안 뜰이 저자와 같다는 뜻으로, 집안에 모여드는 사람이 많음을 비유(比喩·譬喩)해 이르는 말.

영garden 중tíng 일テイ(にわ)【난이도】중학용, 읽기 6급II, 쓰기 5급II

| 淨<br>깨끗할 정<br>氵部(삼수변) 8획총11획 | 淨淨淨淨淨淨淨淨淨淨淨<br>淨 淨 淨 淨 淨 |
|---|---|

自淨(자정) 淨化(정화) 不淨(부정) 淨宮(정궁) 淨刹(정찰) 淸淨(청정) 淨水(정수)

極樂淨土(극락정토) : 아미타불이 살고 있다는 정토. 이 세상에서 서쪽으로 십만 억의 불토를 지나서 있으며, 모든 것이 완전히 갖추어 불과(佛果)를 얻은 사람이 죽어서 이곳에 다시 태어난다는 곳.

영clean 중净[jìng] 일ジョウ(きよい) 【난이도】 중학용, 읽기 3급Ⅱ, 쓰기 2급

| 情<br>뜻 정<br>忄部(심방변) 8획총11획 | 情情情情情情情情情情情<br>情 情 情 情 情 |
|---|---|

情報(정보) 情緒(정서) 情況(정황) 感情(감정) 事情(사정) 眞情(진정) 情趣(정취)

多情多感(다정다감) : 정이 많고 느낌이 많다는 뜻으로, 생각과 느낌이 섬세(纖細)하고 풍부(豊富)함을 이르는 말.

영affection 중情[qíng] 일ジョウ·セイ(なさけ) 【난이도】 중학용, 읽기 5급Ⅱ, 쓰기 4급Ⅱ

| 停<br>머무를 정<br>亻部(사람인변) 9획총11획 | 停停停停停停停停停停停<br>停 停 停 停 停 |
|---|---|

停止(정지) 停年(정년) 停滯(정체) 停戰(정전) 停車(정차) 調停(조정) 停職(정직)

馬不停蹄(마불정제) : 달리는 말은 말굽을 멈추지 않는다는 뜻으로, 지난 성과(成果)에 안주(安住)하지 말고 더욱 발전(發展)하고 정진(精進)하자는 뜻.

영stay 중tíng 일テイ 【난이도】 중학용, 읽기 5급, 쓰기 4급

| 頂<br>정수리 정<br>頁部(머리혈) 2획총11획 | 頂頂頂頂頂頂頂頂頂頂頂<br>頂 頂 頂 頂 頂 |
|---|---|

頂上會談(정상회담) 頂上(정상) 頂點(정점) 絶頂(절정) 山頂(산정) 頂上級(정상급)

頂門一鍼(정문일침) : 정수리에 침 하나를 꽂는다는 뜻으로, 상대방(相對方)의 급소(急所)를 찌르는 따끔한 충고(忠告)나 교훈(敎訓)을 이르는 말.

영summit 중頂[dǐng] 일チョウ(いただき·いただく) 【난이도】 중학용, 읽기 3급Ⅱ, 쓰기 2급

| 精<br>정밀할 정<br>米部(쌀미) 8획총14획 | 精精精精精精精精精精精精精精<br>精 精 精 精 精 |
|---|---|

精巧(정교) 精讀(정독) 精力(정력) 精密(정밀) 精誠(정성) 精神(정신) 精進(정진)

精神一到何事不成(정신일도하사불성) : '정신을 한 곳으로 집중하면 무슨 일인들 이루어지지 않으랴'라는 뜻으로, 정신을 집중하여 노력하면 어떤 어려운 일이라도 성취할 수 있다는 말.

영detailed 중精[jīng] 일精[ショウ·セイ] 【난이도】 중학용, 읽기 4급Ⅱ, 쓰기 3급Ⅱ

| 靜 | 靜 靜 靜 靜 靜 青 青 青 青 青 靑 靑 靜 靜 靜 靜 |
|---|---|
| | 靜 靜 靜 靜 靜 |

고요할 정

青部(푸를청) 8획 총16획

靜肅(정숙) 靜寂(정적) 靜的(정적) 冷靜(냉정) 動靜(동정) 安靜(안정) 鎭靜(진정)

性靜情逸(성정정일) : 성품(性品)이 고요하면 뜻이 편안(便安)하니 고요함은 천성(天性)이요, 동작(動作)함은 인정(人情)임 써서 남을 속임을 이르는 말.

영tranquil 중靜[jìng] 일靜[ショウ·セイ](しず·しずか)【난이도】중학용, 읽기 4급, 쓰기 3급

---

| 弟 | 弟 弟 弟 弟 弟 弟 弟 |
|---|---|
| | 弟 弟 弟 弟 弟 |

아우 제

弓部(활궁) 4획 총7획

弟氏(제씨) 弟子(제자) 師弟之間(사제지간) 妻弟(처제) 妹弟(매제) 兄弟(형제)

難兄難弟(난형난제) : 누구를 형이라 아우라 하기 어렵다는 뜻으로, ① 누가 더 낫다고 할 수 없을 정도로 서로 비슷함. ② 사물의 우열이 없다는 말로, 곧 비슷하다는 말.

영younger brother 중dì 일だイ·テイ(おとうと)【난이도】중학용, 읽기 8급, 쓰기 6급II급II

---

| 帝 | 帝 帝 帝 帝 帝 帝 帝 帝 帝 |
|---|---|
| | 帝 帝 帝 帝 帝 |

임금 제

巾部(수건건) 6획 총9획

帝國(제국) 光武帝(광무제) 武帝(무제) 始皇帝(시황제) 日帝(일제) 皇帝(황제)

關聖帝君(관성제군) : 관왕묘에서 무덕의 신으로 모시는 관우(關羽)의 영을 일컫는 말.
三神上帝(삼신상제) : 아기 낳는 일을 맡은 삼신(三神)을 높이어 이르는 말.

영emperor 중dì 일テイ(みかど)【난이도】중학용, 읽기 4급, 쓰기 3급

---

| 除 | 除 除 除 除 除 除 除 除 除 除 |
|---|---|
| | 除 除 除 除 除 |

덜 제

阝(阜)部(좌부방) 7획 총10획

排除(배제) 除外(제외) 削除(삭제) 除去(제거) 控除(공제) 解除(해제) 免除(면제)

窓前草不除(창전초부제) : 창 앞에 돋은 풀은 뽑아 버리지 않는다는 뜻으로, 되어 가는 대로 천지(天地) 자연(自然)을 따름을 이르는 말.

영deduct 중chú 일ジョ·ジ(のぞく)【난이도】중학용, 읽기 4급II, 쓰기 3급II

---

| 第 | 第 第 第 第 第 第 第 第 第 第 第 |
|---|---|
| | 第 第 第 第 第 |

차례 제

竹部(대죽) 5획 총11획

及第(급제) 落第(낙제) 第一(제일) 第次(제차) 次第(차제) 下第(하제) 居第(거제)

謁聖及第(알성급제) : ① 알성과(謁聖科)에 합격(合格)함. ② 알성과에 합격한 사람.
天下第一(천하제일) : 세상(世上)에서 견줄 만한 것이 없음.

영order, turn 중dì 일ダイ(ついで·やしき)【난이도】중학용, 읽기 6급II, 쓰기 5급II

| 祭 | 祭 ク タ タ 夕 癸 癸 祭 祭 祭 祭 祭 |
|---|---|
| | 祭 祭 祭 祭 祭 |
| | 祭器(제기) 祭物(제물) 祭祀(제사) 祭儀(제의) 祭品(제품) 祭享(제향) 祝祭(축제) |
| 제사 제 | 冠婚喪祭(관혼상제) : 관례(冠禮)·혼례(婚禮)·상례(喪禮)·제례(祭禮)의 네 가지 예를 두고 말함. 祭器(제기) : 제사 때에 쓰이는 그릇. 유기, 사기, 목기 등이 있음. |
| 示部(보일시) 6획 총11획 | 영 sacrifice 중 jì 일 サイ(まつり·まつる) 【난이도】 중학용, 읽기 4급II, 쓰기 3급II |

| 製 | 製 製 氣 旨 듬 制 制 制 製 製 製 製 製 |
|---|---|
| | 製 製 製 製 製 |
| | 製品(제품) 製作(제작) 製造(제조) 複製(복제) 創製(창제) 精製(정제) 製圖(제도) |
| 지을 제 | 製造業(제조업) : ① 물품을 제조하는 영업. ② 원료품(原料品)을 가공하여 새로운 물자(物資)를 생산(生産)하는 산업(産業). 제2차 산업(産業)에 속(屬)함. |
| 衣部(옷의) 8획 총14획 | 영 make 중 制[zhì] 일 セイ(つくる) 【난이도】 중학용, 읽기 4급II, 쓰기 3급II |

| 諸 | 諸 諸 諸 諸 諸 諸 諸 諸 諸 諸 諸 諸 諸 諸 諸 |
|---|---|
| | 諸 諸 諸 諸 諸 |
| | 諸葛亮(제갈량) 諸國(제국) 諸君(제군) 諸島(제도) 諸般(제반) 諸侯(제후) |
| 모두 제 | 反求諸己(반구저기) : '잘못을 자신에게서 찾는다'라는 뜻으로, 어떤 일이 잘못 되었을 때 남의 탓을 하지 않고 그 일이 잘못된 원인을 자기 자신에게서 찾아 고쳐 나간다는 의미. |
| 言部(말씀언) 9획 총16획 | 영 all 중 诸[zhū] 일 ショ(もろもろ) 【난이도】 중학용, 읽기 3급II, 쓰기 2급 |

| 題 | 題 띧 題 題 是 昮 昮 昮 昮 題 題 題 題 題 題 題 題 |
|---|---|
| | 題 題 題 題 題 |
| | 問題(문제) 課題(과제) 宿題(숙제) 題目(제목) 議題(의제) 主題(주제) 難題(난제) |
| 제목 제 | 首題之件(수제지건) : 공문(公文)을 작성할 때 '수제(首題)에 관하여'란 뜻으로, 본문의 첫머리에 쓰던 낡은 투. 題目之件(제목지건) : ☞ 수제지건(首題之件). |
| 頁部(머리혈) 9획 총18획 | 영 title 중 题[tí] 일 ダイ 【난이도】 중학용, 읽기 6급II, 쓰기 5급II |

| 兆 | 兆 兆 兆 兆 兆 兆 |
|---|---|
| | 兆 兆 兆 兆 兆 |
| | 兆朕(조짐) 佳兆(가조) 吉兆(길조) 凶兆(흉조) 徵兆(징조) 嘉兆(가조) 前兆(전조) |
| 억조 조 | 五日京兆(오일경조) : 닷새 동안의 경조윤(京兆尹)이라는 뜻으로, 오래 계속(繼續)되지 못한 관직(官職), 또는 그런 일. |
| 儿部(어진사람인발) 4획 총6획 | 영 omen 중 zhào 일 チョウ(きざす) 【난이도】 중학용, 읽기 3급II, 쓰기 2급 |

## 早

일찍 조

日部(날일) 2획총6획

早 早 早 早 早 早

早期(조기) 早老(조로) 早晚間(조만간) 早速(조속) 早熟(조숙) 早秋(조추)

時機尚早(시기상조) : 오히려 때가 이르다는 뜻으로, 아직 때가 되지 않음을 이르는 말. 早失父母(조실부모) : 어려서 부모(父母)를 여읨.

영early 중zǎo 일ソウ・サツ(はやい・はやまる) 【난이도】 중학용, 읽기 4급II, 쓰기 3급II

## 助

도울 조

力部(힘력) 5획총7획

助 助 助 助 助 助 助

共助(공조) 救助(구조) 幇助(방조) 補助(보조) 扶助(부조) 援助(원조) 協助(협조)

江山之助(강산지조) : 강산(江山)의 도움이란 뜻으로, 산수(山水)의 풍경(風景) 이 사람의 시정(詩情)을 도와 좋은 작품(作品)을 만들게 함을 이르는 말.

영help 중zhù 일ジョ(たすかる・たすける) 【난이도】 중학용, 읽기 4급II, 쓰기 3급II

## 祖

조상 조

示部(보일시) 5획총10획

祖 祖 祖 祖 祖 祖 祖 祖 祖 祖

曾祖(증조) 祖上(조상) 先祖(선조) 祖母(조모) 祖國(조국) 始祖(시조) 祖考(조고)

敬神崇祖(경신숭조) : 신을 공경(恭敬)하고 조상(祖上)을 숭배(崇拜)함.
開山祖師(개산조사) : 절이나 종파(宗派)를 새로 세운 사람.

영grand father 중祖[zǔ] 일祖[ソ](じじ) 【난이도】 중학용, 읽기 7급, 쓰기 6급

## 鳥

새 조

鳥部(새조) 0획 총11획

鳥 鳥 鳥 鳥 鳥 鳥 鳥 鳥 鳥 鳥 鳥

鳥瞰圖(조감도) 鳥類(조류) 冬鳥(동조) 白鳥(백조) 留鳥(유조) 匹鳥(필조)

一石二鳥(일석이조) : 한 개의 돌을 던져 두 마리의 새를 맞추어 떨어뜨린다는 뜻으 로, 한 가지 일을 해서 두 가지 이익(利益)을 얻음을 이르는 말.

영bird 중鸟[niǎo] 일ジョウ(とり) 【난이도】 중학용, 읽기 4급II, 쓰기 3급II

## 造

지을 조

辶部(책받침) 7획총11획

造 造 造 造 造 造 造 造 造 造 造

造作(조작) 造成(조성) 捏造(날조) 構造(구조) 模造(모조) 製造(제조) 創造(창조)

一切唯心造(일체유심조) : 모든 것은 오로지 마음이 지어내는 것임을 뜻하는 불교 (佛敎) 용어(用語). 僞造紙幣(위조지폐) : 위조(僞造)한 지폐(紙幣).

영make 중造[zào] 일造[ゾウ](つくる) 【난이도】 중학용, 읽기 4급II, 쓰기 3급II

| 朝 | 朝朝朝朝朝朝朝朝朝朝朝朝 |
|---|---|
| | 朝 朝 朝 朝 朝 |

朝夕(조석) 朝鮮(조선) 古朝鮮(고조선) 王朝(왕조) 元朝(원조) 正朝(정조)

朝三暮四(조삼모사) : 아침에 세 개, 저녁에 네 개라는 뜻으로, 당장 눈앞에 나타나는 차별(差別)만을 알고 그 결과(結果)가 같음을 모름의 비유.

**아침 조**

月部(달월) 8획총12획 | 영morning 중cháo 일ヂョウ(あさ) 【난이도】 중학용, 읽기 6급, 쓰기 5급

| 調 | 調調調調調調調調調調調調調調調 |
|---|---|
| | 調 調 調 調 調 |

調查(조사) 調節(조절) 調整(조정) 強調(강조) 構造調整(구조조정) 調達(조달)

雨順風調(우순풍조) : 바람 불고 비오는 것이 때와 분량(分量)이 알맞음.
風調雨順(풍조우순) : 기후(氣候)가 순조(順調)로워 곡식(穀食)이 잘 됨.

**고를 조**

言部(말씀언)8획총15획 | 영harmonize 중调[tiáo] 일ヂョウ(しらべる·ととのう) 【난이도】 중학용, 읽기 5급II, 쓰기 4급II

| 足 | 足足足足足足足 |
|---|---|
| | 足 足 足 足 足 |

足鎖(족쇄) 滿足(만족) 發足(발족) 不足(부족) 手足(수족) 豊足(풍족) 洽足(흡족)

凍足放尿(동족방뇨) : 언 발에 오줌 누기라는 뜻으로, 잠시의 효력이 있을 뿐, 그 효력은 없어지고 마침내는 더 나쁘게 될 일을 함. 앞을 내다보지 못하는 고식지계(姑息之計)를 비웃는 말.

**발 족**

足部(발족) 0획총7획 | 영foot 중zú 일ソク(あし·たす·たりる·たる) 【난이도】 중학용, 읽기 7급II, 쓰기 6급

| 族 | 族族族族族族族族族族族 |
|---|---|
| | 族 族 族 族 族 |

家族(가족) 民族(민족) 遺族(유족) 族譜(족보) 親族(친족) 離散家族(이산가족)

名門巨族(명문거족) : 이름난 집안과 크게 번창(繁昌)한 겨레.
巨家大族(거가대족) : 대대(代代)로 번영(繁榮)한 문벌(門閥)이 있는 집안.

**겨레 족**

方部(모방) 7획총11획 | 영tribe, nation 중zú 일ゾク(やから) 【난이도】 중학용, 읽기 5급, 쓰기 5급

| 存 | 存存存存存存 |
|---|---|
| | 存 存 存 存 存 |

存立(존립) 存亡(존망) 存在(존재) 旣存(기존) 保存(보존) 生存(생존) 依存(의존)

適者生存(적자생존) : 생존 경쟁의 결과, 그 환경에 맞는 것만이 살아 남고 그렇지 못한 것은 차차 쇠퇴(衰退), 멸망(滅亡)해 가는 자연 도태의 현상을 일컫는 말.

**있을 존**

子部(아들자) 3획총6획 | 영exist 중cún 일ソン·ゾン(ある) 【난이도】 중학용, 읽기 4급, 쓰기 3급

尊尊尊尊尊尊尊尊尊**尊**尊尊

尊 尊 尊 尊 尊

尊敬(존경) 尊嚴(존엄) 尊重(존중) 尊稱(존칭) 自尊(자존) 自尊心(자존심)

唯我獨尊(유아독존) : ① 이 세상(世上)에 나보다 존귀(尊貴)한 사람은 없다는 말.
② 또는, 자기(自己)만 잘 났다고 자부하는 독선적(獨善的)인 태도(態度)의 비유.

높을 존

寸部(마디촌) 9획총12획 | 영respect 중尊[zūn] 일尊[ソン](たっとい·たっとぶ) 【난이도】 중학용, 읽기 4급II, 쓰기 3급II

---

卒卒卒卒卒卒卒卒

卒 卒 卒 卒 卒

卒業(졸업) 腦卒中(뇌졸중) 兵卒(병졸) 驛卒(역졸) 卒兵(졸병) 卒業生(졸업생)

烏合之卒(오합지졸) : 「까마귀가 모인 것 같은 무리」라는 뜻으로, 질서(秩序) 없
이 어중이떠중이가 모인 군중(群衆) 또는 제각기 보잘것없는 수많은 사람.

마칠 졸

十部(열십) 6획총8획 | 영millitary 중zú 일ソツ(おわ) 【난이도】 중학용, 읽기 5급II, 쓰기 4급II

---

宗宗宗宗宗宗宗宗

宗 宗 宗 宗 宗

宗敎(종교) 宗廟(종묘) 高宗(고종) 禪宗(선종) 曹溪宗(조계종) 太宗(태종)

宗廟社稷(종묘사직) : 왕실(王室)과 나라를 함께 이르는 말.
盤石之宗(반석지종) : 견고(堅固)한 기초(基礎).

마루 종

宀部(갓머리) 5획총8획 | 영ancestral 중zōng 일シュウ·ソウ(むね) 【난이도】 중학용, 읽기 4급II, 쓰기 3급II

---

終終終終終終終終終終

終 終 終 終 終

終結(종결) 終了(종료) 終末(종말) 終熄(종식) 終業(종업) 臨終(임종) 最終(최종)

始終一貫(시종일관) : 처음부터 끝까지 한결같이 관철(貫徹)함.
☞ 始終如一(시종여일) : 처음이나 나중이 한결같아서 변(變)함없음.

마칠 종

糸部(실사) 5획 총11획 | 영finish 중終[zhōng] 일シュウ(おえる) 【난이도】 중학용, 읽기 5급, 쓰기 4급

---

從從從從從從從從從從從從

從 從 從 從 從

從事(종사) 從業員(종업원) 從前(종전) 服從(복종) 順從(순종) 追從(추종)

類類相從(유유상종) : 사물은 같은 무리끼리 따르고, 같은 사람은 서로 찾아 모인다
는 뜻. 面從腹背(면종복배) : 겉으로는 순종하는 체하고 속으로는 딴 마음을 먹음.

좇을 종

彳部(두인변) 8획총11획 | 영obey 중从[cóng] 일從[ジュウ](したがう) 【난이도】 중학용, 읽기 4급, 쓰기 3급

## 種

씨 종

禾部(벼화) 9획총14획

種種種種種種種種種種種種種

各種(각종) 芒種(망종) 種類(종류) 業種(업종) 一種(일종) 種目(종목) 變種(변종)

種豆得豆(종두득두) : 콩을 심어 콩을 얻는다는 뜻으로, 원인에 따라 결과가 생긴다는 말.
種玉(종옥) : 구슬을 심는다는 뜻으로, 아름다운 여인을 아내로 맞이하는 것을 말함.

영seed  중种[zhǒng]  일シュ(たね) 【난이도】 중학용, 읽기 5급II, 쓰기 4급II

## 鐘

쇠북 종

金部(쇠금)12획총20획

鐘鐘鐘鐘鐘鐘鐘鐘鐘鐘鐘鐘鐘

警鐘(경종) 自鳴鐘(자명종) 打鐘(타종) 鐘閣(종각) 三鐘(삼종) 曙鐘(서종)

擊鐘鼎食(격종정식) :「종을 쳐서 식솔(食率)을 모아 솥을 걸어 놓고 먹는다」는 뜻으로, 부유(富裕)한 생활(生活)을 이르는 말.

영bell  중钟[zhōng]  일ショウ(かね) 【난이도】 중학용, 읽기 특급II

## 左

왼 좌

工部(장인공) 2획총5획

左左左左左

左手(좌수) 左右(좌우) 左翼(좌익) 左遷(좌천) 左側(좌측) 左派(좌파) 證左(증좌)

左脯右醯(좌포우해) : 제사(祭祀)의 제물(祭物)을 진설(陳設)할 때, 육포(肉脯)는 왼쪽에, 식해(食醢)는 오른쪽에 차리는 격식(格式).

영left  중zuǒ  일サ(ひだり)  【난이도】 중학용, 읽기 7급II, 쓰기 6급

## 坐

앉을 좌

土部(흙토) 4획총7획

坐坐坐坐坐坐坐

坐席(좌석) 坐礁(좌초) 坐板(좌판) 跏趺坐(가부좌) 結跏趺坐(결가부좌)

坐井觀天(좌정관천) : 우물 속에 앉아 하늘을 쳐다본다는 뜻으로, ① 견문(見聞)이 매우 좁음을 말함. ② 세상(世上) 물정(物情)을 너무 모름.

영sit  중zuò  일ザ(いながら・います・おわす) 【난이도】 중학용, 읽기 3급II, 쓰기 2급

## 罪

허물 죄

部(그물망머리)8획총13획

罪罪罪罪罪罪罪罪罪罪罪罪罪

罪悚(죄송) 輕犯罪(경범죄) 斷罪(단죄) 犯罪(범죄) 謝罪(사죄) 有罪(유죄)

席藁待罪(석고대죄) : 거적을 깔고 엎드려 벌(罰) 주기를 기다린다는 뜻으로, 죄과(罪過)에 대(對)한 처분(處分)을 기다림.

영sin, crime  중zuì  일ザイ(つみ) 【난이도】 중학용, 읽기 5급, 쓰기 4급

## 主

주인 주

、部(점주) 4획총5획

主 主 主 主 主

| 主 | 主 | 主 | 主 | 主 | | | | |
|---|---|---|---|---|---|---|---|---|

主導(주도) 主婦(주부) 主要(주요) 主人(주인) 主張(주장) 主題(주제) 主體(주체)

客反爲主(객반위주) : 손이 도리어 주인 행세를 한다는 뜻으로, ① 주객이 전도(顚倒)됨을 이르는 말. ② 사물(事物)의 대소(大小), 경중(輕重), 전후(前後)을 뒤바꿈.

영owner 중zhǔ 일シュ・ス(おも・ぬし) 【난이도】 중학용, 읽기 7급, 쓰기 6급

## 朱

붉을 주

木部(나무목)2획총6획

朱 朱 朱 朱 朱 朱

| 朱 | 朱 | 朱 | 朱 | 朱 | | | | |
|---|---|---|---|---|---|---|---|---|

朱木(주목) 朱蒙(주몽) 茂朱(무주) 朱子(주자) 朱雀(주작) 印朱(인주) 朱黃(주황)

近朱者赤(근주자적) :「붉은빛에 가까이 하면 반드시 붉게 된다」는 뜻으로, 주위(周圍) 환경(環境)이 중요(重要)하다는 것을 이르는 말.

영red 중zhū 일シュ(あか・あけ) 【난이도】 중학용, 읽기 4급, 쓰기 3급

## 住

살 주

亻部(사람인변) 5획총7획

住 住 住 住 住 住 住

| 住 | 住 | 住 | 住 | 住 | | | | |
|---|---|---|---|---|---|---|---|---|

住宅(주택) 住民(주민) 住所(주소) 居住(거주) 住居(주거) 移住(이주) 安住(안주)

住宅街(주택가) : 도회지(都會地)의 번잡(煩雜)한 상가(商街)나 공업(工業) 지대(地帶)와 격리(隔離)되어 주택(住宅)들로만 이루어진 조용한 거리.

영live 중zhù 일ジュウ(すまう・すむ) 【난이도】 중학용, 읽기 7급, 쓰기 6급

## 走

달릴 주

走部(달릴주) 0획총7획

走 走 走 走 走 走 走

| 走 | 走 | 走 | 走 | 走 | | | | |
|---|---|---|---|---|---|---|---|---|

走行(주행) 疾走(질주) 走者(주자) 逃走(도주) 競走(경주) 奔走(분주) 遁走(둔주)

阪上走丸(판상주환) : 언덕 위에서 공을 굴린다는 뜻으로, 어떤 세력(勢力)에 힘입어 일을 꾀하면 쉽게 이루어지거나, 또는 그 일이 잘 진전됨의 비유(比喩・譬喩).

영run, rush 중zǒu 일ソウ(はしる) 【난이도】 중학용, 읽기 4급II, 쓰기 3급II

## 宙

집 주

宀部(갓머리) 5획총8획

宙 宙 宙 宙 宙 宙 宙 宙

| 宙 | 宙 | 宙 | 宙 | 宙 | | | | |
|---|---|---|---|---|---|---|---|---|

宙合樓(주합루) 宇宙萬物(우주만물) 宇宙旅行(우주여행) 大宇宙(대우주)

宇宙萬物(우주만물) : 우주(宇宙) 안에 있는 온갖 사물(事物).
宇宙往復船(우주왕복선) : 우주(宇宙) 수송(輸送) 수단(手段).

영house 중zhòu 일チュウ 【난이도】 중학용, 읽기 3급II, 쓰기 2급

# 注

물댈 주

氵部(삼수변) 5획총8획

注注注注注注注注

注目(주목) 注文(주문) 注意(주의) 注視(주시) 注射(주사) 注油(주유) 注入(주입)

孤注一擲(고주일척) : 노름꾼이 남은 돈을 한 번에 다 걸고 마지막 승패(勝敗)를 겨룬다는 뜻으로, 전력(全力)을 기울여 어떤 일에 모험(冒險)을 거는 것을 비유(比喩·譬喩)한 말.

영pour, infuse 중zhù 일チュウ(そそぐ) 【난이도】 읽기 6급II, 쓰기 5급II

---

# 晝

낮 주

日部(날일) 7획총11획

晝晝晝晝晝晝晝晝晝晝晝

晝間(주간) 晝宵(주소) 晝夜(주야) 晝餐(주찬) 晝寢(주침) 晝後(주후) 白晝(백주)

晝耕夜讀(주경야독) : 낮에는 농사(農事) 짓고 밤에는 공부(工夫)한다는 뜻으로, 바쁜 틈을 타서 어렵게 공부(工夫)함을 이르는 말.

영day time 중晝[zhòu] 일晝[チュウ](ひる) 【난이도】 중학용, 읽기 6급, 쓰기 5급

---

# 酒

술 주

酉部(닭유) 3획총10획

酒酒酒酒酒酒酒酒酒酒

酒店(주점) 農酒(농주) 麥酒(맥주) 歲酒(세주) 燒酒(소주) 洋酒(양주) 飮酒(음주)

酒池肉林(주지육림) : 술이 못을 이루고 고기가 수풀을 이룬다는 뜻으로, 매우 호화(豪華)스럽고 방탕(放蕩)한 생활(生活)을 이르는 말.

영wine, liquor 중jiǎ 일シュ(さか·さけ) 【난이도】 중학용, 읽기 4급, 쓰기 3급

---

# 竹

대 죽

竹部(대죽) 0획총6획

竹竹竹竹竹竹

烏竹軒(오죽헌) 爆竹(폭죽) 竹槍(죽창) 竹器(죽기) 善竹橋(선죽교) 松竹(송죽)

竹馬故友(죽마고우) : 대나무 말을 타고 놀던 옛 친구(親舊)라는 뜻으로, 어릴 때부터 가까이 지내며 자란 친구(親舊)를 이르는 말.

영bamboo 중zhú 일チク(たけ) 【난이도】 중학용, 읽기 4급II, 쓰기 3급II

---

# 中

가운데 중

丨部(뚫을곤) 3획총4획

中中中中

中間(중간) 中國(중국) 中斷(중단) 中心(중심) 中央(중앙) 貴中(귀중) 集中(집중)

囊中之錐(낭중지추) : 주머니 속에 있는 송곳이란 뜻으로, 재능(才能)이 아주 빼어난 사람은 숨어 있어도 저절로 남의 눈에 드러난다는 비유적(比喩的) 의미(意味).

영middle 중zhōng 일ジュウ·チュウ(なか) 【난이도】 중학용, 읽기 8급, 쓰기 6급II

重重重重重重重重重

| 重 | 重 | 重 | 重 | 重 | | | | |

重量(중량) 重要(중요) 愼重(신중) 尊重(존중) 比重(비중) 重複(중복) 嚴重(엄중)

捲土重來(권토중래) : 흙먼지를 날리며 다시 온다는 뜻으로, ① 한 번 실패(失敗)에 굴하지 않고 몇 번이고 다시 일어남. ② 패한 자가 세력(勢力)을 되찾아 다시 쳐들어옴.

무거울 중

里部(마을리) 2획총9획 | 영heavy 중zhòng 일ジュウ·チョウ(おもい·かさなる)【난이도】중학용, 읽기 7급, 쓰기 6급

---

衆衆衆衆衆衆衆衆衆衆衆衆

| 衆 | 衆 | 衆 | 衆 | 衆 | | | | |

公衆(공중) 大衆(대중) 民衆(민중) 群衆(군중) 衆論(중론) 百衆(백중) 聽衆(청중)

衆寡不敵(중과부적) : ① 적은 수효(數爻)로 많은 수효(數爻)를 대적(對敵)하지 못한다는 뜻. ② 적은 사람으로는 많은 사람을 이기지 못함.

무리 중

血部(피혈) 6획총12획 | 영crowd 중众[zhòng] 일シュウ·シュ(むれ)【난이도】중학용, 읽기 4급Ⅱ, 쓰기 3급Ⅱ

---

卽卽卽卽卽卽卽卽卽

| 卽 | 卽 | 卽 | 卽 | 卽 | | | | |

卽刻(즉각) 卽決(즉결) 卽答(즉답) 卽席(즉석) 卽時(즉시) 卽審(즉심) 卽位(즉위)

一觸卽發(일촉즉발) : 한 번 닿기만 하여도 곧 폭발(爆發)한다는 뜻으로, 조그만 자극(刺戟)에도 큰 일이 벌어질 것 같은 아슬아슬한 상태(狀態)를 이르는 말.

곧 즉

卩部(병부절) 7획총9획 | 영namely 중jí 일ソク【난이도】중학용, 읽기 3급Ⅱ, 쓰기 2급

---

曾曾曾曾曾曾曾曾曾曾曾曾

| 曾 | 曾 | 曾 | 曾 | 曾 | | | | |

曾孫(증손) 曾子(증자) 曾坪郡(증평군) 曾孫子(증손자) 曾孫壻(증손서)

曾祖(증조) : 할아버지의 아버지. 曾參殺人(증삼살인) : 증삼이 사람을 죽였다는 뜻으로, 거짓말도 되풀이 해 들으면 믿어버리게 된다는 말.

일찍 증

日部(가로왈)8획총12획 | 영run, rush 중曾[zēng] 일曾[ソウ](かさなる·かつて)【난이도】중학용, 읽기 3급Ⅱ, 쓰기 2급

---

增增增增增增增增增增增增增增

| 增 | 增 | 增 | 增 | 增 | | | | |

增加(증가) 增大(증대) 增産(증산) 增殖(증식) 增進(증진) 增幅(증폭) 急增(급증)

五濁增時(오탁증시) : 오탁(五濁)이 시대(時代)가 지남에 따라 점점 그 정도(程度)를 더하여 가는 때. 歲加月增(세가월증) : 해마다 달마다 늘어남.

더할 증

土部(흙토)12획총15획 | 영increase 중增[zēng] 일增[ゾウ](ます·ふやす)【난이도】중학용, 읽기 4급Ⅱ, 쓰기 3급Ⅱ

## 證

증거 증

言部(말씀언)12획총19획

證證證證證證證證證證證證證證證證證證

證據(증거) 檢證(검증) 傍證(방증) 證言(증언) 保證(보증) 證券(증권) 證明(증명)

直躬證父(직궁증부) : 직궁(直躬)이 아비를 고발(告發)하고 증인(證人)이 된다는 뜻으로, 지나친 정직(正直)은 도리어 정직이 아님을 비유해 이르는 말.

영evidence 중证[zhèng] 일証[ショウ](あかし) 【난이도】 중학용, 읽기 4급, 쓰기 3급

## 止

그칠 지

止部(그칠지) 0획총4획

止 止 止 止

止揚(지양) 禁止(금지) 防止(방지) 停止(정지) 制止(제지) 中止(중지) 廢止(폐지)

明鏡止水(명경지수) : 맑은 거울과 고요한 물이라는 뜻으로, 사념(邪念)이 전혀 없는 깨끗한 마음을 비유(比喩·譬喩)해 이르는 말.

영stop 중zhǐ 일シ(とまる·とめる) 【난이도】 중학용, 읽기 5급, 쓰기 4급

## 之

갈 지

ノ部(삐침별) 3획총4획

之 之 之 之

當之者(당지자) 師弟之間(사제지간) 興仁之門(흥인지문) 王羲之(왕희지)

囊中之錐(낭중지추) : 주머니 속에 있는 송곳이란 뜻으로, 재능(才能)이 아주 빼어난 사람은 숨어 있어도 저절로 남의 눈에 드러난다는 비유적(比喩的) 의미.

영go 중zhī 일シ(これ·この·の·ゆく) 【난이도】중학용, 읽기 3급II, 쓰기 2급

## 支

지탱할 지

支部(지탱할지)0획 총4획

支 支 支 支

支援(지원) 支持(지지) 支配(지배) 支給(지급) 支出(지출) 收支(수지) 支障(지장)

一木難支(일목난지) : 나무 한 그루로 지탱하기 어렵다는 뜻으로, 이미 기울어지는 대세를 혼자서는 감당할 수 없음을 비유(比喩·譬喩)하는 말.

영devide, support 중zhī 일シ(ささえる) 【난이도】 중학용, 읽기 4급II, 쓰기 3급II

## 只

다만 지

口部(입구) 2획 총5획

只 只 只 只 只

只今(지금) 但只(단지) 內斯只城(내사지성) 忽只(홀지) 靑山只磨靑(청산지마청)

狗逐鷄屋只睅(구축계옥지제) : 「닭 쫓던 개 지붕 쳐다보기」라는 속담(俗談)의 한역으로, 일에 실패(失敗)하고 낙심만 한다는 말.

영only 중zhǐ 일シ(ただ) 【난이도】 중학용, 읽기 3급, 쓰기 2급

| 地 | 地地地地地地 |
|---|---|
| | 地 地 地 地 地 |
| 땅 지 | 地球(지구) 地方(지방) 地域(지역) 地位(지위) 敷地(부지) 處地(처지) 天地(천지) |
| | 地殼變動(지각변동) : 지구 내부의 원인으로 일어나는 지각의 움직임과 그것에 의한 지각의 변형. 易地思之(역지사지) : 처지(處地)를 서로 바꾸어 생각함이란 뜻. |
| 土部(흙토) 3획총6획 | 영earth, land 중dì 일ジ・チ(つち) 【난이도】 중학용 읽기 7급, 쓰기 6급 |

| 至 | 至至至至至至 |
|---|---|
| | 至 至 至 至 至 |
| 이를 지 | 甚至於(심지어) 夏至(하지) 冬至(동지) 至急(지급) 至毒(지독) 至上(지상) |
| | 至誠感天(지성감천) : 지극(至極)한 정성(精誠)에는 하늘도 감동(感動)한다라는 뜻으로, 무엇이든 정성껏 하면 하늘이 움직여 좋은 결과(結果)를 맺는다는 뜻. |
| 至部(이를지) 0획총6획 | 영reach 중zhì 일シ(いたる) 【난이도】 중학용, 읽기 4급Ⅱ, 쓰기 3급Ⅱ |

| 志 | 志志志志志志志 |
|---|---|
| | 志 志 志 志 志 |
| 뜻 지 | 志士(지사) 志願(지원) 志操(지조) 志向(지향) 同志(동지) 意志(의지) 鬪志(투지) |
| | 寸志(촌지) : ① 촌심(寸心). ② 자그마한 뜻을 나타낸 적은 선물(膳物). ③ 약간의 성의. 三寸之舌(삼촌지설) : '세 치의 혀'라는 뜻으로, 뛰어난 말재주를 이르는 말. |
| 心部(마음심) 3획총7획 | 영will 중zhì 일シ(こころざし・こころざす) 【난이도】 중학용, 읽기 4급Ⅱ, 쓰기 3급Ⅱ |

| 枝 | 枝枝枝枝枝枝枝枝 |
|---|---|
| | 枝 枝 枝 枝 枝 |
| 가지 지 | 枝幹(지간) 枝葉(지엽) 楊枝(양지) 柳枝(유지) 一枝春(일지춘) 剪枝(전지) |
| | 金枝玉葉(금지옥엽) : '금 가지에 옥 잎사귀'란 뜻으로, ① 임금의 자손이나 집안을 이르는 말. ② 귀한 자손을 이르는 말. ③ 아름다운 구름을 형용하여 이르는 말. |
| 木部(나무목) 4획총8획 | 영branch 중zhī 일シ(えだ) 【난이도】 중학용, 읽기 3급Ⅱ, 쓰기 2급 |

| 知 | 知知知知知知知知 |
|---|---|
| | 知 知 知 知 知 |
| 알 지 | 知能(지능) 知性(지성) 知識(지식) 知慧(지혜) 無知(무지) 周知(주지) 通知(통지) |
| | 知己之友(지기지우) : ① 자기(自己)를 가장 잘 알아주는 친(親)한 친구(親舊). ② 서로 뜻이 통(通)하는 친(親)한 벗. |
| 矢部(화살시) 3획총8획 | 영know 중zhī 일ち(しる) 【난이도】 중학용, 읽기 5급Ⅱ, 쓰기 4급Ⅱ |

## 持 가질 지

持持持持持持持持持

| 持 | 持 | 持 | 持 | 持 | | | | | |

持分(지분) 持續(지속) 持參(지참) 堅持(견지) 矜持(긍지) 維持(유지) 支持(지지)

持斧伏闕(지부복궐) : 상소(上疏)할 때에 도끼를 가지고 대궐문 밖에 나아가 엎드리던 일. 중난(重難)한 일에 대하여 간할 때에 그 뜻을 받아들일 수 없다면 이 도끼로 죽여 달라는 결의를 나타냄.

扌(手)部(재방변) 6획총9획 　영hold, have　중chí　일ジ(もつ)　【난이도】 중학용, 읽기 4급, 쓰기 3급

## 指 가리킬 지

指指指指指指指指指

| 指 | 指 | 指 | 指 | 指 | | | | | |

指導(지도) 指數(지수) 指示(지시) 指摘(지적) 指定(지정) 指針(지침) 指揮(지휘)

指鹿爲馬(지록위마) : 사슴을 가리켜 말이라고 한다라는 뜻으로, ① 사실이 아닌 것을 사실로 만들어 강압으로 인정하게 함. ② 윗사람을 농락(籠絡)하여 권세를 마음대로 함.

扌(手)部(재방변) 6획총9획 　영finger　중zhǐ　일シ(さす·ゆび)　【난이도】 중학용, 읽기 4급II, 쓰기 3급II

## 紙 종이 지

紙紙紙紙紙紙紙紙紙紙

| 紙 | 紙 | 紙 | 紙 | 紙 | | | | | |

紙物(지물) 紙面(지면) 製紙(제지) 紙幣(지폐) 用紙(용지) 便紙(편지) 休紙(휴지)

僞造紙幣(위조지폐) : 위조(僞造)한 지폐(紙幣).
白紙狀態(백지상태) : 아무 것도 없거나 모르는 상태(狀態).

糸部(실사) 4획총10획 　영paper　중纸[zhǐ]　일シ(かみ)　【난이도】중학용, 읽기 7급, 쓰기 6급

## 直 곧을 직

直直直直直直直直

| 直 | 直 | 直 | 直 | 直 | | | | | |

直屬(직속) 直視(직시) 直接(직접) 直後(직후) 硬直(경직) 率直(솔직) 正直(정직)

不問曲直(불문곡직) : 굽음과 곧음을 묻지 않는다는 뜻으로, ① 옳고 그름을 가리지 않고 함부로 일을 처리(處理)함. ② 잘잘못을 묻지 않고 함부로 행(行)함.

目部(눈목) 3획총8획 　영straight　중直[zhí]　일ジキ·チョク(なおす)　【난이도】중학용, 읽기 7급II, 쓰기 6급

## 辰 별 진

辰辰辰辰辰辰辰

| 辰 | 辰 | 辰 | 辰 | 辰 | | | | | |

辰宿(진수) 辰韓(진한) 星辰(성신) 壬辰倭亂(임진왜란) 生辰(생신) 誕辰(탄신)

日月星辰(일월성신) : 성좌(星座)가 해, 달과 같이 하늘에 넓게 벌려져 있음을 말함.
落落辰星(낙락신성) : 드물기가 새벽별 같다는 뜻.

辰部(별진) 0획 총7획 　영star　중chén　일シン(たつ·とき·ひ)　【난이도】중학용, 읽기 3급II, 쓰기 2급

## 眞
참 진

目部(눈목) 5획총10획

眞 眞 眞 眞 眞 眞 眞 眞 眞 眞

眞 眞 眞 眞 眞

眞理(진리) 眞相(진상) 眞實(진실) 眞心(진심) 眞僞(진위) 眞情(진정) 寫眞(사진)

假弄成眞(가롱성진) : 농담이나 실없이 한일이 나중에 진실로 한 것처럼 됨.
純眞無垢(순진무구) : 마음과 몸이 아주 깨끗하여 조금도 더러운 때가 없음.

영true 중真[zhēn] 일真[シン](まこと) 【난이도】 중학용, 읽기 4급Ⅱ, 쓰기 3급Ⅱ

## 進
나아갈 진

辶部(책받침)8획총12획

進 進 進 隹 隹 隹 進 隹 進 進 進 進

進 進 進 進 進

推進(추진) 進行(진행) 進展(진전) 促進(촉진) 進步(진보) 昇進(승진) 邁進(매진)

進退兩難(진퇴양난) : 나아갈 수도 물러설 수도 없는 궁지에 빠짐. 進退維谷(진퇴유곡) :
앞으로도 뒤로도 나아가거나 물러서지 못하다라는 뜻으로, 궁지에 빠진 상태(狀態).

영advance 중进[jìn] 일進[シン](すすむ) 【난이도】 중학용, 읽기 4급Ⅱ, 쓰기 3급Ⅱ

## 盡
다할 진

皿部(그릇명)9획총14획

盡 盡 盡 盡 盡 盡 盡 盡 盡 盡 盡 盡 盡 盡

盡 盡 盡 盡 盡

盡力(진력) 曲盡(곡진) 極盡(극진) 賣盡(매진) 未盡(미진) 消盡(소진) 蕩盡(탕진)

苦盡甘來(고진감래) : '쓴 것이 다하면 단 것이 온다'라는 뜻으로, 고생 끝에 낙이
온다라는 말. 無窮無盡(무궁무진) : 끝이 없고 다함이 없음을 형용해 이르는 말.

영exhaust 중尽[jìn] 일尽[ジン](つかす·つきる) 【난이도】 중학용, 읽기 4급, 쓰기 3급

## 質
바탕 질

貝部(조개패)8획총15획

質 質 質 質 質 質 質 質 質 質 質 質 質 質 質

質 質 質 質 質

物質(물질) 性質(성질) 質問(질문) 本質(본질) 實質的(실질적) 品質(품질)

仙姿玉質(선자옥질) : 신선(神仙)의 자태(姿態)와 옥 같은 바탕이라는 뜻으로, 용모
(容貌)도 아름다운데다가 기품(氣稟)도 뛰어난 사람을 형용(形容)해 이르는 말.

영disposition 중质[zhi] 일シツ(ただす) 【난이도】 중학용, 읽기 5급Ⅱ, 쓰기 4급Ⅱ

## 執
잡을 집

土部(흙토) 8획총11획

執 執 執 執 執 執 執 執 執 執 執

執 執 執 執 執

執權(집권) 執念(집념) 執務(집무) 執拗(집요) 執着(집착) 執行(집행) 固執(고집)

兩手執餠(양수집병) : 양손에 떡을 쥐었다는 뜻으로, 가지기도 어렵고 버리기도
어려운 경우(境遇)를 이르는 말.

영catch 중执[zhí] 일シツ·シュウ(とる) 【난이도】 중학용, 읽기 3급Ⅱ, 쓰기 2급

# 集

모을 집

隹部(새추) 4획 총12획

隼 隼 隼 隼 隼 隼 隼 隼 集 集 集 集

集 集 集 集 集

集團(집단) 集積(집적) 集中(집중) 集合(집합) 集會(집회) 募集(모집) 蒐集(수집)

集大成(집대성) : 많은 훌륭한 것을 모아서 하나의 완전한 것으로 만들어 내는 일.
集中豪雨(집중호우) : 짧은 시간(時間)에 집중적(集中的)으로 쏟아지는 비.

영assemble, collect 중jí 일シュウ(あつまる) 【난이도】중학용, 읽기 6급Ⅱ, 쓰기 5급Ⅱ

---

# 且

또 차

一部(한일) 4획 총5획

且 且 且 且 且

且 且 且 且 且

且說(차설) 且月(차월) 且置(차치) 苟且(구차) 重且大(중차대) 況且(황차)

死且不朽(사차불후) : 죽더라도 썩지 않는다는 뜻으로, 몸은 죽어 썩어 없어져
도 그 명성(名聲)은 길이 후세(後世)에까지 남음.

영also 중qiě 일シャ(かつ) 【난이도】중학용, 읽기 3급, 쓰기 2급

---

# 此

이 차

止部(그칠지) 2획 총6획

此 此 此 此 此 此

此 此 此 此 此

此夜(차야) 此際(차제) 此回(차회) 此後(차후) 如此(여차) 彼此(피차) 此期(차기)

在此一擧(재차일거) : 이 한번으로 담판(談判)을 짓는다는 뜻으로, 단 한 번의 거사
(擧事)로 흥하거나 망(亡)하거나 끝장을 냄.

영this 중cǐ 일シ(かく・ここ・この・これ) 【난이도】중학용, 읽기 3급Ⅱ, 쓰기 2급

---

# 次

버금 차

欠部(하품흠) 2획 총6획

次 次 次 次 次 次

次 次 次 次 次

次官(차관) 次例(차례) 次元(차원) 次長(차장) 再次(재차) 節次(절차) 漸次(점차)

去官當次(거관당차) : 연한이 차서 퇴직(退職)할 차례(次例).
造次不離(조차불리) : 잠깐도 떠나지 않음.

영second 중cì 일ジ・シ(つぎ・つぐ) 【난이도】중학용, 읽기 4급Ⅱ, 쓰기 3급Ⅱ

---

# 借

빌릴 차

亻部(사람인변) 8획 총10획

借 借 借 借 借 借 借 借 借 借

借 借 借 借 借

借款(차관) 借名(차명) 借債(차채) 賃借(임차) 假借(가차) 借用(차용) 貸借(대차)

借廳入室(차청입실) : 남의 대청을 빌려 쓰다가 안방까지 들어간다는 뜻으로, 남
에게 의지(依支)하다가 차차 그의 권리(權利)까지 침범(侵犯)함을 이르는 말.

영borrow 중jiè 일シャク(かりる) 【난이도】중학용, 읽기 3급Ⅱ, 쓰기 2급

着着着着着着着着着着着

| 着 | 着 | 着 | 着 | 着 | | | | | |

執着(집착) 定着(정착) 膠着(교착) 着手(착수) 倒着(도착) 着工(착공) 着陸(착륙)

自家撞着(자가당착) : 자기의 언행이 전후 모순(矛盾)되어 일치(一致)하지 않음.
入耳着心(입이착심) : 들은 것을 마음속에 간직해 잊지 아니하는 일.

**붙을 착**

目部(눈목) 7획총12획 ㉐attach ㊥着[zhuó] ㉜チャク(きる) 【난이도】중학용, 읽기 4급Ⅱ, 쓰기 3급Ⅱ

察察察察察察察察察察察察察

| 察 | 察 | 察 | 察 | 察 | | | | | |

監察(감찰) 檢察(검찰) 警察(경찰) 觀察(관찰) 省察(성찰) 巡察(순찰) 洞察(통찰)

觀形察色(관형찰색) : ① 마음을 떠보기 위하여 얼굴빛을 자세히 살펴봄.
② 잘 모르는 사물(事物)을 자세히 관찰함.

**살필 찰**

宀部(갓머리)11획총14획 ㉐watch ㊥察[chá] ㉜サツ 【난이도】중학용, 읽기 4급Ⅱ, 쓰기 3급Ⅱ

參參參參參參參參參參參

| 參 | 參 | 參 | 參 | 參 | | | | | |

參與(참여) 參席(참석) 參加(참가) 參拜(참배) 參考(참고) 同參(동참) 不參(불참)

情狀參酌(정상참작) : 재판관(裁判官)이 범죄(犯罪)의 사정(事情)을 헤아려서 형벌(刑罰)을 가볍게 하는 일.

**간여할 참/석 삼**

厶部(마늘모)9획총11획 ㉐participate ㊥參[cān] ㉜參[サン](まいる) 【난이도】중학용, 읽기 5급Ⅱ, 쓰기 4급Ⅱ

昌昌昌昌昌昌昌昌

| 昌 | 昌 | 昌 | 昌 | 昌 | | | | | |

繁昌(번창) 昌德宮(창덕궁) 昌盛(창성) 昌慶宮(창경궁) 居昌郡(거창군) 昌原(창원)

碧昌牛(벽창우) : 평안북도 벽동(碧潼)과 창성(昌城) 지방(地方)의 크고 억센 소란 뜻으로, 미련하고 고집(固執)이 센 사람을 비유(比喩·譬喩). 벽창호의 본딧말.

**창성할 창**

日部(날일) 4획총8획 ㉐prosper ㊥chāng ㉜ショウ(さかん) 【난이도】중학용, 읽기 3급Ⅱ, 쓰기 2급

唱唱唱唱唱唱唱唱唱唱唱

| 唱 | 唱 | 唱 | 唱 | 唱 | | | | | |

歌唱(가창) 復唱(복창) 先唱(선창) 提唱(제창) 主唱(주창) 衆唱(중창) 合唱(합창)

夫唱婦隨(부창부수) : 남편(男便)이 주장(主將)하고 아내가 이에 따름. 가정(家庭)에서의 부부(夫婦) 화합(和合)의 도리(道理)를 이르는 말임.

**부를 창**

口部(입구) 8획총11획 ㉐sing ㊥chàng ㉜ショウ(さかん) 【난이도】중학용, 읽기 5급, 쓰기 4급

## 窓

窓窓窓窓窓窓窓窓窓窓窓

窓 窓 窓 窓 窓

窓口(창구) 窓門(창문) 同窓(동창) 東窓(동창) 窓觸(창촉) 窓戶紙(창호지) 學窓(학창)

螢窓雪案(형창설안) : 반딧불이(螢)에 비치는 창과 눈(雪)에 비치는 책상(冊床)이라는 뜻으로, 어려운 가운데서도 학문(學問)에 힘씀을 비유한 말.

**창문 창**

穴部(구멍혈) 6획 총11획 · 영 window · 중 窗[chuāng] · 일 ソウ(まど) 【난이도】 중학용, 읽기 6급Ⅱ, 쓰기 5급Ⅱ

---

## 採

採採採採採採採採採採採

採 採 採 採 採

採擇(채택) 採用(채용) 採取(채취) 採點(채점) 採問(채문) 公採(공채) 採集(채집)

敎子採薪(교자채신) : 자식에게 땔나무 캐오는 법을 가르치라는 뜻으로, 무슨 일이든 장기적(長期的)인 안목(眼目)을 갖고 근본적인 처방에 힘씀을 이르는 말.

**캘 채**

扌(手)部(재방변)8획 총11획 · 영 pick · 중 采[cǎi] · 일 サイ(とる) 【난이도】 중학용, 읽기 4급, 쓰기 3급

---

## 菜

菜菜菜菜菜菜菜菜菜菜菜菜

菜 菜 菜 菜 菜

菜蔬(채소) 菜食(채식) 菜園(채원) 菜油(채유) 菜田(채전) 野菜(야채) 冷菜 (냉채)

薄酒山菜(박주산채) : 맛이 변변하지 못한 술과 산나물이란 뜻으로, 자기(自己)가 내는 술과 안주를 겸손(謙遜)하게 이르는 말.

**나물 채**

++部(초두머리)8획 총12획 · 영 vegetable · 중 菜[cài] · 일 菜(サイ)(な) 【난이도】 중학용, 읽기 3급Ⅱ, 쓰기 2급

---

## 冊

冊冊冊冊冊

冊 冊 冊 冊 冊

冊床(책상) 冊子(책자) 歷史冊(역사책) 史冊(사책) 冊房(책방) 漫畵冊(만화책)

黑冊公事(흑책공사) : 벼슬아치들이 정목을 제 멋대로 고치고 지우고 하여 협잡을 일삼던 일의 일컬음. 고려 충숙왕(忠肅王) 때 정방정치 과정에서 나온 말.

**책 책**

冂部(멀경몸) 3획 총5획 · 영 book · 중 冊[cè] · 일 冊[サツ・サク](ほん) 【난이도】 중학용, 읽기 4급, 쓰기 3급

---

## 責

責責責責責責責責責責責

責 責 責 責 責

責任(책임) 無責任(무책임) 叱責(질책) 譴責(견책) 責任者(책임자) 責務(책무)

朋友責善(붕우책선) : 친구(親舊)는 서로 착한 일을 권(勸)한다는 뜻으로, 참다운 친구(親舊)라면 서로 나쁜 짓을 못 하도록 권하고 좋은 길로 이끌어야 함.

**꾸짖을 책**

貝部(조개패) 4획 총11획 · 영 scold · 중 责[zé] · 일 シャク・セキ(せめる) 【난이도】 중학용, 읽기 5급Ⅱ, 쓰기 4급Ⅱ

| 妻 | 妻妻妻妻妻妻妻妻 |
|---|---|
| | 妻 妻 妻 妻 妻 |
| 아내 처 | 妻子(처자) 妻家(처가) 妻男(처남) 愛妻家(애처가) 妻子息(처자식) 喪妻(상처) |
| | 糟糠之妻(조강지처) : 지게미와 쌀겨로 끼니를 이어가며 고생을 같이 해온 아내란 뜻으로, 곤궁(困窮)할 때부터 간고(艱苦)를 함께 겪은 본처를 흔히 일컬음. |
| 女部(계집녀) 5획총8획 | 영wife 중qī 일サイ(つま)【난이도】중학용, 읽기 3급II, 쓰기 2급 |

| 處 | 處處處處處處處處處處處 |
|---|---|
| | 處 處 處 處 處 |
| 곳 처 | 處理(처리) 處罰(처벌) 處暑(처서) 處地(처지) 居處(거처) 對處(대처) 措處(조처) |
| | 善後處置(선후처치) : 잘한 뒤에 처리한다는 뜻으로, 후환이 없도록 그 사물(事物)의 다루는 방법을 정한다는 말로서 뒤처리를 잘하는 방법(方法). |
| 虍部(범호엄)5획총11획 | 영place, site 중处[chǔ] 일ショ(おる)【난이도】중학용, 읽기 4급II, 쓰기 3급II |

| 尺 | 尺尺尺尺 |
|---|---|
| | 尺 尺 尺 尺 尺 |
| 자 척 | 尺簡(척간) 尺度(척도) 尺寸(척촌) 三尺(삼척) 咫尺(지척) 縮尺(축척) 禾尺(화척) |
| | 百尺竿頭(백척간두) : 백 자나 되는 높은 장대 위에 올라섰다는 뜻으로, 위태(危殆)로움이 극도(極度)에 달함. |
| 尸部(주검시엄) 1획총4획 | 영ruler 중chǐ 일シャク(ものさし)【난이도】중학용, 읽기 3급II, 쓰기 2급 |

|  千 | 千千千 |
|---|---|
| | 千 千 千 千 千 |
| | 千萬(천만) 千字文(천자문) 千億(천억) 數千(수천) 千金(천금) 千年(천년) |
| 일천 천 | 千載一遇(천재일우) : 천 년에 한 번 만난다는 뜻으로, 좀처럼 얻기 어려운 좋은 기회를 이르는 말. |
| | 一攫千金(일확천금) : 한꺼번에 많은 돈을 얻는다는 뜻으로, 벼락부자가 되는 일. |
| 十部(열십) 1획총3획 | 영thousand 중qiān 일セン(ち)【난이도】중학용, 읽기 7급, 쓰기 6급 |

| 川 | 川川川 |
|---|---|
| | 川 川 川 川 川 |
| | 仁川(인천) 淸溪川(청계천) 春川(춘천) 河川(하천) 陜川(합천) 洪川(홍천) |
| 내 천 | 山川草木(산천초목) : 산천(山川)과 초목(草木). 곧 산과 물과 나무와 풀이라는 뜻으로, 자연(自然)을 일컫는 말. |
| 川(巛)部(내천)0획총3획 | 영stream 중chuān 일セン(かわ)【난이도】중학용, 읽기 7급, 쓰기 6급 |

## 天 하늘 천

大部(큰대) 1획 총4획

天天天天

天 天 天 天 天

天國(천국) 天氣(천기) 天上(천상) 天地(천지) 天體(천체) 天秋(천추) 天下(천하)

天高馬肥(천고마비) : 하늘은 높고 말은 살찐다는 뜻으로, 하늘이 맑고 모든 것이 풍성함을 이르는 말.
知天命(지천명) : 나이 50세를 말함. 50세에 드디어 천명을 알게 된다는 나이.

영heaven 중tiān 일テン(あま・あめ) 【난이도】중학용 읽기 7급, 쓰기 6급

## 泉 샘 천

水部(물수) 5획 총9획

泉泉泉泉泉泉泉泉泉

泉 泉 泉 泉 泉

源泉(원천) 溫泉(온천) 金泉(김천) 源泉的(원천적) 黃泉客(황천객) 噴泉(분천)

渴不飮盜泉水(갈불음도천수) :「목이 말라도 도천의 물은 마시지 않는다」는 뜻으로, 아무리 궁해도 불의는 저지르지 않는다는 말인데, 도덕률의 엄격한 준행을 이르는 말.

영spring 중cǎi 일セン(いずみ) 【난이도】중학용, 읽기 4급, 쓰기 3급

## 淺 얕을 천

氵部(삼수변) 8획 총11획

淺淺淺淺淺淺淺淺淺淺淺

淺 淺 淺 淺 淺

淺薄(천박) 淺水灣(천수만) 淺學(천학) 鄙淺(비천) 深淺(심천) 淺智(천지) 淺識(천식)

淺學菲才(천학비재) : 학문이나 지식이 미숙(未熟)하고 재능(才能)이 변변치 않다는 뜻으로, 학자(學者)가 자기의 학식(學識)을 낮추어 말할 때에 쓰는 말.

영shallow 중浅[cài] 일浅[サイ](な) 【난이도】중학용, 읽기 3급Ⅱ, 쓰기 2급

## 鐵 쇠 철

金部(쇠금)13획 총21획

鐵鐵鐵鐵鐵鐵鐵鐵鐵鐵鐵鐵鐵鐵

鐵 鐵 鐵 鐵 鐵

地下鐵(지하철) 鐵道(철도) 鐵筋(철근) 鐵鋼(철강) 鐵道廳(철도청) 電鐵(전철)

寸鐵殺人(촌철살인) : 한 치밖에 안 되는 칼로 사람을 죽인다는 뜻으로, ① 간단한 경구(警句)나 단어로 사람을 감동시킴. ② 또는 사물의 급소를 찌름의 비유.

영iron, metal 중铁[tiě] 일鉄[テツ](くろがね) 【난이도】중학용, 읽기 5급, 쓰기 4급

## 靑 푸를 청

靑部(푸를청) 0획 총8획

靑靑靑靑靑靑靑靑

靑 靑 靑 靑 靑

靑年(청년) 靑史(청사) 靑山(청산) 靑少年(청소년) 靑瓦臺(청와대) 靑雲(청운)

靑天霹靂(청천벽력) : 맑게 갠 하늘에서 갑자기 떨어지는 벼락이라는 뜻으로, ① 필세(筆勢)의 세참을 이르는 말. ② 돌발적(突發的)인 사태나 사변을 이르는 말.

영blue 중靑[qīng] 일靑[セイ・ショウ](あお・あおい) 【난이도】중학용, 읽기 8급, 쓰기 6급Ⅱ

## 清

맑을 청

淸淸淸淸淸淸淸淸淸淸淸

| 淸 | 淸 | 淸 | 淸 | 淸 | | | | | |

淸明(청명) 淸算(청산) 淸掃(청소) 淸溪川(청계천) 淸原郡(청원군) 淸廉(청렴)

百年河淸(백년하청) : 백 년을 기다린다 해도 황하(黃河)의 흐린 물은 맑아지지 않는다는 뜻으로, 오랫동안 기다려도 바라는 것이 이루어질 수 없음을 이르는 말.

氵部(삼수변) 8획총11획 । 영clear 중淸[qīng] 일淸[セイ·ショウ](きよい) 【난이도】 중학용, 읽기 3급Ⅱ, 쓰기 2급

## 晴

갤 청

晴晴晴晴晴晴晴晴晴晴晴晴

| 晴 | 晴 | 晴 | 晴 | 晴 | | | | | |

晴天(청천) 快晴(쾌청) 晴虛(청허) 祈晴祭(기청제) 晴空(청공) 晴明(청명)

晴耕雨讀(청경우독) : 갠 날에는 밖에 나가 농사일을 하고, 비오는 날에는 책을 읽는다는 뜻으로, 부지런히 일하면서 틈나는 대로 공부(工夫)함을 이르는 말.

日部(날일) 8획총12획 । 영clear 중晴[qíng] 일晴[セイ](はらす·はれる) 【난이도】 읽기 3급, 쓰기 2급

## 請

청할 청

請請請請請請請請請請請請請請請

| 請 | 請 | 請 | 請 | 請 | | | | | |

要請(요청) 申請(신청) 請求(청구) 招請(초청) 請約(청약) 請託(청탁) 下請(하청)

負荊請罪(부형청죄) : 가시 나무를 등(等)에 지고 때려 주기를 바란다는 뜻으로, 자신의 잘못을 인정(認定)하고 사죄(謝罪)하는 것을 의미(意味)함.

言部(말씀언) 8획총15획 । 영request 중请[qǐng] 일請[セイ·シン](こう) 【난이도】 중학용, 읽기 4급Ⅱ, 쓰기 3급Ⅱ

## 聽

들을 청

聽聽聽聽聽聽聽聽聽聽聽聽聽聽聽聽聽聽聽聽聽

| 聽 | 聽 | 聽 | 聽 | 聽 | | | | | |

聽覺(청각) 聽力(청력) 聽聞會(청문회) 聽取者(청취자) 難聽(난청) 盜聽(도청)

道聽塗說(도청도설) : 길거리에서 들은 이야기를 곧 그 길에서 다른 사람에게 말한다는 뜻으로, ① 거리에서 들은 것을 남에게 아는 체하며 말함. ② 깊이 생각 않고 예사로 듣고 말함.

耳部(귀이) 16획총22획 । 영hear 중听[tīng] 일聽[チョウ](きく) 【난이도】 중학용, 읽기 4급, 쓰기 3급

## 體

몸 체

體體體體體體體體體體體體體體體體體體體體體體體

| 體 | 體 | 體 | 體 | 體 | | | | | |

體系(체계) 體制(체제) 具體的(구체적) 團體(단체) 業體(업체) 全體(전체)

絶體絶命(절체절명) : 궁지(窮地)에 몰려 살아날 길이 없게 된 막다른 처지(處地).
君師父一體(군사부일체) : 임금과 스승과 아버지의 은혜(恩惠)는 똑같다는 말.

骨部(뼈골) 13획총23획 । 영body 중体[tǐ] 일体[タイ·テイ](からだ) 【난이도】 중학용, 읽기 6급Ⅱ, 쓰기 5급Ⅱ

初 初 初 初 初 初 初

初 初 初 初 初

初級(초급) 初盤(초반) 初等學校(초등학교) 初步(초보) 當初(당초) 最初(최초)

初志一貫(초지일관) : ① 처음에 세운 뜻을 이루려고 끝까지 밀고 나감.
② 처음 품은 뜻을 한결같이 꿰뚫음.

처음 초

刀部(칼도) 5획총7획

영 beginning 중 chū 일 ショ(はじめ・はじめて) 【난이도】 중학용, 읽기 5급, 쓰기 4급

---

招 招 招 招 招 招 招 招

招 招 招 招 招

招待(초대) 招來(초래) 招聘(초빙) 招請(초청) 招致(초치) 問招(문초) 自招(자초)

招搖過市(초요과시) : 남의 이목을 끌도록 요란스럽게 하며 저자거리를 지나간다는
뜻으로, 허풍을 떨며 요란(搖亂)하게 사람의 이목(耳目)을 끄는 것을 비유하는 말.

부를 초

扌(手)部(재방변) 5획총8획

영 invite, call 중 zhāo 일 ショウ(まねく) 【난이도】 중학용, 읽기 4급, 쓰기 3급

---

草 草 草 草 草 草 草 草 草 草

草 草 草 草 草

草綠(초록) 草木(초목) 草案(초안) 草原(초원) 甘草(감초) 雜草(잡초) 花草(화초)

三顧草廬(삼고초려) : 유비(劉備)가 제갈공명(諸葛孔明)을 세 번이나 찾아가 군
사(軍師)로 초빙(招聘)한 데서 유래한 말로, 임금의 두터운 사랑을 입다라는 뜻.

풀 초

艹部(초두머리)6획총10획

영 grass 중 草[cǎo] 일 草[ソウ](くさ) 【난이도】 중학용, 읽기 7급, 쓰기 6급

---

寸 寸 寸

寸 寸 寸 寸 寸

寸劇(촌극) 寸步(촌보) 寸數(촌수) 寸陰(촌음) 寸志(촌지) 四寸(사촌) 三寸(삼촌)

寸鐵殺人(촌철살인) : 한 치밖에 안 되는 칼로 사람을 죽인다는 뜻으로, ① 간단
한 경구(警句)나 단어로 사람을 감동시킴. ② 또는 사물의 급소를 찌름의 비유.

마디 촌

寸部(마디촌) 0획총3획

영 inch, moment 중 cùn 일 スン【난이도】 중학용, 읽기 8급, 쓰기 6급II

---

村 村 村 村 村 村 村

村 村 村 村 村

農村(농촌) 地球村(지구촌) 村落(촌락) 江村(강촌) 農漁村(농어촌) 村里(촌리)

面面村村(면면촌촌) : 한 군데도 빼놓지 아니한 모든 곳.
山村水廓(산촌수곽) : 산에 따른 마을과 물에 면한 마을. 시골의 여러 마을.

마을 촌

木部(나무목) 3획 총7획

영 village 중 cūn 일 ソン(むら) 【난이도】 중학용, 읽기 7급, 쓰기 6급

| 最 | 最最最最最最最最最最 |
| --- | --- |
| | 最 最 最 最 最 |

最高(최고) 最古(최고) 最近(최근) 最大(최대) 最低(최저) 最終(최종) 最初(최초)

爲善最樂(위선최락) : 선을 행(行)함이 가장 큰 즐거움이라는 말.
最後一刻(최후일각) : 마지막 순간(瞬間).

**가장 최**

日部(가로왈) 8획총12획　영most, best　중zuì　일サイ(もっとも)【난이도】중학용, 읽기 5급, 쓰기 4급

---

| 秋 | 秋秋秋秋秋秋秋秋秋 |
| --- | --- |
| | 秋 秋 秋 秋 秋 |

秋分(추분) 秋夕(추석) 秋野(추야) 立秋(입추) 仲秋節(중추절) 春秋(춘추)

秋風落葉(추풍낙엽) : 가을 바람에 떨어지는 낙엽(落葉)이라는 뜻으로, 세력(勢力) 따위가 갑자기 기울거나 시듦을 이르는 말.

**가을 추**

禾部(벼화) 4획총9획　영autumn　중qiū　일シュウ(あき)【난이도】중학용, 읽기 7급, 쓰기 6급

---

| 追 | 追追追追追追追追追追 |
| --- | --- |
| | 追 追 追 追 追 |

追加(추가) 追跡(추적) 追求(추구) 追慕(추모) 追憶(추억) 追悼(추도) 訴追(소추)

愼終追遠(신종추원) : 양친(兩親)의 상사(喪事)에는 슬픔을 다하고, 제사(祭祀)에는 공경(恭敬)을 다함.

**좇을 추**

辶部(책받침) 6획총10획　영pursue　중追[zhuī]　일追[ツイ](おう)【난이도】중학용, 읽기 3급Ⅱ, 쓰기 2급

---

| 推 | 推推推推推推推推推推 |
| --- | --- |
| | 推 推 推 推 推 |

推算(추산) 推尋(추심) 推移(추이) 推定(추정) 推進(추진) 推薦(추천) 推測(추측)

推己及人(추기급인) : 자기 마음을 미루어 보아 남에게도 그렇게 대하거나 행동한다는 뜻으로, '제 배 부르면 남의 배 고픈 줄 모른다'는 속담과 그 뜻이 일맥상통함.

**밀 추**

扌(手)部(제방변)8획총11획　영push, remove　중tuī　일スイ(おす)【난이도】중학용, 읽기 4급, 쓰기 3급

---

| 丑 | 丑丑丑丑 |
| --- | --- |
| | 丑 丑 丑 丑 |

公孫丑(공손추) 癸丑日記(계축일기) 乙丑甲子(을축갑자) 癸丑士禍(계축사화)

鷄鳴丑時(계명축시) :「새벽닭이 축시 곧 새벽 한 시에서 세 시 사이에 운다」는 뜻에서, 「축시(丑時)」를 일컫는 말.

**소 축**

一部(한일) 3획총4획　영cattle　중chǒu　일チュウ(うし)【난이도】중학용, 읽기 3급, 쓰기 2급

| 祝 | 祝祝祝祝祝祝祝祝祝祝 |
|---|---|
| | 祝 祝 祝 祝 祝 |
| 빌 축 | 祝賀(축하) 祝祭(축제) 祝華婚(축화혼) 祝福(축복) 祝聖婚(축성혼) 祝盛典(축성전) |
| | 無祝單獻(무축단헌) : 제사(祭祀) 지낼 때에 축문(祝文)이 없이 술을 한 잔만 올림. |
| | 行禪祝願(행선축원) : 나라와 백성을 위하여 아침 저녁으로 부처님 앞에 비는 일. |
| 示部(보일시)5획총10획 | 영pray 중祝[zhù] 일祝[シュク・シュウ](いわう) 【난이도】 중학용, 읽기 5급, 쓰기 4급 |

| 春 | 春春春春春春春春春 |
|---|---|
| | 春 春 春 春 春 |
| 봄 춘 | 立春(입춘) 春分(춘분) 春秋(춘추) 春夏秋冬(춘하추동) 春困症(춘곤증) 回春(회춘) |
| | 春眠不覺曉(춘면불각효) : '봄 잠에 날이 새는 줄 모른다'라는 뜻으로, 좋은 분위기 (雰圍氣)에 취(醉)하여 시간 가는 줄 모르는 경우를 비유하는 말. |
| 日部(날일) 5획총9획 | 영spring 중zhāo 일ショウ(まねく) 【난이도】 중학용, 읽기 7급, 쓰기 6급 |

| 出 | 出出出出出 |
|---|---|
| | 出 出 出 出 出 |
| 날 출 | 出發(출발) 出帆(출범) 貸出(대출) 輸出(수출) 提出(제출) 支出(지출) 抽出(추출) |
| | 靑出於藍(청출어람) : 푸른 색이 쪽에서 나왔으나 쪽보다 더 푸르다는 뜻으로, 제자 (弟子)가 스승보다 나은 것을 비유(比喩·譬喩)하는 말. |
| 凵部(위튼입구몸) 3획총5획 | 영come out 중chū 일シュツ・スイ(だす・でる) 【난이도】 중학용, 읽기 7급, 쓰기 6급 |

| 充 | 充充充充充充 |
|---|---|
| | 充 充 充 充 充 |
| 채울 충 | 充當(충당) 充滿(충만) 充分(충분) 充實(충실) 充足(충족) 補充(보충) 擴充(확충) |
| | 汗牛充棟(한우충동) : 수레에 실어 운반(運搬)하면 소가 땀을 흘리게 되고, 쌓 아올리면 들보에 닿을 정도의 양이라는 뜻으로, 장서(藏書)가 많음을 이르는 말. |
| 儿部(어진사람인발)4획총6획 | 영fill 중chōng 일ジュウ(あてる) 【난이도】 중학용, 읽기 5급II, 쓰기 4급II |

| 忠 | 忠忠忠忠忠忠忠忠 |
|---|---|
| | 忠 忠 忠 忠 忠 |
| 충성 충 | 忠犬(충견) 忠告(충고) 忠南(충남) 忠武公(충무공) 忠誠(충성) 忠臣(충신) |
| | 事君以忠(사군이충) : 삼국 통일의 원동력이 된 화랑(花郎)의 세속오계(世俗五戒) 의 하나. 임금을 섬김에 충성(忠誠)으로써 함. |
| 心部(마음심) 4획 총8획 | 영loyalty 중zhōng 일チュウ(まごころ) 【난이도】 중학용, 읽기 7급, 쓰기 6급 |

# 蟲

**벌레 충**

蟲 蟲 蟲 蟲 蟲 蟲 蟲 蟲 蟲 蟲 蟲 蟲 蟲 蟲 蟲 蟲 蟲

蟲 蟲 蟲 蟲 蟲

昆蟲(곤충) 寄生蟲(기생충) 爬蟲類(파충류) 害蟲(해충) 蛔蟲(회충) 蟲齒(충치)

冬蟲夏草(동충하초) : 겨울에는 벌레이던 것이 여름에는 풀이 된다는 뜻으로, 동충하초과의 버섯을 통틀어 이르는 말. 거미·매미 따위의 곤충의 시체에 기생하여 자실체를 냄.

虫部(벌레충)12획총18획 　영insect 　중虫[chóng] 　일虫[チュウ](むし) 【난이도】 중학용, 읽기 4급Ⅱ, 쓰기 3급Ⅱ

# 吹

**불 취**

吹 吹 吹 吹 吹 吹 吹

吹 吹 吹 吹 吹

吹樂器(취악기) 吹奏樂器(취주악기) 吹打(취타) 鼓吹(고취) 大吹打(대취타)

南郭濫吹(남곽남취) : 남곽(南郭)이 함부로 분다는 뜻으로, 학예(學藝)에 전문(專門)지식(知識)도 없이 함부로 날뜀을 두고 이르는 말.

口部(입구) 4획총7획 　영blow 　중chuī 　일スイ(ふく) 【난이도】 중학용, 읽기 3급Ⅱ, 쓰기 2급

# 取

**취할 취**

取 取 取 取 取 取 取 取

取 取 取 取 取

取扱(취급) 取得(취득) 取消(취소) 取才(취재) 攝取(섭취) 採取(채취) 聽取(청취)

捨短取長(사단취장) : 장단(長短)을 가려서 격식(格式)에 맞춘다는 뜻으로, 나쁜 것은 버리고 좋은 점은 취한다는 말.

又部(또우) 6획총8획 　영take, pick 　중qǔ 　일シュ(とる) 【난이도】 중학용, 읽기 4급Ⅱ, 쓰기 3급Ⅱ

# 就

**나아갈 취**

 就 就 就 就 就 就 就 就 就 就 就

就 就 就 就 就

就業(취업) 就任(취임) 成就(성취) 去就(거취) 就職(취직) 就學(취학) 就寢(취침)

日就月將(일취월장) : 날마다 달마다 성장(成長)하고 발전(發展)한다는 뜻으로, 학업(學業)이 날이 가고 달이 갈수록 진보(進步)함을 이름.

尤部(절름발이왕)9획총12획 　영advance 　중jiù 　일シュウ·ジュ(つく·つける) 【난이도】 중학용, 읽기 4급, 쓰기 3급

# 治

**다스릴 치**

 治 治 治 治 治 治 治 治

治 治 治 治 治

治療(치료) 治水(치수) 治安(치안) 治癒(치유) 自治(자치) 政治(정치) 統治(통치)

以熱治熱(이열치열) : 열(熱)은 열로써 다스린다는 뜻으로, 힘에는 힘으로 또는 강(强)한 것에는 강(强)한 것으로 상대함을 이르는 말.

氵部(삼수변) 5획총8획 　영govern 　중zhì 　일ジ·チ(おさまる·おさめる) 【난이도】 중학용, 읽기 4급Ⅱ, 쓰기 3급Ⅱ

## 致

致致致致致致致致致致

致致致致致

極致(극치) 致賀(치하) 拉致(납치) 誘致(유치) 理致(이치) 一致(일치) 招致(초치)

格物致知(격물치지) : 사물(事物)의 이치(理致)를 구명(究明)하여 자기(自己)의 지식(知識)을 확고(確固)하게 함.

이룰 치

至部(이를지)4획총10획 영arrive, reach 중zhì 일チ(いたす) 【난이도】중학용, 읽기 5급, 쓰기 4급

## 齒

齒齒齒齒齒齒齒齒齒齒齒齒齒齒齒

齒齒齒齒齒

齒列(치열) 白齒(백치) 齒牙(치아) 齒科(치과) 蟲齒(충치) 齒藥(치약) 齒石(치석)

脣亡齒寒(순망치한) : 입술을 잃으면 이가 시리다는 뜻으로, 가까운 사이의 한쪽이 망하면 다른 한쪽도 그 영향을 받아 온전하기 어려움을 비유하여 이르는 말.

이 치

齒部(이치)0획총15획 영tooth 중齿[chǐ] 일歯[シ](は) 【난이도】중학용, 읽기 4급II, 쓰기 3급II

## 則

則則則則則則則則則

則則則則則

原則(원칙) 規則(규칙) 法則(법칙) 原則的(원칙적) 犯則金(범칙금) 罰則(벌칙)

然則(연즉) : 그런즉, 그러면. [漢文(한문)에서는 '곧 즉'자로 해석되는 경우가 흔히 있다.]
不然則(불연즉) : 그렇지 아니하면.

법칙 칙/곧 즉

刂部(선칼도방) 7획총9획 영rule, soon 중則[zé] 일ソク(のり) 【난이도】중학용, 읽기 5급, 쓰기 4급

## 親

親親親親親親親親親親親親親親親親

親親親親親

親舊(친구) 親姻戚(친인척) 親戚(친척) 家親(가친) 親族(친족) 親切(친절)

嚴親(엄친) : ① 엄하게 길러 주는 어버이라는 뜻으로, 남에게 '자기(自己)의 아버지'를 일컫는 말. ② 주로 밖의 일을 보는 어버이란 뜻으로, 아버지를 일컫는 말.

친할 친

見部(볼견)9획총16획 영friendly 중亲[qīn] 일シン(おや·したしい) 【난이도】중학용, 읽기 6급, 쓰기 5급

## 七

七七

七七七七七

七夕(칠석) 七書(칠서) 七月(칠월) 七十(칠십) 北斗七星(북두칠성) 七言(칠언)

七顚八起(칠전팔기) : 일곱 번 넘어져도 여덟 번째 일어난다는 뜻으로, 실패(失敗)를 거듭하여도 굴하지 않고 다시 일어섬.

일곱 칠

一部(한일) 1획 총2획 영seven 중qī 일シチ(なな·ななつ·なの) 【난이도】중학용, 읽기 8급, 쓰기 6급II

# 針

針針針針針針針針針針

針 針 針 針 針

針葉樹(침엽수) 針房(침방) 羅針盤(나침반) 針線(침선) 擊針(격침) 時針(시침)

磨斧爲針(마부위침) : '도끼를 갈아 바늘을 만든다'는 뜻으로, 아무리 이루기 힘든 일도 끊임없는 노력(努力)과 끈기 있는 인내(忍耐)로 성공(成功)하고야 만다는 뜻.

바늘 침

金部(쇠금) 2획총10획 | 영needle, pin 중针[jīn] 일シン(はり) 【난이도】 중학용, 읽기 4급, 쓰기 3급

---

# 快

快快快快快快快

快 快 快 快 快

欣快(흔쾌) 快擧(쾌거) 愉快(유쾌) 爽快(상쾌) 快樂(쾌락) 明快(명쾌) 快活(쾌활)

快刀亂麻(쾌도난마) : 헝클어진 삼을 잘 드는 칼로 자른다는 뜻으로, 복잡하게 얽힌 사물이나 비꼬인 문제들을 솜씨 있고 바르게 처리함을 비유해 이르는 말.

쾌할 쾌

忄部(심방변) 4획총7획 | 영cheerful 중kuài 일カイ(こころよい) 【난이도】 중학용, 읽기 4급II, 쓰기 3급II

---

# 他

他他他他他

他 他 他 他 他

他國(타국) 他鄕(타향) 他人(타인) 其他(기타) 他邦(타방) 他關(타관) 他殺(타살)

他人之宴曰梨曰栗(타인지연왈리왈률) : 남의 잔치에 배 놓아라 밤 놓아라 한다는 뜻으로, 남의 일에 공연히 쓸데없는 참견(參見)을 한다는 뜻.

다를 타

亻部(사람인변) 3획총5획 | 영different 중tā 일夕(ほか) 【난이도】 중학용, 읽기 5급, 쓰기 4급

---

# 打

打打打打打

打 打 打 打 打

打擊(타격) 毆打(구타) 打破(타파) 打撲(타박) 打開(타개) 强打(강타) 打診(타진)

一網打盡(일망타진) : 「그물을 한번 쳐서 물고기를 모조리 잡는다」는 뜻으로, 한꺼번에 죄다 잡는다는 말. 利害打算(이해타산) : 이해 관계를 이모저모 따져 헤아리는 일.

칠 타

扌(手)部(재방변)2획총5획 | 영strike, hit 중dǎ 일夕·チョウ(うつ) 【난이도】 중학용, 읽기 5급, 쓰기 4급

---

# 脫

脫脫脫脫脫脫脫脫脫脫脫

脫 脫 脫 脫 脫

逸脫(일탈) 離脫(이탈) 脫出(탈출) 脫黨(탈당) 虛脫(허탈) 脫漏(탈루) 脫落(탈락)

足脫不及(족탈불급) : 맨발로 뛰어도 따라가지 못한다는 뜻으로, 능력(能力)이나 재질(才質)·역량(力量) 따위가 뚜렷한 차이(差異)가 있음을 이르는 말.

벗을 탈

月部(육달월)7획총11획 | 영slip off 중脫[tuō] 일脫[ダツ](ぬぐ·ぬげる) 【난이도】 중학용, 읽기 4급, 쓰기 3급

| 探 |
|---|
| 찾을 탐 |
| 扌(手)部(재방변)8획총11획 |

探探探探探探探探探探探

探 探 探 探 探

探究(탐구) 探査(탐사) 探索(탐색) 探問(탐문) 探訪(탐방) 探知(탐지) 探照(탐조)

探囊取物(탐낭취물) : 주머니 속에 든 물건(物件)을 꺼낸다는 뜻으로, 아주 쉬운 일 또는 매우 쉽게 얻음을 이르는 말.

영 search 중 探[tàn] 일 タン(さがす·さぐる) 【난이도】 중학용, 읽기 4급, 쓰기 3급

| 太 |
|---|
| 클 태 |
| 大部(큰대) 1획총4획 |

太大大太

太 太 太 太 太

太陽(태양) 太極旗(태극기) 太陽曆(태양력) 太平洋(태평양) 姜太公(강태공)

太平聖代(태평성대) : 어질고 착한 임금이 다스리는 태평한 세상.
天下太平(천하태평) : ☞ 천하태평(天下泰平).

영 great 중 tài 일 タ·タイ(ふとい·ふとる) 【난이도】 중학용, 읽기 6급, 쓰기 5급

| 泰 |
|---|
| 클 태 |
| 水部(아래물수) 5획총10획 |

泰泰泰泰泰泰泰泰泰泰

泰 泰 泰 泰 泰

泰國(태국) 泰斗(태두) 泰山(태산) 泰然(태연) 泰初(태초) 泰東(태동) 泰陵(태릉)

天下泰平(천하태평) : 천하태평(天下太平). ① 온 세상이 태평함. ② 근심 걱정이 없거나 성질(性質)이 느긋하여 세상 근심을 모르고 편안(便安)함, 또는 그런 사람.

영 great 중 tài 일 タイ(やすい) 【난이도】 중학용, 읽기 3급II, 쓰기 2급

| 宅 |
|---|
| 집 택 |
| 宀部(갓머리) 3획총6획 |

宅宅宅宅宅宅

宅 宅 宅 宅 宅

宅地(택지) 古宅(고택) 自宅(자택) 邸宅(저택) 住宅(주택) 住宅街(주택가)

徙宅忘妻(사택망처) : '집을 옮기며 아내를 잊어버린다'라는 뜻으로, 정신(精神)이 나간 사람처럼 소중(所重)한 것을 잊어버린다는 말.

영 house 중 zhái 일 タク(すまい) 【난이도】 중학용, 읽기 5급II, 쓰기 4급II

| 土 |
|---|
| 흙 토 |
| 土部(흙토) 0획 총3획 |

土十土

土 土 土 土 土

土臺(토대) 土壤(토양) 土地(토지) 土質(토질) 國土(국토) 領土(영토) 風土(풍토)

捲土重來(권토중래) : 흙먼지를 날리며 다시 온다는 뜻으로, ① 한 번 실패(失敗)에 굴하지 않고 몇 번이고 다시 일어남. ② 패한 자가 세력(勢力)을 되찾아 다시 쳐들어옴.

영 soil, earth 중 tǔ 일 ト·ド(つち) 【난이도】 중학용, 읽기 8급, 쓰기 6급II

171

通 通 通 通 通 通 通 通 通 通 通

通 通 通 通 通

通過(통과) 通信(통신) 通行(통행) 交通(교통) 普通(보통) 疏通(소통) 流通(유통)

一脈相通(일맥상통) : 생각·성질(性質)·처지(處地) 등(等)이 어느 면에서 한 가지로 서로 통(通)함, 서로 비슷함

**통할 통**

辶部(책받침) 7획 총11획

영go through 중通[tōng] 일通[ツウ·ツ](とおす) 【난이도】 중학용, 읽기 6급, 쓰기 5급

---

統 統 統 統 統 統 統 統 統 統 統 統

統 統 統 統 統

大統領(대통령) 統合(통합) 統制(통제) 統一(통일) 統計廳(통계청) 統計(통계)

創業垂統(창업수통) : 나라나 사업(事業)을 먼저 일으켜 자손(子孫)이 이어받을 수 있도록 그 통서(統緖)를 전(傳)해 줌.

**거느릴 통**

糸部(실사) 6획 총12획

영command 중统[tǒng] 일トウ(すべる) 【난이도】 중학용, 읽기 4급II, 쓰기 3급II

---

退 退 退 退 退 退 退 退 退 退

退 退 退 退 退

退勤(퇴근) 退路(퇴로) 退場(퇴장) 退職(퇴직) 退陣(퇴진) 辭退(사퇴) 進退(진퇴)

進退維谷(진퇴유곡) : '앞으로도 뒤로도 나아가거나 물러서지 못하다'라는 뜻으로, 궁지(窮地)에 빠진 상태(狀態).

**물러날 퇴**

辶部(책받침) 6획 총10획

영retreat 중退[tuì] 일退[タイ](しりぞく) 【난이도】 중학용, 읽기 4급II, 쓰기 3급II

---

投 投 投 投 投 投 投

投 投 投 投 投

投機(투기) 投棄(투기) 投身(투신) 投入(투입) 投資(투자) 投票(투표) 投降(투항)

漢江投石(한강투석) : 한강에 아무리 돌을 많이 집어 넣어도 메울 수 없다는 뜻으로, ① 아무리 도와도 보람이 없는 것. ② 아무리 투자를 하거나 애를 써도 보람이 없음을 이르는 말.

**던질 투**

扌(手)部(재방변) 4획 총7획

영throw 중tóu 일トウ(なげる) 【난이도】 중학용, 읽기 4급, 쓰기 3급

---

特 特 特 特 特 特 特 特 特 特

特 特 特 特 特

特別(특별) 特色(특색) 特性(특성) 特殊(특수) 特定(특정) 特輯(특집) 特徵(특징)

大書特筆(대서특필) : '뚜렷이 드러나게 큰 글씨로 쓰다'라는 뜻으로, 누구나 알게 크게 여론화(輿論化)함을 이르는 말.

**특별할 특**

牛部(소우) 6획 총10획

영special 중tè 일トク(ことに) 【난이도】 중학용, 읽기 6급, 쓰기 5급

## 波

물결 파

氵部(삼수변) 5획 총8획

波 波 波 波 波 波 波 波

波 波 波 波 波

波紋(파문) 波動(파동) 波長(파장) 餘波(여파) 波濤(파도) 波高(파고) 波及(파급)

江湖煙波(강호연파) : ① 강이나 호수 위에 안개처럼 보얗게 이는 잔물결. ② 산수의 좋은 경치. 萬頃蒼波(만경창파) : 만 이랑의 푸른 물결이라는 뜻으로, 한없이 넓고 푸른 바다.

영wave 중bō 일ハ(なみ) 【난이도】중학용, 읽기 4급II, 쓰기 3급II

## 破

깨뜨릴 파

石部(돌석)5획총10획

破 破 破 破 破 破 破 破 破 破

破 破 破 破 破

破綻(파탄) 破壞(파괴) 突破(돌파) 破棄(파기) 破産(파산) 爆破(폭파) 破局(파국)

破廉恥(파렴치) : ① 수치(羞恥)를 수치(羞恥)로 알지 아니함. ② 염치(廉恥)를 모름. 몰염치(沒廉恥). ③ 뻔뻔스러움.

영break 중pò 일ハ(やぶる·やぶれる) 【난이도】중학용, 읽기 4급II, 쓰기 3급II

## 判

판단할 판

刂部(선칼도방)5획 총7획

判 判 判 判 判 判 判

判 判 判 判 判

批判(비판) 判斷(판단) 審判(심판) 判決(판결) 裁判(재판) 判定(판정) 判事(판사)

理判事判(이판사판) :「이판(理判)과 사판(事判)이 붙어서 된 말」로, 막다른 데 이르러 어찌할 수 없게 된 지경(地境)을 뜻함.

영judge 중判[pàn] 일判[ハン·パン](わける) 【난이도】중학용, 읽기 4급, 쓰기 3급

## 八

여덟 팔

八部(여덟팔) 0획총2획

八 八

八 八 八 八 八

八公山(팔공산) 八道(팔도) 八道江山(팔도강산) 八字(팔자) 初八日(초파일)

七顚八起(칠전팔기) : 일곱 번 넘어져도 여덟 번째 일어난다는 뜻으로, 실패(失敗)를 거듭하여도 굴하지 않고 다시 일어섬.

영eight 중bā 일ハチ(や·やつ·やっつ) 【난이도】중학용, 읽기 8급, 쓰기 6급II

## 貝

조개 패

貝部(조개패) 0획 총7획

貝 貝 貝 貝 貝 貝 貝

貝 貝 貝 貝 貝

貝物(패물) 魚貝(어패) 貝類(패류) 貝殼(패각) 貝塚(패총) 文貝(문패) 貝甲(패갑)

金銀寶貝(금은보패) :「금은보배」의 원말. 금, 은, 옥, 진주 따위의 매우 귀중한 물건. 寶貝(보패) : 보배의 원말. 아주 귀(貴)하고 소중(所重)한 물건(物件).

영shell 중贝[bèi] 일カイ 【난이도】중학용, 읽기 3급, 쓰기 2급

| 敗 | 敗敗敗敗敗敗敗敗敗敗 | | | | | | | | | |
|---|---|---|---|---|---|---|---|---|---|---|
| | 敗 | 敗 | 敗 | 敗 | 敗 | | | | | |

敗北(부패) 失敗(실패) 敗北(패배) 勝敗(승패) 慘敗(참패) 成敗(성패) 敗走(패주)

不正腐敗(부정부패) : 생활(生活)이 바르지 못하고 썩을 대로 썩음.
敗家亡身(패가망신) : 가산(家産)을 탕진(蕩盡)하고 몸을 망침.

**패할 패**

攵部(등글월문)7획총11획

영defeated 중敗[bài] 일ハイ(bài) 【난이도】 중학용, 읽기 5급, 쓰기 4급

---

| 片 | 片片片片 | | | | | | | | | |
|---|---|---|---|---|---|---|---|---|---|---|
| | 片 | 片 | 片 | 片 | 片 | | | | | |

片刻(편각) 片肉(편육) 片紙(편지) 片楮(편저) 破片(파편) 花片(화편) 阿片(아편)

一片丹心(일편단심) : 한 조각의 붉은 마음이란 뜻으로, ① 한결같은 참된 정성, 변치 않는 참된 마음을 이름. ② 오로지 한 곳으로 향한, 한 조각의 붉은 마음.

**조각 편**

片部(조각편) 0획총4획

영splinter 중fēng 일ヘン(かた) 【난이도】 중학용, 읽기 4급Ⅱ, 쓰기 3급Ⅱ

---

| 便 | 便便便便便便便便便 | | | | | | | | | |
|---|---|---|---|---|---|---|---|---|---|---|
| | 便 | 便 | 便 | 便 | 便 | | | | | |

形便(형편) 便宜(편의) 便紙(편지) 男便(남편) 不便(불편) 便安(편안) 便利(편리)

便宜主義(편의주의) : 어떤 사물(事物)을 근본적(根本的)으로 처리(處理)하지 아니하고, 임시(臨時)로 둘러맞추는 방법(方法).

**편할 편**

亻部(사람인변)7획총9획

영handy 중biàn 일ビン·ベン](たより) 【난이도】 중학용, 읽기 7급, 쓰기 6급

---

| 篇 | 篇篇篇篇篇篇篇篇篇篇篇篇篇篇篇 | | | | | | | | | |
|---|---|---|---|---|---|---|---|---|---|---|
| | 篇 | 篇 | 篇 | 篇 | 篇 | | | | | |

玉篇(옥편) 短篇(단편) 長篇(장편) 小篇(소편) 中篇(중편) 短篇小說(단편소설)

千篇一律(천편일률) : 여러 시문(詩文)의 격조가 변화 없이 비슷비슷하다는 뜻으로, 여러 사물(事物)이 거의 비슷비슷하여 특색이 없음을 비유하여 이르는 말.

**책 편**

竹部(대죽)9획총15획

영book 중篇[piān] 일ヘン(ふだ·ふみ·まき) 【난이도】 중학용, 읽기 4급, 쓰기 3급

---

| 平 | 平平平平平 | | | | | | | | | |
|---|---|---|---|---|---|---|---|---|---|---|
| | 平 | 平 | 平 | 平 | 平 | | | | | |

平均(평균) 平等(평등) 平凡(평범) 平生(평생) 平素(평소) 平壤(평양) 平和(평화)

太平聖代(태평성대) : 어질고 착한 임금이 다스리는 태평(太平)한 세상(世上).
天下太平(천하태평) : ☞ 천하태평(天下泰平).

**평평할 평**

干部(방패간) 2획총5획

영flat·even 중píng 일ビョウ·ヘイ(たいら·ひら) 【난이도】 중학용, 읽기 7급Ⅱ, 쓰기 6급

## 閉

閉閉閉閉閉閉閉閉閉閉閉

閉 閉 閉 閉 閉

**닫을 폐**

門部(문문) 3획총11획

閉鎖(폐쇄) 閉幕(폐막) 密閉(밀폐) 閉塞(폐색) 開閉(개폐) 閉會(폐회) 閉止(폐지)

金口閉舌(금구폐설) : 「귀중(貴重)한 말을 할 수 있는 입을 다물고 혀를 놀리지 않는다」는 뜻으로, 침묵(沈默)함을 이르는 말.

영shut 중闭[bì] 일ヘイ(とじる・とざす) 【난이도】 중학용, 읽기 4급, 쓰기 3급

## 布

布布布布布

布 布 布 布 布

**베 포**

巾部(수건건) 2획총5획

布告(포고) 布施(포시) 公布(공포) 配布(배포) 排布(배포) 撒布(살포) 宣布(선포)

季布一諾(계포일낙) : 계포가 한 번 한 약속이라는 뜻으로, 초나라의 계포(季布)는 한 번 승낙한 일이면 꼭 실행하는 약속을 잘 지키는 사람이었음에서 비롯하여, 틀림없이 승낙함을 뜻함.

영linen 중bù 일フ(ぬの) 【난이도】 중학용, 읽기 4급II, 쓰기 3급II

## 抱

抱抱抱抱抱抱抱抱

抱 抱 抱 抱 抱

**안을 포**

扌(手)部(재방변)5획 총8획

抱負(포부) 懷抱(회포) 抱擁(포옹) 抱主(포주) 旅抱(여포) 抱槍(포창) 抱卵(포란)

抱薪救火(포신구화) : 「땔나무를 안고 불을 끄러 간다」는 뜻으로, 재해(災害)를 방지(防止)하려다가, 자기도 말려들어가 자멸하거나 도리어 크게 손해를 입음을 이르는 말.

영embrace 중bào 일ホウ(いだく・かかえる) 【난이도】중학용, 읽기 3급, 쓰기 2급

## 暴

暴暴暴暴暴暴暴暴暴暴暴暴暴暴暴

暴 暴 暴 暴 暴

**사나울 폭/모질 포**

日部(날일)11획총15획

暴力(폭력) 暴騰(폭등) 橫暴(횡포) 暴露(폭로) 暴行(폭행) 暴風(폭풍) 暴政(폭정)

自暴自棄(자포자기) : 자신(自身)을 스스로 해(害)치고 버린다는 뜻으로, 몸가짐이나 행동(行動)을 되는 대로 취(取)함.

영wild, expose 중bā 일ボウ(あばれる) 【난이도】 중학용, 읽기 4급II, 쓰기 3급II

## 表

表表表表表表表表

表 表 表 表 表

**겉 표**

衣部(옷의) 2획 총8획

表決(표결) 表裏(표리) 表面(표면) 表明(표명) 表示(표시) 表題(표제) 表紙(표지)

表裏不同(표리부동) : 겉과 속이 같지 않음이란 뜻으로, 마음이 음흉맞아서 겉과 속이 다름. 德爲人表(덕위인표) : 덕망(德望)이 높아 세상 사람의 사표(師表)가 됨.

영surface 중biǎo 일ヒョウ(おもて) 【난이도】 중학용, 읽기 6급II, 쓰기 5급II

# 品

물건 품

口部(입구) 6획 총9획

品品品品品品品品品

| 品 | 品 | 品 | 品 | 品 | | | | | |
|---|---|---|---|---|---|---|---|---|---|

製品(제품) 商品(상품) 物品(물품) 部品(부품) 作品(작품) 品質(품질) 納品(납품)

天下一品(천하일품) : 비교(比較)할 수 없을 정도(程度)로 뛰어남.
品行方正(품행방정) : 품성(品性)과 행실(行實)이 바르고 단정(端正)함.

영goods 중pǐn 일ヒン(しな) 【난이도】 중학용, 읽기 5급Ⅱ, 쓰기 4급Ⅱ

---

# 風

바람 풍

風部(바람풍) 0획 총9획

風風風風風風風風風

| 風 | 風 | 風 | 風 | 風 | | | | | |
|---|---|---|---|---|---|---|---|---|---|

熱風(열풍) 風景(풍경) 颱風(태풍) 風俗(풍속) 風土(풍토) 風潮(풍조) 暴風(폭풍)

風前燈火(풍전등화) :「바람 앞의 등불」이란 뜻으로, ① 사물이 오래 견디지 못하고 매우 위급(危急)한 자리에 놓여 있음을 가리키는 말. ② 사물이 덧없음을 가리키는 말.

영wind 중风[fēng] 일フウ·フ(かざ·かぜ) 【난이도】 중학용, 읽기 6급Ⅱ, 쓰기 5급Ⅱ

---

# 豊

풍년 풍

豆部(콩두) 6획 총13획

豊豊豊豊豊豊豊豊豊豊豊豊豊

| 豊 | 豊 | 豊 | 豊 | 豊 | | | | | |
|---|---|---|---|---|---|---|---|---|---|

豊富(풍부) 豊饒(풍요) 豊盛(풍성) 豊足(풍족) 豊裕(풍유) 豊漁(풍어) 豊滿(풍만)

時和年豊(시화연풍) : ☞ 시화연풍(時和年豊).
時和歲豊(시화세풍) : ☞ 시화세풍(時和歲豊).

영abundant 중丰 일ホウ(ゆたか) 【난이도】 읽기 4급Ⅱ, 쓰기 3급Ⅱ

---

# 皮

가죽 피

皮部(가죽피) 0획 총5획

| 皮 | 皮 | 皮 | 皮 | 皮 | | | | | |
|---|---|---|---|---|---|---|---|---|---|

皮膚(피부) 脫皮(탈피) 皮膚科(피부과) 毛皮(모피) 皮膚炎(피부염) 表皮(표피)

鐵面皮(철면피) : 쇠처럼 두꺼운 낯가죽이라는 뜻으로, 뻔뻔스럽고 염치(廉恥)없는 사람을 이르는 말.

영skin 중pí 일ヒ(かわ) 【난이도】 중학용, 읽기 3급Ⅱ, 쓰기 2급

---

# 彼

저 피

彳部(두인변) 5획 총8획

| 彼 | 彼 | 彼 | 彼 | 彼 | | | | | |
|---|---|---|---|---|---|---|---|---|---|

彼我(피아) 彼岸(피안) 彼日(피일) 彼此(피차) 於此彼(어차피) 到彼岸(도피안)

知彼知己(지피지기) : 적을 알고 나를 알아야 한다는 뜻으로, 적의 형편(形便)과 나의 형편(形便)을 자세(仔細)히 알아야 한다는 의미(意味).

영that 중bǐ 일ヒ(かの·かれ) 【난이도】 중학용, 읽기 3급Ⅱ, 쓰기 2급

匹 匹 匹 匹

| 匹 | 匹 | 匹 | 匹 | 匹 | | | | |
|---|---|---|---|---|---|---|---|---|

配匹(배필) 匹鳥(필조) 匹夫(필부) 匹敵(필적) 馬匹(마필) 分匹(분필) 匹馬(필마)

匹夫匹婦(필부필부) : 평범(平凡)한 남자(男子)와 평범(平凡)한 여자(女子).
天生配匹(천생배필) : 하늘에서 미리 전(傳)해 준 배필(配匹).

**짝 필**

囗部(감출혜) 2획 총 4획 　영partner　중pǐ　일ヒツ(ひき)　【난이도】 중학용, 읽기 3급, 쓰기 2급

---

必 必 必 必 必

| 必 | 必 | 必 | 必 | 必 | | | | |
|---|---|---|---|---|---|---|---|---|

必要(필요) 必須(필수) 必需的(필수적) 必要性(필요성) 不必要(불필요)

生者必滅(생자필멸) : 생명(生命)이 있는 것은 반드시 죽게 마련이라는 뜻으로, 불교(佛敎)에서 세상만사(世上萬事)가 덧없음을 이르는 말.

**반드시 필**

心部(마음심)1획 총 5획 　영surely　중bì　일ヒツ(かならず)　【난이도】 중학용, 읽기 5급II, 쓰기 4급II

---

筆 筆 筆 筆 筆 筆 筆 筆 筆 筆 筆 筆

| 筆 | 筆 | 筆 | 筆 | 筆 | | | | |
|---|---|---|---|---|---|---|---|---|

筆記(필기) 筆頭(필두) 筆跡(필적) 筆筒(필통) 明筆(명필) 隨筆(수필) 執筆(집필)

能書不擇筆(능서불택필) : 글씨를 잘 쓰는 이는 붓을 가리지 않는다는 뜻으로, 일에 능한 사람은 도구를 탓하지 않음을 이르는 말.

**붓 필**

竹部(대죽) 6획 총 12획 　영pen, writing brush　중笔[bǐ]　일ヒツ(ふで)　【난이도】중학용, 읽기 5급II, 쓰기 4급II

---

下 下 下

| 下 | 下 | 下 | 下 | 下 | | | | |
|---|---|---|---|---|---|---|---|---|

下降(하강) 下落(하락) 以下(이하) 傘下(산하) 地下鐵(지하철) 貶下(폄하)

眼下無人(안하무인) : 눈 아래에 사람이 없다는 뜻으로, ① 사람됨이 교만하여 남을 업신여김을 이르는 말. ② 태도가 몹시 거만하여 남을 사람같이 대하지 않는 것.

**아래 하**

一部(한일) 2획 총 3획 　영below　중xià　일カ・ゲ(おりる・おろす)　【난이도】 중학용, 읽기 7급II, 쓰기 6급

---

何 何 何 何 何 何 何

| 何 | 何 | 何 | 何 | 何 | | | | |
|---|---|---|---|---|---|---|---|---|

何等(하등) 何時(하시) 何必(하필) 幾何(기하) 誰何(수하) 若何(약하) 如何(여하)

何必曰利(하필왈이) : '어찌 꼭 이익(利益)만을 말하는가'라는 뜻으로, 오직 인의(仁義)에 입각(立脚)해서 일을 하면 이익(利益)을 추구)하지 않더라도 이익이 돌아온다는 말.

**어찌 하**

イ部(사람인변) 5획 총 7획 　영how　중hé　일カ・グ(なに・なん)　【난이도】 중학용, 읽기 3급II, 쓰기 2급

| 河 | 河河河河河河河河 |
| --- | --- |
| | 河 河 河 河 河 |

물 하

河口(하구) 河川(하천) 河海(하해) 氷河(빙하) 銀河水(은하수) 黃河(황하)

百年河淸(백년하청) : 백 년을 기다린다 해도 황하(黃河)의 흐린 물은 맑아지지 않는다는 뜻으로, 오랫동안 기다려도 바라는 것이 이루어질 수 없음을 이르는 말.

氵部(삼수변) 5획 총8획

영river 중hé 일カ(かわ) 【난이도】 중학용, 읽기 5급, 쓰기 4급

---

夏

| 夏夏夏夏夏夏夏夏夏夏 |
| --- |
| 夏 夏 夏 夏 夏 |

여름 하

夏期(하기) 夏服(하복) 夏至(하지) 盛夏(성하) 立夏(입하) 春夏秋冬(춘하추동)

冬蟲夏草(동충하초) : 겨울에는 벌레이던 것이 여름에는 풀이 된다는 뜻으로, 동충하초과의 버섯을 통틀어 이르는 말. 거미·매미 따위의 곤충의 시체에 기생하여 자실체(子實體)를 냄.

夂部(천천히걸을쇠)7획총10획

영summer 중xià 일カ·ゲ(なつ) 【난이도】 중학용, 읽기 7급, 쓰기 6급

---

賀

| 賀賀賀賀賀賀賀賀賀賀賀賀 |
| --- |
| 賀 賀 賀 賀 賀 |

하례할 하

賀儀(하의) 祝賀(축하) 致賀(치하) 年賀狀(연하장) 賀壽宴(하수연) 賀壽筵(하수연)

恭賀新年(공하신년) : 삼가 새해를 축하(祝賀)함.
恭賀新禧(공하신희) : ☞ 근하신년(謹賀新年).

貝部(조개패)5획총12획

영congratulate 중賀[hè] 일ガ(いわう) 【난이도】 중학용, 읽기 3급Ⅱ, 쓰기 2급

---

學

| 學學學學學學學學學學學學學學學學 |
| --- |
| 學 學 學 學 學 |

배울 학

學校(학교) 學問(학문) 學生(학생) 科學(과학) 數學(수학) 大學(대학) 哲學(철학)

曲學阿世(곡학아세) : 학문(學問)을 굽히어 세상(世上)에 아첨(阿諂)한다는 뜻으로, 정도(正道)를 벗어난 학문(學問)으로 세상(世上) 사람에게 아첨(阿諂)함을 이르는 말.

子部(아들자)13획총16획

영learn 중学[xué] 일学[ガク](まなぶ) 【난이도】 중학용, 읽기 8급, 쓰기 6급Ⅱ

---

| 恨 | 恨恨恨恨恨恨恨恨恨 |
| --- | --- |
| | 恨 恨 恨 恨 恨 |

한할 한

恨歎(한탄) 怨恨(원한) 悔恨(회한) 仇恨(구한) 恨嘆(한탄) 慨恨(개한) 大恨(대한)

多情多恨(다정다한) : ① 유난히 잘 느끼고 또 원한도 잘 가짐. ② 애틋한 정도 많고 한스러운 일도 많음. 刻骨憤恨(각골분한) : 마음속 깊이 분하고 한스러움.

忄部(심방변) 6획 총9획

영grudge 중bǐ 일コン(うらむ·うらめしい)【난이도】 중학용, 읽기 4급, 쓰기 3급

## 限

**한정할 한**

限(阜)部(좌부방)6획 총9획

限限限限限限限限限

限 限 限 限 限

制限(제한) 限界(한계) 權限(권한) 最小限(최소한) 限定(한정) 時限(시한)

不在此限(부재차한) : 어떠한 한계(限界)에 얽매이지 않고 그 구속(拘束)을 벗어날 수가 있음. 限死決斷(한사결단) : 죽기로써 결단(決斷)함.

영limit 중xiàn 일ゲン(かぎる) 【난이도】중학용, 읽기 4급Ⅱ, 쓰기 3급Ⅱ

---

## 閑

**한가할 한**

門部(문문)4획총12획

閑閑閑閑閑閑閑閑閑閑閑閑

閑 閑 閑 閑 閑

閑暇(한가) 閑談(한담) 閑良(한량) 閑散(한산) 閑寂(한적) 等閑(등한) 有閑(유한)

閑話休題(한화휴제) : '쓸데없는 이야기는 그만 하고'라는 뜻으로, 글을 쓸 때, 한동안 본론(本論)에서 벗어난 이야기를 써 내려가다가 다시 본론으로 돌아갈 때 쓰는 말.

영leisure, relaxed 중闲[xián] 일カン 【난이도】중학용, 읽기 4급, 쓰기 3급

---

## 寒

**찰 한**

宀部(갓머리)10획 총13획

寒寒寒寒寒寒寒寒寒寒寒寒寒

寒 寒 寒 寒 寒

寒露(한로) 寒食(한식) 寒流(한류) 寒心(한심) 大寒(대한) 小寒(소한) 惡寒(오한)

脣亡齒寒(순망치한) : 입술을 잃으면 이가 시리다는 뜻으로, 가까운 사이의 한쪽이 망하면 다른 한쪽도 그 영향을 받아 온전(穩全)하기 어려움을 비유하여 이르는 말.

영cold 중寒[hán] 일カン(さむい) 【난이도】중학용, 읽기 5급, 쓰기 4급

---

## 漢

**한수 한**

氵部(삼수변)11획 총14획

漢漢漢漢漢漢漢漢漢漢漢漢漢漢

漢 漢 漢 漢 漢

漢江(한강) 漢拏山(한라산) 漢文(한문) 漢書(한서) 漢字(한자) 前漢(전한)

漢江投石(한강투석) : 한강에 아무리 돌을 많이 집어 넣어도 메울 수 없다는 뜻으로, ① 아무리 도와도 보람이 없는 것. ② 아무리 투자를 하거나 애를 써도 보람이 없음을 이르는 말.

영name of a river 중汉[hàn] 일漢[カン] 【난이도】중학용, 읽기 7급Ⅱ, 쓰기 6급

---

## 韓

**한나라 한**

韋部(가죽위)8획 총17획

韓韓韓韓韓韓韓韓韓韓韓韓韓韓韓韓韓

韓 韓 韓 韓 韓

韓流(한류) 韓美(한미) 韓半島(한반도) 大韓民國(대한민국) 訪韓(방한) 北韓(북한)

韓海蘇潮(한해소조) : 한유(韓愈)의 문장은 왕양(汪洋)하여 바다와 같고, 소식(蘇軾)의 문장은 파란이 있어 조수와 같다는 뜻으로, 한유와 소식의 문장을 비교해 이르는 말.

영korea 중韩[Hán] 일カン(から) 【난이도】중학용, 읽기 3급Ⅱ, 쓰기 2급

合合合合合合

| 合 | 合 | 合 | 合 | 合 | | | | | |
|---|---|---|---|---|---|---|---|---|---|

合格(합격) 合計(합계) 合心(합심) 合一(합일) 結合(결합) 聯合(연합) 綜合(종합)

烏合之卒(오합지졸) : 까마귀가 모인 것 같은 무리라는 뜻으로, 질서(秩序) 없이 어중이떠중이가 모인 군중(群衆) 또는 제각기 보잘것없는 수많은 사람.

**합할 합**

口部(입구) 3획 총6획

영unite 중hé 일カッ·ゴウ(あう·あわす) 【난이도】 중학용, 읽기 6급, 쓰기 5급

---

恒恒恒恒恒恒恒恒恒

| 恒 | 恒 | 恒 | 恒 | 恒 | | | | | |
|---|---|---|---|---|---|---|---|---|---|

恒久的(항구적) 恒等式(항등식) 恒常(항상) 恒星(항성) 恒溫(항온) 恒用(항용)

恒茶飯事(항다반사) : 항다반(恒茶飯)으로 있는 일. 곧, 예사(例事)로운 일.
愛人者人恒愛之(애인자인항애지) : 다른 사람들을 사랑하는 사람은 다른 사람들도 늘 그를 사랑해줌.

**항상 항**

忄部(심방변) 6획총9획

영constant 중héng 일コウ(つね) 【난이도】 중학용, 읽기 3급II, 쓰기 2급

---

亥亥亥亥亥亥

| 亥 | 亥 | 亥 | 亥 | 亥 | | | | | |
|---|---|---|---|---|---|---|---|---|---|

癸亥(계해) 乙亥(을해) 癸亥反正(계해반정) 亥時(해시) 乙亥獄事(을해옥사)

己亥邪獄(기해사옥) : 조선 헌종(憲宗) 5년(1839)에 프랑스 신부(神父)를 비롯한 천주(天主) 교도(教徒) 70여 명을 처형한 천주교 박해(迫害) 사건(事件).

**돼지 해**

亠部(돼지해머리) 4획 총6획

영pig 중hài 일ガイ·カイ(い) 【난이도】 중학용, 읽기 3급, 쓰기 2급

---

海海海海海海海海海海

| 海 | 海 | 海 | 海 | 海 | | | | | |
|---|---|---|---|---|---|---|---|---|---|

海軍(해군) 海女(해녀) 海洋(해양) 海溢(해일) 海戰(해전) 西海(서해) 黃海(황해)

桑田碧海(상전벽해) : 뽕나무밭이 푸른 바다가 되었다라는 뜻으로, 세상(世上)이 몰라 볼 정도(程度)로 바뀐 것. 세상(世上)의 모든 일이 엄청나게 변해버린 것.

**바다 해**

氵部(삼수변)7획총10획

영sea 중hǎi 일海[カイ](うみ) 【난이도】 중학용, 읽기 7급II, 쓰기 6급

---

害害害害害害害害害害

| 害 | 害 | 害 | 害 | 害 | | | | | |
|---|---|---|---|---|---|---|---|---|---|

被害(피해) 侵害(침해) 弊害(폐해) 妨害(방해) 損害(손해) 利害(이해) 殺害(살해)

利害打算(이해타산) : 이해(利害) 관계(關係)를 이모저모 따져 헤아리는 일.
百害無益(백해무익) : 해(害)롭기만 하고 하나도 이로울 것이 없음.

**해칠 해**

宀部(갓머리) 7획총10획

영harm 중害[hài] 일ガイ(そこなう) 【난이도】 중학용, 읽기 5급II, 쓰기 4급II

| 解 | 解解解解角角角解解解解解解 |
| :---: | :--- |
| | 解解解解解 |
| 풀 해 | 解決(해결) 解雇(해고) 解放(해방) 解釋(해석) 解消(해소) 解弛(해이) 理解(이해) |
| | 結者解之(결자해지) : '일을 맺은 사람이 풀어야 한다'는 뜻으로, 일을 저지른 사람이 그 일을 해결(解決)해야 한다는 말. |
| 角部(뿔각) 6획총13획 | 영disentangle 중jiě 일カイ·ゲ(とかす·とく) 【난이도】중학용, 읽기4급Ⅱ, 쓰기 3급Ⅱ |

| 行 | 行行行行行行 |
| :---: | :--- |
| | 行行行行行 |
| 행할 행 | 施行(시행) 慣行(관행) 行爲(행위) 進行(진행) 遂行(수행) 執行(집행) 行動(행동) |
| | 錦衣夜行(금의야행) : 비단옷을 입고 밤길을 간다는 뜻으로, ① 아무 보람없는 행동을 비유하여 이르는 말. ② 또는 입신 출세하여 고향으로 돌아가지 않음을 이르는 말. |
| 行部(행할행) 0획총6획 | 영go, act 중xíng 일コウ(いく·おこなう·ゆく) 【난이도】중학용, 읽기 6급, 쓰기 5급 |

| 幸 | 幸幸幸幸幸幸幸幸 |
| :---: | :--- |
| | 幸幸幸幸幸 |
| 다행 행 | 幸福(행복) 幸祐(행우) 幸運(행운) 多幸(다행) 大幸(대행) 不幸(불행) 天幸(천행) |
| | 千萬多幸(천만다행) : 매우 다행(多幸)함.<br>萬萬多幸(만만다행) : ☞ 천만다행(千萬多幸). |
| 干部(방패간)5획 총8획 | 영fortunate 중xìng 일コウ(さいわい) 【난이도】중학용, 읽기 6급Ⅱ, 쓰기 5급Ⅱ |

| 向 | 向向向向向向 |
| :---: | :--- |
| | 向向向向向 |
| 향할 향 | 方向(방향) 向上(향상) 動向(동향) 向後(향후) 傾向(경향) 偏向(편향) 指向(지향) |
| | 家狗向裏吠(가구향리폐) : 「집에서 기르는 개가 집 안쪽을 향(向)해 짖는다」는 뜻으로, 은혜(恩惠)를 원수(怨讐)로 갚음을 이르는 말. |
| 口部(입구) 3획총6획 | 영face 중xiàng 일コウ(むかう·むく) 【난이도】중학용, 읽기 6급, 쓰기 5급 |

| 香 | 香香香香香香香香香 |
| :---: | :--- |
| | 香香香香香 |
| 향기 향 | 香奠(향전) 香氣(향기) 馨香(형향) 薰香(훈향) 香臭(향취) 丁香(정향) 香水(향수) |
| | 天香國色(천향국색) : 고상(高尙)한 향기(香氣)와 제일(第一)가는 색깔이라는 뜻으로, ① 모란을 달리 이르는 말. ② 절세미인(絶世美人)을 이르는 말. |
| 香部(향기향) 0획 총9획 | 영perfume 중xiāng 일コウ·キョウ(か·かおり) 【난이도】중학용, 읽기4급Ⅱ, 쓰기 3급Ⅱ |

| 鄉 | 鄉 鄉 鄉 鄉 鄉 鄉 鄉 鄉 鄉 鄉 鄉 鄉 鄉 |
|---|---|
| | 鄉 鄉 鄉 鄉 鄉 |
| | 故鄕(고향) 鄕友(향우) 鄕札(향찰) 他鄕(타향) 鄕愁(향수) 歸鄕(귀향) 京鄕(경향) |
| 시골 향 | 錦衣還鄕(금의환향) : 「비단옷 입고 고향(故鄕)에 돌아온다」는 뜻으로, 출세(出世)하여 고향(故鄕)에 돌아옴을 이르는 말. |
| 阝(邑)部(우부방)10획 총13획 | 영country 중乡[xiāng] 일キョウ・ゴウ(さと) 【난이도】 중학용, 읽기 4급Ⅱ, 쓰기 3급Ⅱ |

| 許 | 許 許 許 許 許 許 許 許 許 許 許 |
|---|---|
| | 許 許 許 許 許 |
| | 許容(허용) 許可(허가) 許諾(허락) 不許(불허) 免許(면허) 特許(특허) 許多(허다) |
| 허락할 허 | 免許皆傳(면허개전) : 스승이 예술(藝術)이나 무술(武術)의 깊은 뜻을 모두 제자(弟子)에게 전(傳)해 줌을 이르는 말. |
| 言部(말씀언)4획총11획 | 영permit 중许[xǔ] 일キョ(ゆるす) 【난이도】 중학용, 읽기 5급, 쓰기 4급 |

| 虛 | 虛 虛 虛 虛 虛 虛 虛 虛 虛 虛 虛 虛 |
|---|---|
| | 虛 虛 虛 虛 虛 |
| | 虛構(허구) 虛勢(허세) 虛僞(허위) 虛點(허점) 虛脫(허탈) 虛荒(허황) 謙虛(겸허) |
| 빌 허 | 虛張聲勢(허장성세) : 헛되이 목소리의 기세(氣勢)만 높인다는 뜻으로, 실력(實力)이 없으면서도 허세(虛勢)로만 떠벌림. |
| 虍部(범호엄) 6획 총12획 | 영empty 중虚[xū] 일虛[キョ・コ](むなしい) 【난이도】 중학용, 읽기 4급Ⅱ, 쓰기 3급Ⅱ |

| 革 | 革 革 革 革 革 革 革 革 革 |
|---|---|
| | 革 革 革 革 革 |
| | 改革(개혁) 革新(혁신) 革命(혁명) 革罷(혁파) 兵革(병혁) 變革(변혁) 沿革(연혁) |
| 가죽 혁 | 小人革面(소인혁면) : 어진 임금이 나라를 다스리면 소인(小人)들은 겉모양(模樣)만이라도 고쳐 불의(不義)한 것을 함부로 하지 못함. |
| 革部(가죽혁) 0획총9획 | 영leather 중gé 일カク(かわ) 【난이도】 중학용, 읽기 4급, 쓰기 3급 |

| 現 | 現 現 現 現 現 現 現 現 現 現 現 |
|---|---|
| | 現 現 現 現 現 |
| | 現在(현재) 現實(현실) 現象(현상) 表現(표현) 現場(현장) 現狀(현상) 實現(실현) |
| 나타날 현 | 現身說法(현신설법) : 부처가 여러 가지 모습으로 나타나 중생(衆生)을 위(爲)해 불법(佛法)을 설파(說破)하는 것. |
| 王部(구슬옥)7획총11획 | 영appear 중现[xiàn] 일ゲン(あらわれる) 【난이도】 중학용, 읽기 6급Ⅱ, 쓰기 5급Ⅱ |

# 賢

**어질 현**

貝部(조개패) 8획 총15획

賢明(현명) 賢淑(현숙) 賢人(현인) 賢哲(현철) 先賢(선현) 聖賢(성현) 儒賢(유현)

江左七賢(강좌칠현) : 고려 후기에 명리를 떠나 사귀던 일곱 선비. '이인로, 오세재, 임춘, 조통, 황보항, 함순, 이담지' 등을 중국 진(秦)나라 때의 죽림칠현에 비교하여 일컫는 말.

영wise 중贤[xián] 일ケン(かしこい) 【난이도】중학용, 읽기 4급II, 쓰기 3급II

---

# 血

**피 혈**

血部(피혈) 0획 총6획

血液(혈액) 獻血(헌혈) 輸血(수혈) 喀血(객혈) 貧血(빈혈) 血族(혈족) 血脈(혈맥)

鳥足之血(조족지혈) : '새발의 피'란 뜻으로, ① 극히 적은 분량(分量)을 말함. ② 아주 적어서 비교(比較)가 안됨. ③ 물건(物件)이 아주 작은 것을 가리킴.

영blood 중xiě 일ケチ・ケツ(ち) 【난이도】중학용, 읽기 4급II, 쓰기 3급II

---

# 協

**화할 협**

十部(열십) 6획 총8획

協商(협상) 妥協(타협) 協議(협의) 協力(협력) 協助(협조) 協定(협정) 協約(협약)

不協和音(불협화음) : ① 서로 뜻이 맞지 않아 일어나는 충돌(衝突). ② 둘 이상(以上)의 음(音)이 같이 울릴 때, 서로 어울리지 않고 탁하게 들리는 음(音).

영harmony 중协[xié] 일キョウ(かなう) 【난이도】중학용, 읽기 4급II, 쓰기 3급II

---

# 兄

**맏 형**

儿部(어진사람인발) 3획 총5획

兄夫(형부) 兄嫂(형수) 兄弟(형제) 兄弟姉妹(형제자매) 妹兄(매형) 姉兄(자형)

結義兄弟(결의형제) : ① 남남끼리 의리(義理)로써 형제 관계(關係)를 맺음. ② 또는 그런 형제(兄弟).

영elder brother 중xiōng 일キョウ・ケイ(あに) 【난이도】중학용, 읽기 8급, 쓰기 6급II

---

# 刑

**형벌 형**

刂部(선칼도방) 4획 총6획

刑吏(형리) 刑罰(형벌) 刑法(형법) 刑事(형사) 死刑(사형) 處刑(처형) 笞刑(태형)

刑期于無刑(형기우무형) : 형벌(刑罰)을 만드는 까닭은 악인(惡人)을 징계(懲戒)하여 또다시 죄(罪)를 지어 형벌(刑罰)을 받는 일이 없도록 하기 위(爲)한 것임.

영punishment 중xíng 일ケイ(のり) 【난이도】중학용, 읽기 4급, 쓰기 3급

| 形 | 形形形形形形形 |
|---|---|
| | 形 形 形 形 形 |
| 형상 형 | 形成(형성) 形式(형식) 形體(형체) 形便(형편) 大形(대형) 變形(변형) 整形(정형) |
| | 形而上學(형이상학) : 형체(形體)를 초월(超越)한 영역(領域)에 관(關)한 과학(科學)이라는 뜻으로, 철학(哲學)을 일컫는 말. |
| 彡部(터럭삼) 4획총7획 | 영form 중xíng 일キョウ·ケイ(かた·かたち) 【난이도】 중학용, 읽기 6급Ⅱ, 쓰기 5급Ⅱ |

| 惠 | 惠惠惠惠惠惠惠惠惠惠惠惠 |
|---|---|
| | 惠 惠 惠 惠 惠 |
| 은혜 혜 | 惠書(혜서) 惠存(혜존) 惠澤(혜택) 受惠(수혜) 恩惠(은혜) 天惠(천혜) 特惠(특혜) |
| | 惠諒(혜량) : 살펴서 이해(理解)함의 뜻으로, 편지(便紙)에서 쓰는 말. 겸손(謙遜)한 표현(表現)임. 부디 저의 간청(懇請)을 혜량(惠諒)하여 주시기 바랍니다의 뜻. |
| 心部(마음심) 8획총12획 | 영favor 중惠[huì] 일エケ·イ(めぐむ) 【난이도】 중학용, 읽기 4급Ⅱ, 쓰기 3급Ⅱ |

| 戶 | 戶戶戶戶 |
|---|---|
| | 戶 戶 戶 戶 戶 |
| 지게 호 | 戶籍(호적) 戶主(호주) 門戶(문호) 戶曹(호조) 窓戶紙(창호지) 戶籍簿(호적부) |
| | 家家戶戶(가가호호) : ① 각 집. ② 집집마다. ③ 또는 모든 집.<br>萬戶長安(만호장안) : 집 등(等)이 썩 많은 서울. |
| 戶部(지게호) 0획총4획 | 영door, house 중hù 일コ(と) 【난이도】 중학용, 읽기 4급Ⅱ, 쓰기 3급Ⅱ |

| 乎 | 乎乎乎乎乎 |
|---|---|
| | 乎 乎 乎 乎 乎 |
| 어조사 호 | 斷乎(단호) 純乎(순호) 宜乎(의호) 嗟乎(차호) 確乎(확호) 屹乎(흘호) 乎哉(확호) |
| | 老馬厭太乎(노마염태호) : '늙은 말이 콩 마다 하랴'라는 속담(俗談)의 한역으로, 본능적(本能的)인 욕망(慾望)은 늙는다고 없어지는 것이 아니라는 말. |
| ノ部(삐침별) 4획총5획 | 영a particle 중hū 일コ(か·かな·や·を) 【난이도】 중학용, 읽기 3급, 쓰기 2급 |

| 好 | 好好好好好好 |
|---|---|
| | 好 好 好 好 好 |
| 좋을 호 | 好感(호감) 好轉(호전) 好調(호조) 嗜好(기호) 選好(선호) 愛好(애호) 友好(우호) |
| | 好事多魔(호사다마) : 좋은 일에는 방해(妨害)가 되는 일이 많음.<br>好衣好食(호의호식) : ① 좋은 옷과 좋은 음식(飮食). ② 잘 입고 잘 먹음. |
| 女部(계집녀) 3획총6획 | 영good 중hǎo 일コウ(このむ·すく) 【난이도】 중학용, 읽기 4급Ⅱ, 쓰기 3급Ⅱ |

## 呼

부를 호

口部(입구) 5획총8획

呼呼呼呼呼呼呼呼

| 呼 | 呼 | 呼 | 呼 | 呼 | | | | | |

呼訴(호소) 呼吸(호흡) 呼應(호응) 歡呼(환호) 呼稱(호칭) 呼價(호가) 呼出(호출)

歡呼雀躍(환호작약) : 기뻐서 소리치며 날뜀.
暗中飛躍(암중비약) : 어둠 속에서 날고 뛴다는 뜻으로, 남모르게 활동함을 이르는 말.

영call  중hū  일コ(よぶ) 【난이도】 중학용, 읽기 4급II, 쓰기 3급II

## 虎

범 호

虎部(범호엄) 2획총8획

虎虎虎虎虎虎虎虎

| 虎 | 虎 | 虎 | 虎 | 虎 | | | | | |

虎班(호반) 猛虎(맹호) 白虎(백호) 虎皮(호피) 虎叱(호질) 兩虎(양호) 虎患(호환)

狐假虎威(호가호위) : 「여우가 호랑이의 위세(威勢)를 빌려 호기(豪氣)를 부린다」 는 뜻으로, 남의 세력(勢力)을 빌어 위세(威勢)를 부림.

영tiger  중hǔ  일コ(とら) 【난이도】 중학용, 읽기 3급II, 쓰기 2급

## 湖

호수 호

氵部(삼수변) 9획총12획

湖湖湖湖湖湖湖湖湖湖湖湖

| 湖 | 湖 | 湖 | 湖 | 湖 | | | | | |

湖南(호남) 湖水(호수) 江湖(강호) 水湖志(수호지) 淡水湖(담수호) 墨湖(묵호)

江湖歌道(강호가도) : 조선(朝鮮) 시대(時代)에 속세(俗世)를 떠나 자연(自然)을 벗하여 지내면서 일어난 시가(詩歌) 생활(生活)의 경향(傾向).

영lake  중hú  일コ(みずうみ) 【난이도】 중학용, 읽기 5급, 쓰기 4급

## 號

이름 호

虎部(범호엄)7획총13획

號號號號號號號號號號號號號

| 號 | 號 | 號 | 號 | 號 | | | | | |

口號(구호) 記號(기호) 番號(번호) 符號(부호) 商號(상호) 諡號(시호) 信號(신호)

號令如山(호령여산) : 호령(號令)이 산과 같다는 뜻으로, 호령(號令)은 엄중(嚴重)해 움직일 수 없음을 이르는 말.

영call out  중号[hào]  일号[コウ](さけぶ) 【난이도】 중학용, 읽기 6급, 쓰기 5급

## 或

혹시 혹

戈部(창과) 4획 총8획

或或或或或或或或

| 或 | 或 | 或 | 或 | 或 | | | | | |

或是(혹시) 間或(간혹) 設或(설혹) 或者(혹자) 或如(혹여) 或也(혹야) 或曰(혹왈)

多言或中(다언혹중) : 말을 많이 하다 보면 어쩌다가 사리(事理)에 맞는 말도 있음
或是或非(혹시혹비) : 옳기도 하고 그르기도 하여 옳고 그른 것이 질정되지 못함

영perhaps  중huò  일ワク(ある・あるいは) 【난이도】 중학용, 읽기 4급, 쓰기 3급

| 混 | 混混混混混混混混混混混 |
|---|---|
| | 混 混 混 混 混 |
| | 混亂(혼란) 混線(혼선) 混濁(혼탁) 混雜(혼잡) 混同(혼동) 混用(혼용) 混合(혼합) |
| 섞일 혼 | 玉石混淆(옥석혼효) : 옥과 돌이 함께 뒤섞여 있다는 뜻으로, 선과 악, 좋은 것과 나쁜 것이 함께 섞여 있음. |
| 氵部(삼수변) 8획총11획 | 영mix 중hùn 일コン(まぜる) 【난이도】중학용, 읽기 4급, 쓰기 3급 |

| 婚 | 婚婚婚婚婚婚婚婚婚婚婚 |
|---|---|
| | 婚 婚 婚 婚 婚 |
| | 婚姻(혼인) 結婚(결혼) 華婚(화혼) 離婚(이혼) 祝華婚(축화혼) 婚禮(혼례) |
| 혼인할 혼 | 冠婚喪祭(관혼상제) : 관례(冠禮)·혼례(婚禮)·상례(喪禮)·제례(祭禮)의 네 가지 예를 두고 말함. |
| 女部(계집녀) 8획총11획 | 영marry 중hūn 일コン 【난이도】중학용, 읽기 4급, 쓰기 3급 |

| 紅 | 紅紅紅紅紅紅紅紅紅 |
|---|---|
| | 紅 紅 紅 紅 紅 |
| | 紅疫(홍역) 紅茶(홍차) 紅海(홍해) 紅袖(홍수) 百日紅(백일홍) 紅裳(홍상) |
| 붉을 홍 | 同價紅裳(동가홍상) : '같은 값이면 다홍치마'라는 뜻으로, 같은 조건(條件)이라면 좀 더 낫고 편리(便利)한 것을 택함. |
| 糸部(실사) 3획총9획 | 영red 중紅[hóng] 일コウ·ク(べに·くれない) 【난이도】중학용, 읽기 4급, 쓰기 3급 |

| 化 | 化化化化 |
|---|---|
| | 化 化 化 化 化 |
| | 化學(화학) 强化(강화) 激化(격화) 文化(문화) 變化(변화) 消化(소화) 惡化(악화) |
| 될 화 | 橘化爲枳(귤화위지) : 강남(江南)의 귤을 강북(江北)에 심으면 탱자가 된다는 뜻으로, 사람도 환경(環境)에 따라 기질(氣質)이 변한다는 말. |
| 亻部(사람인변) 2획총4획 | 영become 중huà 일カ·ケ(ばかす·ばける) 【난이도】중학용, 읽기 5급II, 쓰기 4급II |

| 火 | 火火火火 |
|---|---|
| | 火 火 火 火 火 |
| | 火山(화산) 火星(화성) 火焰(화염) 火災(화재) 噴火口(분화구) 飛火(비화) |
| 불 화 | 燈火可親(등화가친) : 등불을 가까이 할 수 있다는 뜻으로, 가을 밤은 시원하고 상쾌(爽快)하므로 등불을 가까이 하여 글 읽기에 좋음을 이르는 말. |
| 火部(불화) 0획총4획 | 영fire 중huǒ 일カ(ひ·ほ) 【난이도】중학용, 읽기 8급, 쓰기 6급II |

| 花 | 花花花花花花花花 |
|---|---|
| | 花　花　花　花　花 |
| 꽃 화 | 無窮花(무궁화) 杏花(행화) 花草(화초) 櫻花(앵화) 梅花(매화) 菊花(국화) |
| | 落花流水(낙화유수) : 떨어지는 꽃과 흐르는 물이라는 뜻으로, ① 가는 봄의 경치. ② 남녀 간 서로 그리워하는 애틋한 정을 이르는 말. ③ 힘과 세력이 약해져 아주 보잘것없이 됨. |
| ++部(초두머리) 4획 총8획 | 영flower 중花[huā] 일花[カ](はな) 【난이도】 중학용, 읽기 7급, 쓰기 6급 |

| 和 | 和和和和和和和和 |
|---|---|
| | 和　和　和　和　和 |
| 화할 화 | 和睦(화목) 和親(화친) 和合(화합) 和解(화해) 緩和(완화) 調和(조화) 平和(평화) |
| | 附和雷同(부화뇌동) : 우레 소리에 맞춰 함께한다는 뜻으로, 자신(自身)의 뚜렷한 소신 없이 그저 남이 하는 대로 따라가는 것을 의미(意味)함. |
| 口部(입구) 5획총8획 | 영harmonize 중hé 일ワ·オ(なごむ·なごやか) 【난이도】 중학용, 읽기 6급II, 쓰기 5급II |

| 貨 | 貨貨貨貨貨貨貨貨貨貨貨 |
|---|---|
| | 貨　貨　貨　貨　貨 |
| 재화 화 | 貨幣(화폐) 貨物(화물) 財貨(재화) 外貨(외화) 雜貨(잡화) 通貨(통화) 円貨(엔화) |
| | 奇貨可居(기화가거) : ① 진기(珍奇)한 물건(物件)은 사서 잘 보관(保管)해 두면 장차 큰 이득(利得)을 본다는 말. ② 좋은 기회(機會)로 이용(利用)하기에 알맞음. |
| 貝部(조개패) 4획총11획 | 영goods 중货[huò] 일カ(かね) 【난이도】 중학용, 읽기 4급II, 쓰기 3급II |

| 華 | 華華華華華華華華華華華 |
|---|---|
| | 華　華　華　華　華 |
| 빛날 화 | 華婚(화혼) 華麗(화려) 昇華(승화) 榮華(영화) 祝華婚(축화혼) 豪華(호화) |
| | 華燭(화촉) : ① 빛깔 들인 밀초. ② 그림을 그리는 데 쓰는 밀초. ③ 혼인식(婚姻式) 따위에서 좌상의 등화(燈火). 뜻이 바뀌어 혼례를 달리 일컫는 말이 되었음. |
| ++部(초두머리)7획총11획 | 영brilliant 중华[huá] 일華[カ·ケ](はな) 【난이도】 중학용, 읽기 4급, 쓰기 3급 |

| 畵 | 畵畵畵畵畵畵畵畵畵畵畵畵畵 |
|---|---|
| | 畵　畵　畵　畵　畵 |
| 그림 화 | 畵家(화가) 畵伯(화백) 畵宣紙(화선지) 劇畵(극화) 漫畵(만화) 人物畵(인물화) |
| | 畵龍點睛(화룡점정) : 용을 그리고 눈동자를 찍는다는 뜻으로, 사물의 가장 중요한 부분을 완성시키거나 끝손질을 하는 것을 비유하는 말이다. |
| 田部(밭전) 8획총13획 | 영picture 중画[huà] 일画[ガ·カク](ある·あるいは) 【난이도】 읽기 특급II기 3급 |

# 話

**말할 화**

言部(말씀언) 6획 총13획

話話話話話話話話話話話話話

| 話 | 話 | 話 | 話 | 話 | | | | | |
|---|---|---|---|---|---|---|---|---|---|

携帶電話(휴대전화) 對話(대화) 電話(전화) 神話(신화) 話頭(화두) 通話(통화)

閑話休題(한화휴제) : '쓸데없는 이야기는 그만 하고'라는 뜻으로, 글을 쓸 때, 한동안 본론(本論)에서 벗어난 이야기를 써 내려가다가 다시 본론으로 돌아갈 때 쓰는 말.

영talk 중话[huà] 일ワ(はなし·はなす) 【난이도】 중학용, 읽기 7급Ⅱ, 쓰기 6급

---

# 患

**근심 환**

心部(마음심) 7획 총11획

患患患患患患患患患患患

| 患 | 患 | 患 | 患 | 患 | | | | | |
|---|---|---|---|---|---|---|---|---|---|

患者(환자) 疾患(질환) 外患(외환) 時患(시환) 患難(환난) 憂患(우환) 患部(환부)

識字憂患(식자우환) : 글자를 아는 것이 오히려 근심이 된다는 뜻으로, 알기는 알아도 똑바로 잘 알고 있지 못하기 때문에 그 지식이 오히려 걱정거리가 됨.

영anxiety 중huàn 일カン(わずらう) 【난이도】 중학용, 읽기 5급, 쓰기 4급

---

# 歡

**기뻐할 환**

欠部(하품흠)18획 총22획

歡歡歡歡歡歡歡歡歡歡歡歡歡歡歡歡歡歡歡歡歡歡

| 歡 | 歡 | 歡 | 歡 | 歡 | | | | | |
|---|---|---|---|---|---|---|---|---|---|

歡樂(환락) 歡心(환심) 歡迎(환영) 歡呼(환호) 歡喜(환희) 交歡(교환) 哀歡(애환)

歡天喜地(환천희지) : 하늘을 우러르고 기뻐하고, 땅을 굽어보고 기뻐한다는 뜻으로, 대단히 즐거워하고 기뻐함을 이르는 말.

영delight 중欢[huān] 일歓[カン](よろこぶ) 【난이도】 중학용, 읽기 4급, 쓰기 3급

---

# 活

**살 활**

氵部(삼수변) 6획총9획

活活活活活活活活活

| 活 | 活 | 活 | 活 | 活 | | | | | |
|---|---|---|---|---|---|---|---|---|---|

活動(활동) 生活(생활) 活用(활용) 活潑(활발) 復活(부활) 活性化(활성화)

死中求活(사중구활) : 죽을 고비에서 살길을 찾는다는 뜻으로, 난국을 타개하기 위(爲)해 감(敢)히 위험(危險)한 상태(狀態)에 뛰어듦을 이르는 말.

영live 중huó 일カツ(いきる) 【난이도】 중학용, 읽기 7급Ⅱ, 쓰기 6급

---

# 皇

**임금 황**

白部(흰백) 4획 총9획

皇皇皇皇皇皇皇皇皇

| 皇 | 皇 | 皇 | 皇 | 皇 | | | | | |
|---|---|---|---|---|---|---|---|---|---|

皇宮(황궁) 皇闕(황궐) 皇帝(황제) 皇后(황후) 敎皇(교황) 始皇帝(시황제)

玉皇上帝(옥황상제) : 도가(道家)에서 '하느님'을 일컫는 말.

不必張皇(불필장황) : 말을 길게 늘어놓을 필요(必要)가 없음.

영emperor 중huáng 일オウ·コウ(きみ) 【난이도】 중학용, 읽기 3급Ⅱ, 쓰기 2급

## 黃
누를 황

黃 黃 黃 黃 黃 黃 黃 黃 黃 黃 黃 黃

黃狗(황구) 黃金(황금) 黃沙(황사) 黃色(황색) 黃土(황토) 黃昏(황혼) 卵黃(난황)

黃金萬能(황금만능) : 돈만 있으면 무엇이든 마음대로 할 수 있다는 뜻.
黃粱一炊夢(황량일취몽) : 부귀 공명은 꿈처럼 덧없음의 비유.

黃部(누를황) 0획 총12획　영yellow　중黃[huáng]　일黃[オウ·コウ](き·こ) 【난이도】 중학용 읽기 6급, 쓰기 5급

---

## 回
돌 회

回 回 回 回 回 回

回復(회복) 撤回(철회) 挽回(만회) 回避(회피) 回收(회수) 回附(회부) 回生(회생)

九回之腸(구회지장) : ① 장이 뒤틀릴 정도로 괴롭고 고통스러움. ② 꼬불꼬불 뒤틀려 꼬부라진 모양(模樣). 起死回生(기사회생) : 죽을 뻔하다가 살아남.

口部(큰입구몸) 3획 총6획　영return　중huí　일カイ·エ(まわす·まわる) 【난이도】 중학용, 읽기 4급II, 쓰기 3급II

---

## 會
모일 회

會 會 會 會 會 會 會 會 會 會 會 會 會

會計(회계) 會談(회담) 會社(회사) 會議(회의) 國會(국회) 機會(기회) 社會(사회)

會者定離(회자정리) : 만나면 언젠가는 헤어지게 되어 있다는 뜻으로, 인생의 무상(無常)함을 인간의 힘으로는 어찌 할 수 없는 이별의 아쉬움을 일컫는 말.

日部(가로왈) 9획 총13획　영get together　중会[huì]　일会[カイ·エ](あう) 【난이도】 중학용, 읽기 6급II, 쓰기 5급II

---

## 孝
효도 효

孝 孝 孝 孝 孝 孝 孝

孝女(효녀) 孝道(효도) 孝誠(효성) 孝心(효심) 孝孫(효손) 孝子(효자) 不孝(불효)

反哺之孝(반포지효) : 까마귀 새끼가 자란 뒤에 늙은 어미에게 먹이를 물어다 주는 효성이라는 뜻으로, 자식이 자라서 부모를 봉양(奉養)함을 이르는 말.

子部(아들자) 4획 총7획　영filial duty　중xiào　일コウ(まこと) 【난이도】 중학용, 읽기 7급II, 쓰기 6급

---

## 效
본받을 효

效 效 效 效 效 效 效 效 效 效

效果(효과) 效力(효력) 效驗(효험) 無效(무효) 失效(실효) 有效(유효) 奏效(주효)

東施效矉(동시효빈) : 동시(東施), 곧 못생긴 여자가 서시(西施)의 눈썹 찌푸림을 본받는다는 뜻으로, 시비나 선악의 판단 없이 남을 흉내냄을 이르는 말. 서시는 월나라의 미녀.

攵部(등글월문) 6획 총10획　영effect　중xiào　일コウ(きく) 【난이도】 중학용, 읽기 5급II, 쓰기 4급II

厚厚厚厚厚厚厚厚厚

| 厚 | 厚 | 厚 | 厚 | 厚 | | | | |
|---|---|---|---|---|---|---|---|---|

重厚(중후) 厚生(후생) 濃厚(농후) 厚待(후대) 淳厚(순후) 醇厚(순후) 厚朴(후박)

溫厚篤實(온후독실) : ① 성격(性格)이 온화(溫和)하고 착실(着實)함.
② 인품(人品)이 따뜻하고 성실(誠實)함이 넘침.

두터울 후

厂部(민엄호) 7획총9획

영thick 중hòu 일コウ(あつい) 【난이도】 중학용, 읽기 4급, 쓰기 3급

---

後後後後後後後後後

| 後 | 後 | 後 | 後 | 後 | | | | |
|---|---|---|---|---|---|---|---|---|

後續(후속) 後遺症(후유증) 午後(오후) 以後(이후) 直後(직후) 向後(향후)

死後藥方文(사후약방문) : 죽은 뒤에 약방문(藥方文)을 쓴다는 뜻으로, 이미 때가
지난 후(後)에 대책(對策)을 세우거나 후회(後悔)해도 소용(所用)없다는 말.

뒤 후

彳部(두인변) 6획총9획

영back 중后[hòu] 일ゴ·コウ(あと·うしろ)【난이도】 중학용, 읽기 7급Ⅱ, 쓰기 6급

---

訓訓訓訓訓訓訓訓訓訓

| 訓 | 訓 | 訓 | 訓 | 訓 | | | | |
|---|---|---|---|---|---|---|---|---|

訓戒(훈계) 訓練(훈련) 訓民正音(훈민정음) 家訓(가훈) 教訓(교훈)

過庭之訓(과정지훈) : 뜰에서 가르친다는 뜻으로, 아버지가 자식(子息)에게 사
람의 도리를 가르치는 것을 말함.

가르칠 훈

言部(말씀언)3획총10획

영teach 중训[xùn] 일クン(おしえる) 【난이도】 중학용, 읽기 6급, 쓰기 5급

---

休休休休休休

| 休 | 休 | 休 | 休 | 休 | | | | |
|---|---|---|---|---|---|---|---|---|

休暇(휴가) 休息(휴식) 休日(휴일) 連休(연휴) 公休日(공휴일) 休戰線(휴전선)

萬事休矣(만사휴의) : 만 가지 일이 끝장이라는 뜻으로, 모든 일이 전혀 가망(可
望)이 없는 절망(絶望)과 체념(諦念)의 상태(狀態)임을 이르는 말.

쉴 휴

亻部(사람인변) 4획총6획

영rest 중xiū 일キュウ(やすまる·やすむ) 【난이도】 중학용, 읽기 7급, 쓰기 6급

---

凶凶凶凶

| 凶 | 凶 | 凶 | 凶 | 凶 | | | | |
|---|---|---|---|---|---|---|---|---|

吉凶(길흉) 凶器(흉기) 凶吉(흉길) 凶兆(흉조) 凶惡(흉악) 陰凶(음흉) 凶證(흉증)

吉凶禍福(길흉화복) : 길흉(吉凶)과 화복(禍福)이라는 뜻으로, 즉 사람의 운수(運
數)를 이름.

흉할 흉

凵部(위튼입구몸)2획 총4획

영wicked 중xiōng 일キョウ(わるい) 【난이도】 중학용, 읽기 5급Ⅱ, 쓰기 4급Ⅱ

| 胸 | 朐朐朐朐朐朐朐胸胸胸 |
|---|---|
| | 胸 胸 胸 胸 胸 |

胸襟(흉금) 胸像(흉상) 胸心(흉심) 胸中(흉중) 胸腔(흉강) 胸次(흉차) 胸部(흉부)

成竹胸中(성죽흉중) : 대나무를 그리려 할 때, 먼저 완전한 대나무의 모양을 머리에 떠올린 후에 붓을 든다는 뜻으로, 어떤 일을 시도할 때는 미리 마음에 계획을 가짐.

**가슴 흉**

月部(육달월) 6획총10획 　영breast 중xiōng 일キョウ(むね·むな)【난이도】중학용, 읽기 3급Ⅱ, 쓰기 2급

---

| 黑 | 黑黑黑黑黑黑黑里黑黑黑黑 |
|---|---|
| | 黑 黑 黑 黑 黑 |

黑白(흑백) 黑字(흑자) 黑板(흑판) 暗黑(암흑) 黑人(흑인) 黑色(흑색) 黑海(흑해)

近墨者黑(근묵자흑) : 「먹을 가까이하면 검어진다」는 뜻으로, 나쁜 사람을 가까이 하면 그 버릇에 물들기 쉽다는 말.

**검을 흑**

黑部(검을흑) 0획총12획 　영black 중黑[hēi] 일黑[コク](くろ·くろい)【난이도】중학용, 읽기 5급, 쓰기 4급

---

| 興 | 興興興興興興興興興興興興興 |
|---|---|
| | 興 興 興 興 興 |

興奮(흥분) 興味(흥미) 振興(진흥) 復興(부흥) 興亡(흥망) 隆興(융흥) 興行(흥행)

興亡盛衰(흥망성쇠) : 흥하고 망(亡)하고 성(盛)하고 쇠하는 일.
興味津津(흥미진진) : 흥미(興味)가 넘칠 만큼 많다는 뜻.

**일 흥**

臼部(절구구) 9획총16획 　영lise 중兴[xīng] 일興[コウ](おこす)【난이도】중학용, 읽기 4급Ⅱ, 쓰기 3급Ⅱ

---

| 希 | 希希希希希希希 |
|---|---|
| | 希 希 希 希 希 |

希望(희망) 希幸(희행) 希冀(희기) 希求(희구) 希願(희원) 希仙(희선) 希念(희념)

抱炭希凉(포탄희량) : 「숯불을 안고 서늘하기를 바란다」는 뜻으로, 행동(行動) 과 목적(目的)이 상치됨을 이르는 말.

**바랄 희**

巾部(수건건) 4획총7획 　영expect 중xī 일キ(ねがう)【난이도】중학용, 읽기 4급Ⅱ, 쓰기 3급Ⅱ

---

| 喜 | 喜喜喜喜喜喜喜喜喜喜喜喜 |
|---|---|
| | 喜 喜 喜 喜 喜 |

歡喜(환희) 喜悅(희열) 喜悲(희비) 喜捨(희사) 黃喜(황희) 喜劇(희극) 喜子(희자)

喜怒哀樂(희로애락) : 기쁨과 노여움, 슬픔과 즐거움이라는 뜻으로, 곧 사람의 여러 가지 감정(感情)을 이르는 말.

**기쁠 희**

口部(입구) 9획총12획 　영glad 중xǐ 일キ(よろこぶ)【난이도】중학용, 읽기 4급, 쓰기 3급

# 附錄

| 故 事 成 語 | 뜻 옛날에 있었던 일에서 유래하여 관용적인 뜻으로 굳어져 쓰이는 한자로 된 말. 주로 4자(字)로 되어 있으며, 사자성어 (四字成語)라고도 한다. |
|---|---|
| 연고 고  일 사  이룰 성  말씀 어 | |

| 呵 呵 大 笑 | 뜻 너무 우스워서 한바탕 껄껄 웃음. 껄껄 크게 웃는 웃음.<br>拍掌大笑(박장대소) : 손뼉을 치면서 크게 웃음.<br>破顔大笑(파안대소) : 얼굴이 찢어지도록 크게 웃는다는 뜻으로, 즐거운 표정(表情)으로 한바탕 크게 웃음을 이르는 말. |
|---|---|
| 꾸짖을 가    큰 대  웃음 소 | |

| 家 家 戶 戶 | 뜻 집집마다 또는 모든 집이라는 뜻으로, 각각의 집과 호(戶)를 말함. 매호(每戶).<br>自家撞着(자가당착) : 자기의 언행이 전후(前後) 모순(矛盾)되어 일치(一致)하지 않음. |
|---|---|
| 집 가    지게 호 | |

| 街 談 巷 說 | 뜻 길거리나 항간에 떠도는 소문이나 세상에 떠도는 소문. '뜬소문'으로 순화. 街談巷語(가담항어)도 같은 뜻.<br>談笑自若(담소자약) : 위험이나 곤란에 직면해 걱정과 근심이 있을 때라도 변함없이 평상시(平常時)와 같은 태도(態度)를 가짐. |
|---|---|
| 거리 가  말씀 담  거리 항  말씀 설 | |

| 苛 斂 誅 求 | 뜻 가혹하게 세금을 거두거나 백성의 재물을 억지로 빼앗음.<br>苛酷(가혹) : 몹시 모질고 혹독함.<br>收斂(수렴) : 돈이나 물건 따위를 거두어들임.<br>求心(구심) : 중심으로 가까워져 옴. |
|---|---|
| 가혹할 가  거둘 렴  벨 주  구할 구 | |

| 苛 政 猛 於 虎 | 뜻 「가혹(苛酷)한 정치(政治)는 호랑이 보다 더 사납다」는 뜻으로, 가혹한 정치의 폐해(弊害)를 비유하는 말.<br>猛虎伏草(맹호복초) : '풀밭에 엎드려 있는 범'이란 뜻으로, 영웅은 일시적으로는 숨어 있지만 때가 되면 반드시 세상에 드러난다는 말. |
|---|---|
| 가혹할 가  정사 정  사나울 맹  어조사 어  범 호 | |

| 佳 人 薄 命 | 뜻 「아름다운 사람은 명이 짧다」는 뜻으로, 여자의 용모(容貌)가 너무 아름다우면 운명이 기박(奇薄)하고 명이 짧다는 말.<br>紅顔薄命(홍안박명) : 얼굴에 복숭아빛을 띤 예쁜 여자는 팔자가 사납다는 뜻으로 이르는 말. |
|---|---|
| 아름다울 가  사람 인  엷을 박  목숨 명 | |

| 各 人 各 色 | 뜻 태도(態度), 언행(言行) 등이 사람마다 다르다.<br>各自圖生(각자도생) : 사람은 제각기 살아갈 방법(方法)을 도모 (圖謀)함.<br>출전 춘추좌씨전(春秋左氏傳)에서 유래. |
|---|---|
| 각각 각  사람 인  각각 각  빛 색 | |

| 刻 舟 求 劍 | 뜻 융통성 없이 현실에 맞지 않는 낡은 생각을 고집하는 어리석음을 이르는 말. 초나라 사람이 배에서 칼을 물속에 떨어뜨리고 그 위치를 뱃전에 표시하였다가 나중에 배가 움직인 것을 생각하지 않고 칼을 찾았다는 데서 유래함. |
|---|---|
| 새길 각  배 주  구할 구  칼 검 | |

| 肝 膽 相 照 | 뜻 간과 쓸개를 꺼내 보인다는 뜻으로, 서로 속마음을 털어놓고 친하게 사귐을 말함.<br>肝腦塗地(간뇌도지) : 「간과 뇌수(腦髓)를 땅에 쏟아낸다」는 뜻으로, 나라를 위하여 목숨을 돌보지 않고 힘을 다함을 이름. |
|---|---|
| 간 간  쓸개 담  서로 상  비출 조 | |

| 看 雲 步 月 | 뜻 구름을 바라보거나 달빛 아래 거닌다는 뜻으로, 객지에서 고향의 가족이나 집을 생각함을 이르는 말. |
|---|---|
| 볼 간　구름 운　걸음 보　달 월 | 走馬看花(주마간화) : 달리는 말 위에서 꽃을 본다는 뜻으로, 사물의 겉면만 훑어보고, 그 깊은 속은 살펴보지 않음을 비유해 이르는 말. |

| 干 將 莫 耶 | 뜻 중국 춘추 시대 오나라에서, 임금 합려의 청탁을 받은 장색인 간장(干將)과 그의 아내 막야(莫耶)가 만든 두 자루의 훌륭한 칼을 아울러 이르던 말. |
|---|---|
| 방패 간　장차 장　없을 막　어조사 야 | 출전 순자성악편(荀子性惡篇)에서 유래함. |

| 渴 而 穿 井 | 뜻 목이 말라야 비로소 샘을 판다는 말로, 미리 준비를 하지 않고 있다가 일이 닥친 뒤에 서두르는 것을 비유하는 말이다. |
|---|---|
| 목마를 갈　말이을 이　뚫을 천　우물 정 | 渴不飮盜泉水(갈불음도천수) : 「목이 말라도 도천(盜泉)의 물은 마시지 않는다」는 뜻으로, 아무리 궁해도 불의(不義)는 저지르지 않는다는 말. |

| 甘 言 利 說 | 뜻 귀가 솔깃하도록 남의 비위를 맞추거나 이로운 조건을 내세워 꾀는 말. '꾐 말', '달콤한 말'로 순화. |
|---|---|
| 달 감　말씀 언　이할 이　말씀 설 | 甘泉先竭(감천선갈) : 「물맛이 좋은 샘은 먼저 마른다」는 뜻으로, 재능 있는 사람이 일찍 쇠폐(衰廢)함을 비유해 이르는 말. |

| 甘 呑 苦 吐 | 뜻 「달면 삼키고 쓰면 뱉는다」는 뜻으로, 사리에 옳고 그름을 돌보지 않고, 자기 비위에 맞으면 취하고 싫으면 버린다는 뜻. |
|---|---|
| 달 감　삼킬 탄　쓸 고　토할 토 | 呑刀刮腸(탄도괄장) : 「칼을 삼켜 창자를 도려낸다」는 뜻으로, 사악한 마음을 없애고 새로운 사람이 됨을 이르는 말. |

| 康 衢 煙 月 | 뜻 번화한 큰 길거리에서 달빛이 연기에 은은하게 비치는 모습을 나타내는 말로, 태평한 세상의 평화로운 풍경을 이르는 말. |
|---|---|
| 편안 강　거리 구　연기 연　달 월 | 康衢烟月之曲(강구연월지곡) : 조선 순조(純祖) 때 자경전(慈慶殿)의 야진별반과의(夜進別盤果儀)에서 궁중 광수무(廣袖舞)의 반주 음악으로 연주하던 악곡. |

| 强 弩 之 末 | 뜻 「힘찬 활에서 튕겨나온 화살도 마지막에는 힘이 떨어져 비단(緋緞)조차 구멍을 뚫지 못한다」는 뜻으로, 아무리 강한 힘도 마지막에는 결국 쇠퇴(衰退)하고 만다는 의미(意味). |
|---|---|
| 강할 강　쇠뇌 노　갈 지　끝 말 | 출전 사기(史記) 한장 유열전에서 유래. |

| 改 過 遷 善 | 뜻 지난날의 잘못을 고치어 착하게 됨. |
|---|---|
| 고칠 개　허물 과　옮길 천　착할 선 | 改過自新(개과자신) : 허물을 고쳐 스스로 새로워 짐.<br>悔過遷善(회과천선) : 지난날의 잘못을 뉘우치고 고쳐 착하게 됨.<br>最善(최선) : ① 가장 좋음. ② 가장 적합함. ③ 전력(全力). |

| 蓋 棺 事 定 | 뜻 시체를 관에 넣고 관(棺) 뚜껑을 덮은 후에야 일을 결정할 수 있다는 뜻으로, 사람이 죽은 후에야 비로소 그 사람에 대한 평가가 제대로 나옴을 이르는 말. |
|---|---|
| 덮을 개　널 관　일 사　정할 정 | 출전 시인 두보(杜甫)의 군불견 간소혜(君不見簡蘇傒) |

| 開 卷 有 益 | 뜻 책을 펼쳐 놓는 것만으로도 이익이 있다는 뜻으로, 책을 읽는 것을 권장하는 말. |
|---|---|
| 열 개　책 권　있을 유　더할 익 | 開權顯實(개권현실) : 불교에서 권교(權敎)인 방편을 치우고 진실한 교리를 나타내 보이는 일. |

| 開 門 揖 盜 | 뜻 문을 열어 도둑을 맞이한다는 뜻으로, 상황을 깨닫지 못하고 스스로 화를 불러들임을 이르는 말. |
|---|---|
| 열 개　문 문　읍 읍　도적 도 | 開門納賊(개문납적) : 문을 열어 도둑이 들어오게 한다는 뜻으로, 제 스스로 화를 불러들임을 이르는 말. |

| 蓋 世 之 才 | 뜻 세상을 뒤덮을 만큼 뛰어난 재주 또는 그 재주를 가진 사람. |
|---|---|
| 덮을 개　인간 세　갈 지　재주 재 | 蓋世英雄(개세영웅) : 기상이나 위력, 재능 따위가 세상을 뒤덮을 만큼 뛰어난 영웅.<br>英敏(영민) : 재지(才智)·감각·행동 등이 날카롭고 민첩함. |

| 居 敬 窮 理 | 뜻 주자학(朱子學) 수양(修養)의 두 가지 방법인 거경(居敬)과 궁리(窮理). 거경(居敬)이란 내적 수양법으로서 항상 몸과 마음을 삼가서 바르게 가지는 일이며, 궁리(窮理)란 외적 수양법으로서 널리 사물의 이치를 궁구(窮究)하여 정확한 지식을 얻는 일. |
|---|---|
| 살 거　공경 경　궁할 궁　다스릴 리 | |

| 去 頭 截 尾 | 뜻 「머리와 꼬리를 잘라버린다」는 뜻으로, ① 앞뒤의 잔사설을 빼놓고 요점(要點)만을 말함. ② 앞뒤 서론은 생략(省略)하고 본론(本論)으로 들어감. |
|---|---|
| 갈 거　머리 두　끊을 절　꼬리 미 | 去益泰山(거익태산) : 갈수록 태산(泰山)이란 말. |

| 居 安 思 危 | 뜻 평안(平安)할 때에도 위험(危險)과 곤란(困難)이 닥칠 것을 생각하며 잊지말고 미리 대비(對備)해야 함. |
|---|---|
| 살 거　편안할 안　생각 사　위태할 위 | 有備無患(유비무환) : 「준비가 있으면 근심이 없다」라는 뜻으로, 미리 준비가 되어 있으면 우환을 당하지 아니함. |

| 擧 案 齊 眉 | 뜻 「밥상을 눈썹 높이로 들어 공손(恭遜)히 남편 앞에 가지고 간다」는 뜻으로, 남편을 깍듯이 공경(恭敬)함을 일컫는 말. |
|---|---|
| 들 거　책상 안　가지런할 제　눈썹 미 | 祿上擧案(녹상거안) : 벼슬아치가 받을 녹봉의 액수와 성명을 적어서 광흥창(廣興倉)에 올리는 문건. |

| 去 者 日 疏 | 뜻 떠난 사람에 대한 생각은 날이 갈수록 잊게 된다는 뜻으로, 서로 멀리 떨어져 있으면 점점 사이가 멀어짐을 이르는 말. |
|---|---|
| 갈 거　놈 자　날 일　소통할 소 | 疏遠(소원) : ☞ 소원(疏遠).<br>去者日以疏(거자일이소)도 같은 의미. |

| 車 載 斗 量 | 뜻 「수레에 싣고 말(斗)로 될 수 있을 정도」라는 뜻으로, 인재(人材)나 물건(物件)이 아주 많음을 비유(比喩·譬喩)함. |
|---|---|
| 수레 거　실을 재　말 두　헤아릴 량 | 揭載(게재) : 신문(新聞) 따위에 글이나 그림을 실음.<br>출전 삼국지 오주전(吳主傳). |

| 乾 坤 一 色 | 뜻 눈이 내린 뒤에 온 세상이 한 가지 빛깔로 뒤덮인 듯함. |
|---|---|
| 하늘 건　땅 곤　한 일　빛 색 | 乾坤坎離(건곤감리) : 「주역(周易)」의 기본 괘(卦)임. 우리나라의 국기인 태극기(太極旗)에 표현(表現)되어 하늘과 땅, 물과 불을 상징(象徵)하는 4개의 괘(卦). |

| 乾 坤 一 擲 | 뜻 「하늘이냐 땅이냐를 한 번 던져서 결정한다」는 뜻으로, ① 운명과 흥망을 걸고 단판으로 승부나 성패를 겨룸. ② 또는 오직 이 한번에 흥망성쇠(興亡盛衰)가 걸려 있는 일. |
|---|---|
| 하늘 건　땅 곤　한 일　던질 척 | 출전 중국(中國) 당(唐)나라의 문인 한유(韓愈)의 시(詩). |

| 建 陽 多 慶 | 뜻 새해 입춘(立春)을 맞이하여 길운(吉運)을 기원하는 글.<br>掃地黃金出 開門萬福來(소지황금출개문만복래) 땅을 쓰니 황금(黃金)이 나오고, 문을 여니 만복이 들어온다는 뜻으로 입춘에 많이 쓰이는 문구(文句). |
|---|---|
| 세울 건   볕 양   많을 다   경사 경 | |

| 桀 犬 吠 堯 | 뜻 「폭군 걸왕(桀王)의 개도 성왕(聖王) 요(堯)임금을 보면 짖는다」는 뜻으로, 윗사람이 교만(驕慢)한 마음을 버리고 아랫 사람을 진심과 믿음으로 대하면 아랫사람은 자기 상관에게 충성을 다하게 된다는 것을 이름. |
|---|---|
| 홰 걸   개 견   짖을 폐   임금 요 | |

| 黔 驢 之 技 | 뜻 「검단 노새의 재주」라는 뜻으로, 겉치례 뿐이고 실속이 보잘것없는 솜씨를 이르는 말.<br>磨驢故跡(마려고적) : 연자매를 끌어 돌리는 당나귀가 밟았던 발자국을 다시 밟는다는 뜻으로, 같은 실수를 자꾸 되풀이하거나 앞으로 나아가지 못함을 이르는 말. |
|---|---|
| 검을 검   당나귀 려   갈 지   재주 기 | |

| 格 物 致 知 | 뜻 사물(事物)의 이치(理致)를 구명(究明)하여 자기(自己)의 지식(知識)을 확고(確固)하게 함.<br>雅致高節(아치고절) : 아담(雅淡·雅澹)한 풍치(風致)나 높은 절개(節槪·節介)라는 뜻으로, 매화(梅花)를 이르는 말. |
|---|---|
| 격식 격   물건 물   이를 치   알 지 | |

| 隔 靴 搔 癢 | 뜻 신을 신고 발바닥을 긁는다는 뜻으로, 성에 차지 않거나 철저하지 못한 안타까움을 이르는 말.<br>麻姑搔癢(마고소양) : 「마고(麻姑)라는 손톱이 긴 선녀가 가려운 데를 긁는다」는 뜻으로, 일이 뜻대로 됨을 비유해 이르는 말. |
|---|---|
| 막힐 격   신발 화   긁을 소   앓을 양 | |

| 見 利 思 義 | 뜻 눈앞에 이익(利益)을 보거든 먼저 그것을 취함이 의리(義理)에 합당(合當)한 지를 생각하라는 말.<br>見利忘義(견리망의) : 눈앞의 이익(利益)을 보면 탐내어 의리(義理)를 저버림. |
|---|---|
| 볼 견   이할 리   생각 사   옳을 의 | |

| 犬 馬 之 勞 | 뜻 「개나 말의 하찮은 힘」이라는 뜻으로, 임금이나 나라에 충성(忠誠)을 다하는 노력(努力)과 윗사람에게 바치는 자기의 노력(努力)을 낮추어 말할 때 쓰는 말.<br>犬馬之誠(견마지성) 도 비슷한 의미. |
|---|---|
| 개 견   말 마   갈 지   일할 로 | |

| 見 蚊 拔 劍 | 뜻 「모기를 보고 칼을 뺀다」는 뜻으로, 보잘것없는 작은 일에 지나치게 큰 대책(對策)을 세운다든가, 조그만 일에 크게 화를 내는 소견(所見)이 좁은 사람을 보고 하는 말.<br>拔萃(발췌) : 글 가운데서 요점(要點)을 뽑거나 또는 그 글. |
|---|---|
| 볼 견   모기 문   뺄 발   칼 검 | |

| 堅 壁 淸 野 | 뜻 성에 들어가 지키며 적에게 먹을 것을 주지 않기 위해 들판을 비운다는 뜻으로, 일제가 항일 독립군을 토벌할 때 집단 부락을 만들어 농민들을 강제로 몰아넣고 주변에 한 채의 집도 없게 하여 독립군과 주민과의 연계를 끊어 보려고 한 흉책을 이르는 말. |
|---|---|
| 굳을 견   벽 벽   맑을 청   들 야 | |

| 犬 兔 之 爭 | 뜻 개와 토끼의 다툼이라는 뜻으로, 두 사람의 싸움에 제삼자가 이익을 봄을 비유적으로 이르는 말.<br>見兔放狗(견토방구) : 「토끼를 발견한 후에 사냥개를 놓아서 잡게 하여도 늦지 않다」는 뜻으로, 사태를 관망한 후에 응하여도 좋다는 말. |
|---|---|
| 개 견   토끼 토   갈 지   다툴 쟁 | |

196

| 結 者 解 之 | |
|---|---|
| 맺을 결　놈 자　풀 해　갈 지 | **뜻** 맺은 사람이 풀어야 한다는 뜻으로, 일을 저지른 사람이 그 일을 해결하여야 한다는 말.<br>**以不解解之**(이불해해지) : 글의 뜻을 푸는 데 풀리지 않는 것을 억지로 풀어낸다는 뜻으로, 즉, 안되는 것을 억지로 해석하면 곡해하기 쉽다는 말. |

| 結 草 報 恩 | |
|---|---|
| 맺을 결　풀 초　갚을 보　은혜 은 | **뜻** 풀을 묶어서 은혜에 보답한다는 뜻으로, 죽은 뒤에라도 은혜를 잊지 않고 갚음을 이르는 말.<br>**知恩報恩**(지은보은) : 은혜를 알고 그 은혜에 보답(報答)함을 이르는 말. |

| 傾 國 之 色 | |
|---|---|
| 기울 경　나라 국　갈 지　빛 색 | **뜻** 임금이 미혹되어 나라가 위기에 빠져도 모를 정도의 미색이라는 뜻으로 뛰어나게 아름다운 여자를 이르는 말.<br>**傾城之美**(경성지미) : 한 성을 기울어뜨릴 만한 미색.<br>**傾斜**(경사) : 비스듬히 기울어짐, 또는 그 정도나 상태(狀態). |

| 耕 山 釣 水 | |
|---|---|
| 갈 경　뫼 산　낚시 조　물 수 | **뜻** 「산에는 밭을 갈고, 물에서는 물고기를 잡는 생활을 한다」는 뜻으로, 소박(素朴)하고 속세(俗世)에서 떠난 생활(生活)을 영위(營爲)함을 이름.<br>**釣名**(조명) : 거짓으로 명예(名譽)를 탐하여 구(求)함. |

| 鯨 戰 蝦 死 | |
|---|---|
| 고래 경　싸움 전　새우 하　죽을 사 | **뜻** 고래 싸움에 새우가 죽는다는 속담(俗談)의 한역으로, 강자(强者)끼리 싸우는 틈에 끼여 아무런 상관(相關)없는 약자(弱者)가 화(禍)를 입는다는 말.<br>**糠蝦**(강하) : 젓새우. 보리새우. 보리새웃과의 하나. |

| 鷄 口 牛 後 | |
|---|---|
| 닭 계　입 구　소 우　뒤 후 | **뜻** 큰 집단의 꼴찌보다 작은 집단의 우두머리가 더 낫다는 것을 닭의 머리와 소의 꼬리에 비유하여 이르는 말.<br>**鷄肋**(계륵) : 「닭의 갈빗대」라는 뜻으로, 먹기에는 너무 양이 적고 버리기에는 아까워 이러지도 저러지도 못하는 형편(形便). |

| 鷄 群 一 鶴 | |
|---|---|
| 닭 계　무리 군　한 일　학 학 | **뜻** 「닭의 무리 속에 한 마리의 학」이라는 뜻으로, 평범(平凡)한 사람들 가운데서 뛰어난 한 사람.<br>*群衆心理*(군중심리) : 많은 사람이 모여 있을 때 개개인의 평상적인 심리를 초월하여 발생하는 특이(特異)한 심리(心理) |

| 鷄 鳴 狗 盜 | |
|---|---|
| 닭 계　울 명　개 구　도적 도 | **뜻** 「닭의 울음소리를 잘 내는 사람과 개의 흉내를 잘 내는 좀도둑」이라는 뜻으로, ① 천한 재주를 가진 사람도 때로는 요긴(要緊)하게 쓸모가 있음을 비유하여 이르는 말. ② 「야비(野鄙)하게 남을 속이는 꾀」를 비유한 말. |

| 鷄 鳴 狗 吠 | |
|---|---|
| 닭 계　울 명　개 구　짖을 폐 | **뜻** 「닭이 울고 개가 짖는다」는 뜻으로, 인가(人家)나 촌락(村落)이 잇대어 있다는 뜻.<br>**鷄鳴之客**(계명지객) : 닭 울음소리를 묘하게 잘 흉내 내는 식객(食客)을 이르는 말. |

| 擊 竹 事 難 事 | |
|---|---|
| 칠 격　대 죽　일 사　어려울 난　일 사 | **뜻** 「대나무를 다 사용(使用)해 써도 그의 악행(惡行)을 다 쓸 수 없다」는 뜻으로, 필설(筆舌)로 다 할 수 없으리만큼 죄악(罪惡)을 많이 저질렀다는 말.<br>**출전** 후한서(後漢書) |

| 季 布 一 諾 | 뜻 「계포(季布)가 한 번 한 약속(約束)」이라는 뜻으로, 초(楚)나라의 계포(季布)는 한 번 승낙(承諾)한 일이면 꼭 실행(實行)하는 약속(約束)을 잘 지키는 사람이었음에서 비롯하여, 틀림없이 승낙(承諾)함을 뜻함. |
|---|---|
| 끝 계 베 포 한 일 허락 낙 | |

| 股 肱 之 臣 | 뜻 자신의 팔다리같이 믿음직스러워 중하게 여기는 신하. 임금이 가장 신임(信任)하는 중신(重臣)을 이르는 말. 股關節(고관절) : 비구(髀臼)와 넓적다리뼈를 연결(連結)하는 관절(關節). |
|---|---|
| 다리 고 팔 굉 갈 지 신하 신 | |

| 膏 粱 子 弟 | 뜻 「고량진미(膏粱珍味)를 먹은 자제(子弟)」라는 뜻으로, 부귀(富貴)한 집에서 자라나서 고생(苦生)을 모르는 사람을 이르는 말. 民膏民脂(민고민지) : 「백성의 피와 땀」이라는 뜻으로, 백성에게서 과다(過多)하게 거두어들인 세금이나 재물을 이르는 말. |
|---|---|
| 기름 고 기장 량 아들 자 아우 제 | |

| 膏 粱 珍 味 | 뜻 살진 고기와 좋은 곡식으로 만든 맛있는 음식. 高粱酒(고량주) : 중국(中國) 특산(特産) 소주(燒酒). 高粱(고량) : 볏과의 한해살이 풀. 수수의 일종으로, 만주 등지에서는 주식으로 하거나 고량주를 만들기도 함. |
|---|---|
| 기름 고 기장 량 보배 진 맛 미 | |

| 鼓 腹 擊 壤 | 뜻 「배를 두드리고 흙덩이를 친다」는 뜻으로, 배불리 먹고 흙덩이를 치는 놀이를 한다, 즉 매우 살기 좋은 시절(時節)을 말함. 聲東擊西(성동격서) : 동쪽에서 소리를 내고 서쪽에서 적을 친다는 뜻으로, 동쪽을 치는 척하면서 서쪽을 치는 병법의 하나. |
|---|---|
| 북 고 배 복 칠 격 흙덩이 양 | |

| 孤 城 落 日 | 뜻 「외딴 성(城)이 해가 지려고 하는 곳에 있다」는 뜻으로, ① 도움이 없이 고립(孤立)된 상태(狀態). ② 남은 삶이 얼마 남지 않은 쓸쓸한 심경(心境). 孤兒(고아) : 부모(父母)없이 홀로 된 아이. |
|---|---|
| 외로울고 재 성 떨어질 낙 날 일 | |

| 苦 肉 之 策 | 뜻 적을 속이는 수단(手段)으로서 제 몸 괴롭히는 것을 돌보지 않고 쓰는 계책(計策)을 이름. 同苦同樂(동고동락) : 괴로움과 즐거움을 함께 한다는 뜻으로, 같이 고생(苦生)하고 같이 즐김. |
|---|---|
| 쓸 고 고기 육 갈 지 꾀 책 | |

| 孤 雲 野 鶴 | 뜻 「외로운 구름이요 들판의 학(鶴)」이라는 뜻으로, 속세(俗世)를 떠난 은사(隱士)를 가리키는 말. 白鶴(백학) : 두루미. 다리와 목이 가늘고 길며 우는 소리가 큰 새의 하나. |
|---|---|
| 외로울고 구름 운 들 야 학 학 | |

| 苦 盡 甘 來 | 뜻 「쓴 것이 다하면 단 것이 온다」라는 뜻으로, 고생(苦生) 끝에 낙이 온다라는 말. 興盡悲來(흥진비래) : 즐거운 일이 지나가면 슬픈 일이 닥쳐온다는 뜻으로, 세상일이 순환(循環)됨을 가리키는 말. |
|---|---|
| 쓸 고 다할 진 달 감 올 래 | |

| 高 枕 安 眠 | 뜻 「베개를 높이 하여 편안(便安)히 잔다」는 뜻으로, 편안(便安)하게 누워서 근심 없이 지냄을 말함. 枕木(침목) : ① 길고 큰 물건(物件) 밑을 괴어 놓은 큰 나무 토막 ② 기차 선로(線路)를 받치는 나무토막. |
|---|---|
| 높을 고 베개 침 편안 안 잠잘 면 | |

| 曲 學 阿 世 | 뜻 「학문(學問)을 굽히어 세상(世上)에 아첨(阿諂)한다」는 뜻으로, 정도(正道)를 벗어난 학문(學問)으로 세상(世上) 사람에게 아첨(阿諂)함을 이르는 말.<br>曲學者(곡학자) : 진실(眞實)을 왜곡(歪曲)하는 학자(學者). |
|---|---|
| 굽을 곡 배울 학 언덕 아 인간 세 | |

| 空 谷 跫 音 | 뜻 빈 골짜기의 발자욱 소리라는 뜻으로, ① 몹시 신기(神奇)한 일. ② 뜻밖의 기쁨. ③ 반가운 소식(消息) 등을 의미(意味).<br>亡國之音(망국지음) : 나라를 망치는 음악이란 뜻으로, '저속(低俗)하고 난잡(亂雜)한 음악(音樂)'을 일컫는 말. |
|---|---|
| 빌 공 골 곡 발가국소리공 소리 음 | |

| 空 谷 足 音 | 뜻 아무 것도 없는 빈 골짜기에 울리는 사람의 발자국 소리라는 뜻으로, 쓸쓸할 때 손님이나 기쁜 소식(消息)이 온다는 말.<br>空谷傳聲(공곡전성) : 산골짜기에서 크게 소리치면 그대로 전(傳)함. 즉 악(惡)한 일을 당(當)하게 됨. |
|---|---|
| 빌 공 골 곡 발 족 소리 음 | |

| 空 中 樓 閣 | 뜻 「공중(空中)에 세워진 누각(樓閣)」이란 뜻으로, 근거(根據)가 없는 가공(架空)의 사물(事物).<br>蜃氣樓(신기루) : 바다 위나 사막에서, 대기의 밀도가 층층이 달라졌을 때 빛이 굴절하기 때문에 엉뚱한 곳에 물상(物像)이 있는 것처럼 보이는 현상. |
|---|---|
| 빌 공 가운데 중 다락 루 집 각 | |

| 公 平 無 私 | 뜻 어느 쪽에도 치우치지 않아 공평(公平)하고 사사(私事)로움이 없음.<br>平均(평균) : 부동(不同)이나 다소(多少)가 없이 균일(均一)함. 또는 그렇게 함. 연등(連等). |
|---|---|
| 공평할공 평평할 평 없을 무 사사 사 | |

| 過 猶 不 及 | 뜻 모든 사물(事物)이 정도(程度)를 지나치면 미치지 못한 것과 같다는 뜻으로, 중용(中庸)이 중요(重要)함을 가리키는 말.<br>過剩(과잉) : 예정(豫定)한 수량(數量)이나 필요(必要)한 수량(數量)보다 많음. 「지나침」으로 순화. |
|---|---|
| 지날과 오히려 유 아니 불 미칠 급 | |

| 瓜 田 不 納 履 | 뜻 「오이 밭 근방에서는 신발을 고쳐 신지 않는다」는 뜻으로, 의심(疑心)받을 짓은 처음부터 하지 말라는 말.<br>李下不整冠(이하부정관) : 「오얏나무 밑에서 갓을 고쳐 쓰쓰지 말라」는 뜻으로, 남에게 의심 받을 일은 아예 하지 말라는 말. |
|---|---|
| 오이과 밭 전 아니불 들일납 밟을리 | |

| 過 則 勿 憚 改 | 뜻 잘못인 줄 하면 즉시(卽時) 고치는 것을 주저(躊躇)하지 말아야 함.<br>無所忌憚(무소기탄) : 아무 꺼릴 바가 없음.<br>憚服(탄복) : 두려워서 복종(服從)함. |
|---|---|
| 허물과 곧 즉 말 물 꺼릴탄 고칠개 | |

| 管 鮑 之 交 | 뜻 옛날 중국의 관중(管仲)과 포숙아(鮑叔牙)처럼 친구 사이가 다정함을 이르는 말로, 친구 사이의 매우 다정하고 허물없는 교제(交際)나, 우정(友情)이 아주 돈독(敦篤)한 친구(親舊) 관계(關係), 허물없는 친구(親舊) 사이를 이르는 말. |
|---|---|
| 대롱 관 건어 포 갈 지 사귈 교 | |

| 刮 目 相 對 | 뜻 눈을 비비고 다시 보며 상대를 대한다는 뜻으로, 다른 사람의 학식(學識)이나 업적(業績)이 크게 진보(進步)한 것을 말함.<br>相對(상대) : ① 서로 마주 보고 있음, 마주 겨룸. 또는 그 대상(對象). ② 서로 대립(對立)이 됨. |
|---|---|
| 긁을 괄 눈 목 서로상 대할 대 | |

| 矯角殺牛 | 뜻 「쇠뿔을 바로 잡으려다 소를 죽인다」라는 뜻으로, 결점(缺點)이나 흠을 고치려다 수단(手段)이 지나쳐 도리어 일을 그르침.<br>矯枉過直(교왕과직) : 구부러진 것을 바로잡으려다 너무 곧게 한다는 뜻으로, 잘못을 바로잡으려다 지나쳐 일을 그르침을 이름. |
|---|---|
| 바로잡을 교  뿔 각  죽일 살  소 우 | |

| 驕兵必敗 | 뜻 자기 군대의 힘만 믿고 교만(驕慢)하여 적에게 위엄(威嚴)을 보이려는 병정(兵丁)은 적의 군대에게 반드시 패한다는 뜻.<br>兵士(병사) : 하사관(下士官) 아래의 군인. 군사(軍士). 장교(將校), 준사관(准士官) 및 사관 후보생이 아닌 모든 병사. |
|---|---|
| 교만할 교  군사 병  반드시 필  패할 패 | |

| 驕奢淫佚 | 뜻 교만(驕慢)하며 사치(奢侈)스럽고 방탕(放蕩)한 사람을 이르는 말.<br>傲慢不遜(오만불손) : 잘난 체하고 방자(放恣)하여 제 멋대로 굴거나 남 앞에 겸손(謙遜)하지 않음. |
|---|---|
| 교만할 교  사치할 사  음란할 음  편안할 일 | |

| 巧言令色 | 뜻 남의 환심을 사려는 목적으로 아첨하는 교묘한 말과 보기 좋게 꾸미는 얼굴빛.<br>甘言利說(감언이설) : 「달콤한 말과 이로운 이야기」라는 뜻으로, 남의 비위에 맞도록 달콤한 말과 이로운 이야기로 남을 꾀는 말. |
|---|---|
| 공교로울 교  말씀 언  하여금 영  빛 색 | |

| 交友以信 | 뜻 신라 화랑(花郞)의 다섯 가지 계율 즉, 세속오계(世俗五戒)의 하. 세속오계는 진평왕 때에 원광(圓光)이 정한 것으로, 사군이충(事君以忠)・사친이효(事親以孝)・교우이신(交友以信)・임전무퇴(臨戰無退)・살생유택(殺生有擇)을 이른다. |
|---|---|
| 사귈 교  벗 우  써 이  믿을 신 | |

| 膠柱鼓瑟 | 뜻 비파(琵琶)나 거문고의 기러기발을 아교(阿膠)로 붙여 놓으면 음조(音調)를 바꾸지 못하여 한가지 소리밖에 내지 못하듯이, 고지식하여 융통성(融通性)이 전혀 없거나, 또는 규칙(規則)에 얽매여 변통(變通)할 줄 모르는 사람을 이름. |
|---|---|
| 아교 교  기둥 주  북 고  비파 슬 | |

| 膠漆之心 | 뜻 아교(阿膠)와 옻의 사귐이라는 뜻으로, 매우 친밀(親密)한 사귐을 이르는 말.<br>水魚之交(수어지교) : 물과 물고기의 사귐이란 뜻으로, 임금과 신하 또는 부부 사이처럼 매우 친밀한 관계를 이르는 말. |
|---|---|
| 아교 교  옻 칠  갈 지  마음 심 | |

| 狡兔三窟 | 뜻 「교활(狡猾)한 토끼는 굴을 세 개 파 놓는다」는 뜻으로, 사람이 교묘(巧妙)하게 잘 숨어 재난(災難)을 피함을 비유하여 이르는 말.<br>山兔(산토) : 산토끼. 토낏과의 포유동물(哺乳動物). |
|---|---|
| 교활할 교  토끼 토  석 삼  굴 굴 | |

| 教學相長 | 뜻 가르침과 배움이 서로 진보시켜 준다는 뜻으로, ① 사람에게 가르쳐 주거나 스승에게 배우거나 모두 자신의 학업(學業)을 증진(增進)시킴. ② 가르치는 일과 배우는 일이 서로 자신의 공부(工夫)를 진보(進步)시킨는 말. |
|---|---|
| 가르칠 교  배울 학  서로 상  긴 장 | |

| 九曲肝腸 | 뜻 「아홉 번 구부러진 간과 창자」라는 뜻으로, 굽이 굽이 사무친 마음속 또는 깊은 마음속.<br>懇曲(간곡) : ① 간절(懇切)하고 곡진(曲盡)함. ② 간절(懇切)하고 마음과 정성(精誠)이 지극(至極)함. |
|---|---|
| 아홉 구  굽을 곡  간 간  창자 장 | |

| | | | | |
|---|---|---|---|---|
| 句 글귀 구 | 句 | 節 마디 절 | 節 | **뜻** 한 구절(句節) 한 구절(句節). 즉 매 구절마다란 뜻.<br>**句讀**(구두) : 단어(單語) 구절(句節)을 점(點)이나 부호(符號) 등으로 표하는 방법(方法). 구두점(句讀點).<br>**句節**(구절) : 구(句)와 절(節). 말이나 글을 여러 토막으로 나눈 그 각개의 부분. |
| 口 입 구 | 蜜 꿀 밀 | 腹 배 복 | 劍 칼 검 | **뜻** 「입으로는 꿀같이 달콤하게 말하나 뱃속에는 음흉하고 무시무시한 칼을 감추고 있다」는 뜻으로, 겉으로는 친절하나 마음 속은 음흉(陰凶)한 것.<br>**腹案**(복안) : 마음속에 품고 있는 계획(計劃). |
| 九 아홉 구 | 死 죽을 사 | 一 한 일 | 生 날 생 | **뜻** 아홉번 죽을 뻔하다 한 번 살아난다는 뜻으로, 여러 차례 죽을 고비를 겪고 간신히 목숨을 건짐. 어렵게 살아 남음.<br>**生死**(생사) : ① 태어남과 죽음. 삶과 죽음. 사생(死生).<br>② 생로병사(生老病死)의 4고(苦)의 시작(始作)과 끝. |
| 口 입 구 | 尚 오히려 상 | 乳 젖 유 | 臭 냄새 취 | **뜻** 입에서 아직 젖내가 난다는 뜻으로, 말과 하는 짓이 아직 유치(幼稚)함을 일컬음.<br>**高尚**(고상) : 몸가짐과 품은 뜻이 깨끗하고 높아 세속(世俗)된 비천(卑賤)한 것에 굽히지 아니함. |
| 九 아홉 구 | 牛 소 우 | 一 한 일 | 毛 터럭 모 | **뜻** 아홉 마리 소에 털 한가닥이 빠진 정도(程度)라는 뜻으로, 아주 많은 물건 속에 있는 아주 적은 물건(物件)이나, 대단히 많은 것 중의 아주 적은 것의 비유.<br>**牛乳**(우유) : 소의 젖. |
| 口 입 구 | 禍 재앙 화 | 之 갈 지 | 門 문 문 | **뜻** 입은 재앙(災殃)을 불러들이는 문이 된다는 뜻으로, 말조심을 하라고 경계(警戒)하는 말.<br>**殃禍**(앙화) : 죄악(罪惡)의 과보(果報)로 받는 재앙(災殃). 어떤 일로 말미암아 생기는 근심이나 재난(災難). |
| 國 나라 국 | 士 선비 사 | 無 없을 무 | 雙 쌍 쌍 | **뜻** 그 나라에서 가장 뛰어난 인물은 둘도 없다는 뜻으로, 매우 뛰어난 인재(人材)를 이르는 말.<br>**人士**(인사) : 교육(教育)이나 사회적(社會的)인 지위(地位)가 있는 사람. |
| 群 무리 군 | 鷄 닭 계 | 一 한 일 | 鶴 학 학 | **뜻** 무리 지어 있는 닭 가운데 있는 한 마리의 학이라는 뜻으로, 여러 평범한 사람들 가운데 있는 뛰어난 한 사람을 이르는 말.<br>**養鷄**(양계) : 닭을 기르는 일. **鶴首苦待**(학수고대) : 학처럼 목을 길게 빼고 기다린다는 뜻으로, 몹시 기다림을 이르는 말. |
| 群 무리 군 | 盲 소경 맹 | 評 평할 평 | 象 코끼리 상 | **뜻** 장님들이 코끼리 몸을 만져보고 제각기 말한다는 뜻으로, 어리석은 사람은 자기 주관(主觀)에만 치우쳐 큰 일을 그릇되게 판단(判斷)함을 비유.<br>**評論**(평론) : 사물의 가치, 선악 등을 비평(批評)하여 논(論)함. |
| 君 임금 군 | 子 아들 자 | 三 석 삼 | 樂 즐길 락 | **뜻** 군자(君子)의 세 가지 즐거움이라는 뜻으로, 첫째는 부모(父母)가 다 살아 계시고 형제(兄弟)가 무고(無故)한 것, 둘째는 하늘과 사람에게 부끄러워할 것이 없는 것, 세째는 천하(天下)의 영재를 얻어서 교육(教育)하는 것. |

201

| 君 子 豹 變<br>임금 군　아들 자　표범 표　변할 변 | **뜻** 군자(君子)는 표범처럼 변한다는 뜻으로, 가을에 새로 나는 표범의 털이 아름답듯이, 군자(君子)는 허물을 고쳐 올바로 행함이 아주 빠르고 뚜렷하며 선(善)으로 옮겨가는 행위가 빛남을 이르는 말. |
|---|---|
| 勸 善 懲 惡<br>권할 권　착할 선　징계할 징　악할 악 | **뜻** 착한 행실(行實)을 권장(勸奬)하고 악(惡)한 행실을 징계(懲戒)함.<br>勸告(권고) : ① 하도록 권(勸)하여 말함.<br>　　　　　　② 타일러 권(勸)함. 또는 그러한 말. |
| 捲 土 重 來<br>말 권　흙 토　무거울 중　올 래 | **뜻** 「흙먼지를 날리며 다시 온다」는 뜻으로, ① 한 번 실패(失敗)에 굴하지 않고 몇 번이고 다시 일어남. ② 패한 자가 세력(勢力)을 되찾아 다시 쳐들어옴.<br>重要(중요) : 매우 귀중(貴重)하고 소중(所重)함. |
| 克 己 復 禮<br>이길 극　몸 기　다시 복　예도 례 | **뜻** 욕망(慾望)이나 사(詐)된 마음 등을 자기자신의 의지력으로 억제(抑制)하고 예의(禮儀)에 어그러지지 않도록 함.<br>利己心(이기심) : 자기의 이익만을 꾀하고 남을 돌보지 아니하는 마음. |
| 槿 花 一 日 榮<br>무궁화근　꽃 화　한 일　날 일　영화영 | **뜻** 아침에 피었다 저녁에 지는 무궁화(無窮花) 같이 사람의 영화(榮華)는 덧없음.<br>槿花(근화) : 무궁화(無窮花). 우리나라 국화(國花). 아욱과의 낙엽(落葉) 활엽(闊葉) 관목(灌木). |
| 金 蘭 之 契<br>쇠 금　난초 란　갈 지　맺을 계 | **뜻** 「쇠처럼 단단하고 난초(蘭草) 향기처럼 그윽한 사귐의 의리를 맺는다」는 뜻으로, 사이 좋은 벗끼리 마음을 합치면 단단한 쇠도 자를 수 있고, 우정(友情)의 아름다움은 난의 향기(香氣)와 같이 아주 친밀(親密)한 친구(親舊) 사이를 이름. |
| 金 蘭 之 交<br>쇠 금　난초 란　갈 지　사귈 교 | **뜻** 「마음이 황금(黃金)과 같이 변함이 없고, 아름답기가 난초(蘭草) 향기와 같은 사귐」이라는 뜻으로, 두 사람 간에 서로 마음이 맞고 교분(交分)이 두터워서 아무리 어려운 일이라도 해나갈 만큼 우정(友情)이 깊은 사귐을 이르는 말. |
| 錦 上 添 花<br>비단 금　위 상　더할 첨　꽃 화 | **뜻** 「비단(緋緞) 위에 꽃을 더한다」는 뜻으로, 좋은 일에 또 좋은 일이 더하여짐을 이르는 말.<br>添削(첨삭) : ① 문자(文字)를 보태거나 뺌. ② 시문(詩文)·답안(答案) 등을 더하거나 깎거나 하여 고침. 增刪(증산). |
| 今 昔 之 感<br>이제 금　옛 석　갈 지　느낄 감 | **뜻** 지금과 옛날을 비교(比較)할 때 차이가 매우 심하여 느껴지는 감정(感情).<br>金石之契(금석지계) : 금이나 돌과 같이 굳은 사귐을 이르는 말.<br>金石之言(금석지언) : 금석(金石)과 같이 굳은 언약을 이르는 말. |
| 金 石 爲 開<br>쇠 금　돌 석　할 위　열 개 | **뜻** 「쇠와 돌을 열리게 한다」는 뜻으로, 강(强)한 의지(意志)로 전력을 다하면 어떤 일에도 성공할 수 있다는 말.<br>金融(금융) : ① 돈의 융통(融通). ② 경제(經濟) 상 자금(資金)의 수요(需要)와 공급(供給)의 관계(關係). |

| 金 城 湯 池 | 뜻 「쇠로 만든 성(城)과 끓는 물을 채운 못」이란 뜻으로, ① 매우 견고(堅固)한 성(城)과 해자(垓子). ② 전(傳)하여, 침해(侵害)받기 어려운 장소(場所)를 비유. |
|:---:|:---|
| 쇠 금　재 성　끓을 탕　못 지 | 城郭(성곽) : 내성(內城)과 외성(外城)을 아울러 일컫는 말. |

| 琴 瑟 相 和 | 뜻 「거문고와 비파(琵琶) 소리가 조화를 이룬다」는 뜻으로, 부부(夫婦) 사이가 다정하고 화목함을 이르는 말. |
|:---:|:---|
| 거문고 금　비파 슬　서로 상　화할 화 | 平和(평화) : ① 평온(平穩)하고 화목(和睦)함. ② 화합하고 안온(安穩)함. ③ 전쟁(戰爭)이 없이 세상(世上)이 평온(平穩)함. |

| 琴 瑟 之 樂 | 뜻 「거문고와 비파(琵琶)의 조화로운 소리」라는 뜻으로, 부부(夫婦) 사이의 다정(多情)하고 화목(和睦)한 즐거움. |
|:---:|:---|
| 거문고 금　비파 슬　갈 지　즐길 락 | 奚琴(해금) : 혹이 빈 둥근 나무에 짐승의 가죽을 메우고 긴 나무를 꽂아 줄을 활 모양으로 건 민속 악기. '깡깡이'를 아악(雅樂)에서 일컫는 말. |

| 錦 衣 夜 行 | 뜻 비단옷을 입고 밤길을 간다는 뜻으로, ① 아무 보람없는 행동(行動)을 비유하여 이르는 말. ② 또는 입신(立身) 출세(出世)하여 고향(故鄕)으로 돌아가지 않음을 이르는 말. ③ 남이 알아주지 않음을 이르는 말. |
|:---:|:---|
| 비단 금　옷 의　밤 야　행할 행 | |

| 錦 衣 還 鄕 | 뜻 「비단옷 입고 고향(故鄕)에 돌아온다」는 뜻으로, 출세하여 고향에 돌아옴을 이르는 말. |
|:---:|:---|
| 비단 금　옷 의　돌아올 환　고을 향 | 還甲(환갑) : ① 나이 만 60세를 가리키는 말. ② 61세 때의 생신으로 60갑자를 다 지내고 다시 낳은 해의 간지가 돌아왔다는 의미. |

| 金 枝 玉 葉 | 뜻 「금 가지에 옥 잎사귀」란 뜻으로, ① 임금의 자손(子孫)이나 집안을 이르는 말. ② 귀한집 자손(子孫)을 이르는 말. ③ 아름다운 구름을 형용(形容)하여 이르는 말. |
|:---:|:---|
| 쇠 금　가지 지　구슬 옥　잎 엽 | 枝葉(지엽) : ① 가지와 잎. ② 중요(重要)하지 않은 부분(部分). |

| 起 死 回 生 | 뜻 죽을 뻔하다가 살아남. |
|:---:|:---|
| 일어날 기　죽을 사　돌아올 회　날 생 | 蹶起(궐기) : (어떤 무리의 사람들이) 어떤 일에 대(對)한 각오(覺悟)를 다지거나 결심(決心)을 굳히면서 기운(氣運)차게 일어서는 것. |

| 杞 人 之 憂 | 뜻 기(杞)나라 사람의 군걱정이란 뜻으로, 곧 쓸데없는 군걱정, 헛걱정, 무익(無益)한 근심을 말함. |
|:---:|:---|
| 구기자 기　사람 인　갈 지　근심 우 | 杞憂(기우) : 중국의 기(杞)나라 사람이 하늘이 무너질까봐 침식을 잊고 근심 걱정하였다는 뜻으로, 쓸데없는 걱정을 나타냄. |

| 騎 虎 之 勢 | 뜻 「호랑이를 타고 달리는 기세(氣勢)」라는 뜻으로, 범을 타고 달리는 사람이 도중에서 내릴 수 없는 것처럼 도중(途中)에서 그만두거나 물러설 수 없는 형세(形勢)를 이르는 말. 꺾일 수 없는 기세를 말함. |
|:---:|:---|
| 말탈 기　범 호　갈 지　형세 세 | |

| 奇 貨 可 居 | 뜻 ① 진기(珍奇)한 물건은 사서 잘 보관(保管)해 두면 장차 큰 이득(利得)을 본다는 말. ② 좋은 기회(機會)로 이용(利用)하기에 알맞음을 이르는 말. |
|:---:|:---|
| 기이할 기　재화 화　옳을 가　살 거 | 貨物(화물) : 운반(運搬)할 수 있는 물품(物品)의 총칭(總稱). |

| 洛 陽 紙 貴 | 뜻 「낙양의 종이가 귀해졌다」는 뜻으로, ① 문장(文章)이나 저서(著書)가 호평(好評)을 받아 잘 팔림을 이르는 말. ② 쓴 글의 평판(評判)이 널리 알려짐. ③ 혹은 저서(著書)가 많이 팔리는 것을 말할 때 쓰임. |
|---|---|
| 물 낙    볕 양    종이 지    귀할 귀 | |

| 暖 衣 飽 食 | 뜻 「옷을 따뜻이 입고 음식(飮食)을 배부르게 먹는다는 뜻으로, 의식(衣食) 걱정이 없는 편한 생활(生活)을 이르는 말.<br>衣食住(의식주) : 인간(人間) 생활(生活)의 3대(三大) 요소(要素)인 옷과 음식(飮食)과 집. |
|---|---|
| 따뜻할 난    옷 의    배부를 포    밥 식 | |

| 難 兄 難 弟 | 뜻 「누구를 형이라 아우라 하기 어렵다」는 뜻으로, ① 누가 더 낫고 못하다고 할 수 없을 정도로 서로 비슷함. ② 사물(事物)의 우열(優劣)이 없다는 말로 곧 비슷하다는 말.<br>兄弟姉妹(형제자매) : 형제(兄弟)와 자매(姉妹). |
|---|---|
| 어려울 난    맏 형    어려울 난    아우 제 | |

| 南 柯 一 夢 | 뜻 남쪽 가지에서의 꿈이란 뜻으로, 덧없는 꿈이나 한때의 헛된 부귀영화(富貴榮華)를 이르는 말.<br>南柯之夢(남가지몽) : 남쪽 가지 밑에서 꾼 한 꿈이라는 뜻으로, 일생과 부귀영화가 한낱 꿈에 지나지 않음을 이르는 말. |
|---|---|
| 남녘 남    가지 가    한 일    꿈 몽 | |

| 南 橘 北 枳 | 뜻 남쪽 땅의 귤나무를 북쪽에 옮겨 심으면 탱자 나무로 변한다는 뜻으로, 사람도 그 처해 있는 곳에 따라 선하게도 되고 악하게도 됨을 이르는 말.<br>柑橘(감귤) : 귤과 밀감의 총칭(總稱). |
|---|---|
| 남녘 남    귤 귤    북녘 북    탱자 지 | |

| 男 負 女 戴 | 뜻 남자는 지고 여자는 인다는 뜻으로, 사람들이 살 곳을 찾아 세간을 이고 지고 이리저리 떠돌아 다님을 이르는 말.<br>南男北女(남남북녀) : 예전부터 우리나라에서 남쪽에선 남자가 잘나고, 북쪽에선 여자가 곱다는 뜻으로 일러 내려오는 말. |
|---|---|
| 사내 남    질 부    계집 여    일 대 | |

| 囊 中 之 錐 | 뜻 주머니 속에 있는 송곳이란 뜻으로, 재능(才能)이 아주 빼어난 사람은 숨어 있어도 저절로 남의 눈에 드러난다는 비유적(比喩的) 의미(意味).<br>心囊(심낭) : 염통주머니. |
|---|---|
| 주머니 낭    가운데 중    갈 지    송곳 추 | |

| 內 憂 外 患 | 뜻 내부에서 일어나는 근심과 외부로부터 받는 근심이란 뜻으로, 나라 안팎의 여러 가지 어려운 사태(事態)를 이르는 말.<br>近憂遠慮(근우원려) : 가까운 곳에서는 근심하고 먼 곳에서는 염려(念慮)함. |
|---|---|
| 안 내    근심 우    바깥 외    근심 환 | |

| 內 助 之 賢 | 뜻 아내가 집안 일을 잘 다스려 남편(男便)을 돕는 일을 말함.<br>內助之功(내조지공) : 안에서 돕는 공이란 뜻으로, 아내가 집안 일을 잘 다스려 남편(男便)을 돕는 일을 말함.<br>內助(내조) : 아내가 남편(男便)을 도움. |
|---|---|
| 안 내    도울 조    갈 지    어질 현 | |

| 老 馬 之 智 | 뜻 늙은 말의 지혜(智慧・知慧)라는 뜻으로, ① 연륜이 깊으면 나름의 장점(長點)과 특기(特技)가 있음. ② 저마다 한 가지 재주를 지녔다는 말.<br>老馬知途(노마지도) : 늙은 말이 갈 길을 안다는 뜻. |
|---|---|
| 늙을 노    말 마    갈 지    지혜 지 | |

| 論 功 行 賞 | 뜻 공(功)이 있고 없음이나 크고 작음을 따져 거기에 알맞은 상을 줌. |
|---|---|
| 논할 논　공 공　행할 행　상줄 상 | 賞功(상공) : 세운 공에 대(對)하여 상을 줌.<br>褒賞金(포상금) : 칭찬하고 권장(勸獎)하여 상으로 주는 돈. |

| 弄 瓦 之 慶 | 뜻 「질그릇을 갖고 노는 경사(慶事)」란 뜻으로, 딸을 낳은 기쁨. |
|---|---|
| 희롱할 농　기와 와　갈 지　경사 경 | 弄瓦之喜(농와지희)도 같은 의미.<br>嘲弄(조롱) : (어떤 사람을) 우습거나 형편없는 존재(存在)로 여겨 비웃고 놀리는 것. |

| 累 卵 之 危 | 뜻 알을 쌓아 놓은 듯한 위태로움이라는 뜻으로, 매우 위태로운 형세(形勢)를 이르는 말. |
|---|---|
| 여러 누　알 란　갈 지　위태할 위 | 累卵之勢(누란지세) : 포개어 놓은 알의 형세라는 뜻으로, 몹시 위험(危險)한 형세(形勢)를 비유적으로 이르는 말. |

| 能 書 不 擇 筆 | 뜻 글씨를 잘 쓰는 이는 붓을 가리지 않는다는 뜻으로, 일에 능한 사람은 도구를 탓하지 않음을 이르는 말. |
|---|---|
| 능할 능　글 서　아니 불　가릴 택　붓 필 | 能率(능률) : 일정한 동안에 할 수 있는 일의 비율(比率).<br>教科書(교과서) : 학교(學校)에서 가르치는 데 쓰는 책(冊). |

| 陵 遲 處 斬 | 뜻 중죄인을 일단 죽인 뒤, 그 시신을 토막쳐서 각지에 돌려 보이는 형벌. |
|---|---|
| 언덕 능　더딜 지　곳 처　벨 참 | 凌遲處死(능지처사) : 머리 · 손 · 발 · 몸을 토막내어 죽이는 극형의 한 가지. |

| 多 岐 亡 羊 | 뜻 달아난 양을 찾다가 여러 갈래 길에 이르러 길을 잃었다는 뜻으로, ① 학문(學問)의 길이 여러 갈래로 나뉘어져 있어 진리(眞理)를 찾기 어려움. ② 방침(方針)이 많아 할 바를 모르게 됨. |
|---|---|
| 많을 다　갈림길 기　망할 망　양 양 | 岐路(기로) : 여러 갈래로 갈린 길. 갈림길. |

| 多 多 益 善 | 뜻 많으면 많을수록 더욱 좋다는 말. |
|---|---|
| 많을 다　　더할 익　착할 선 | 多多益辨(다다익판) : 많으면 많을수록 더 잘 처리(處理)함.<br>收益(수익) : ① 이익을 거두어 들임. ② 기업이 생산물(生産物)의 대상(代價)으로서 얻은 경제(經濟) 가치(價値). |

| 多 事 多 難 | 뜻 여러 가지로 일도 많고 어려움도 많음. |
|---|---|
| 많을 다　일 사　많을 다　어려울 난 | 困難(곤란) : ① 어떤 일을 하는 입장(立場) · 상황(狀況) · 조건(條件) 등이 좋지 않아 어렵거나 까다로운 상태(狀態).<br>② 경제적(經濟的)으로 몹시 어렵고 궁핍(窮乏)함. |

| 多 士 濟 濟 | 뜻 ① 많은 선비가 모두 뛰어남. ② 훌륭한 인재(人材)가 많음.<br>③ 뛰어난 인물(人物)이 많음. |
|---|---|
| 많을 다　선비 사　건널 제 | 決濟(결제) : ① 결정하여 끝맺음. ② 증권 또는 대금(代金)의 수불(受拂)에 의(依)하여 거래(去來)를 청산(清算)하는 일. |

| 斷 機 之 戒 | 뜻 베를 끊는 훈계(訓戒)란 뜻으로, 학업(學業)을 중도(中途)에 폐(廢)함은 짜던 피륙의 날을 끊는 것과 같아 아무런 이익(利益)이 없다는 훈계(訓戒). 斷機之教(단기지교)도 같은 의미. |
|---|---|
| 끊을 단　기틀 기　갈 지　경계할 계 | 決斷(결단) : 결정(決定)하여 단정(斷定) 지음. |

| 單 刀 直 入 | 뜻 혼자서 칼을 휘두르고 거침없이 적진(敵陣)으로 쳐들어간다는 뜻으로, ① 문장(文章)이나 언론(言論)의 너절한 허두(虛頭)를 빼고 바로 그 요점으로 풀이하여 들어감. ② 생각과 분별과 말에 거리끼지 아니하고 진경계(眞境界)로 바로 들어감. |
|---|---|
| 홑 단　칼 도　곧을 직　들 입 | |

| 簞 食 瓢 飮 | 뜻 「대그릇의 밥과 표주박의 물」이라는 뜻으로, 좋지 못한 적은 음식(飮食).<br>簞食(단사) : 도시락밥, 도시락에 담은 밥. 瓢簞(표단) : 표주박. 조롱박이나 둥근 박을 반으로 쪼개어 만든 작은 바가지. |
|---|---|
| 소쿠리 단　먹이 사　바가지 표　마실 음 | |

| 談 笑 自 若 | 뜻 위험이나 곤란에 직면해 걱정과 근심이 있을 때라도 변함없이 평상시와 같은 태도를 가짐.<br>泰然自若(태연자약) : 마음에 충동(衝動)을 받아도 동요(動搖)하지 않고 천연(天然)스러운 것. |
|---|---|
| 말씀 담　웃음 소　스스로 자　같을 약 | |

| 螳 螂 拒 轍 | 뜻 「사마귀가 수레바퀴를 막는다」는 뜻으로, 자기의 힘은 헤아리지 않고 강자(强者)에게 무모하게 함부로 덤빔.<br>螳螂之斧(당랑지부) : 자기 힘을 생각지 않고 강적(强敵) 앞에서 분수(分數)없이 날뛰는 것에 비유해서 씀. |
|---|---|
| 사마귀 당　사마귀 랑　막을 거　바퀴자국 철 | |

| 螳 螂 在 後 | 뜻 사마귀가 참새가 뒤에 있는 것은 알지 못하고 매미 잡을 욕심에 구멍으로 들어간다는 뜻으로, 한갖 눈앞의 욕심(慾心)에만 눈이 어두워 덤비고, 해를 입을 것을 생각지 않으면 재화(災禍)를 당하게 됨을 비유함. |
|---|---|
| 사마귀 당　사마귀 랑　있을 재　뒤 후 | |

| 大 器 晩 成 | 뜻 큰 그릇은 늦게 이루어진다는 뜻으로, ① 크게 될 인물(人物)은 오랜 공적(功績)을 쌓아 늦게 이루어짐. ② 또는, 만년(晩年)이 되어 성공(成功)하는 일을 이름.<br>機器(기기) : 기구(器具)와 기계(機械)를 아울러 일컫는 말. |
|---|---|
| 큰 대　그릇 기　늦을 만　이룰 성 | |

| 大 同 小 異 | 뜻 혜시(惠施)의 소동이(小同異), 대동이(大同異) 론(論)에서 비롯된 말로, ① 거의 같고 조금 다름. ② 비슷함.<br>五十步百步(오십보백보) : 오십보 도망한 자가 백보 도망한 자를 비웃는다라는 뜻으로, 조금 낫고 못한 차이는 있지만 본질적으로 차이가 없음. |
|---|---|
| 큰 대　한가지 동　적을 소　다를 이 | |

| 大 義 滅 親 | 뜻 큰 의리(義理)를 위해서는 혈육(血肉)의 친함도 저버린다는 뜻으로, ① 큰 의리(義理)를 위해서는 사사(私事)로운 정의(情誼)를 버림. ② 국가(國家)의 대의를 위해서는 부모(父母) 형제(兄弟)의 정(情)도 버림. |
|---|---|
| 큰 대　옳을 의　멸할 멸　친할 친 | |

| 大 義 名 分 | 뜻 ① 사람으로서 마땅히 지켜야 할 중대한 의리와 명분. 떳떳한 명분. ② 행동의 기준이 되는 도리. ③ 이유가 되는 명백한 근거(根據). ④ 인류의 큰 의를 밝히고 분수를 지키어 정도에 어긋나지 않도록 하는 것. |
|---|---|
| 큰 대　옳을 의　이름 명　나눌 분 | |

| 道 不 拾 遺 | 뜻 길에 떨어진 것을 줍지 않는다는 뜻으로, ① 나라가 잘 다스려져 백성들의 풍속이 돈후(敦厚)함을 비유해 이르는 말. ② 형벌이 준엄(峻嚴)하여 백성이 법을 범하지 아니함의 뜻으로도 쓰임. |
|---|---|
| 길 도　아니 불　주울 습　남길 유 | |

| 桃 園 結 義 | 뜻 도원에서 의형제(義兄弟)를 맺다는 뜻으로, ① 의형제(義兄弟)를 맺음. ② 서로 다른 사람들이 사욕(私慾)을 버리고 목적을 향(向)해 합심(合心)할 것을 결의(結義)함. |
|---|---|
| 복숭아 도  동산 원  맺을 결  옳을 의 | 結義兄弟(결의형제) : 남남끼리 의리로써 형제 관계를 맺음. |

| 道 聽 塗 說 | 뜻 길거리에서 들은 이야기를 곧 그 길에서 다른 사람에게 말한다는 뜻으로, ① 거리에서 들은 것을 남에게 아는 체하며 말함. ② 깊이 생각 않고 예사(例事)로 듣고 말함. |
|---|---|
| 길 도  들을 청  바를 도  말씀 설 | ③ 길거리에 떠돌아다니는 뜬 소문(所聞). |

| 塗 炭 之 苦 | 뜻 진흙이나 숯불에 떨어진 것과 같은 고통(苦痛)이라는 뜻으로, 가혹(苛酷)한 정치(政治)로 말미암아 백성(百姓)이 심한 고통(苦痛)을 겪는 것. |
|---|---|
| 바를 도  숯 탄  갈 지  쓸 고 | 炭素(탄소) : 비금속성(非金屬性) 화학 원소(元素)의 하나. |

| 獨 不 將 軍 | 뜻 혼자서는 장군을 못한다는 뜻으로, ① 남의 의견을 무시하고 혼자 모든 일을 처리하는 사람의 비유. ② 혼자서는 다 잘할 수 없으므로 남과 협조해야 한다는 뜻을 담고 있는 말. ③ 저 혼자 잘난 |
|---|---|
| 홀로 독  아니 불  장수 장  군사 군 | 체하며 뽐내다가 남에게 핀잔을 받고 고립된 처지에 있는 사람. |

| 東家食西家宿 | 뜻 동쪽 집에서 먹고 서쪽 집에서 잔다는 뜻으로, ① 탐욕스러운 사람을 비유해 이르는 말. ② 먹을 곳, 잘 곳이 없어 떠돌아다니며 이집 저집에서 얻어먹고 지내는 사람이나 또는 그러한 일. |
|---|---|
| 동녘 동  집 가  밥 식  서녘 서  집 가  잘 숙 | 東西南北(동서남북) ; 동쪽·서쪽·남쪽·북쪽. 곧, 사방(四方). |

| 同 工 異 曲 | 뜻 같은 악공(樂工)끼리라도 곡조(曲調)를 달리한다는 뜻으로, 동등(同等)한 재주의 작가(作家)라도 문체(文體)에 따라 특이(特異)한 광채(光彩)를 냄을 이르는 말. |
|---|---|
| 한가지 동  장인 공  다를 이  굽을 곡 | 異見(이견) : ① 서로 다른 의견(意見). ② 색다른 의견(意見). |

| 東 問 西 答 | 뜻 「동쪽을 묻는 데 서쪽을 대답한다」는 뜻으로, 묻는 말에 대하여 전혀 엉뚱한 대답. 묻는 내용을 이해 못하고 하는 대답. |
|---|---|
| 동녘 동  물을 문  서녘 서  대답 답 | 疑問(의문) : ① 의심(疑心)하여 물음. ② 의심(疑心)스러운 생각을 함, 또는 그런 일. |

| 同 病 相 憐 | 뜻 같은 병자(病者)끼리 가엾게 여긴다는 뜻으로, 어려운 처지에 있는 사람끼리 서로 불쌍히 여겨 동정(同情)하고 서로 도움. |
|---|---|
| 한가지 동  병 병  서로 상  불쌍히여길 련 | 同氣相求(동기상구) : 기풍(氣風)과 뜻을 같이하는 사람은 서로 동류를 찾아 모임. |

| 東 山 再 起 | 뜻 「동산(東山)에서 다시 일어난다」는 뜻으로, 은퇴(隱退)한 사람이나 실패(失敗)한 사람이 재기(再起)하여 다시 세상에 나옴을 뜻함. |
|---|---|
| 동녘 동  뫼 산  두 재  일어날 기 | 再檢討(재검토) : 한 번 검토(檢討)한 것을 다시 검토함. |

| 同 床 異 夢 | 뜻 같은 침상(寢床)에서 서로 다른 꿈을 꾼다는 뜻으로, ① 겉으로는 같이 행동하면서 속으로는 각기 딴 생각을 함을 이르는 말. ② 비유적으로, 같은 입장, 일인데도 목표가 저마다 다름을 일 |
|---|---|
| 한가지 동  평상 상  다를 이  꿈 몽 | 컫는 말. ③ 기거(起居)를 함께 하면서 서로 다른 생각을 함. |

| 得 龍 望 蜀 | 뜻 농(隴)나라를 얻고 나니 촉(蜀)나라를 갖고 싶다는 뜻으로, 인간의 욕심은 한이 없음을 비유해 이르는 말. |
|---|---|
| 얻을 득 언덕 롱 바랄 망 나라이름촉 | 望蜀之歎(망촉지탄) : 촉(蜀) 땅을 얻고 싶어 하는 탄식이라는 뜻으로, 인간의 욕심은 한이 없음을 비유해 이르는 말. |

| 得 魚 忘 筌 | 뜻 물고기를 잡고 나면 통발을 잊는다는 뜻으로, 바라던 바를 이루고 나면 그 목적을 달성하기 위해서 썼던 사물(事物)을 잊어버림을 비유해 이르는 말. |
|---|---|
| 얻을 득 고기 어 잊을 망 통발 전 | 魚卵(어란) : ① 물고기의 알. ② 명란 따위. |

| 登 龍 門 | 뜻 용문(龍門)에 오른다는 뜻으로, ① 입신(立身) 출세(出世)의 관문(關門)을 이르는 말. ② 또는 뜻을 펴서 크게 영달함을 비유해 이르는 말. |
|---|---|
| 오를 등 용 룡 문 문 | 登場(등장) : 소설·영화 또는 무대(舞臺) 등에서 나옴. |

| 登 泰 小 天 | 뜻 태산(泰山)에 오르면 천하가 작게 보인다는 말로, 큰 도리(道理)를 익힌 사람은 사물(事物)에 얽매이지 않는다는 뜻. |
|---|---|
| 오를 등 클 태 적을 소 하늘 천 | 登泰山而小天下(등태산이소천하) : 맹자(孟子)의 진심편(盡心篇)에 나오는 말. |

| 燈 下 不 明 | 뜻 등잔 밑이 어둡다. 가까이 있는 것이나, 가까이에서 일어나는 일을 도리어 잘 모를 수 있다는 뜻의 속담. |
|---|---|
| 등불 등 아래 하 아니 불 밝을 명 | 電燈(전등) : 전구(電球)에 전력(電力)을 공급(供給)하여 광원(光源)으로 한 것. |

| 燈 火 可 親 | 뜻 등불을 가까이 할 수 있다는 뜻으로,가을 밤은 시원하고 상쾌하므로 등불을 가까이 하여 글 읽기에 좋음을 이르는 말. |
|---|---|
| 등불 등 불 화 옳을 가 친할 친 | 新凉燈火(신량등화) : 가을의 서늘한 기운이 처음 생길 무렵에 등불 밑에서 글읽기가 좋음. |

| 磨 斧 作 鍼 | 뜻 도끼를 갈아 침을 만든다는 뜻으로, 아무리 어려운 일이라도 끈기 있게 노력하면 이룰 수 있음을 비유하는 말. |
|---|---|
| 갈 마 도끼 부 지을 작 침 침 | 磨鐵杵而成針(마철저이성침): 절구공이를 갈아서 바늘을 만든다는 말도 같은 의미. |

| 馬 耳 東 風 | 뜻 말의 귀에 동풍이라는 뜻으로, 남의 비평(批評)이나 의견을 조금도 귀담아 듣지 아니하고 흘려 버림을 이르는 말. |
|---|---|
| 말 마 귀 이 동녘 동 바람 풍 | 牛耳讀經(우이독경) : 「쇠귀에 경 읽기」란 뜻으로, 우둔한 사람은 아무리 가르치고 일러주어도 알아듣지 못함을 비유해 이르는 말. |

| 麻 中 之 蓬 | 뜻 삼밭 가운데서 나는 쑥이라는 뜻으로, 구부러진 쑥도 삼밭에 나면 저절로 꼿꼿하게 자라듯이 좋은 환경(環境)에 있거나 좋은 벗과 사귀면 자연히 주위(周圍)의 감화(感化)를 받아서 선인(善人)이 됨을 비유해 이르는 말. |
|---|---|
| 삼 마 가운데 중 갈 지 쑥 봉 | |

| 馬 革 裏 屍 | 뜻 말의 가죽으로 자기 시체를 싼다는 뜻으로, 옛날에는 전사(戰死)한 장수(將帥)의 시체(屍體)는 말가죽으로 쌌으므로 전쟁터에 나가 살아 돌아오지 않겠다는 뜻을 말함. |
|---|---|
| 말 마 가죽 혁 쌀 과 주검 시 | 屍體(시체) : ① 사람이나 생물의 죽은 몸뚱이. ② 사체(死體). |

| 莫 逆 之 友<br>없을 막 거스를 역 갈 지 벗 우 | **뜻** 마음이 맞아 서로 거스르는 일이 없는, 생사(生死)를 같이할 수 있는 친밀(親密)한 벗.<br>刎頸之友(문경지우) : ① 생사(生死)를 같이 하여 목이 떨어져도 두려워하지 않을 만큼 친(親)한 사귐. ② 또는, 그런 벗 |
|---|---|
| 萬 事 休 矣<br>일만 만 일 사 쉴 휴 어조사 의 | **뜻** 만 가지 일이 끝장이라는 뜻으로, 모든 일이 전혀 가망(可望)이 없는 절망(絶望)과 체념(諦念)의 상태임을 이르는 말.<br>勞而無功(노이무공) : ① 애를 썼으나 공이 없음.<br>② 애쓴 보람이 없음. |
| 萬 壽 無 疆<br>일만 만 목숨 수 없을 무 지경 강 | **뜻** ① 한없이 목숨이 긺. ② 장수(長壽)하기를 비는 말.<br>萬世無疆(만세무강) : ① 오랜 세월에 걸쳐 끝이 없음. ② 만수무강(萬壽無疆)과 같은 의미.<br>壽考無疆(수고무강) : ☞ 만수무강(萬壽無疆). |
| 萬 全 之 策<br>일만 만 온전할 전 갈 지 꾀 책 | **뜻** 아주 안전(安全)하거나 완전(完全)한 계책(計策).<br>萬全之計(만전지계) : 아주 안전(安全)한 계획(計劃).<br>完全(완전) : ① 부족이나 흠이 없음. ② 필요(必要)한 것이 모두 갖추어져 있음. |
| 望 梅 止 渴<br>바랄 망 매화 매 그칠 지 목마를 갈 | **뜻** 매실은 시기 때문에 이야기만 나와도 침이 돌아 해갈(解渴)이 된다는 뜻으로, ① 매실의 맛이 아주 시어서 바라만 봐도 목마름이 가심. ② 공상(空想)으로 마음의 위안을 얻음.<br>渴望(갈망) : 목마른 사람이 물을 찾듯이 간절(懇切)히 바람. |
| 亡 羊 之 歎<br>망할 망 양 양 갈 지 탄식할 탄 | **뜻** 달아난 양을 찾다가 여러 갈래 길에 이르러 길을 잃었다는 뜻으로, ① 학문(學問)의 길이 여러 갈래로 나뉘어져 있어 진리(眞理)를 찾기 어려움. ② 방침이 많아 할 바를 모르게 됨.<br>望洋之歎(망양지탄) : 넓은 바다를 보고 탄식한다는 뜻. |
| 望 洋 之 歎<br>바랄 망 바다 양 갈 지 탄식할 탄 | **뜻** 넓은 바다를 보고 탄식(歎息)한다는 뜻으로, ① 남의 원대(遠大)함에 감탄(感歎·感嘆)하고, 나의 미흡(未洽)함을 부끄러워함의 비유.<br>遠洋(원양) : 육지(陸地)에서 멀리 떨어진 넓은 먼 바다. |
| 亡 子 計 齒<br>망할 망 아들 자 셀 계 이 치 | **뜻** 죽은 자식(子息) 나이 헤아리기라는 뜻으로, 이미 지나간 쓸데없는 일을 생각하며 애석(哀惜)하게 여김.<br>百年大計(백년대계) : 먼 앞날까지 내다보고 먼 뒷날까지 걸쳐 세우는 큰 계획(計劃). |
| 買 櫝 還 珠<br>살 매 함 독 돌아올 환 구슬 주 | **뜻** 상자만 사고 그 속에 든 진주는 돌려준다는 뜻으로, 화려한 겉모습에 현혹되어 중요한 본질은 놓침을 이르는 말.<br>珠絡象毛(주락상모) : 임금이나 벼슬아치가 타는 말에 붉은 줄과 붉은 털로 꾸민 장식. |
| 梅 蘭 菊 竹<br>매화 매 난초 란 국화 국 대 죽 | **뜻** 매화(梅花)·난초(蘭草)·국화(菊花)·대나무, 즉 사군자(四君子)를 말함.<br>四君子(사군자) : 동양화에서, 매화·난초·국화·대나무를 그린 그림. 또는 그 소재. 고결함을 상징으로 하는 문인화의 대표적 소재이다. |

| 麥 秀 之 歎 | 뜻 보리만 무성(茂盛)하게 자란 것을 탄식(歎息)함이라는 뜻으로, 고국의 멸망(滅亡)을 탄식(歎息)함.<br>麥秀黍油(맥수서유) : 보리의 이삭과 기장의 윤기라는 뜻으로, 고국의 멸망(滅亡)을 탄식(歎息)함. |
|---|---|
| 보리 맥　빼어날 수　갈 지　탄식할 탄 | |

| 孟 母 三 遷 | 뜻 맹자(孟子)의 어머니가 맹자를 제대로 교육(教育)하기 위여 집을 세 번이나 옮겼다는 뜻으로, 교육(教育)에는 주위(周圍) 환경(環境)이 중요(重要)하다는 가르침.<br>孟母三遷之教(맹모삼천지교)와 같은 의미. |
|---|---|
| 맏 맹　어미 모　석 삼　옮길 천 | |

| 盲 人 直 門 | 뜻 소경이 정문(正門)을 바로 찾아 들어간다는 뜻으로, '어리석은 사람이 어쩌다 이치(理致)에 들어맞는 일을 함'의 비유.<br>盲者正門(맹자정문) : 소경이 문을 바로 찾는다는 뜻으로, 우매(愚昧)한 사람이 우연히 이치에 맞는 일을 함을 비유해 이르는 말. |
|---|---|
| 소경 맹　사람 인　곧을 직　문 문 | |

| 明 鏡 止 水 | 뜻 맑은 거울과 고요한 물이라는 뜻으로, 사념(邪念)이 전혀 없는 깨끗한 마음을 비유해 이르는 말.<br>雲心月性(운심월성) : 「구름 같은 마음과 달 같은 성품(性品)」이라는 뜻으로, 맑고 깨끗하여 욕심이 없음을 이르는 말. |
|---|---|
| 밝을 명　거울 경　그칠 지　물 수 | |

| 明 眸 皓 齒 | 뜻 맑은 눈동자와 흰 이라는 뜻으로, 미인(美人)을 형용(形容)해 이르는 말.<br>丹唇皓齒(단순호치) : 붉은 입술과 흰 이라는 뜻으로, 매우 아름다운 여자의 얼굴을 비유하여 이르는 말. 朱唇皓齒(주순호치). |
|---|---|
| 밝을 명　눈동자 모　흴 호　이 치 | |

| 名 山 大 川 | 뜻 이름난 큰 산과 큰 내, 경치 좋고 이름난 산천(山川).<br>立身揚名(입신양명) : ① 사회적으로 인정을 받고 출세하여 이름을 세상에 드날림. ② 후세(後世)에 이름을 떨쳐 부모를 영광(榮光)되게 해 드리는 것. |
|---|---|
| 이름 명　뫼 산　큰 대　내 천 | |

| 名 實 相 符 | 뜻 ① 이름과 실상(實相)이 서로 들어맞음. ② 알려진 것과 실제(實際)의 상황(狀況)이나 능력(能力)에 차이(差異)가 없음.<br>不問可知(불문가지) : 묻지 않아도 옳고 그름을 가히 알 수 있음. |
|---|---|
| 이름 명　열매 실　서로 상　부호 부 | |

| 明 若 觀 火 | 뜻 불을 보는 것 같이 밝게 보인다는 뜻으로, 더 말할 나위 없이 명백(明白)함.<br>觀火(관화) : ① 명약관화(明若觀火)의 준말. ② 조선(朝鮮) 시대(時代)에, 궁중(宮中)에서 벌이던 불꽃놀이. |
|---|---|
| 밝을 명　같을 약　볼 관　불 화 | |

| 明 哲 保 身 | 뜻 총명(聰明)하여 도리(道理)를 좇아 사물(事物)을 처리(處理)하고, 몸을 온전(穩全)히 보전(保全)한다는 뜻으로, 매사(每事)에 법도(法度)를 지켜 온전(穩全)하게 처신(處身)하는 태도(態度)를 이르는 말. |
|---|---|
| 밝을 명　밝을 철　지킬 보　몸 신 | |

| 毛 遂 自 薦 | 뜻 모수(毛遂)가 스스로 천거(薦擧)했다는 뜻으로, 자기가 자기를 추천(推薦)하는 것을 이르는 말. 오늘날에는 의미가 변질되어 일의 앞뒤도 모르고 나서는 사람을 비유적으로 이르는 말.<br>完遂(완수) : 목적을 완전히 달성(達成)함. |
|---|---|
| 터럭 모　이룰 수　스스로 자　천거할 천 | |

| 目 不 識 丁 | 뜻 고무래를 보고도 그것이 고무래 정(丁)자인 줄 모른다는 뜻으로, 글자를 전혀 모름, 또는 그러한 사람을 비유해 이르는 말.<br>菽麥不辨(숙맥불변) : 콩인지 보리인지 분별(分別)하지 못한다는 뜻으로, 어리석고 못난 사람. |
|---|---|
| 눈 목　아니 불　알 식　고무래 정 | |

| 木 石 不 傳 | 뜻 나무에도 돌에도 붙일곳이 없다는 뜻으로, 가난하고 외로워서 의지(依支)할 곳이 없는 처지(處地)를 이르는 말.<br>木石難得(목석난득) : 나무에도 돌에도 붙일 데가 없다는 뜻으로, 가난하고 외로와 의지할 곳이 없는 경우를 이르는 말. |
|---|---|
| 나무 목　돌 석　아니 불　스승 부 | |

| 木 人 石 心 | 뜻 나무 인형(人形)에 돌 같은 마음이라는 뜻으로, 감정(感情)이 전연 없는 사람이거나, 의지(意志)가 굳어 마음이 흔들리지 않는 사람을 두고 이르는 말.<br>木石(목석) : 나무와 돌. |
|---|---|
| 나무 목　사람 인　돌 석　마음 심 | |

| 猫 項 懸 鈴 | 뜻 '고양이 목에 방울 달기'라는 뜻으로, 실행하지 못할 일을 공연(公然)히 의논(議論)만 한다는 말.<br>猫頭懸鈴(묘두현령) : 고양이 목에 방울 달기라는 속담(俗談)의 한역으로, 불가능(不可能)한 일을 의논(議論)함을 이르는 말. |
|---|---|
| 고양이 묘　목 항　달 현　방울 령 | |

| 武 陵 桃 源 | 뜻 이 세상(世上)을 떠난 별천지(別天地)를 이르는 말.<br>桃源(도원) : ① 중국어 '타오위안'을 우리 음으로 읽은 이름. ② 무릉도원(武陵桃源)의 준말.<br>鬱陵島(울릉도) : 경상북도 동쪽 동해상에 있는 섬. |
|---|---|
| 호반 무　언덕 릉　복숭아 도　근원 원 | |

| 巫 山 之 夢 | 뜻 무산(巫山)의 꿈이라는 뜻으로, 남녀의 밀회(密會)나 정교(情交)를 이르는 말, 특히 미인과의 침석(枕席)을 말하기도 함.<br>巫山之雲(무산지운) : 남녀의 교정(交情).<br>巫山之雨(무산지우) : 남녀의 교정(交情). |
|---|---|
| 무당 무　뫼 산　갈 지　꿈 몽 | |

| 刎 頸 之 交 | 뜻 「목을 벨 수 있는 벗」이라는 뜻으로, 생사(生死)를 같이 할 수 있는 매우 소중(所重)한 벗.<br>高山流水(고산유수) : ① 높은 산과 흐르는 물. ② 훌륭한 음악, 특히 거문고 소리를 비유함. ③ 자신을 알아 주는 친구. |
|---|---|
| 목벨 문　목 경　갈 지　사귈 교 | |

| 聞 一 知 十 | 뜻 한 가지를 들으면 열 가지를 미루어 안다는 뜻으로, 총명함을 이르는 말.<br>前代未聞(전대미문) : 「지난 시대에는 들어 본 적이 없다」는 뜻으로, 매우 놀랍거나 새로운 일을 이르는 말. |
|---|---|
| 들을 문　한 일　알 지　열 십 | |

| 門 前 成 市 | 뜻 「대문 앞이 저자를 이룬다」는 뜻으로, 세도가(勢道家)나 부잣집 문 앞이 방문객(訪問客)으로 저자를 이루다시피 함을 이르는 말.<br>門前若市(문전약시) : 「문 앞이 시장과 같다」는 뜻으로, 대문 앞에 시장(市場)이 선 것처럼 많은 사람들이 모여 들고 있다는 말. |
|---|---|
| 문 문　앞 전　이룰 성　저자 시 | |

| 勿 失 好 機 | 뜻 좋은 기회(機會)를 놓치지 말라는 뜻.<br>時不可失(시불가실) : 한 번 지난 때는 두 번 다시 오지 아니하므로, ① 때를 놓쳐서는 안 된다는 말. ② 좋은 시기(時期)를 잃어버려서는 안 된다는 말. |
|---|---|
| 말 물　잃을 실　좋을 호　기틀 기 | |

附録

| 尾生之信 | |
|---|---|
| 꼬리 미  날 생  갈 지  믿을 신 | 뜻 미생(尾生)의 믿음이란 뜻으로, ① 우직(愚直)하게 약속(約束)만을 굳게 지킴. ② 또는 융통성(融通性)이 없이 약속 만을 굳게 지킴을 비유.<br>尾星(미성) : 이십팔수(二十八宿)의 여섯째 별자리의 별들. |

| 密雲不雨 | |
|---|---|
| 빽빽할 밀  구름 운  아니 불  비 우 | 뜻 짙은 구름이 끼여 있으나 비가 오지 않는다는 뜻으로, ① 어떤 일의 징조(徵兆)만 있고 그 일은 이루어지지 않음. ② 은덕(恩德)이 아래까지 고루 미치지 않음을 이르는 말.<br>密雲棗(밀운조) : 평안북도 영변에서 나는 대추. |

| 博而不精 | |
|---|---|
| 넓을 박  말이을 이  아닐 부  정밀할 정 | 뜻 ① 여러 방면으로 널리 아나 정통(精通)하지 못함. ② 널리 알되 능숙(能熟)하거나 정밀(精密)하지 못함.<br>博而寡要(박이과요) : 아는 것은 많으나 요령(要領) 부득임.<br>博愛(박애) : 모든 것을 널리 평등(平等)하게 사랑함. |

| 反哺之孝 | |
|---|---|
| 돌이킬 반  젖먹일 포  갈 지  효도 효 | 뜻 「까마귀 새끼가 자란 뒤에 늙은 어미에게 먹이를 물어다 주는 효성(孝誠)」이라는 뜻으로, 자식이 자라서 부모를 봉양(奉養)함을 이르는 말.<br>哺乳(포유) : 제 몸의 젖으로 새끼를 먹여 기름. |

| 拔本塞源 | |
|---|---|
| 뺄 발  근본 본  칮을 색  근원 원 | 뜻 근본(根本)을 빼내고 원천(源泉)을 막아 버린다는 뜻으로, 사물(事物)의 폐단(弊端)을 없애기 위해서 그 뿌리째 뽑아 버림을 이르는 말.<br>選拔(선발) : 많은 사람 가운데서 가려 뽑음. |

| 拔山蓋世 | |
|---|---|
| 뺄 발  뫼 산  덮을 개  인간 세 | 뜻 ① 산을 뽑고, 세상을 덮을 만한 기상(氣像). ② 아주 뛰어난 기운(氣運) 또는, 놀라운 기상(氣像).<br>蓋然性(개연성) : ① 꼭 단정할 수는 없으나 대개 그러리라고 생각되는 성질. ② 어떤 일이 일어날 수 있는 가능성(可能性). |

| 傍若無人 | |
|---|---|
| 곁 방  같을 약  없을 무  사람 인 | 뜻 곁에 아무도 없는 것처럼 여긴다는 뜻으로, 주위(周圍)에 있는 다른 사람을 전혀 의식(意識)하지 않고 제멋대로 행동하는 사람을 가리켜 하는 말.<br>傲岸不遜(오안불손) : 행동거지가 오만불손하고 잘난 체하는 태도. |

| 蚌鷸之爭 | |
|---|---|
| 방합 방  도요새 휼  갈 지  다툴 쟁 | 뜻 도요새가 조개와 다투다가 다 같이 어부에게 잡히고 말았다는 뜻으로, 제3자만 이롭게 하는 다툼을 이르는 말.<br>蚌蛤(방합) : 말조개과에 딸린 민물조개.<br>蚌蛤科(방합과) : 진정 판새류(瓣鰓類)에 딸린 한 과(科). |

| 背水之陣 | |
|---|---|
| 등 배  물 수  갈 지  진칠 진 | 뜻 「물을 등지고 진을 친다」는 뜻으로, ① 물러설 곳이 없으니 목숨을 걸고 싸울 수밖에 없는 지경(地境)을 이르는 말. ② 물을 등지고 적과 싸울 진을 치는 진법(陣法).<br>背水陣(배수진)과 같은 뜻. |

| 杯中蛇影 | |
|---|---|
| 술잔 배  가운데 중  뱀 사  그림자 영 | 뜻 술잔 속의 뱀 그림자라는 뜻으로, ① 자기 스스로 의혹(疑惑)된 마음이 생겨 고민(苦悶)하는 일. ② 아무 것도 아닌 일에 의심(疑心)을 품고 지나치게 근심을 함.<br>疑心暗鬼(의심암귀) : 의심이 생기면 귀신이 생긴다는 뜻. |

| 百 年 佳 約 | 뜻 백년을 두고 하는 아름다운 언약(言約)이라는 뜻으로, 부부 (夫婦)가 되겠다는 약속(約束). |
|---|---|
| 일백 백  해 년  아름다울 가  맺을 약 | 百年佳期(백년가기) : 남편(男便)과 아내가 되어 한평생 같이 지내 자는 아름다운 언약(言約). |

| 百 年 大 計 | 뜻 먼 앞날까지 내다보고 먼 뒷날까지 걸쳐 세우는 큰 계획. |
|---|---|
| 일백 백  해 년  큰 대  셀 계 | 百年佳偶(백년가우) : 한평생을 같이 지내는 아름다운 배필(配匹) . 百年之客(백년지객) : 언제나 깍듯하게 대(對)해야 하는 어려운 손 님이라는 뜻으로, 사위를 두고 이르는 말. |

| 百 年 河 淸 | 뜻 백 년을 기다린다 해도 황하(黃河)의 흐린 물은 맑아지지 않는다는 뜻으로, ① 오랫동안 기다려도 바라는 것이 이루어질 수 없음을 이르는 말. ② 아무리 세월이 가도 일을 해결할 희망이 없음. ③ 아무리 기다려도 가망 없어, 사태가 바로 잡히기 어려움. |
|---|---|
| 일백 백  해 년  물 하  맑을 청 | |

| 百 年 偕 老 | 뜻 부부(夫婦)가 서로 사이좋고 화락(和樂)하게 같이 늙음을 이르는 말. |
|---|---|
| 일백 백  해 년  함께 해  늙을 로 | 百年偕樂(백년해락) : 부부(夫婦)가 되어 한평생을 같이 즐겁게 지냄. |

| 伯 牙 絶 絃 | 뜻 백아가 친한 벗의 부음을 듣고 거문고 줄을 끊어 버렸다는 뜻으로, 자기를 알아주는 절친한 벗, 즉 지기지우(知己之友)의 죽 음을 슬퍼함을 이르는 말. |
|---|---|
| 맏 백  어금니 아  끊을 절  줄 현 | 伯牙破琴(백아파금) : ☞ 백아절현(伯牙絶絃). |

| 百 折 不 屈 | 뜻 백 번 꺾여도 굴하지 않는다는 뜻으로, 어떤 어려움에도 굽 히지 않음. |
|---|---|
| 일백 백  꺾을 절  아니 불  굽힐 굴 | 百折不撓(백절불요) : 백 번 꺾여도 휘지 않는다는 뜻으로, 실패 (失敗)를 거듭해도 뜻을 굽히지 않음. |

| 百 尺 竿 頭 | 뜻 백 자나 되는 높은 장대 위에 올라섰다는 뜻으로, 위태로움 이 극도(極度)에 달함. |
|---|---|
| 일백 백  자 척  장대 간  머리 두 | 百尺竿頭進一步(백척간두진일보) : 이미 할 수 있는 일을 다한 것 인데 또 한 걸음 나아간다 함은 더욱 노력하여 위로 향한다는 말. |

| 百 害 無 益 | 뜻 해(害)롭기만 하고 하나도 이로울 것이 없음. |
|---|---|
| 일백 백  해할 해  없을 무  더할 익 | 百害無一利(백해무일리) : 해롭기만 하고 하나도 이로울 것이 없음. 利害相半(이해상반) : 이익(利益)과 손해(損害)가 반반으로 맞섬. 이해(利害) 관계(關係)가 서로 어긋남. |

| 封 庫 罷 職 | 뜻 부정(不正)을 저지른 관리(官吏)를 파면(罷免)시키고 관고 (官庫)를 봉하여 잠그는 일. |
|---|---|
| 봉할 봉  곳집 고  마칠 파  벼슬 직 | 封庫御史(봉고어사) : 악한 정사를 행하는 수령을 파직하고 관고 (官庫)를 단단히 봉하여 잠그는 임무를 맡은 어사(御史). |

| 釜 中 之 魚 | 뜻 솥 속의 생선(生鮮)이라는 뜻으로, 생명에 위험이 닥쳤음을 비유해 이르는 말. |
|---|---|
| 가마 부  가운데 중  갈 지  고기 어 | 魚遊釜中(어유부중) : 고기가 솥 속에서 논다는 뜻으로, 목숨이 붙 어 있다 할지라도 오래 가지 못할 것을 비유해 하는 말. |

| 附 和 雷 同 | 뜻 「우레 소리에 맞춰 함께한다」는 뜻으로, 자신의 뚜렷한 소신 없이 그저 남이 하는 대로 따라가는 것을 의미함. |
|---|---|
| 붙을 부  화할 화  우레 뢰  한가지 동 | 附同 (부동) : 부화뇌동(附和雷同)의 준말.<br>爛漫同歸(난만동귀) : 옳지 않은 일에 부화뇌동함을 이르는 말. |

| 焚 書 坑 儒 | 뜻 「책을 불태우고 선비를 생매장(生埋葬)하여 죽인다」는 뜻으로, 진(秦)나라의 시황제(始皇帝)가 학자들의 정치(政治) 비평(批評)을 금하기 위하여 경서(經書)를 태우고 학자(學者)들을 구덩이에 생매장하여 베푼 가혹한 정치를 이르는 말. |
|---|---|
| 태울 분  글 서  구덩이 갱  선비 유 | |

| 不 俱 戴 天 | 뜻 「하늘 아래 같이 살 수 없는 원수(怨讐), 죽여 없애야 할 원수(怨讐). |
|---|---|
| 아니 불  함께 구  일 대  하늘 천 | 不俱戴天之讐(불구대천지수) : 한 하늘을 이고 살 수 없을 만큼 깊은 원수. 원래는 아버지의 원수(怨讐)를 의미(意味). |

| 悲 憤 慷 慨 | 뜻 아주 슬프고 분(憤)한 느낌이 마음속에 가득 차 있음. |
|---|---|
| 슬플 비  분할 분  슬플 강  슬퍼할 개 | 兩寡分悲(양과분비) : 「두 과부(寡婦)가 슬픔을 서로 나눈다」는 뜻으로, 같은 처지(處地)에 있는 사람끼리 서로 동정(同情)한다는 말. |

| 髀 肉 之 嘆 | 뜻 넓적다리에 살이 붙음을 탄식한다라는 뜻으로, ① 자기의 뜻을 펴지 못하고 허송세월하는 것을 한탄하다가 성공할 기회를 잃고 공연히 허송세월만 보냄을 탄식하는 말. ② 영웅이 때를 만나지 못하여 싸움에 나가지 못하고 넓적다리에 헛된 살만 쪄 가는 것을 한탄한다는 말에서 나옴. |
|---|---|
| 넓적다리 비  고기 육  갈 지  탄식할 탄 | |

| 非 一 非 再 | 뜻 「같은 일이 한두 번이 아님」이란 뜻으로, 한둘이 아님. |
|---|---|
| 아닐 비  한 일  아닐 비  두 재 | 似是而非(사시이비) : 겉은 옳은 것 같으나 속은 다름.<br>似而非(사이비) : 겉으로 보기에는 비슷한 듯하지만 근본적(根本的)으로는 아주 다른 것. |

| 氷 山 一 角 | 뜻 빙산의 뿔 하나라는 뜻으로, 대부분이 숨겨져 있고 외부로 나타나 있는 것은 극히 일부분에 지나지 않음을 비유한 말. |
|---|---|
| 얼음 빙  뫼 산  한 일  뿔 각 | 氷山之戒(빙산지계) : 얼음산이 끝내 녹아 없어지듯이 권세도 오래 가지 못함을 비유하여 이르는 경계의 말. |

| 氷 炭 不 相 容 | 뜻 「얼음과 불은 성질이 반대여서 만나면 서로 없어진다」는 뜻으로, ① 군자와 소인은 서로 화합하지 못함. ② 또는 상반되는 사물(事物). |
|---|---|
| 얼음 빙  숯 탄  아니 불  서로 상  얼굴 용 | 木炭(목탄) : 숯.그림을 그리는 데 쓰는, 결이 좋고 무른 나무를 태워서 만든 숯. |

| 氷 炭 之 間 | 뜻 얼음과 숯 사이란 뜻으로, ① 둘이 서로 어긋나 맞지 않는 사이. ② 서로 화합(和合)할 수 없는 사이. |
|---|---|
| 얼음 빙  숯 탄  갈 지  사이 간 | 氷炭相愛(빙탄상애) : 얼음과 숯이 서로 사랑한다는 뜻으로, 세상에 그 예가 도저히 있을 수 없음을 이르는 말. |

| 四 顧 無 親 | 뜻 사방을 돌아보아도 친척이 없다는 뜻으로, 의지할 만한 사람이 도무지 없다는 말. |
|---|---|
| 넉 사  돌아볼 고  없을 무  친할 친 | 四顧無人(사고무인) : 주위(周圍)에 사람이 없어 쓸쓸함.<br>文房四友(문방사우) : 서재에 꼭 있어야 할 네 벗, 즉 종이, 붓, 벼루, 먹을 말함. |

| 舍己從人 | 뜻 자기의 이전 행위를 버리고 타인의 선행을 본떠 행함. |
|---|---|
| 집 사  몸 기  좇을 종  사람 인 | 用行舍藏(용행사장) : 일자리를 얻었을 때에는 나가서 자신이 믿는 바를 행하고, 버리면 물러나 몸을 숨긴다는 뜻으로, 나아가고 물러섬이 깨끗하고 분명함을 이르는 말. |

| 四面楚歌 | 뜻 사방에서 들리는 초(楚)나라의 노래라는 뜻으로, 적에게 둘러싸인 상태나 누구의 도움도 받을 수 없는 고립 상태에 빠짐을 이르는 말. |
|---|---|
| 넉 사  집낮 면  초나라 초  노래 가 | 凱歌(개가) : 승리(勝利)하여 기뻐서 부르는 노래. |

| 四通五達 | 뜻 네 갈래 다섯 갈래로 나눠지고 찢어진다는 뜻으로, ① 이리저리 갈기갈기 찢어짐. ② 천하가 심히 어지러움. ③ 질서 없이 몇 갈래로 뿔뿔이 헤어지거나 떨어짐. |
|---|---|
| 넉 사  통할 통  다섯 오  통달할 달 | 說三道四(설삼도사) : 되는 대로 마구 지껄임. |

| 邪不犯正 | 뜻 바르지 못한 것은 바른 것을 감히 범하지 못한다는 뜻으로, 정의(正義)는 반드시 이긴다는 말. |
|---|---|
| 사사 사  아니 불  범할 범  바를 정 | 秋毫不犯(추호불범) : 마음이 아주 깨끗하고 청렴(淸廉)하여 조금도 남의 것을 범(犯)하지 아니함. |

| 砂上樓閣 | 뜻 모래 위에 지은 누각이라는 뜻으로, 어떤 일이나 사물의 기초가 튼튼하지 못한 것을 비유하여 이르는 말. |
|---|---|
| 모래 사  위 상  다락 누  집 각 | 空中樓閣(공중누각) : 「공중에 세워진 누각(樓閣)」이란 뜻으로, 근거(根據)가 없는 가공(架空)의 사물(事物). |

| 師弟同行 | 뜻 ① 스승과 제자(弟子)가 함께 길을 감. ② 스승과 제자가 한마음으로 연구(研究)하여 나아감. |
|---|---|
| 스승 사  아우 제  한가지 동  다닐 행 | 恩師(은사) : ① 은혜를 베풀어 준 스승이라는 뜻으로 스승을 감사한 마음으로 이르는 말. ② 처음 출가하여 의지하고 살 만한 승려(僧侶). |

| 四通八達 | 뜻 길이 사방 팔방으로 통해 있음. 길이 여러 군데로 막힘 없이 통함. |
|---|---|
| 넉 사  통할 통  여덟 팔  통달할 달 | 四通五達(사통오달) : 이리저리 여러 곳으로 길이 통한다는 뜻으로, 길이나 교통망, 통신망 등이 사방으로 막힘없이 통함. 言三語四(언삼어사) : 서로 변론(辯論)하느라고 말이 옥신각신함. |

| 事必歸正 | 뜻 처음에는 시비 곡직(曲直)을 가리지 못하여 그릇되더라도 모든 일은 결국에 가서는 반드시 정리(正理)로 돌아감. |
|---|---|
| 일 사  반드시 필  돌아갈 귀  바를 정 | 女必從夫(여필종부) : 아내는 반드시 남편(男便)의 뜻을 좇아야 한다는 말. |

| 山高水長 | 뜻 산은 높고 물은 유유(悠悠)히 흐른다는 뜻으로, 군자의 덕이 높고 끝없음을 산의 우뚝 솟음과 큰 냇물의 흐름에 비유한 말. |
|---|---|
| 뫼 산  높을 고  물 수  긴 장 | 流水高山(유수고산) : ① 지기지우를 얻기 어려움을 비유해 이르는 말. ② 악곡의 고아(高雅)하고 절묘함을 비유해 이르는 말. |

| 山紫水明 | 뜻 산빛이 곱고 강물이 맑다는 뜻으로, 산수(山水)가 아름다움을 이르는 말. |
|---|---|
| 뫼 산  자주빛 자  물 수  밝을 명 | 錦繡江山(금수강산) : 「비단에 수를 놓은 듯이 아름다운 산천」이라는 뜻으로, 우리나라 강산(江山)을 이르는 말. |

| 山 戰 水 戰 | 뜻 산에서의 싸움과 물에서의 싸움이라는 뜻으로, 세상의 온갖 고난(苦難)을 다 겪어 세상일에 경험이 많음을 이르는 말. |
|---|---|
| 뫼 산　싸움 전　물 수　싸움 전 | **東山高臥**(동산고와) : 동산에 높이 누워 있다는 뜻으로, 속세의 번잡함을 피하여 산중에 은거(隱居)함. |

| 山 海 珍 味 | 뜻 산과 바다의 산물(産物)을 다 갖추어 아주 잘 차린 진귀(珍貴)한 음식이란 뜻으로, 온갖 귀한 재료로 만든 맛. 좋은 음식. |
|---|---|
| 뫼 산　바다 해　보배 진　맛 미 | **力拔山氣蓋世**(역발산기개세) : ① 산을 뽑고, 세상을 덮을 만한 기상. ② 아주 뛰어난 기운 또는, 놀라운 기상(氣像). |

| 殺 身 成 仁 | 뜻 자신의 몸을 죽여 인(仁)을 이룬다는 뜻으로, 자기의 몸을 희생(犧牲)하여 옳은 도리(道理)를 행함. |
|---|---|
| 죽일 살　몸 신　이룰 성　어질 인 | **捨生取義**(사생취의) : 목숨을 버리고 의리를 좇음의 뜻으로, 비록 목숨을 버릴지언정 옳은 일을 함을 일컫는 말. |

| 三 綱 五 倫 | 뜻 유교 도덕의 바탕이 되는 세 가지 강령과 다섯 가지의 인륜을 이르는 말로, 삼강(三綱)은 유교 도덕이 되는 세가지 뼈대가 되는 줄거리로서, 군위신강(君爲臣綱), 부위부강(夫爲婦綱), 부위자강(父爲子綱)이며, 오륜(五倫)은 군신유의(君臣有義), 부자유친(父子有親), 부부유별(夫婦有別), 장유유서(長幼有序), 붕우유신(朋友有信)을 말함. |
|---|---|
| 석 삼　베리 강　다섯 오　인륜 륜 | |

| 三 顧 草 廬 | 뜻 유비(劉備)가 제갈공명(諸葛孔明)을 세 번이나 찾아가 군사(軍師)로 초빙(招聘)한 데서 유래한 말로, ① 임금의 두터운 사랑을 입다라는 뜻. ② 인재(人材)를 맞기 위해 참을성 있게 힘씀. |
|---|---|
| 석 삼　돌아볼 고　풀 초　오두막집 려 | **顧客**(고객) : 물건(物件)을 항상(恒常) 사러 오는 손님. |

| 三 三 五 五 | 뜻 ① 삼사인(三四人), 또는 오륙인(五六人)이 떼를 지은 모양. ② 여기저기 몇몇씩 흩어져 있는 모양. |
|---|---|
| 석 삼　　　　　다섯 오 | **三省吾身**(삼성오신) : 「날마다 세 번씩 내 몸을 살핀다」라는 뜻으로, 하루에 세 번씩 자신의 행동을 반성(反省)함. |

| 三 旬 九 食 | 뜻 「삼순, 곧 한 달에 아홉 번 밥을 먹는다」는 뜻으로, 집안이 가난하여 먹을 것이 없어 굶주린다는 말. |
|---|---|
| 석 삼　열흘 순　아홉 구　밥 식 | **孟母三遷**(맹모삼천) : 맹자의 어머니가 맹자를 제대로 교육하기 위하여 집을 세 번이나 옮겼다는 뜻으로, 교육에는 주위 환경이 중요하다는 가르침. |

| 三 十 而 立 | 뜻 서른 살이 되어 자립한다는 뜻으로, 학문이나 견식(見識)이 일가를 이루어 도덕 상으로 흔들리지 아니함을 이르는 말. |
|---|---|
| 석 삼　열 십　말이을 이　설 립 | **如三秋**(여삼추) : 「3년과 같이 길게 느껴진다」는 뜻으로, 무엇을 매우 애타게 기다리는 것. |

| 三 人 成 虎 | 뜻 「세 사람이면 없던 호랑이도 만든다」는 뜻으로, 거짓말이라도 여러 사람이 말하면 남이 참말로 믿기 쉽다는 말. |
|---|---|
| 석 삼　사람 인　이룰 성　범 호 | **三秋之思**(삼추지사) : 하루가 삼 년 같은 생각이라는 뜻으로, 몹시 사모(思慕)하여 기다리는 마음을 이르는 말. |

| 三 從 之 道 | 뜻 여자가 따라야 할 세 가지 도리. 여자는 어려서 어버이에게 순종(順從)하고, 시집가서는 남편에게 순종하고, 남편이 죽은 뒤에는 아들을 따르는 도리. |
|---|---|
| 석 삼　좇을 종　갈 지　길 도 | **三可宰相**(삼가재상) : 이러하든 저러하든 모두 옳다고 함. |

216

| 三 日 天 下 | |
|---|---|
| 석 삼　날 일　하늘 천　아래 하 | **뜻** 「사흘 간의 천하」라는 뜻으로, ① 권세의 허무를 일컫는 말. 극히 짧은 동안 정권을 잡았다가 실권(失權)함의 비유. ② 발탁되어 어떤 지위에 기용(起用)되었다가 며칠 못 가서 떨어지는 일의 비유. ③ 갑신정변이 3일 만에 실패했으므로 이를 달리 일컫는 말. |

| 三 遷 之 敎 | |
|---|---|
| 석 삼　옮길 천　갈 지　가르칠 교 | **뜻** 맹자의 어머니가 아들의 교육을 위하여 3번 거처를 옮겼다는 고사(故事)로, 생활 환경이 교육에 있어 큰 영향을 미침을 말함. 如三秋 (여삼추) : 「3년과 같이 길게 느껴진다」는 뜻으로, 무엇을 매우 애타게 기다리는 것. |

| 傷 弓 之 鳥 | |
|---|---|
| 상할 상　활 궁　갈 지　새 조 | **뜻** 활에 놀란 새, 즉 활에 상처(傷處)를 입은 새는 굽은 나무만 보아도 놀란다는 뜻으로, ① 한번 놀란 사람이 조그만 일에도 겁을 내어 위축(萎縮)됨을 비유해 이르는 말. ② 어떤 일에 봉변(逢變)을 당한 뒤에는 뒷일을 경계함을 비유하는 말. |

| 桑 田 碧 海 | |
|---|---|
| 뽕나무 상　밭 전　푸를 벽　바다 해 | **뜻** 뽕나무밭이 푸른 바다가 되었다라는 뜻으로, 세상이 몰라 볼 정도로 바뀐 것. 세상의 모든 일이 엄청나게 변해버린 것. 滄桑之變 (창상지변) : 푸른 바다(滄海)가 뽕밭(桑田)이 되듯이 시절(時節)의 변화가 무상(無常)함을 이르는 말. |

| 塞 翁 之 馬 | |
|---|---|
| 변방 새　늙은이 옹　갈 지　말 마 | **뜻** 변방(邊方)에 사는 노인의 말이라는 뜻으로, ① 세상만사는 변화가 많아 어느 것이 화(禍)가 되고, 어느 것이 복(福)이 될지 예측하기 어려워 재앙(災殃)도 슬퍼할 게 못되고 복도 기뻐할 것이 아님을 이르는 말. ② 인생의 길흉화복은 늘 바뀌어 변화가 많음을 이르는 말. |

| 先 見 之 明 | |
|---|---|
| 먼저 선　볼 견　갈 지　밝을 명 | **뜻** 앞을 내다보는 안목(眼目)이라는 뜻으로, 장래(將來)를 미리 예측(豫測)하는 날카로운 견식(見識)을 두고 이르는 말. 先入之語 (선입지어) : 먼저 들은 이야기에 따른 고정관념(固定觀念)으로 새로운 의견(意見)을 받아들이지 않는 것을 이르는 말. |

| 先 公 後 私 | |
|---|---|
| 먼저 선　공평할 공　뒤 후　사사 사 | **뜻** 사(私)보다 공(公)을 앞세움이란 뜻으로, 사사(私事)로운 일이나 이익(利益)보다 공익(公益)을 앞세움. 至公無私 (지공무사) : 지극(至極)히 공평(公平)하여 조금도 사사(私事)로움이 없음. |

| 雪 膚 花 容 | |
|---|---|
| 눈 설　살갗 부　꽃 화　얼굴 용 | **뜻** 「눈처럼 흰 살결과 꽃처럼 고운 얼굴」이란 뜻으로, 미인(美人)의 용모(容貌)를 일컫는 말. 雪中松柏 (설중송백) : 눈 속의 송백이라는 뜻으로, 소나무와 잣나무는 눈 속에서도 그 색이 변치 않는다 하여, 절조가 굳은 사람을 비유해 이르는 말. |

| 雪 上 加 霜 | |
|---|---|
| 눈 설　위 상　더할 가　서리 상 | **뜻** 눈 위에 또 서리가 덮인다는 뜻으로, 불행(不幸)한 일이 겹쳐서 일어남을 이르는 말. 엎친데 덮침. 螢窓雪案 (형창설안) : 반딧불이 비치는 창과 눈에 비치는 책상이라는 뜻으로, 어려운 가운데서도 학문에 힘씀을 비유한 말. |

| 雪 中 松 柏 | |
|---|---|
| 눈 설　가운데 중　솔 송　잣 백 | **뜻** 눈 속의 송백이라는 뜻으로, 소나무와 잣나무는 눈 속에서도 그 색이 변치 않는다 하여, 절조(節操)가 굳은 사람을 비유해 이르는 말. 螢雪之功 (형설지공) : 반딧불과 눈빛으로 이룬 공이라는 뜻으로, 가난을 이겨내며 고생 속에서 공부하여 이룬 공을 일컫는 말. |

| 小 貪 大 失 | 뜻 작은 것을 탐하다가 오히려 큰 것을 잃음.<br>明珠彈雀(명주탄작) : 「새를 잡는 데 구슬을 쓴다」는 뜻으로, 작은 것을 얻으려다 큰 것을 손해 보게 됨을 이르는 말.<br>隨珠彈雀(수주탄작) : 「수후(隨侯)의 구슬로 새를 잡는다」는 뜻. |
|---|---|
| 적을 소 탐할 탐 큰 대 잃을 실 | |

| 束 手 無 策 | 뜻 손을 묶인 듯이 어찌 할 방책(方策)이 없어 꼼짝 못하게 된다는 뜻으로, 뻔히 보면서 어찌할 바를 모르고 꼼짝 못한다는 뜻.<br>約束(약속) : ① 언약(言約)하여 정(定)함. ② 서로 언약(言約)한 내용(內容). |
|---|---|
| 묶을 속 손 수 없을 무 꾀 책 | |

| 送 舊 迎 新 | 뜻 묵은해를 보내고 새해를 맞는다는 뜻으로, ① 묵은해를 보내고, 새해를 맞이함. ② 구관(舊官)을 보내고, 신관(新官)을 맞이함.<br>출전 송고영신(送故迎新)에서 나온 말로 관가에서 구관(舊官)을 보내고 신관(新官)을 맞이 했던 데서 유래(由來). |
|---|---|
| 보낼 송 예 구 맞을 영 새 신 | |

| 松 茂 柏 悅 | 뜻 소나무가 무성(茂盛)하면 잣나무가 기뻐한다는 뜻으로, 남이 잘되는 것을 기뻐함을 비유하여 이르는 말.<br>松柏之茂(송백지무) : 소나무와 잣나무의 푸른빛이 변하지 않듯이 오래도록 영화(榮華)를 누림을 이르는 말. |
|---|---|
| 솔 송 우거질 무 잣 백 기쁠 열 | |

| 首 丘 初 心 | 뜻 여우는 죽을 때 구릉을 향(向)해 머리를 두고 초심으로 돌아간다라는 뜻으로, ① 근본(根本)을 잊지 않음. ② 또는 죽어서라도 고향(故鄕) 땅에 묻히고 싶어하는 마음.<br>胡馬望北(호마망북) : ☞ 호마의북풍(胡馬依北風). |
|---|---|
| 머리 수 언덕 구 처음 초 마음 심 | |

| 首 鼠 兩 端 | 뜻 「구멍 속에서 목을 내민 쥐가 나갈까 말까 망설인다」는 뜻으로, ① 거취(去就)를 결정하지 못하고 망설이는 모양. ② 어느 쪽으로도 붙지 않고 양다리를 걸치는 것을 이르는 말.<br>首尾一貫(수미일관) : 처음부터 끝까지 변함없이 일을 해 나감. |
|---|---|
| 머리 수 쥐 서 두 양 끝 단 | |

| 壽 福 康 寧 | 뜻 오래 살고 복되며 건강(健康)하고 편안(便安)함.<br>壽則多辱(수즉다욕) : 오래 살면 욕됨이 많다는 뜻으로, 오래 살수록 고생이나 망신(亡身)이 많음을 이르는 말.<br>延年益壽(연년익수) : 나이를 많이 먹고 오래오래 삶. |
|---|---|
| 목숨 수 복 복 편안 강 편안 녕 | |

| 手 不 釋 卷 | 뜻 손에서 책을 놓지 않는다는 뜻으로, 늘 책을 가까이하여 학문(學問)을 열심히 함.<br>束手無策(속수무책) : 손을 묶인 듯이 어찌 할 방책이 없어 꼼짝 못하게 된다는 뜻으로, 뻔히 보면서 어찌할 바를 모르고 꼼짝 못한다는 뜻. |
|---|---|
| 손 수 아니 불 풀 석 책 권 | |

| 袖 手 傍 觀 | 뜻 팔짱을 끼고 보고만 있다는 뜻으로, 어떤 일을 당하여 옆에서 보고만 있는 것을 말함.<br>兩手執餠(양수집병) : 「양손에 떡을 쥐었다」는 뜻으로, 가지기도 어렵고 버리기도 어려운 경우(境遇)를 이르는 말. |
|---|---|
| 소매 수 손 수 곁 방 볼 관 | |

| 漱 石 枕 流 | 뜻 돌로 양치질하고 흐르는 물을 베개 삼는다는 뜻으로, ① 말을 잘못해 놓고 그럴 듯하게 꾸며대는 것. ② 또는 이기려고 하는 고집이 셈.<br>枕流漱石(침류수석) : 시냇물을 베개 삼고 돌로 양치질한다는 뜻으로, 몹시 남에게 지기 싫어함을 이르는 말. |
|---|---|
| 양치질할 수 돌 석 베개 침 흐를 류 | |

| 水 魚 之 交 | 뜻 물과 물고기의 사귐이란 뜻으로, ① 임금과 신하(臣下) 또는 부부(夫婦) 사이처럼 매우 친밀한 관계를 이르는 말. ② 서로 떨어질 수 없는 친한 사이를 일컫는 말. |
|---|---|
| 물 수  고기 어  갈 지  사귈 교 | 水積成川 (수적성천) : 물이 모이면 내를 이룸. |

| 水 滴 穿 石 | 뜻 물방울이 바위를 뚫는다는 뜻으로, 작은 노력이라도 끈기 있게 계속하면 큰 일을 이룰 수 있음. |
|---|---|
| 물 수  물방울 적  뚫을 천  돌 석 | 魚水之親 (어수지친) : 물고기와 물처럼 친한 사이라는 뜻으로, ① 임금과 신하의 친밀한 사이.  ② 서로 사랑하는 부부 사이. |

| 守 株 待 兎 | 뜻 「그루터기를 지켜 토끼를 기다린다」는 뜻으로, 고지식하고 융통성(融通性)이 없어 구습(舊習)과 전례(前例)만 고집함. |
|---|---|
| 지킬 수  그루 주  기다릴 대  토끼 토 | 獨守空房 (독수공방) : 빈방에서 혼자 잠이란 뜻으로, 부부가 서로 별거(別居)하여 여자가 남편 없이 혼자 지냄을 뜻함. |

| 宿 虎 衝 鼻 | 뜻 「자는 범의 코를 찌른다」는 뜻으로, 가만히 있는 사람을 건드려서 화(禍)를 스스로 불러들이는 일. |
|---|---|
| 잘 숙  범 호  찌를 충  코 비 | 打草驚蛇 (타초경사) : 「풀을 쳐서 뱀을 놀라게 한다」는 뜻으로, 을(乙)을 징계(懲戒)하여 갑(甲)을 경계(警戒)함을 이르는 말. |

| 脣 亡 齒 寒 | 뜻 입술이 없으면 이가 시리다는 뜻으로, ① 가까운 사이의 한쪽이 망하면 다른 한쪽도 그 영향(影響)을 받아 온전(穩全)하기 어려움을 비유하여 이르는 말. |
|---|---|
| 입술 순  망할 망  이 치  찰 한 | 丹脣 (단순) : 여자의 붉은 입술이나 연지를 바른 입술. |

| 脣 齒 輔 車 | 뜻 입술과 이, 수레의 덧방나무와 바퀴처럼 따로 떨어지거나 협력(協力)하지 않으면 일이 성취(成就)하기 어려운 관계(關係)를 이르는 말. |
|---|---|
| 입술 순  이 치  도울 보  수레 거 | 脣頭 (순두) : 입술 끝. |

| 是 是 非 非 | 뜻 옳은 것은 옳다, 그른 것은 그르다고 한다는 뜻으로, 사리(事理)를 공정하게 판단(判斷)함을 이르는 말. |
|---|---|
| 옳을 시    아닐 비 | 是是非非主義 (시시비비주의) : 중립적인 입장에서 옳은 것은 옳고 그른 것은 그르다고 시비를 명확히 가리는 주의(主義). |

| 始 終 如 一 | 뜻 처음이나 나중이 한결같아서 변(變)함없음. |
|---|---|
| 비로소 시  마침 종  같을 여  한 일 | 無始無終 (무시무종) : 시작도 끝도 없다는 뜻으로, 불변(不變)의 진리(眞理)나 윤회(輪廻)의 무한성(無限性)을 이르는 말. 有始有終 (유시유종) : 시작할 때부터 끝을 맺을 때까지 변함이 없음. |

| 始 終 一 貫 | 뜻 처음부터 끝까지 한결같이 관철(貫徹)함. |
|---|---|
| 비로소 시  마침 종  한 일  꿸 관 | 千里行始於足下 (천리행시어족하) : 「천릿길도 한 걸음부터 시작한다」는 뜻으로, 비록 어려운 일이라도 쉬지 않고 노력(努力)하면 성취(成就)됨을 이르는 말. |

| 身 言 書 判 | 뜻 중국(中國) 당대의 관리(官吏) 전선(銓選)의 네가지 표준(標準). 곧 인물을 선택하는 네 가지 조건이란 뜻으로, 사람을 평가할 때나 선택할 때가 되면 첫째 인물이 잘났나, 즉 『身』 둘째 말을 잘 할 줄 아는가 즉 『言』 셋째 글씨는 잘 쓰는가 즉 『書』 넷째 사물(事物)의 판단이 옳은가 즉 『判』의 네가지를 보아야 한다 하여 이르는 말. |
|---|---|
| 몸 신  말씀 언  글 서  판단할 판 | |

## 十伐之木

**열 십 / 칠 벌 / 갈 지 / 나무 목**

**뜻** '열 번 찍어 안 넘어가는 나무가 없다'는 뜻으로, ① 어떤 어려운 일이라도 여러 번 계속하여 끊임없이 노력하면 기어이 이루어 내고야 만다는 뜻. ② 아무리 마음이 굳은 사람이라도 여러 번 계속하여 말을 하면 결국 그 말을 듣게 된다는 뜻.

## 十匙一飯

**열 십 / 숟가락 시 / 한 일 / 밥 반**

**뜻** 열 사람이 한 술씩 보태면 한 사람 먹을 분량이 된다는 뜻으로, 여러 사람이 힘을 합하면 한 사람을 돕기는 쉽다는 말.
**十年減壽**(십년감수) : 수명에서 열 해가 줄어든다는 뜻으로, 몹시 위험하거나 놀랐을 때 쓰는 말.

## 十中八九

**열 십 / 가운데 중 / 여덟 팔 / 아홉 구**

**뜻** 「열에 여덟이나 아홉」이란 뜻으로, ① 열 가운데 여덟이나 아홉이 된다는 뜻. 곧, 거의 다 됨을 가리키는 말. ② 거의 예외 없이 그러할 것이라는 추측(推測)을 나타내는 말.
**十年知己**(십년지기) : 오래 전부터 친히 사귀어 온 친구.

## 阿鼻叫喚

**언덕 아 / 코 비 / 부르짖을 규 / 부를 환**

**뜻** 「아비(阿鼻) 지옥(地獄)과 규환(叫喚) 지옥(地獄)」이라는 뜻으로, 여러 사람이 비참(悲慘)한 지경(地境)에 처하여 그 고통(苦痛)에서 헤어나려고 비명(悲鳴)을 지르며 몸부림침을 형용(形容)해 이르는 말.

## 阿修羅場

**언덕 아 / 닦을 수 / 그물 라 / 마당 장**

**뜻** ① 전란이나 그밖의 일로 인해 큰 혼란 상태에 빠진 곳. 또는, 그 상태. ② 아수라왕(阿修羅王)이 제석천(帝釋天)과 싸운 마당.
**修羅場**(수라장) : ① 아수라왕이 제석천과 싸운 마당. ② 싸움 등으로, 혼잡하고 어지러운 상태에 빠진 곳. 또는 그런 상태.

## 我田引水

**나 아 / 밭 전 / 끌 인 / 물 수**

**뜻** 자기 논에만 물을 끌어넣는다는 뜻으로, ① 자기의 이익을 먼저 생각하고 행동함. ② 또는 억지로 자기에게 이롭도록 꾀함을 이르는 말.
**我田引水格**(아전인수격) : 아전인수(我田引水)하는 셈.

## 安貧樂道

**편안 안 / 가난할 빈 / 즐거울 락 / 길 도**

**뜻** ① 구차(苟且)하고 궁색(窮塞)하면서도 그것에 구속(拘束)되지 않고 평안(平安)하게 즐기는 마음으로 살아감. ② 가난에 구애받지 않고 도(道)를 즐김.
**安逸**(안일) : ① 편안하고 한가(閑暇)함. ② 쉽게 여김.

## 安心立命

**편안 안 / 마음 심 / 설 입 / 목숨 명**

**뜻** ① 천명(天命)을 깨닫고 생사(生死)·이해(理解)를 초월(超越)하여 마음의 평안(平安)을 얻음. ② 생사(生死)의 도리(道理)를 깨달아 내세(來世)의 안심(安心)을 꾀함.
**安居樂業**(안거낙업) : 편안히 살면서 생업을 즐김.

## 眼下無人

**눈 안 / 아래 하 / 없을 무 / 사람 인**

**뜻** 눈 아래에 사람이 없다는 뜻으로, ① 사람됨이 교만(驕慢)하여 남을 업신여김을 이르는 말. ② 태도(態度)가 몹시 거만(倨慢)하여 남을 사람같이 대하지 않는 것.
**眼中無人**(안중무인)도 같은 의미.

## 愛人如己

**사랑 애 / 사람 인 / 같을 여 / 몸 기**

**뜻** 남을 자기 몸같이 사랑함.
**敬天愛人**(경천애인) : 하늘을 공경(恭敬)하고 사람을 사랑함.
**節用愛人**(절용애인) : 나라의 재물(財物)을 아껴 쓰는 것이 곧 백성(百姓)을 사랑함을 말함.

| 哀 | 乞 | 伏 | 乞 |
|---|---|---|---|
| 슬플 애 | 빌 걸 | 엎드릴 복 | 빌 걸 |

**뜻** 애처롭게 하소연하면서 빌고 또 빎.
**喜怒哀樂** (희로애락) : 기쁨과 노여움, 슬픔과 즐거움이라는 뜻으로, 곧 사람의 여러 가지 감정(感情)을 이르는 말.
**樂極哀生** (낙극애생) : 즐거움도 극에 달하면 슬픔이 생김.

| 愛 | 別 | 離 | 苦 |
|---|---|---|---|
| 사랑 애 | 다를 별 | 떠날 이 | 쓸 고 |

**뜻** 불교(佛敎)에서 말하는 팔고(八苦)의 하나. 사랑하는 사람과 헤어져야 하는 괴로움.
**甘棠之愛** (감당지애) : 선정(善政)을 베푼 인재를 사모(思慕)하는 마음이 간절(懇切)함을 비유해 이르는 말.

| 愛 | 之 | 重 | 之 |
|---|---|---|---|
| 사랑 애 | 갈 지 | 무거울 중 | 갈 지 |

**뜻** 매우 사랑하고 소중(所重)히 여김.
**舐犢之愛** (지독지애) : 지독지정(舐犢之情). 어미 소가 송아지를 핥아 주는 사랑이라는 뜻으로, 부모의 자식(子息) 사랑을 비유해 이르는 말.

| 野 | 壇 | 法 | 席 |
|---|---|---|---|
| 들 야 | 제단 단 | 법 법 | 자리 석 |

**뜻** 야외(野外)에서 크게 베푸는 설법(說法)의 자리.
**家鷄野鶩** (가계야목) : 「집의 닭을 미워하고 들의 물오리를 사랑한다」는 뜻으로, 일상(日常) 흔한 것을 피하고 새로운 것, 진기한 것을 존중(尊重)함을 비유해 이르는 말.

| 藥 | 房 | 甘 | 草 |
|---|---|---|---|
| 약 약 | 방 방 | 달 감 | 풀 초 |

**뜻** ① 무슨 일이나 빠짐없이 끼임. ② 반드시 끼어야 할 사물.
**藥房啓辭** (약방계사) : 조선 시대에, 내의원(內醫院)에서 임금에게 올리던 상주문(上奏文).
**藥房妓生** (약방기생) : ☞ 내의원의녀(內醫院醫女).

| 良 | 禽 | 擇 | 木 |
|---|---|---|---|
| 어질 양 | 새 금 | 가릴 택 | 나무 목 |

**뜻** 좋은 새는 나무를 가려서 둥지를 튼다는 뜻으로, 어진 사람은 훌륭한 임금을 가려 섬김을 이르는 말.
**良識** (양식) : ① 양심적인 지식과 판단력. ② (넓은 경지(境地)에서 선악을 판단하는)뛰어난 식견과 훌륭한 판단력.

| 羊 | 頭 | 狗 | 肉 |
|---|---|---|---|
| 양 양 | 머리 두 | 개 구 | 고기 육 |

**뜻** 「양(羊) 머리를 걸어놓고 개고기를 판다」는 뜻으로, ① 겉은 훌륭해 보이나 속은 그렇지 못한 것. ② 겉과 속이 서로 다름.
③ 말과 행동이 일치하지 않음.
**犬羊之質** (견양지질) : 재능(才能)이 없는 바탕.

| 梁 | 上 | 君 | 子 |
|---|---|---|---|
| 들보 양 | 위 상 | 임금 군 | 아들 자 |

**뜻** 대들보 위에 있는 군자(君子)라는 뜻으로, ① 집안에 들어온 도둑. ② 도둑을 미화(美化)하여 점잖게 부르는 말.
**棟梁之材** (동량지재) : 마룻대와 들보로 쓸 만한 재목이라는 뜻으로, 나라의 중임을 맡을 만한 큰 인재(人材).

| 良 | 藥 | 苦 | 口 |
|---|---|---|---|
| 어질 양 | 약 약 | 쓸 고 | 입 구 |

**뜻** 좋은 약은 입에 쓰다」는 뜻으로, 충언(忠言)은 귀에 거슬린다는 말.
**良好** (양호) : (성적(成績)이나 성질(性質)·품질(品質) 따위가 주(主)로 질적인 면에서)대단히 좋음.

| 魚 | 頭 | 肉 | 尾 |
|---|---|---|---|
| 고기 어 | 머리 두 | 고기 육 | 꼬리 미 |

**뜻** 물고기는 대가리 쪽이 맛이 있고, 짐승 고기는 꼬리 쪽이 맛이 있다는 말.
**魚東肉西** (어동육서) : 제사상(祭祀床)을 차릴 때에 어찬(魚饌)은 동쪽에, 육찬(肉饌)은 서쪽에 놓음.

| 漁 夫 之 利 | **뜻** 어부지리(漁父之利). 어부(漁夫)의 이익이라는 뜻으로, 둘이 다투는 틈을 타서 엉뚱한 제3자가 이익을 가로챔을 이르는 말. |
|---|---|
| 고기잡을 어 지아비 부 갈 지 이할 리 | 漁人得利(어인득리) : 고기 잡는 사람이 이익을 얻음을 뜻하는 말로, 쌍방이 다투는 틈을 타서, 제3자가 애쓰지 않고 이득을 보는 경우를 가리키는 말. |

| 漁 人 之 功 | **뜻** 조개와 황새가 서로 싸우는 판에 어부(漁夫)가 두 놈을 쉽게 잡아서 이득을 보았다는 뜻으로, '두 사람이 다툼질한 결과 아무 관계도 없는 사람이 이득을 얻게 됨'을 빗대어 하는 말. |
|---|---|
| 고기잡을 어 사람 인 갈 지 공 공 | 漁兄漁弟(어형어제) : 낚시 친구(親舊)들 두고 이르는 말. |

| 言 語 道 斷 | **뜻** 말할 길이 끊어졌다는 뜻으로, 곧, 너무나 엄청나거나 기가 막혀서, 말로써 나타낼 수가 없음. |
|---|---|
| 말씀 언 말씀 어 길 도 끊을 단 | 語不成說(어불성설) : 말이 하나의 일관(一貫)된 논의(論議)로 되지 못함. 즉, 말이 이치(理致)에 맞지 않음을 뜻함. |

| 言 中 有 骨 | **뜻** 「말 속에 뼈가 있다」는 뜻으로, 예사(例事)로운 표현 속에 만만치 않은 뜻이 들어 있음. |
|---|---|
| 말씀 언 가운데 중 있을 유 뼈 골 | 言中有響(언중유향) : 말 속에 울림이 있다는 뜻으로, 말에 나타난 내용 그 이상으로 깊은 뜻이 숨어있음. |

| 易 地 思 之 | **뜻** 처지(處地)를 서로 바꾸어 생각함이란 뜻으로, 상대방(相對方)의 처지에서 생각해보라는 말. |
|---|---|
| 바꿀 역 땅 지 생각 사 갈 지 | 渴者易飲(갈자이음) : 「목이 마른 자는 무엇이든 잘 마신다」는 뜻으로, 곤궁한 사람은 은혜에 감복하기 쉬움을 비유해 이르는 말. |

| 緣 木 求 魚 | **뜻** 「나무에 인연하여 물고기를 구한다」라는 뜻으로, ① 목적이나 수단이 좋지 않아 성공이 불가능함. ② 또는 허술한 계책으로 큰 일을 도모함. |
|---|---|
| 인연 연 나무 목 구할 구 고기 어 | 天生緣分(천생연분) : 하늘에서 정해 준 연분. |

| 榮 枯 盛 衰 | **뜻** 영화(榮華)롭고 마르고 성(盛)하고 쇠(衰)함이란 뜻으로, 개인이나 사회(社會)의 성하고 쇠함이 서로 뒤바뀌는 현상. |
|---|---|
| 영화 영 마를 고 성할 성 쇠할 쇠 | 盧生之夢(노생지몽) : 노생(盧生)의 꿈이라는 뜻으로, 인생의 영고성쇠(榮枯盛衰)는 한바탕 꿈처럼 덧없다는 뜻. |

| 五 里 霧 中 | **뜻** 짙은 안개가 5리나 끼어 있는 속에 있다는 뜻으로, ① 무슨 일에 대하여 방향이나 상황을 알 길이 없음을 이르는 말. ② 일의 갈피를 잡기 어려움. |
|---|---|
| 다섯 오 마을 리 안개 무 가운데 중 | 濃霧(농무) : 짙은 안개. |

| 吾 鼻 三 尺 | **뜻** ① 오비체수삼척(吾鼻涕垂三尺)의 준말로, 곤경(困境)에 처해 자기 일도 해결하기 어려운 판국에 어찌 남을 도울 여지가 있겠는가라는 말. |
|---|---|
| 나 오 코 비 셋 삼 자 척 | 吾不關焉(오불관언) : 나는 그 일에 상관하지 않는다는 말. |

| 烏 飛 梨 落 | **뜻** 까마귀 날자 배 떨어진다는 말로, 어떤 행동을 하여서 그 결과로 나타난 일이 있자, 공교롭게 남의 혐의를 받을 만한 딴 일이 뒤미처 일어남을 비유하여 이르는 말. |
|---|---|
| 까마귀 오 날 비 배 이 떨어질 락 | 飛霜之怨(비상지원) : 뼈에 사무치는 원한(怨恨). |

| 五 十 步 百 步 | 뜻 「오십 보 도망한 자가 백 보 도망한 자를 비웃는다」라는 뜻으로, 조금 낫고 못한 차이는 있지만 본질적으로 차이가 없음. |
|---|---|
| 다섯 오 열십 걸음 보 일백백 걸음보 | 五十笑百(오십소백) : 좀 못하고 좀 나은 점의 차이(差異)는 있으나, 본질적으로는 차이가 없음을 이르는 말. |

| 吳 越 同 舟 | 뜻 오(吳)나라 사람과 월(越)나라 사람이 한 배에 타고 있다라는 뜻으로, ① 어려운 상황에서는 원수라도 협력하게 됨. ② 뜻이 전혀 다른 사람들이 한자리에 있게 됨. |
|---|---|
| 나라 오 넘을 월 한가지 동 배 주 | 乘夜越牆(승야월장) : 밤을 타서 남의 집의 담을 넘어 들어감. |

| 烏 合 之 卒 | 뜻 「까마귀가 모인 것 같은 무리」라는 뜻으로, 질서 없이 어중이떠중이가 모인 군중(群衆) 또는 제각기 보잘것없는 수많은 사람. |
|---|---|
| 까마귀 오 합할 합 갈 지 마칠 졸 | 合議(합의) : 두 사람 이상이 모여 서로 의논(議論)함. |

| 溫 故 知 新 | 뜻 옛것을 익히고 그것을 미루어서 새것을 앎. 다시 말하면, 옛 학문(學問)을 되풀이하여 연구(研究)하고, 현실(現實)을 처리(處理)할 수 있는 새로운 학문을 이해하여야 비로소 남의 스승이 될 자격(資格)이 있다는 뜻임. |
|---|---|
| 따뜻할 온 연고 고 알 지 새 신 | |

| 溫 柔 敦 厚 | 뜻 부드럽고 온화(溫和)하며 성실(誠實)한 인품(人品)이나 시를 짓는 데 기묘(奇妙)하기보다 마음에서 우러난 정취(情趣)가 있음을 두고 이르는 말. |
|---|---|
| 따뜻할 온 부드러울유 도타울돈 두터울 후 | 溫飽(온포) : 따뜻하게 입고 배부르게 먹는다는 뜻. |

| 臥 薪 嘗 膽 | 뜻 섶에 누워 쓸개를 씹는다는 뜻으로, 원수(怨讐)를 갚으려고 온갖 괴로움을 참고 견딤을 이르는 말. |
|---|---|
| 누울 와 섶 신 맛볼 상 쓸개 담 | 切齒腐心(절치부심) : 이를 갈고 마음을 썩이다는 뜻으로, 대단히 분(憤)하게 여기고 마음을 썩임. |

| 臥 龍 鳳 雛 | 뜻 누운 용과 봉황(鳳凰)의 새끼라는 뜻으로, 누운 용은 풍운을 만나 하늘로 올라 가는 힘을 가지고 있고, 봉황(鳳凰)의 새끼는 장차 자라서 반드시 봉황(鳳凰)이 되므로, 때를 기다리는 호걸(豪傑)을 비유해 이르는 말. |
|---|---|
| 누울 와 용 룡 봉새 봉 병아리 추 | |

| 完 全 無 缺 | 뜻 충분하게 구비하여서 결점이나 부족한 것이 없음. |
|---|---|
| 완전할 완 온전 전 없을 무 이지러질결 | 完璧(완벽) : 흔히 완전무결(完全無缺)하다는 뜻으로 사용(使用)되는 말이지만, 원래(原來)는 고리 모양(模樣)의 보옥을 끝까지 무사(無事)히 지킨다는 뜻. |

| 王 者 之 民 | 뜻 왕자(王子)의 백성(百姓)이라는 뜻으로, 왕자는 덕이 크므로 정치를 베풀게 되면 백성이 모두 그 덕화(德化)를 입어 침착(沈着)하고 활달(豁達)해짐을 이르는 말. |
|---|---|
| 임금 왕 놈 자 갈 지 백성 민 | 王大姑母(왕대고모) : 아버지의 고모. 곧 할아버지의 누이. |

| 外 柔 內 剛 | 뜻 겉으로 보기에는 부드러우나 속은 꿋꿋하고 강(强)함. |
|---|---|
| 바깥 외 부드러울유 안 내 굳셀 강 | 柔能勝剛(유능승강) : 「유(柔)한 것이 강(强)한 것을 이긴다」는 뜻으로, 약한 것을 보이고 적의 허술한 틈을 타 능히 강한 것을 제압(制壓)함을 비유해 이르는 말. |

| 樂 山 樂 水 | **뜻** 산을 좋아하고 물을 좋아한다는 뜻으로, 산수(山水) 경치(景致)를 좋아함을 이르는 말. |
|---|---|
| 좋아할 요　뫼 산　좋아할 요　물 수 | 仁者樂山(인자요산) : 인자(仁慈)는 의리에 만족하며 생각이 깊고 행동이 신중함이 산과 같으므로 자연히 산을 좋아함. |

| 欲 速 不 達 | **뜻** ① 빨리 하고자 하면 도달(到達)하지 못함. ② 어떤 일을 급하게 하면 도리어 이루지 못함. |
|---|---|
| 하고자할욕　빠를 속　아닐 부　통달할 달 | 速戰速決(속전속결) : 싸움을 오래 끌지 않고 될 수 있는 대로 재빨리 싸워 전국(戰局)을 결정(決定)함. |

| 龍 頭 蛇 尾 | **뜻** 머리는 용(龍)이고 꼬리는 뱀이라는 뜻으로, ① 시작은 좋았다가 갈수록 나빠짐의 비유. ② 처음 출발은 야단스러운데, 끝장은 보잘것없이 흐지부지되는 것을 말함. |
|---|---|
| 용 용　머리 두　뱀 사　꼬리 미 | 念頭(염두) : ① 머리 속의 생각. ② 마음속. |

| 愚 公 移 山 | **뜻** 우공이 산을 옮긴다는 말로, 남이 보기엔 어리석은 일처럼 보이지만 한 가지 일을 끝까지 밀고 나가면 언젠가는 목적을 달성할 수 있다는 뜻. |
|---|---|
| 어리석을우　공평할 공　옮길 이　뫼 산 | 塵合泰山(진합태산) : 티끌 모아 태산(泰山). |

| 牛 耳 讀 經 | **뜻** 「쇠귀에 경 읽기」란 뜻으로, 우둔(愚鈍)한 사람은 아무리 가르치고 일러주어도 알아듣지 못함을 비유하여 이르는 말. |
|---|---|
| 소 우　귀 이　읽을 독　글 경 | 馬耳東風(마이동풍) : 말의 귀에 동풍이라는 뜻으로, 남의 비평이나 의견을 조금도 귀담아 듣지 아니하고 흘려 버림을 이르는 말. |

| 雲 泥 之 差 | **뜻** 구름과 진흙 차이란 뜻으로, ① 사정(事情)이 크게 다르다는 경우(境遇)에 쓰는 말. ② 서로의 차이가 매우 큼. |
|---|---|
| 구름 운　진흙 니　갈 지　다를 차 | 天壤之間(천양지간) : ① 천지간(天地間). ② 「서로의 차이가 썩 심(甚)함」 또는 「썩 심한 차이」를 이르는 말. |

| 月 下 氷 人 | **뜻** 월하로(月下老)와 빙상인(氷上人)을 합친 말로, 혼인(婚姻)은 천생연분(天生緣分)이 있다는 고사(故事)에서 비롯됨. 남녀의 인연(因緣)을 맺어주는 사람. |
|---|---|
| 달 월　아래 하　얼음 빙　사람 인 | 月光(월광) : 달빛. 달에서 비쳐 오는 빛. |

| 衛 正 斥 邪 | **뜻** 조선 시대 후기에, 정학(正學), 정도(正道)로서의 주자학(朱子學)을 지키고, 사학(邪學), 사도(邪道)로서의 천주교(天主敎)를 물리치려던 주장(主張). |
|---|---|
| 지킬 위　바를 정　내칠 척　간사할 사 | 破邪顯正(파사현정) : 사악한 도리를 깨뜨리고 바른 도리를 드러냄. |

| 韋 編 三 絶 | **뜻** 종이가 없던 옛날에는 대나무에 글자를 써서 책으로 만들어 사용했었는데, 공자(孔子)가 책을 하도 많이 읽어서 그것을 엮어 놓은 끈이 세 번이나 끊어졌단 데에서 비롯된 말로, 한 권의 책을 몇 십 번이나 되풀이 해서 읽음을 비유하는 말로 쓰임. |
|---|---|
| 가죽 위　엮을 편　석 삼　끊을 절 | |

| 唯 恐 有 聞 | **뜻** 혹시나 또 무슨 말을 듣게 될까 겁난다는 뜻으로, 한가지 착한 일을 들으면 다음에 듣게 될 착한 것과 겹치기 전에 어서 다 배워 익히려는 열심(熱心)인 태도(態度)를 말함. |
|---|---|
| 오직 유　두려울 공　있을 유　들을 문 | 唯恐不及(유공불급) : 오직 미치지 못할까 두려워함. |

| 有 口 無 言 | 뜻 「입은 있으나 말이 없다」는 뜻으로, 변명(辨明)할 말이 없음. |
|---|---|
| 있을 유 입 구 없을 무 말씀 언 | 開卷有益(개권유익) : 「책을 펴기만해도 반드시 이로움이 있다」는 뜻으로, 독서(讀書)를 권장(勸獎)하는 말. 개권(開卷)은 책을 펴서 읽는 것을 말함. |

| 有 名 無 實 | 뜻 이름만 있고 실상(實相)은 없음. |
|---|---|
| 있을 유 이름 명 없을 무 열매 실 | 笑中有刀(소중유도) : 「웃음 속에 칼이 들어 있다」는 뜻으로, 겉으로는 친절(親切)하지만 내심으로는 해(害)치려 함을 이르는 말. |

| 有 備 無 患 | 뜻 「준비가 있으면 근심이 없다」라는 뜻으로, ① 미리 준비가 되어 있으면 우환을 당하지 아니함. ② 또는 뒷걱정이 없다는 뜻. |
|---|---|
| 있을 유 갖출 비 없을 무 근심 환 | 德必有隣(덕필유린) : 덕이 있으면 따르는 사람이 있어 외롭지 않음을 이르는 말. |

| 唯 我 獨 尊 | 뜻 ① 이 세상에 나보다 존귀한 사람은 없다는 말. ② 또는, 자기만 잘 났다고 자부하는 독선적인 태도의 비유. |
|---|---|
| 오직 유 나 아 홀로 독 높을 존 | 唯唯諾諾(유유낙낙) : 일이 선악이나 시비에 상관없이 남의 의견에 조금도 거스르지 않고 따름, 곧 남의 말에 맹종함을 이르는 말. |

| 柳 暗 花 明 | 뜻 버들은 무성(茂盛)하여 그윽이 어둡고, 꽃은 활짝 피어 밝고 아름답다는 뜻으로, 강촌(江村)의 봄 경치(景致)를 이르는 말. |
|---|---|
| 버들 유 어두울 암 꽃 화 밝을 명 | 柳綠花紅(유록화홍) : 버들은 푸르고, 꽃은 붉다는 뜻으로, 사람의 손을 더 하지 않은 봄철의 경치(景致)를 말할 때 흔히 쓰임. |

| 唯 一 無 二 | 뜻 둘이 아니고 오직 하나 뿐이라는 뜻으로, 오직 하나밖에 없음. |
|---|---|
| 오직 유 한 일 없을 무 두 이 | 唯授一人(유수일인) : 비전(秘傳) 등을 오직 한 사람에게만 전(傳)하는 일. 또는 오직 한 사람만이 전수(傳授)받은 것. |

| 有 害 無 益 | 뜻 해는 있으되 이익(利益)이 없음. |
|---|---|
| 있을 유 해할 해 없을 무 더할 익 | 窮當益堅(궁당익견) : ① 곤궁(困窮)해질수록 그 지조(志操)는 더욱 굳어짐을 이르는 말. ② 나이가 들었어도 결코 젊은이다운 패기(覇氣)가 변하지 않고 오히려 굳건함. |

| 隱 忍 自 重 | 뜻 밖으로 드러내지 아니하고 참고 감추어 몸가짐을 신중(愼重)히 함. |
|---|---|
| 숨을 은 참을 인 스스로 자 무거울 중 | 子爲父隱(자위부은) : 자식은 아비를 위해 아비의 나쁜 것을 숨긴다는 뜻으로, 부자지간의 천륜(天倫)을 이르는 말. |

| 陰 德 陽 報 | 뜻 사람이 보지 않는 곳에서 좋은 일을 베풀면 반드시 그 일이 드러나서 갚음을 받음. |
|---|---|
| 그늘 음 덕 덕 볕 양 갚을 보 | 綠陰芳草(녹음방초) : 나무가 푸르게 우거진 그늘과 꽃다운 풀이라는 뜻으로, 여름의 아름다운 경치(景致. |

| 泣 斬 馬 謖 | 뜻 「눈물을 머금고 마속의 목을 벤다」는 뜻으로, 사랑하는 신하를 법대로 처단하여 질서를 바로잡음을 이르는 말. |
|---|---|
| 울 읍 벨 참 말 마 일어날 속 | 泣兒授乳(읍아수유) : 「우는 아이에게 젖을 준다」는 뜻으로, 무엇이든 자기가 요구(要求)해야 얻을 수 있음. |

| 意 氣 揚 揚 | 뜻 ① 의기(義氣)가 드높아 매우 자랑스럽게 행동하는 모양. ② 자랑스러워 뽐내는 모양(模樣). |
|---|---|
| 뜻 의　기운 기　날릴 양 | 得意揚揚(득의양양) : 바라던 일이 이루어져서 우쭐거리며 뽐냄. 浮揚策(부양책) : 부양(扶養)할 대책(對策)이나 방법. |

| 以 德 服 人 | 뜻 덕으로써 사람을 복종(服從)시킴. |
|---|---|
| 써 이　덕 덕　입을 복　사람 인 | 以卵擊石(이란격석) : 「계란으로 돌벽을 치듯」이란 뜻으로, 약한 것으로 강한 것을 당해 내려는 일의 비유. 계란으로 바위치기. 交友以信(교우이신) : 벗을 사귐에 신의(信義)으로써 사귐. |

| 以 心 傳 心 | 뜻 「석가(釋迦)와 가섭(迦葉)이 마음으로 마음에 전한다」는 뜻으로, ① 말로써 설명(說明)할 수 없는 심오(深奧)한 뜻은 마음으로 깨닫는 수밖에 없다는 말. ② 마음과 마음이 통하고, 말을 하지 않아도 의사(意思)가 전달(傳達)됨. |
|---|---|
| 써 이　마음 심　전할 전　마음 심 | |

| 以 熱 治 熱 | 뜻 「열(熱)은 열로써 다스린다」는 뜻으로, 힘에는 힘으로 또는 강(強)한 것에는 강한 것으로 상대함을 이르는 말. |
|---|---|
| 써 이　더울 열　다스릴 치　더울 열 | 以毒制毒(이독제독) : 「독을 없애는 데 다른 독을 쓴다」는 뜻으로, 악인(惡人)을 물리치는 데 다른 악인으로써 함. |

| 以 夷 制 夷 | 뜻 적을 이용하여 다른 적을 제어함. |
|---|---|
| 써 이　오랑캐 이　지을 제　오랑캐 이 | 事君以忠(사군이충) : 삼국 통일의 원동력이 된 화랑(花郎)의 세속오계(世俗五戒)의 하나. 사친이효(事親以孝), 교우이신(交友以信), 임전무퇴(臨戰無退), 살생유택(殺生有擇). |

| 益 者 三 友 | 뜻 「사귀어 자기에게 유익한 세 부류(部類)의 벗」이라는 뜻으로, 정직(正直)한 사람, 친구(親舊)의 도리(道理)를 지키는 사람, 지식(知識)이 있는 사람을 이르는 말. |
|---|---|
| 더할 익　놈 자　석 삼　벗 우 | 損者三友(손자삼우) : 사귀면 손해보는 세 가지 친구라는 뜻. |

| 因 果 應 報 | 뜻 원인(原因)과 결과(結果)는 서로 물고 물린다는 뜻으로, ① 과거 또는 전생의 선악의 인연에 따라서 뒷날 길흉 화복(禍福)의 갚음을 받게 됨을 이르는 말. ② 좋은 일에는 좋은 결과가, 나쁜 일에는 나쁜 결과가 따름. |
|---|---|
| 인할 인　실과 과　응할 응　갚을 보 | |

| 人 之 常 情 | 뜻 사람이라면 누구나 가지는 보통의 인정(人情), 또는 생각. |
|---|---|
| 사람 인　갈 지　항상 상　뜻 정 | 貴鵠賤鷄(귀곡천계) : 고니를 귀히 여기고 닭을 천하게 여긴다는 뜻으로, 먼 데 것을 귀하게 여기고, 가까운 데 것을 천하게 여기는 것이 인지상정(人之常情)임을 말함. |

| 一 刻 三 秋 | 뜻 「매우 짧은 시간이 삼 년 같다」는 뜻으로, 몹시 기다려지거나 지루한 느낌을 이르는 말. 일각여삼추(一刻如三秋). |
|---|---|
| 한 일　새길 각　석 삼　가을 추 | 大海一滴(대해일적) : 넓고 큰 바다에 물방울 하나라는 뜻으로, 많은 것 가운데 아주 작은 것이라는 뜻. |

| 一 擧 兩 得 | 뜻 ① 한 번 들어 둘을 얻음. ② 한 가지의 일로 두 가지의 이익(利益)을 보는 것. |
|---|---|
| 한 일　들 거　두 양　얻을 득 | 大海一粟(대해일속) : 넓고 넓은 바다에 떨어뜨린 한 알의 좁쌀이란 뜻으로, 매우 작음 또는 보잘것없는 존재를 비유해 이르는 말. |

| 一 網 打 盡 | **뜻** 「그물을 한번 쳐서 물고기를 모조리 잡는다」는 뜻으로, 한꺼번에 죄다 잡는다는 말. |
|---|---|
| 한 일　그물 망　칠 타　다할 진 | 一顧傾城(일고경성) : 한 번 돌아보고도 성을 기울게 한다는 뜻으로, 요염(妖艶)한 여자, 곧 절세미인을 비유해 이르는 말. |

| 一 罰 百 戒 | **뜻** 한 사람을 벌주어 백 사람을 경계(警戒)한다는 뜻으로, 한 가지 죄와 또는 한 사람을 벌줌으로써 여러 사람의 경각심을 불러일으킴. |
|---|---|
| 한 일　벌줄 벌　일백 백　경계할 계 | 一字無識(일자무식) : 한 글자도 알지 못함. |

| 一 石 二 鳥 | **뜻** 한 개의 돌을 던져 두 마리의 새를 맞추어 떨어뜨린다는 뜻으로, 한 가지 일을 해서 두 가지 이익을 얻음을 이르는 말. |
|---|---|
| 한 일　돌 석　두 이　새 조 | 危機一髮(위기일발) : 머리털 하나로 천균(千鈞)이나 되는 물건을 끌어당긴다는 뜻으로, 아주 위험한 순간을 비유 이르는 말. |

| 一 場 春 夢 | **뜻** 한바탕의 봄꿈처럼 헛된 영화나 덧없는 일이란 뜻으로, 인생의 허무(虛無)함을 비유하여 이르는 말. |
|---|---|
| 한 일　마당 장　봄 춘　꿈 몽 | 南柯一夢(남가일몽) : 남쪽 가지에서의 꿈이란 뜻으로, 덧없는 꿈이나 한때의 헛된 부귀영화(富貴榮華)를 이르는 말. |

| 一 觸 卽 發 | **뜻** 한 번 닿기만 하여도 곧 폭발한다는 뜻으로, 조그만 자극에도 큰 일이 벌어질 것 같은 아슬아슬한 상태를 이르는 말. |
|---|---|
| 한 일　닿을 촉　곧 즉　필 발 | 一絲不亂(일사불란) : 한 오라기의 실도 흐트러지지 않았다는 뜻으로, 질서나 체계 따위가 잘 잡혀 있음을 이르는 말. |

| 日 就 月 將 | **뜻** 「날마다 달마다 성장하고 발전한다」는 뜻으로, 학업이 날이 가고 달이 갈수록 진보함을 이름. |
|---|---|
| 날 일　나아갈 취　달 월　장차 장 | 一脈相通(일맥상통) : 생각·성질(性質)·처지(處地) 등이 어느 면에서 한 가지로 서로 통함, 서로 비슷함. |

| 一 片 丹 心 | **뜻** 한 조각의 붉은 마음이란 뜻으로, ① 한결같은 참된 정성(精誠), 변치 않는 참된 마음을 이름. ② 오로지 한 곳으로 향한, 한 조각의 붉은 마음. ③ 진정에서 우러나오는 충성(忠誠)된 마음. |
|---|---|
| 한 일　조각 편　붉을 단　마음 심 | 片道(편도) : 가고 오는 길 중 어느 한 쪽 또는 그 길. |

| 一 攫 千 金 | **뜻** 「한꺼번에 많은 돈을 얻는다」는 뜻으로, 노력함이 없이 벼락부자가 되는 것. |
|---|---|
| 한 일　거둘 확　일천 천　쇠 금 | 投機商(투기상) : ① 일확천금(一攫千金)을 바라는 덧보기 장사. ② 또는 그러한 장사치. |

| 立 身 揚 名 | **뜻** ① 사회적으로 인정을 받고 출세하여 이름을 세상에 드날림. ② 후세(後世)에 이름을 떨쳐 부모를 영광(榮光)되게 해 드리는 것. |
|---|---|
| 설 입　몸 신　말릴 양　이름 명 | 효揚(입양) : 입신양명(立身揚名)을 줄여서 이르는 말. |

| 自 家 撞 着 | **뜻** 자기의 언행이 전후 모순(矛盾)되어 일치하지 않음. |
|---|---|
| 스스로 자　집 가　칠 당　붙을 착 | 二律背反(이율배반) : 「두 가지 규율이 서로 반대된다」는 뜻으로, ① 동일 법전에 포함되는 개개 법문(法文) 간의 모순. 自己矛盾(자기모순) : 자기 스스로에 대한 모순(矛盾). |

| 自 手 成 家 | 뜻 자기의 줄로 자기를 묶는다는 말로, ① 자기가 자기를 망치게 한다는 뜻. 즉, 자기의 언행으로 인하여 자신이 꼼짝 못하게 되는 일. ② 불교(佛敎)에서, 스스로 번뇌(煩惱)를 일으켜 괴로워함을 이르는 말. |
|---|---|
| 스스로 자  손 수  이룰 성  집 가 | |

| 自 繩 自 縛 | 뜻 자기의 줄로 자기를 묶는다는 말로, ① 자기가 자기를 망치게 한다는 뜻. 즉, 자기의 언행으로 인하여 자신이 꼼짝 못하게 되는 일. ② 불교(佛敎)에서, 스스로 번뇌(煩惱)를 일으켜 괴로워함을 이르는 말. |
|---|---|
| 스스로 자  노끈 승  스스로 자  얽을 박 | |

| 自 業 自 得 | 뜻 불교(佛敎)에서, 제가 저지른 일의 과보(果報)를 제스스로 받음을 이르는 말. 自强不息(자강불식) : 스스로 힘을 쓰고 몸과 마음을 가다듬어 쉬지 아니함. |
|---|---|
| 스스로 자  업 업  스스로 자  얻을 득 | |

| 子 子 孫 孫 | 뜻 ① 자손의 여러 대. ② 자손의 끝까지. ③ 대대(代代)손손. 子孫萬代(자손만대) : 자자손손(子子孫孫)의 썩 많은 세대(世代). 亂臣賊子(난신적자) : 나라를 어지럽게 하는 신하(臣下)와 어버이를 해치는 자식(子息) 또는 불충(不忠)한 무리. |
|---|---|
| 아들 자    손자 손 | |

| 自 畵 自 讚 | 뜻 자기가 그린 그림을 스스로 칭찬(稱讚)한다는 뜻으로, 자기가 한 일을 자기 스스로 자랑함을 이르는 말. 自中之亂(자중지란) : 같은 패 안에서 일어나는 싸움. 安閑自適(안한자적) : 평화롭고 한가하여 마음 내키는 대로 즐김. |
|---|---|
| 스스로 자  그림 화  스스로 자  기릴 찬 | |

| 作 心 三 日 | 뜻 마음 먹은 지 삼일(三日)이 못간다는 뜻으로, 결심이 얼마 되지 않아 흐지부지 된다는 말. 朝改暮變(조개모변) : 「아침에 고치고 저녁에 또 바꾼다」는 뜻으로, 일정한 방침이 없이 항상 변하여 정하여지지 아니함. |
|---|---|
| 지을 작  마음 심  석 삼  날 일 | |

| 張 三 李 四 | 뜻 장씨의 셋째 아들과 이씨의 넷째 아들이란 뜻으로, ① 성명(姓名)이나 신분이 뚜렷하지 못한 평범한 사람들. ② 사람에게 성리(性理)가 있음은 아나, 그 모양(模樣)이나 이름을 지어 말할 수 없음의 비유. |
|---|---|
| 베풀 장  석 삼  오얏 리  넉 사 | |

| 賊 反 荷 杖 | 뜻 도둑이 도리어 몽둥이를 든다는 뜻으로, 잘못한 사람이 도리어 잘 한 사람을 나무라는 경우(境遇)를 이르는 말. 客反爲主(객반위주) : 「손님이 도리어 주인 행세를 한다」는 뜻으로, ① 주객이 전도(顚倒)됨을 이르는 말. |
|---|---|
| 도둑 적  돌이킬 반  멜 하  지팡이 걸 | |

| 赤 手 空 拳 | 뜻 맨손과 맨주먹이란 뜻으로, 곧 아무 것도 가진 것이 없음. 近朱者赤(근주자적) : 「붉은빛에 가까이 하면 반드시 붉게 된다」는 뜻으로, 주위(周圍) 환경(環境)이 중요(重要)하다는 것을 이르는 말. |
|---|---|
| 붉을 적  손 수  빌 공  주먹 권 | |

| 前 途 遙 遠 | 뜻 앞으로 갈 길이 아득히 멀다는 뜻으로, 목적하는 바에 이르기에는 아직도 남은 일이 많음을 이르는 말. 前途有望(전도유망) : ① 앞으로 잘 될 희망이 있음. ② 또는, 장래(將來)가 유망(有望)함. |
|---|---|
| 앞 전  길 도  멀 요  멀 원 | |

| 戰 戰 兢 兢 | <ruby>뜻</ruby> 전전(戰戰)은 겁을 먹고 벌벌 떠는 것. 긍긍(兢兢)은 조심해 몸을 움츠리는 것으로 어떤 위기감에 떠는 심정(心情)을 비유한 말. |
|---|---|
| 싸움 전   떨릴 긍 | 戰兢(전긍) : ☞ 전전긍긍(戰戰兢兢). |

| 輾 轉 反 側 | <ruby>뜻</ruby> 이리 뒤척 저리 뒤척 한다는 뜻으로, ① 걱정거리로 마음이 괴로워 잠을 이루지 못함을 이르는 말. ② 원래는 미인(美人)을 사모(思慕)하여 잠을 이루지 못함을 이르는 표현(表現)임. |
|---|---|
| 돌아누울전  구를 전  돌이킬 반  곁 측 | 寤寐不忘(오매불망) : 자나깨나 잊지 못함. |

| 轉 禍 爲 福 | <ruby>뜻</ruby> 화가 바뀌어 오히려 복이 된다는 뜻으로, 어떤 불행한 일이라도 끊임없는 노력과 강인(强靭)한 의지로 힘쓰면 불행을 행복으로 바꾸어 놓을 수 있다는 말. |
|---|---|
| 구를 전  재앙 화  할 위  복 복 | 反禍爲福(반화위복) : ☞ 전화위복(轉禍爲福). |

| 絶 世 佳 人 | <ruby>뜻</ruby> 세상에 비할 데 없이 가장 아름다운 여자.<br>絶世代美(절세대미) : 이 세상에서는 견줄 사람이 없을 정도로 뛰어나게 아름다운 여자. |
|---|---|
| 끊을 절  인간 세  아름다울가  사람 인 | 萬古絶色(만고절색) : 고금에 예가 없이 뛰어난 미색, 미인. |

| 絶 長 補 短 | <ruby>뜻</ruby> 긴 것을 잘라서 짧은 것에 보태어 부족함을 채운다는 뜻으로, 좋은 것으로 부족한 것을 보충함을 이르는 말.<br>斷長補短(단장보단) : 긴 것은 자르고 짧은 것은 메워서 들쭉날쭉한 것을 곧게 함을 이르는 말. |
|---|---|
| 끊을 절  긴 장  도울 보  짧을 단 | |

| 切 磋 琢 磨 | <ruby>뜻</ruby> 옥돌을 자르고 줄로 쓸고 끌로 쪼고 갈아 빛을 낸다는 뜻으로, 학문(學問)이나 인격(人格)을 갈고 닦음.<br>切磋(절차) : ① 옥이나 돌 등을 깎고 닦음. ② 부지런히 학문이나 도덕을 갈고 닦음. |
|---|---|
| 끊을 절  갈 차  쪼을 탁  갈 마 | |

| 切 齒 腐 心 | <ruby>뜻</ruby> 이를 갈고 마음을 썩이다는 뜻으로, 대단히 분(憤)하게 여기고 마음을 썩임.<br>切齒扼腕(절치액완) : 「이를 갈고, 팔을 걷어올리며 주먹을 꽉 진다」는 뜻으로, 매우 분(憤)하여 벼르는 모습을 이르는 말. |
|---|---|
| 끊을 절  이 치  썩을 부  마음 심 | |

| 漸 入 佳 境 | <ruby>뜻</ruby> 「가면 갈수록 경치(景致)가 더해진다」는 뜻으로, 일이 점점 더 재미있는 지경으로 돌아가는 것을 비유하는 말.<br>西勢東漸(서세동점) : 서양(西洋) 세력(勢力)을 차차 동쪽으로 옮김. |
|---|---|
| 점점 점  들 입  아름다울가  지경 경 | |

| 頂 門 一 鍼 | <ruby>뜻</ruby> 정수리에 침 하나를 꽂는다는 뜻으로, 상대방의 급소(急所)를 찌르는 따끔한 충고나 교훈(敎訓)을 이르는 말.<br>頂門金椎(정문금추) : 쇠망치로 정수리를 친다는 뜻으로, 정신이 들도록 깨우침을 이르는 말. |
|---|---|
| 이마 정  문 문  한 일  침 침 | |

| 頂 天 立 地 | <ruby>뜻</ruby> 하늘을 이고 땅 위에 선다는 뜻으로, 홀로 서서 타인에게 의지하지 않음.<br>頂門眼(정문안) : 정수리에 있는 또 하나의 눈이란 뜻으로, 보통 사람이 가진 두 눈 외에 모든 사리를 환하게 비쳐 아는 특별한 안력(眼力). |
|---|---|
| 이마 정  하늘 천  설 입  땅 지 | |

| 正 正 堂 堂 | **뜻** 태도(態度)나 처지(處地)가 바르고 떳떳함. |
|---|---|
| 바를 정　　　집 당 | 正心誠意(정심성의) : ① 마음을 바르게 하고 뜻을 정성스레 함. ② 허식(虛飾)이 없는 진심(眞心). <br> 正襟端坐(정금단좌) : 옷매무시를 바로 하고 단정하게 앉음. |

| 糟 糠 之 妻 | **뜻** 지게미와 쌀겨로 끼니를 이어가며 고생을 같이 해온 아내란 뜻으로, 곤궁(困窮)할 때부터 간고(艱苦)를 함께 겪은 본처(本妻)를 흔히 일컬음. |
|---|---|
| 지게미 조　겨 강　갈 지　아내 처 | 饑厭糟糠(기염조강) : 배가 고플 때에는 겨와 재강도 맛있게 되는 것임. |

| 朝 令 暮 改 | **뜻** 「아침에 명령(命令)을 내리고서 저녁에 다시 바꾼다」는 뜻으로, ① 법령의 개정(改定)이 너무 빈번(頻煩)하여 믿을 수가 없음을 이르는 말. ② 아침에 조세(租稅)를 부과(賦課)하고 저녁에 걷어들임을 이르는 말. |
|---|---|
| 아침 조　하여금령 저물 모 고칠 개 | |

| 朝 三 暮 四 | **뜻** 「아침에 세 개, 저녁에 네 개」라는 뜻으로, ① 당장 눈앞에 나타나는 차별만을 알고 그 결과가 같음을 모름의 비유. ② 간사(奸邪)한 꾀를 써서 남을 속임을 이르는 말. |
|---|---|
| 아침 조　석 삼　저물 모　넉 사 | 朝三(조삼) : ☞ 조삼모사(朝三暮四). |

| 坐 見 千 里 | **뜻** 「앉아서 천 리를 본다」는 뜻으로, 앞일을 예견(豫見)하거나 먼 곳의 일을 내다보고 헤아림을 이르는 말. |
|---|---|
| 앉을 좌　볼 견　일천 천　마을 리 | 坐而待死(좌이대사) : 「가만히 앉아서 죽기만을 기다린다」는 뜻으로, 처지가 몹시 궁박하여 어찌할 대책도 강구할 길이 없어 될 대로 되라는 태도로 기다림을 이르는 말. |

| 坐 不 安 席 | **뜻** 마음에 불안이나 근심 등이 있어 한 자리에 편안하게 오래 앉아 있지 못함. |
|---|---|
| 앉을 좌　아니 불　편안 안　자리 석 | 坐不垂堂(좌불수당) : 마루 끝에는 앉지 않는다는 뜻으로, 위험한 일을 가까이 하지 않음을 이르는 말. |

| 坐 井 觀 天 | **뜻** 「우물 속에 앉아 하늘을 쳐다본다」는 뜻으로, ① 견문이 매우 좁음을 말함. ② 세상 물정(物情)을 너무 모르는 사람의 비유. |
|---|---|
| 앉을 좌　우물 정　볼 관　하늘 천 | 郎廳坐起(낭청좌기) : 「벼슬이 낮은 낭관(郎官)이 멋대로 나서서 일을 본다」는 뜻으로, 아랫사람이 윗사람보다 더 지독함을 비유. |

| 坐 朝 問 道 | **뜻** 좌조(坐朝)는 천하를 통일하여 왕위(王位)에 앉은 것이고, 문도(問道)는 나라 다스리는 법(法)을 말함. |
|---|---|
| 앉을 좌　아침 조　물을 문　길 도 | 坐食山空(좌식산공) : 벌지 않고 먹기만 하면 산도 빈다는 뜻으로, 아무리 재산이 많아도 놀고 먹기만 하면 결국 다 없어짐을 비유해 이르는 말. |

| 左 顧 右 眄 | **뜻** 왼쪽을 둘러보고 오른쪽을 짝눈으로 자세히 살핀다는 뜻으로, 무슨 일에 얼른 결정을 짓지 못함을 비유함. |
|---|---|
| 왼 좌　돌아볼고 오른쪽 우 곁눈질할면 | 右往左往(우왕좌왕) : ① 오른쪽으로 갔다 왼쪽으로 갔다하며 종잡지 못함. ② 사방으로 왔다갔다함. |

| 左 之 右 之 | **뜻** 왼쪽으로 돌렸다 오른쪽으로 돌렸다 한다는 뜻으로, 사람이 어떤 일이나 대상을 제 마음대로 처리하거나 다루는 것. |
|---|---|
| 왼 좌　갈 지　오른쪽 우　갈 지 | 左達承明(좌달승명) : 왼편에 승명(承明)이 사무치니, 승명(承明)은 사기(史記)를 교열(校閱)하는 집임. |

| 左 | 衝 | 右 | 突 | **뜻** ① 이리저리 닥치는 대로 부딪침. ② 아무사람이나 구분하진 않고 함부로 맞닥뜨림. |
|---|---|---|---|---|
| 왼 좌 | 찌를 충 | 오른쪽 우 | 부딪칠 돌 | **左脯右醯**(좌포우혜) : 제사상(祭祀床)을 차릴 때에 육포(肉包) 는 왼쪽에, 식혜(食醯)는 오른쪽에 놓는 일. |

| 晝 | 耕 | 夜 | 讀 | **뜻** 낮에는 농사 짓고 밤에는 공부한다는 뜻으로, 바쁜 틈을 타 서 어렵게 공부함을 이르는 말. |
|---|---|---|---|---|
| 낮 주 | 갈 경 | 밤 야 | 읽을 독 | **晝耕夜讀手不釋卷**(주경야독수불석권) : 낮에는 밭을 갈고 밤에 는 글을 읽으며 손에서는 책을 놓지 말아야 함. |

| 走 | 馬 | 加 | 鞭 | **뜻** 달리는 말에 채찍질하기라는 속담의 한역으로, ① 형편이 나 힘이 한창 좋을 때에 더욱 힘을 더한다는 말. ② 힘껏 하는 데 도 자꾸 더 하라고 격려(激勵)함. |
|---|---|---|---|---|
| 달릴 주 | 말 마 | 더할 가 | 채찍 편 | **南行北走**(남행북주) : 제대로 되는 일도 없이 이리저리 돌아다님. |

| 走 | 馬 | 看 | 山 | **뜻** 「말을 타고 달리면서 산을 바라본다」는 뜻으로, 바빠서 자 세히 살펴보지 않고 대강 보고 지나감을 이름. |
|---|---|---|---|---|
| 달릴 주 | 말 마 | 볼 간 | 뫼 산 | **東奔西走**(동분서주) : 동쪽으로 뛰고 서쪽으로 뛴다는 뜻으로, 사방으로 이리저리 바삐 돌아다님. |

| 酒 | 不 | 雙 | 杯 | **뜻** (주석에서)술을 마실 때 잔의 수효(數爻)가 짝수로 마침을 싫어함을 이르는 말. 곧 3·5와 같이 기수(寄數)로 마실 것이지 2·4와 같은 우수(偶數)로 마시지 않는다는 말. |
|---|---|---|---|---|
| 술 주 | 아니 불 | 쌍 쌍 | 술잔 배 | **有酒無量**(유주무량) : 주량이 커서 술을 한없이 마심. |

| 酒 | 池 | 肉 | 林 | **뜻** 「술이 못을 이루고 고기가 수풀을 이룬다」는 뜻으로,매우 호화(豪華)스럽고 방탕(放蕩)한 생활을 이르는 말. |
|---|---|---|---|---|
| 술 주 | 못 지 | 고기 육 | 수풀 림 | **肉山脯林**(육산포림) : 「고기가 산을 이루고 말린 고기가 수풀을 이룬다」는 뜻으로, 극히 호사스럽고 방탕한 술잔치를 이르는 말. |

| 竹 | 馬 | 故 | 友 | **뜻** 「대나무 말을 타고 놀던 옛 친구」라는 뜻으로, 어릴 때부터 가까이 지내며 자란 친구를 이르는 말. |
|---|---|---|---|---|
| 대 죽 | 말 마 | 연고 고 | 벗 우 | **竹馬之友**(죽마지우) : ☞ 죽마고우(竹馬故友). <br> **竹馬舊友**(죽마구우) : ☞ 죽마고우(竹馬故友). |

| 竹 | 杖 | 芒 | 鞋 | **뜻** 대지팡이와 짚신이라는 뜻으로, 먼 길을 떠날 때의 간편한 차림을 이르는 말. |
|---|---|---|---|---|
| 대 죽 | 지팡이 장 | 까끄라기 망 | 신 혜 | **雨後竹筍**(우후죽순) : 비가 온 뒤에 솟는 죽순(竹筍)이라는 뜻 으로, 어떤 일이 일시에 많이 일어남을 이르는 말. |

| 衆 | 寡 | 不 | 敵 | **뜻** ① 적은 수효(數爻)로 많은 수효를 대적(對敵)하지 못한다 는 뜻. ② 적은 사람으로는 많은 사람을 이기지 못함. |
|---|---|---|---|---|
| 무리 중 | 적을 과 | 아닐 부 | 대적할 적 | **隨衆逐隊**(수중축대) : 자기의 뚜렷한 주견(主見)이 없이 여러 사람의 틈에 끼어 덩달아 행동을 함. |

| 衆 | 口 | 難 | 防 | **뜻** 여러 사람의 입을 막기 어렵다는 뜻으로, 막기 어려울 정도 로 여럿이 마구 지껄임을 이르는 말. |
|---|---|---|---|---|
| 무리 중 | 입 구 | 어려울 난 | 막을 방 | **衆心成城**(중심성성) : 여러 사람의 마음이 성을 이룬다는 뜻으 로, 뭇사람의 뜻이 일치하면 성과 같이 굳어짐을 이르는 말. |

| 知 己 之 友 | 뜻 ① 자기를 가장 잘 알아주는 친한 친구. ② 서로 뜻이 통하는 친한 벗.<br>知命之年(지명지년) : 천명을 알 나이라는 뜻으로, 나이 오십을 이르는 말. |
|---|---|
| 알 지　몸 기　갈 지　벗 우 | |

| 指 東 指 西 | 뜻 동쪽을 가리켰다가 또 서쪽을 가리킨다는 뜻으로, 말하는 요지도 모르고 엉뚱한 소리를 함.<br>之南之北(지남지북) : 남쪽으로도 가고 북쪽으로도 간다는 뜻으로, 곧, 어떤 일에 주견(主見)이 없이 갈팡질팡함을 이르는 말. |
|---|---|
| 가리킬 지　동녘 동　가리킬 지　서녘 서 | |

| 芝 蘭 之 交 | 뜻 지초(芝草)와 난초(蘭草) 같은 향기로운 사귐이라는 뜻으로, 벗 사이의 고상(高尙)한 교제를 이르는 말.<br>芝蘭之化(지란지화) : 좋은 친구와 사귀면 자연히 그 아름다운 덕에 감화됨을 이르는 말. 좋은 친구를 사겨야한다는 말. |
|---|---|
| 지초 지　난초 란　갈 지　사귈 교 | |

| 指 鹿 爲 馬 | 뜻 사슴을 가리켜 말이라고 한다라는 뜻으로, ① 사실이 아닌 것을 사실인 양 만들어 강제로 인정하게 됨. ② 윗사람을 농락(籠絡)하여 권세(權勢)를 마음대로 함.<br>鹿皮曰字(녹비왈자) : 주견이 없이 남의 말을 좇아 이리저리 함을 이르는 말. |
|---|---|
| 가리킬 지　사슴 록　할 위　말 마 | |

| 知 彼 知 己 | 뜻 적을 알고 나를 알아야 한다는 뜻으로, 적의 형편과 나의 형편을 자세히 알아야 한다는 의미.<br>知彼知己百戰不殆(지피지기백전불태) : 상대를 알고 자신을 알면 백 번 싸워도 위태롭지 않음. |
|---|---|
| 알 지　저 피　알 지　몸 기 | |

| 知 行 合 一 | 뜻 참 지식은 반드시 실행(實行)이 따라야 한다는 말.<br>行藏進退(행장진퇴) : 지식인(知識人)이 시세(時勢)에 응(應)하여 벼슬에 나아가기도 하고 물러설 줄도 아는 처신(處身)의 신중(愼重)함. |
|---|---|
| 알 지　행할 행　합할 합　한 일 | |

| 珍 羞 盛 饌 | 뜻 맛이 좋은 음식으로 많이 잘 차린 것을 뜻하여, 성대하게 차린 진귀(珍貴)한 음식.<br>卽時一杯酒(즉시일배주) : 눈앞에 있는 한 잔의 술이라는 뜻으로, 뒷날의 진수성찬보다 당장 마실 수 있는 한 잔의 술이 나음. |
|---|---|
| 보배 진　차반 수　성할 성　반찬 찬 | |

| 進 退 兩 難 | 뜻 나아갈 수도 물러설 수도 없는 궁지(窮地)에 빠짐.<br>進退維谷(진퇴유곡) : 앞으로도 뒤로도 나아가거나 물러서지 못하다라는 뜻으로, 궁지에 빠진 상태.<br>進退無路(진퇴무로) : ☞ 진퇴양난(進退兩難). |
|---|---|
| 나아갈 진　물러갈 퇴　두 양　어려울 난 | |

| 集 小 成 大 | 뜻 작은 것이 모여 큰 것을 이룸.<br>塵積爲山(진적위산) : 티끌이 모여 태산(泰山)이 된다는 뜻으로, 작은 것도 모이면 큰 것이 됨을 비유해 이르는 말.<br>塵合泰山(진합태산) : 티끌 모아 태산. |
|---|---|
| 모을 집　적을 소　이룰 성　큰 대 | |

| 借 廳 借 閨 | 뜻 마루를 빌리다가 안방으로 들어간다는 뜻으로, '사랑채 빌리면 안방까지 달라한다'는 속담과 같은 말, 남에게 의지하다가 차차 그 권리까지 넘겨다본다는 말.<br>借廳入室(차청입실)도 같은 의미. |
|---|---|
| 빌릴 차　관청 청　빌릴 차　안방 규 | |

## 滄海遺珠

푸를 창 · 바다 해 · 남길 유 · 구슬 주

**뜻** 「큰 바다에 남아 있는 진주(眞珠)」라는 뜻으로, 세상에 알려지지 않은 현자(賢者)나 명작을 비유해 이르는 말.
滄海桑田(창해상전) : 푸른 바다가 변하여 뽕밭이 된다는 말이니, 곧 덧없는 세상의 변천(變遷)을 뜻함.

## 滄海一粟

푸를 창 · 바다 해 · 한 일 · 조 속

**뜻** 큰 바다에 던져진 좁쌀 한 톨이라는 뜻으로, ① 지극히 작거나 보잘것 없는 존재를 의미함. ② 이 세상에서의 인간 존재의 허무함을 이르는 말.
九牛一毛(구우일모) : 아홉 마리 소에 털 한가닥이라는 뜻.

## 天高馬肥

하늘 천 · 높을 고 · 말 마 · 살찔 비

**뜻** 「하늘이 높고 말이 살찐다」는 뜻으로, 오곡백과가 무르익는 가을이 썩 좋은 절기임을 일컫는 말. 가을이 좋은 계절임을 나타낼 때 흔히 쓰는 말이나 원래는 옛날 중국에서 흉노족의 침입을 경계(警戒)하고자 나온 말임.

## 天方地軸

하늘 천 · 모 방 · 땅 지 · 굴대 축

**뜻** 하늘 방향이 어디이고 땅의 축이 어디인지 모른다는 뜻으로, ① 너무 바빠서 두서를 잡지 못하고 허둥대는 모습. ② 어리석은 사람이 갈 바를 몰라 두리번거리는 모습.
知天命(지천명) : 나이 50세를 말함.

## 天崩之痛

하늘 천 · 무너질 붕 · 갈 지 · 아릴 통

**뜻** 「하늘이 무너지는 듯한 고통」이라는 뜻으로, 임금이나 부모나 자식을 잃은 슬픔을 이르는 말.
天不生無祿之人(천불생무록지인) : 하늘은 녹 없는 사람을 낳지 않는다는 뜻으로, 사람은 누구나 태어나면서 자기가 먹을 것은 가지고 태어남을 이르는 말.

## 天衣無縫

하늘 천 · 옷 의 · 없을 무 · 꿰맬 봉

**뜻** 선녀(仙女)의 옷에는 바느질한 자리가 없다는 뜻으로, ① 성격이나 언동(言動) 등이 매우 자연스러워 조금도 꾸민 데가 없음. ② 시나 문장(文章)이 기교(技巧)를 부린 흔적이 없어 극히 자연스러움을 이르는 말.

## 天人共怒

하늘 천 · 사람 인 · 한가지 공 · 성낼 노

**뜻** 하늘과 사람이 함께 분노(憤怒)한다는 뜻으로, 누구나 분노할 만큼 증오스러움. 또는 도저히 용납될 수 없음의 비유.
旭日昇天(욱일승천) : 아침 해가 떠오른다는 뜻으로, 떠오르는 아침 해처럼 세력이 성대해짐을 이르는 말.

## 天災地變

하늘 천 · 재앙 재 · 땅 지 · 변할 변

**뜻** 지진(地震)·홍수(洪水)·태풍(颱風) 따위와 같이, 자연 현상에 의해 빚어지는 재앙(災殃).
天長地久(천장지구) : 하늘과 땅이 오래도록 변하지 않는다는 뜻으로, 사물이 오래오래 계속됨을 이르는 말.

## 千篇一律

일천 천 · 책 편 · 한 일 · 법칙 률

**뜻** 「여러 시문(詩文)의 격조가 변화 없이 비슷비슷하다」는 뜻으로, 여러 사물(事物)이 거의 비슷비슷하여 특색(特色)이 없음을 비유하여 이르는 말.
千金(천금) : ① 엽전 천 냥. ② 많은 돈의 비유.

## 天下泰平

하늘 천 · 아래 하 · 클 태 · 평할 평

**뜻** 천하태평(天下太平). ① 온 세상이 태평(太平)함. ② 근심 걱정이 없거나 성질이 느긋하여 세상 근심을 모르고 편안함, 또는 그런 사람.
天下一色(천하일색) : 세상에서 제일 뛰어난 미인(美人).

## 徹頭徹尾
통할 철　머리 두　통할 철　꼬리 미

**뜻** 머리에서 꼬리까지 통한다는 뜻으로, ① 처음부터 끝까지. ② 처음부터 끝까지 방침을 바꾸지 않고, 생각을 철저(徹底)히 관철(貫徹)함을 이르는 말.
徹夜(철야) : 어떤 일을 하기 위해 잠을 자지 않고 밤을 새우는 것.

## 晴耕雨讀
갤 청　갈 경　비 우　읽을 독

**뜻** 갠 날에는 밖에 나가 농사일을 하고, 비오는 날에는 책을 읽는다는 뜻으로, 부지런히 일하면서 틈나는 대로 공부함을 이르는 말.
비슷한 용어로 晝耕夜讀(주경야독)이 있다.

## 青雲萬里
푸를 청　구름 운　일만 만　마을 리

**뜻** 입신출세(立身出世)를 위한 원대(遠大)한 포부(抱負)를 비유적으로 이르는 말.
青山流水(청산유수) : 푸른 산과 흐르는 물이라는 뜻으로, 말을 거침없이 잘하는 사람을 비유해 이르는 말.

## 青天白日
푸를 청　하늘 천　흰 백　날 일

**뜻** 맑게 갠 하늘에서 밝게 비치는 해라는 뜻으로, ① 훌륭한 인물은 세상 사람들이 다 알아본다는 의미였으나 지금은 아무런 잘못도 없이 결백(潔白)한 것을 주로 비유함.
綠水青山(녹수청산) : 푸른 물과 푸른 산.

## 青天霹靂
푸를 청　하늘 천　벼락 벽　벼락 력

**뜻** 맑게 갠 하늘에서 갑자기 떨어지는 벼락이라는 뜻으로, ① 돌발적(突發的)인 사태나 사변(事變)을 이르는 말. ② 필세(筆勢)의 세참을 이르는 말.
二八青春(이팔청춘) : 열여섯 살 전후의 젊은이, 젊은 나이.

## 青出於藍
푸를 청　날 출　어조사 어　쪽 람

**뜻** 푸른 색이 쪽에서 나왔으나 쪽보다 더 푸르다는 뜻으로, 제자(弟子)가 스승보다 나은 것을 비유하는 말.
獨也青青(독야청청) : 홀로 푸르다는 뜻으로, 홀로 높은 절개를 지켜 늘 변함이 없음을 이르는 말.

## 清風明月
맑을 청　바람 풍　밝을 명　달 월

**뜻** 「맑은 바람과 밝은 달」이라는 뜻으로, ① 결백하고 온건한 성격을 평하여 이르는 말. ② 풍자(諷刺)와 해학(諧謔)으로 세상사(世上事)를 논함을 비유하여 이르는 말.
一陣清風(일진청풍) : 한바탕 부는 시원한 바람.

## 草綠同色
풀 초　푸를 록　한가지 동　빛 색

**뜻** 풀빛과 녹색(綠色)은 같은 빛깔이란 뜻으로, 같은 처지의 사람과 어울리거나 기우는 것.
同病相憐(동병상련) : 같은 처지에 있는 사람끼리 서로 불쌍히 여겨 동정하고 서로 도움.

## 草露人生
풀 초　이슬 로　사람 인　날 생

**뜻** 해가 나면 없어질 풀잎에 맺힌 이슬처럼 덧없는 인생을 이르는 말.
草木皆兵(초목개병) : 온 산의 풀과 나무까지도 모두 적병으로 보인다는 뜻으로, 적의 힘을 두려워한 나머지 하찮은 것에도 겁냄을 이르는 말.

## 推己及人
밀 추　몸 기　미칠 급　사람 인

**뜻** 자기 마음을 미루어 보아 남에게도 그렇게 대하거나 행동한다는 뜻으로, '제 배 부르면 남의 배 고픈 줄 모른다'는 속담과 그 뜻이 일맥상통함.
推此可知(추차가지) : 이 일로 미루어 다른 일을 알 수 있음.

| 追 遠 報 本 | **뜻** 조상(祖上)의 덕을 추모(追慕)하여 제사를 지내고, 자기의 태어난 근본을 잊지 않고 은혜(恩惠)를 갚음. |
|---|---|
| 쫓을 추 · 멀 원 · 갚을 보 · 근본 본 | 窮寇莫追(궁구막추) : 피할 곳 없는 도적을 쫓지 말라는 뜻으로, 궁지에 몰린 적을 모질게 다루면 해를 입기 쉬우니 지나치게 다그치지 말라는 말. |

| 秋 風 落 葉 | **뜻** 가을 바람에 떨어지는 나뭇잎이라는 뜻으로, 형세나 판국이 갑자기 기울어지거나, 단번에 헤어져 흩어지는 모양을 비유하여 이르는 말. |
|---|---|
| 가을 추 · 바람 풍 · 떨어질 낙 · 잎 엽 | 秋毫不犯(추호불범) : 도리에 어긋나는 일을 조금도 범하지 아니함. |

| 忠 言 逆 耳 | **뜻** 「바른 말은 귀에 거슬린다」는 뜻으로, 바르게 타이르는 말일수록 듣기 싫어함을 이르는 말. |
|---|---|
| 충성 충 · 말씀 언 · 거스릴 역 · 귀 이 | 良藥苦口(양약고구) : 「좋은 약은 입에 쓰다」는 뜻으로, 충언(忠言)은 귀에 거슬린다는 말. |

| 齒 亡 舌 存 | **뜻** 단단한 이는 빠져도 부드러운 혀는 남는다는 뜻으로, 강한 자가 먼저 망하고 부드럽고 순한 자가 나중까지 남음을 이르는 말. |
|---|---|
| 이 치 · 망할 망 · 려 설 · 있을 존 | 亡子計齒(망자계치) : 죽은 자식(子息) 나이 세기라는 뜻으로, 이미 지나간 쓸데없는 일을 생각하며 애석(哀惜)하게 여김. |

| 七 顚 八 起 | **뜻** 「일곱 번 넘어져도 여덟 번째 일어난다」는 뜻으로, 실패를 거듭하여도 굴하지 않고 다시 일어섬. |
|---|---|
| 일곱 칠 · 엎어질 전 · 여덟 팔 · 일어날 기 | 七顚八倒(칠전팔도) : 「일곱 번 넘어지고 여덟 번 엎어진다」는 뜻으로, 어려운 고비를 많이 겪음. |

| 七 縱 七 擒 | **뜻** 제갈공명(諸葛孔明)의 전술로 일곱 번 놓아주고 일곱 번 사로잡는다는 말로, ① 자유자재로운 전술. ② 상대를 마음대로 함. ③ 무슨 일을 제 마음대로 함. |
|---|---|
| 일곱 칠 · 세로 종 · 일곱 칠 · 사로잡을 금 | 縱橫無盡(종횡무진) : 행동이 마음 내키는 대로 자유자재로 함. |

| 快 刀 亂 麻 | **뜻** 헝클어진 삼을 잘 드는 칼로 자른다는 뜻으로, 복잡(複雜)하게 얽힌 사물(事物)이나 비꼬인 문제(問題)들을 솜씨 있고 바르게 처리(處理)함을 비유해 이르는 말. |
|---|---|
| 쾌할 쾌 · 칼 도 · 어지러울 란 · 삼 마 | 快人快事(쾌인쾌사) : 쾌활(快活)한 사람의 시원스러운 행동. |

| 他 山 之 石 | **뜻** 다른 산의 돌이라는 뜻으로, 다른 산에서 나는 거칠고 나쁜 돌이라도 숫돌로 쓰면 자기의 옥을 갈 수가 있으므로, 다른 사람의 하찮은 언행이라도 자기의 지덕(智德)을 닦는 데 도움이 됨을 비유해 이르는 말. |
|---|---|
| 다를 타 · 뫼 산 · 갈 지 · 돌 석 | |

| 他 弓 莫 輓 | **뜻** 남의 활을 당겨 쏘지 말라는 뜻으로, ① 무익한 일은 하지 말라는 말. ② 자기가 닦은 것을 지켜 딴 데 마음 쓰지 말 것을 이르는 말. |
|---|---|
| 다를 타 · 활 궁 · 말 막 · 끌 만 | 他官萬里(타관만리) : ☞ 만리타향(萬里他鄉). |

| 貪 官 汚 吏 | **뜻** 탐욕(貪慾)이 많고 부정을 일삼는 더러운 벼슬아치.<br>貪財好色(탐재호색) : 재물을 탐하고 여색(女色)을 즐김.<br>貪欲無藝(탐욕무예) : 뇌물을 탐함에 그 끝이 없음. |
|---|---|
| 탐할 탐 · 벼슬 관 · 더러울 오 · 아전 리 | 貪名愛利(탐명애리) : 명예를 탐내고 이익에 집착(執着)함. |

| 兎 | 死 | 狗 | 烹 |
|---|---|---|---|
| 토끼 토 | 죽을 사 | 개 구 | 삶을 팽 |

**뜻** 「사냥이 끝나면 사냥하던 개는 쓸모가 없게 되어 삶아 먹는다」는 뜻으로, ① 필요할 때 요긴하게 써 먹고 쓸모가 없어지면 가혹하게 버린다는 뜻. ② 일이 있을 때는 실컷 부려먹다가 일이 끝나면 돌보지 않고 헌신짝처럼 버리는 세정을 비유해 이르는 말.

| 破 | 邪 | 顯 | 正 |
|---|---|---|---|
| 깨뜨릴파 | 간사할사 | 나타날현 | 바를 정 |

**뜻** 불교(佛敎)에서, 부처의 가르침에 어긋나는 사악(邪惡)한 도리를 깨뜨리고 바른 도리를 드러낸다는 뜻으로, 그릇된 생각을 버리고 올바른 도리를 행함을 비유해 이르는 말.
邪惡(사악) : 도리에 어긋나고 악독함.

| 破 | 竹 | 之 | 勢 |
|---|---|---|---|
| 깨뜨릴파 | 대 죽 | 갈 지 | 형세 세 |

**뜻** 대나무를 쪼개는 기세(氣勢)라는 뜻으로, ① 곧 세력이 강대하여 대적(大敵)을 거침없이 물리치고 쳐들어가는 기세. ② 세력이 강하여 걷잡을 수 없이 나아가는 모양.
破局(파국) : 판국(版局)이 결딴남. 또는, 판국. 카타스트로프.

| 暴 | 虎 | 馮 | 河 |
|---|---|---|---|
| 사나울 포 | 범 호 | 기댈빙 | 물 하 |

**뜻** 「범을 맨손으로 두드려 잡고, 큰 강을 배 없이 걸어서 건넌다」는 뜻으로, 용기는 있으나 무모(無謀)하기 이를 데 없는 행위를 이르는 말.
暴飮暴食(폭음폭식) : 음식과 술 등을 한꺼번에 많이 먹음.

| 風 | 飛 | 雹 | 散 |
|---|---|---|---|
| 바람 풍 | 날 비 | 우박 박 | 흩어질 산 |

**뜻** 바람이 불어 우박(雨雹)같이 이리 저리 흩어진다는 뜻으로, 엉망으로 깨어져 흩어져 버림. 사방으로 흩어짐.
風窓破壁(풍창파벽) : 뚫어진 창과 헐린 담벼락이라는 뜻으로, 무너져 가는 가난한 집을 비유해 이르는 말.

| 風 | 樹 | 之 | 歎 |
|---|---|---|---|
| 바람 풍 | 나무 수 | 갈 지 | 탄식할 탄 |

**뜻** 부모에게 효도를 다하려고 생각할 때에는 이미 돌아가셔서 그 뜻을 이룰 수 없음을 이르는 말.
風木之悲(풍목지비) : 효도하고자 하나 부모가 이미 돌아가셔서 효양할 길이 없어 한탄함을 비유해 이르는 말.

| 風 | 前 | 燈 | 火 |
|---|---|---|---|
| 바람 풍 | 앞 전 | 등불 등 | 불 화 |

**뜻** 「바람 앞의 등불」이란 뜻으로, ① 사물(事物)이 오래 견디지 못하고 매우 위급한 자리에 놓여 있음을 가리키는 말. ② 사물의 덧없음을 가리키는 말.
風前燈燭(풍전등촉)도 같은 의미.

| 風 | 餐 | 露 | 宿 |
|---|---|---|---|
| 바람 풍 | 밥 찬 | 이슬 로 | 잘 숙 |

**뜻** 「바람에 불리면서 먹고, 이슬을 맞으면서 잔다」는 뜻으로, 떠돌아다니며 고생스러운 생활을 함을 비유해 이르는 말.
露宿者(노숙자) : 일정한 거처(居處) 없이 비바람을 가릴 수 없는 집 밖의 장소에서 잠을 자는 사람.

| 皮 | 骨 | 相 | 接 |
|---|---|---|---|
| 가죽 피 | 뼈 골 | 서로 상 | 닿을 접 |

**뜻** 살가죽과 뼈가 맞붙을 정도로 몹시 마름.
豹死留皮(표사유피) : 「표범은 죽어서 가죽을 남긴다」는 뜻에서, 사람은 사후에 이름을 남겨야 함의 비유.
鐵面皮(철면피) : 쇠처럼 두꺼운 낯가죽이라는 뜻.

| 匹 | 夫 | 匹 | 婦 |
|---|---|---|---|
| 짝 필 | 지아비 부 | 짝 필 | 지어미 부 |

**뜻** 평범한 남자와 평범한 여자를 일컫는 말.
夫唱婦隨(부창부수) : 남편이 주장(主將)하고 아내가 이에 따름. 가정(家庭)에서의 부부(夫婦) 화합(和合)의 도리(道理)를 이르는 말임.

| 鶴 首 苦 待 | 뜻 학처럼 목을 길게 빼고 기다린다는 뜻으로, 몹시 기다림을 이르는 말. |
|---|---|
| 학 학　머리 수　쓸 고　기다릴 대 | 鶴首(학수) : ① 학의 목. ② '목을 길게 빼고 간절(懇切)히 기다림'을 비유하는 말. |

| 學 如 不 及 | 뜻 학문은 미치지 못함과 같으니 쉬지 말고 노력해야 함을 이르는 말. |
|---|---|
| 배울 학　같을 여　아니 불　미칠 급 | 學而時習(학이시습) : 배우고 때로 익힌다는 뜻으로, 배운 것을 항상 복습(復習)하고 연습(練習)하면 그 참 뜻을 알게 됨. |

| 學 如 逆 水 | 뜻 배움이란 마치 물을 거슬러 배를 젓는 것과 같다는 뜻으로, 앞으로 나아가지 않으면 퇴보한다는 뜻. |
|---|---|
| 배울 학　같을 여　거스를 역　물 수 | 下學而上達(하학이상달) : 아래를 배워 위에 달한다는 뜻으로, 낮고 쉬운 것을 배워 깊고 어려운 것을 깨달음. |

| 漢 江 投 石 | 뜻 한강(漢江)에 아무리 돌을 많이 집어 넣어도 메울 수 없다는 뜻으로, ① 아무리 도와도 보람이 없는 것. ② 아무리 투자(投資)를 하거나 애를 써도 보람이 없음을 이르는 말. |
|---|---|
| 한수 한　강 강　던질 투　돌 석 | 鐵面皮漢(철면피한) : 염치(廉恥)가 없고 뻔뻔스러운 남자. |

| 邯 鄲 之 夢 | 뜻 한단에서 꾼 꿈이라는 뜻으로, 인생의 부귀영화(富貴榮華)는 일장춘몽과 같이 허무(虛無)함을 이르는 말. |
|---|---|
| 땅이름한　땅이름단　갈 지　꿈 몽 | 南柯一夢(남가일몽) : 남쪽 가지에서의 꿈이란 뜻으로, 덧없는 꿈이나 한때의 헛된 부귀영화(富貴榮華)를 이르는 말. |

| 咸 興 差 使 | 뜻 ① 심부름꾼이 가서 소식이 없거나, 또는 회답(回答)이 더딜 때의 비유. ② 한번 간 사람이 돌아오지 않거나 소식이 없음. |
|---|---|
| 다 함　흥할 흥　다를 차　부릴 사 | 興亡盛衰(흥망성쇠) : 흥하고 망하고 성(盛)하고 쇠(衰)하는 일. 興味津津(흥미진진) : 흥미(興味)가 넘칠 만큼 많다는 뜻. |

| 行 雲 流 水 | 뜻 하늘에 떠도는 구름과 흐르는 물이라는 뜻으로, ① 다른 힘에 거스르지 않고, 자연 그대로 유유(悠悠)히 움직이는 모양. 곧 자연에 맡기어 행동함을 비유해 이르는 말. ② 마음이 유쾌(愉快)함을 비유해 이르는 말. ③ 일정한 형태가 없이 늘 변하는 것. |
|---|---|
| 행할 행　구름 운　흐를 유　물 수 | |

| 懸 河 之 辯 | 뜻 도도히 흐르는 물과 같은 변설이라는 뜻으로, 거침없고 유창한 말주변을 이르는 말. |
|---|---|
| 달 현　물 하　갈 지　말씀 변 | 大辯如訥(대변여눌) : 워낙 말을 잘하는 사람은 함부로 지껄이지 아니하므로 도리어 말더듬이처럼 보임. |

| 螢 雪 之 功 | 뜻 반딧불과 눈(雪)빛으로 이룬 공이라는 뜻으로, 가난을 이겨내며 반딧불과 눈빛으로 글을 읽어가며 고생 속에서 공부하여 이룬 공을 일컫는 말. |
|---|---|
| 반딧불이형　눈 설　갈 지　공 공 | 嚴冬雪寒(엄동설한) : 눈 내리는 깊은 겨울의 심한 추위. |

| 兄 弟 投 金 | 뜻 형제가 금덩이를 던졌다는 설화에서 유래하여, 형제 간의 우애를 뜻함. |
|---|---|
| 맏 형　아우 제　던질 투　쇠 금 | 外兄弟(외형제) : ① 고모(姑母)의 아들. 고종(姑從) 형제. ② 어머니는 같고 아버지가 다른 형제. |

| 狐假虎威 | 뜻 「여우가 호랑이의 위세(威勢)를 빌려 호기(豪氣)를 부린다」는 뜻으로, 남의 세력을 빌어 위세를 부림. |
|---|---|
| 여우 호　거짓 가　범 호　위엄 위 | 虎死留皮(호사유피) : 「범이 죽으면 가죽을 남긴다」는 뜻으로, 사람도 죽은 뒤에 이름을 남겨야 한다는 말. |
| 糊口之策 | 뜻 「입에 풀칠하다」라는 뜻으로, 겨우 먹고 살아가는 방책.<br>口食之計(구식지계) : ☞ 호구지책(糊口之策).<br>糊口之方(호구지방) : ☞ 호구지책(糊口之策).<br>糊口之計(호구지계) : ☞ 호구지책(糊口之策). |
| 풀칠할 호　입 구　갈 지　꾀 책 | |
| 浩然之氣 | 뜻 ① 도의(道義)에 근거(根據)를 두고 굽히지 않고 흔들리지 않는 바르고 큰 마음. ② 하늘과 땅 사이에 가득 찬 넓고 큰 정기(精氣). ③ 공명정대(公明正大)하여 조금도 부끄럼 없는 용기(勇氣). ④ 잡다(雜多)한 일에서 벗어난 자유로운 마음. |
| 넓을 호　그럴 연　갈 지　기운 기 | |
| 胡蝶之夢 | 뜻 「장자(莊子)가 나비가 되어 날아다닌 꿈」으로, ① 현실과 꿈의 구별이 안 되는 것. ② 인생의 덧없음의 비유. |
| 오랑캐 호　나비 접　갈 지　꿈 몽 | 白日夢(백일몽) : 대낮에 꾸는 꿈이라는 뜻으로, 실현될 수 없는 헛된 공상(空想)을 이르는 말. |
| 魂飛魄散 | 뜻 넋이 날아가고 넋이 흩어지다라는 뜻으로, 몹시 놀라 어찌할 바를 모름. |
| 넋 혼　날 비　넋 백　흩을 산 | 魂飛中天(혼비중천) : 혼이 중천에 떴다는 말로, '정신이 없이 허둥거림'을 이르는 말. 죽은 사람의 혼이 공중에 떠돌아 다닌다는 말. |
| 昏定晨省 | 뜻 저녁에는 잠자리를 보아 드리고, 아침에는 문안을 드린다는 뜻으로, 자식이 아침저녁으로 부모의 안부를 물어서 살핌을 이르는 말. |
| 어두울 혼　정할 정　새벽 신　살필 성 | 昏庸無道(혼용무도) : 「세상이 온통 어지럽고 무도하다」라는 뜻. |
| 弘益人間 | 뜻 널리 인간세계를 이롭게 한다는 뜻으로, 우리나라의 건국(建國) 시조(始祖)인 단군(檀君)의 건국(建國) 이념(理念). |
| 클 홍　더할 익　사람 인　사이 간 | 弘報物(홍보물) : 어떤 사실이나 제품을 널리 알리기 위하여 만든 인쇄물(印刷物)이나 그런 물건. |
| 畵龍點睛 | 뜻 장승요가 벽에 그린 용에 눈동자를 그려 넣은 즉시(卽時) 용이 하늘로 올라갔다라는 뜻으로, 가장 요긴(要緊)한 부분을 마치어 완성시키다라는 뜻. |
| 그림 화　용 룡　점점 점　눈동자 정 | 畵伯(화백) : 화가(畵家)의 높임말. |
| 花朝月夕 | 뜻 「꽃이 핀 아침과 달 밝은 저녁」이란 뜻으로, ① 「경치(景致)가 가장 좋은 때」를 이르는 말. ② 음력 2월 보름과 8월 보름 밤. 봄과 가을. |
| 꽃 화　아침 조　달 월　저녁 석 | 桃花源(도화원) : 이 세상과 따로 떨어진 별천지(別天地). |
| 畵中之餠 | 뜻 그림 속의 떡이란 뜻으로, ① 바라만 보았지 소용이 닿지 않음을 비유한 말. ② 보기만 했지 실제(實際)로 얻을 수 없음. ③ 실속없는 말에 비유하는 말. |
| 그림 화　가운데 중　갈 지　떡 병 | 畵家(화가) : 그림을 그리는 일을 전문(專門)으로 하는 사람. |

| 換骨奪胎 | 뜻 환골은 옛사람의 시문(詩文)을 본떠서 어구를 만드는 것, 탈태는 고시(古詩)의 뜻을 본떠서 원시(原詩)와 다소 뜻을 다르게 짓는 것을 말하며, 옛 사람이나 타인의 글에서 그 형식이나 내용을 모방하여 자기의 작품으로 꾸미는 일. |
|---|---|
| 바꿀 환　뼈 골　빼앗을 탈　아이밸 태 | |

| 換父易祖 | 뜻 아비와 할아비를 바꾼다는 말로, 지체가 좋지 못한 사람이 지체를 높이기 위하여 옳지 못한 수단(手段)으로 자손(子孫)이 없는 양반 집의 뒤를 잇는 일. |
|---|---|
| 바꿀 환　아비 부　바꿀 역　할아비 조 | 換腐作新(환부작신) : 낡은 것을 바꾸어 새 것으로 만듦. |

| 會者定離 | 뜻 「만나면 언젠가는 헤어지게 되어 있다」는 뜻으로, 인생의 무상(無常)함을 인간의 힘으로는 어찌 할 수 없는 이별(離別)의 아쉬움을 일컫는 말. |
|---|---|
| 모일 회　놈 자　정할 정　떠날 리 | 會心之友(회심지우) : 마음이 맞아 의기(義氣)가 통하는 벗. |

| 會稽之恥 | 뜻 회계산(會稽山)에서 받은 치욕(恥辱)이라는 뜻으로, 전쟁에서 진 치욕, 또는 마음에 새겨져 잊지 못하는 치욕을 비유해 이르는 말. 切齒腐心(절치부심) : 이를 갈고 마음을 썩이다는 뜻으로, 대단히 분하게 여기고 마음을 썩임. |
|---|---|
| 모일 회　상고할 계　갈 지　부끄러울 치 | |

| 後生可畏 | 뜻 젊은 후학(後學)들을 두려워할 만하다는 뜻으로, 후진(後進)들이 선배들보다 젊고 기력이 좋아, 학문을 닦음에 따라 큰 인물이 될 수 있으므로 가히 두렵다는 말. |
|---|---|
| 뒤 후　날 생　옳을 가　두려워할 외 | 後時之嘆(후시지탄) : 때늦은 한탄(恨歎). |

| 後生角高 | 뜻 뒤에 난 뿔이 더 우뚝하다는 뜻으로, 제자나 후배(後輩)가 스승이나 선배(先輩)보다 뛰어날 때 이르는 말. |
|---|---|
| 뒤 후　날 생　뿔 각　높을 고 | 先公後私(선공후사) : 사(私)보다 공(公)을 앞세움이란 뜻으로, 사사로운 일이나 이익보다 공익(公益)을 앞세움. |

| 厚顔無恥 | 뜻 얼굴이 두껍고 부끄러움이 없다라는 뜻으로, 뻔뻔스러워 부끄러워할 줄 모름. |
|---|---|
| 두터울 후　얼굴 안　없을 무　부끄러울 치 | 何厚何薄(하후하박) : 어느 쪽은 후하게 하고 어느 쪽은 박하게 한다는 뜻으로, 차별(差別)을 두어 대함을 이르는 말. |

| 興亡盛衰 | 뜻 흥하고 망(亡)하고 성(盛)하고 쇠(衰)하는 일. 興國强兵(흥국강병) : 나라를 일으키고 군사를 강하게 함. 興味索然(흥미삭연) : 흥미(興味)를 잃어 가는 모양(模樣)을 이르는 말 |
|---|---|
| 흥할 흥　망할 망　성할 성　쇠할 쇠 | |

| 興盡悲來 | 뜻 즐거운 일이 지나가면 슬픈 일이 닥쳐온다는 뜻으로, ① 세상일이 순환(循環)됨을 가리키는 말. ② 세상의 온갖 일에 너무 자만(自慢)하거나 낙담(落膽)하지 말라는 뜻. ③ 흥망(興亡)과 성쇠(盛衰)가 엇바뀜을 일컫는 말. |
|---|---|
| 흥할 흥　다할 진　슬플 비　올 래 | |

| 喜怒哀樂 | 뜻 기쁨과 노여움, 슬픔과 즐거움이라는 뜻으로, 곧 사람의 여러 가지 감정을 이르는 말. |
|---|---|
| 기쁠 희　성낼 로　슬플 애　즐거울 락 | 色如死灰(색여사회) : 안색(顔色)이 꺼진 잿빛과 같다는 뜻으로, 얼굴에 희로애락의 표정(表情)이 없음을 이르는 말. |

# 간체자 簡體字와 정자 正字

## 2획

| 간자 | 정자 | 훈과 음 | 발음 |
|---|---|---|---|
| 厂 | 廠 | 헛간 창 | chǎng |
| 卜 | 蔔 | 무 복 | bo, bó, bǔ |
| 儿 | 兒 | 아이 아 | ér, ní |
| 几 | 幾 | 몇 기 | jǐ, jī |
| 了 | 瞭 | 눈 밝을 료 | liǎo, liào |

## 3획

| 간자 | 정자 | 훈과 음 | 발음 |
|---|---|---|---|
| 干 | 幹 | 줄기 간 | gàn |
| 干 | 乾 | 하늘 건 | gān, qián |
| 亏 | 虧 | 이지러질 휴 | kuī |
| 才 | 纔 | 겨우 재 | cái |
| 万 | 萬 | 일만 만 | wàn, mò |
| 与 | 與 | 어조사 여 | yǔ, yú, yù |
| 千 | 韆 | 그네 천 | qiān |
| 亿 | 億 | 억 억 | yì |
| 个 | 個 | 낱 개 | gè, gě |
| 么 | 麼 | 잘 마 | mè, má |
| 广 | 廣 | 넓을 광 | guǎng |
| 门 | 門 | 문 문 | mén |
| 义 | 義 | 옳을 의 | yì |
| 卫 | 衛 | 호위할 위 | wèi |
| 飞 | 飛 | 날 비 | fēi |
| 习 | 習 | 익힐 습 | xí |
| 马 | 馬 | 말 마 | mǎ |
| 乡 | 鄉 | 고을 향 | xiāng |

## 4획

| 간자 | 정자 | 훈과 음 | 발음 |
|---|---|---|---|
| 丰 | 豐 | 풍년 풍 | fēng |
| 开 | 開 | 열 개 | kāi |
| 无 | 無 | 없을 무 | wú, mó |
| 韦 | 韋 | 다룸가죽 위 | wéi |
| 专 | 專 | 오로지 전 | zhuān |
| 云 | 雲 | 구름 운 | yún |
| 艺 | 藝 | 재주 예 | yì |
| 厅 | 廳 | 관청 청 | tīng |
| 历 | 歷 | 겪을 력 | lì |
| 历 | 曆 | 세월 력 | lì |
| 区 | 區 | 구분할 구 | qū, ōu |
| 车 | 車 | 수레 거 | chē, jū |

### 丿

| 간자 | 정자 | 훈과 음 | 발음 |
|---|---|---|---|
| 冈 | 岡 | 멧등 강 | gāng |
| 贝 | 貝 | 조개 패 | bèi |
| 见 | 見 | 볼 견 | jiàn, xiàn |

### 丿

| 간자 | 정자 | 훈과 음 | 발음 |
|---|---|---|---|
| 气 | 氣 | 기운 기 | qì |
| 长 | 長 | 긴 장 | cháng, zhǎng |
| 仆 | 僕 | 시중꾼 복 | pú, pū |
| 币 | 幣 | 폐백 폐 | bì |
| 从 | 從 | 좇을 종 | cóng |
| 仑 | 侖 | 뭉치 륜 | lún |
| 仓 | 倉 | 곳집 창 | cāng |
| 风 | 風 | 바람 풍 | fēng |
| 仅 | 僅 | 겨우 근 | jǐn, jìn |
| 凤 | 鳳 | 새 봉 | fēng |
| 乌 | 烏 | 까마귀 오 | wū, wù |

### 丶

| 간자 | 정자 | 훈과 음 | 발음 |
|---|---|---|---|
| 闩 | 閂 | 빗장 산 | shuān |
| 为 | 爲 | 할 위 | wéi, wèi |
| 斗 | 鬥 | 싸울 투 | dòu |
| 忆 | 憶 | 생각 억 | yì |
| 订 | 訂 | 바로잡을 정 | dìng |
| 计 | 計 | 셀 계 | jì |
| 讣 | 訃 | 부고 부 | fù |
| 认 | 認 | 알 인 | rèn |
| 讥 | 譏 | 나무랄 기 | jī |

### ㄱ

| 간자 | 정자 | 훈과 음 | 발음 |
|---|---|---|---|
| 丑 | 醜 | 추할 추 | chǒu |
| 队 | 隊 | 떼 대 | duì |
| 办 | 辦 | 힘쓸 판 | bàn |
| 邓 | 鄧 | 나라이름 등 | dèng |
| 劝 | 勸 | 권할 권 | quàn |
| 双 | 雙 | 쌍 쌍 | shuāng |
| 书 | 書 | 글 서 | shū |

## 5획

| 간자 | 정자 | 훈과 음 | 발음 |
|---|---|---|---|
| 击 | 擊 | 칠 격 | jī |
| 戋 | 戔 | 나머지 잔 | jiān |
| 扑 | 撲 | 칠 박 | pū |
| 节 | 節 | 마디 절 | jié, jiē |
| 术 | 術 | 재주 술 | shù, zhú |
| 龙 | 龍 | 용 룡 | lóng |
| 厉 | 厲 | 갈 려 | lì |
| 灭 | 滅 | 멸할 멸 | miè |
| 东 | 東 | 동녘 동 | dōng |
| 轧 | 軋 | 삐걱거릴 알 | yà, gá, zhá |

### 丨

| 간자 | 정자 | 훈과 음 | 발음 |
|---|---|---|---|
| 卢 | 盧 | 화로 로 | lú |
| 业 | 業 | 일 업 | yè |
| 旧 | 舊 | 예 구 | jiù |
| 帅 | 帥 | 장수 수 | shuài |
| 归 | 歸 | 돌아갈 귀 | guī |
| 叶 | 葉 | 잎 엽 | yè, yié |
| 号 | 號 | 부르짖을 호 | hào, háo |
| 电 | 電 | 번개 전 | diàn |
| 只 | 隻 | 외짝 척 | zhī |
| 祇 | 祇 | 공경할 지 | zhī |
| 叽 | 嘰 | 조금 먹을 기 | jī |
| 叹 | 嘆 | 탄식할 탄 | tàn |

### 丿

| 간자 | 정자 | 훈과 음 | 발음 |
|---|---|---|---|
| 们 | 們 | 무리 문 | mén |
| 仪 | 儀 | 거동 의 | yí |
| 丛 | 叢 | 떨기 총 | cóng |
| 尔 | 爾 | 너 이 | ěr |
| 乐 | 樂 | 즐거울 락 | lè, yào, yuè |
| 处 | 處 | 살 처 | chù, chǔ |
| 冬 | 鼕 | 북소리 동 | dōng, tóng |
| 鸟 | 鳥 | 새 조 | niǎo, diǎo |
| 务 | 務 | 힘쓸 무 | wù |
| 刍 | 芻 | 꼴 추 | chú |
| 饥 | 饑 | 주릴 기 | jī |

### 丶

| 간자 | 정자 | 훈과 음 | 발음 |
|---|---|---|---|
| 邝 | 鄺 | 성씨 광 | kuàng |
| 冯 | 馮 | 성씨 풍 | féng, píng |
| 闪 | 閃 | 번쩍할 섬 | shǎn |
| 兰 | 蘭 | 난초 란 | lán |
| 汇 | 滙 | 물 합할 회 | huì |
| 汇 | 彙 | 무리 휘 | huì |
| 头 | 頭 | 머리 두 | tóu, tóu |
| 汉 | 漢 | 한수 한 | hàn |
| 宁 | 寧 | 편안할 녕 | níng, nìng |
| 讦 | 訐 | 들추어낼 알 | jié |
| 讧 | 訌 | 무너질 홍 | hòng |
| 讨 | 討 | 칠 토 | tǎo |
| 写 | 寫 | 베낄 사 | xiě |
| 让 | 讓 | 사양할 양 | ràng |
| 礼 | 禮 | 예도 례 | lǐ |
| 讪 | 訕 | 헐뜯을 산 | shàn |
| 讫 | 訖 | 이를 흘 | qì |
| 训 | 訓 | 가르칠 훈 | xùn |
| 议 | 議 | 의논 의 | yì |
| 讯 | 訊 | 물을 신 | xùn |
| 记 | 記 | 기록 기 | jì |

### ㄱ

| 간자 | 정자 | 훈과 음 | 발음 |
|---|---|---|---|
| 辽 | 遼 | 멀 료 | liáo |
| 边 | 邊 | 가 변 | biān |
| 出 | 齣 | 단락 척 | chū |
| 发 | 發 | 필 발 | fā |
| 发 | 髮 | 터럭 발 | fà, fā |
| 圣 | 聖 | 성인 성 | shèng |
| 对 | 對 | 대답할 대 | duì |
| 台 | 臺 | 돈대 대 | tái, tāi |
| 台 | 檯 | 등대 대 | tái |
| 台 | 颱 | 태풍 태 | tái |
| 纠 | 糾 | 꼴 규 | jiū |
| 驭 | 馭 | 말 부릴 어 | yù |
| 丝 | 絲 | 실 사 | sī |

## 6획

| 간자 | 정자 | 훈과 음 | 발음 |
|---|---|---|---|
| 玑 | 璣 | 구슬 기 | jī |
| 动 | 動 | 움직일 동 | dòng |
| 执 | 執 | 잡을 집 | zhí |
| 巩 | 鞏 | 묶을 공 | gǒng |
| 扩 | 壙 | 광중 광 | kuàng |
| 扩 | 擴 | 넓힐 확 | kuò |
| 扪 | 捫 | 어루만질 문 | mén |

| 简 | 繁 | 訓音 | 拼音 |
|---|---|---|---|
| 扫 | 掃 | 쓸 소 | sǎo, sào |
| 扬 | 揚 | 날릴 양 | yáng |
| 场 | 場 | 마당 장 | chǎng, cháng |
| 亚 | 亞 | 버금 아 | yà |
| 芗 | 薌 | 곡식 냄새 향 | xiāng, xiǎng |
| 朴 | 樸 | 통나무 박 | pǔ, piáo, pō |
| 机 | 機 | 기틀 기 | jī |
| 权 | 權 | 권세 권 | quán |
| 过 | 過 | 지날 과 | guò, guō, guò |
| 协 | 協 | 화할 협 | xié |
| 压 | 壓 | 누를 압 | yā, yà |
| 厌 | 厭 | 싫을 염 | yàn |
| 库 | 庫 | 곳집 고 | kù |
| 页 | 頁 | 머리 혈 | yè |
| 夸 | 誇 | 자랑 과 | kuā |
| 夺 | 奪 | 빼앗을 탈 | duó |
| 达 | 達 | 통달할 달 | dá, tà |
| 夹 | 夾 | 곁 협 | jiā, gā, jié |
| 轨 | 軌 | 길 궤 | guǐ |
| 尧 | 堯 | 임금 요 | yáo |
| 划 | 劃 | 그을 획 | huà, huá |
| 迈 | 邁 | 갈 매 | mài |
| 毕 | 畢 | 마칠 필 | bì |

**丿**

| 贞 | 貞 | 곧을 정 | zhēn |
|---|---|---|---|
| 师 | 師 | 스승 사 | shī |
| 当 | 當 | 당할 당 | dāng, dàng |
| 嚠 | 噹 | 방울 당 | dāng |
| 尘 | 塵 | 티끌 진 | chén |
| 吁 | 籲 | 부를 유 | yù |
| 吓 | 嚇 | 노할 혁 | xià, hè |
| 虫 | 蟲 | 벌레 충 | chóng |
| 曲 | 麯 | 누룩 국 | qū |
| 团 | 團 | 둥글 단 | tuán |
| 团 | 糰 | 경단 단 | tuán |
| 吗 | 嗎 | 꾸짖을 마 | mà, mā, mǎ |
| 屿 | 嶼 | 섬 서 | yǔ |
| 岁 | 歲 | 해 세 | suì |
| 回 | 廻 | 돌 회 | huí |
| 岂 | 豈 | 어찌 기 | qǐ, kǎi |
| 则 | 則 | 곧 즉 | zé |
| 刚 | 剛 | 굳셀 강 | gāng |

| 网 | 網 | 그물 망 | wǎng |
|---|---|---|---|

**丿**

| 钆 | 釓 | 쇠뇌고동 구 | gá |
|---|---|---|---|
| 钇 | 釔 | 이트륨 을 | yǐ |
| 朱 | 硃 | 주사 주 | zhū |
| 迁 | 遷 | 옮길 천 | qiān |
| 乔 | 喬 | 높을 교 | qiáo |
| 伟 | 偉 | 클 위 | wěi |
| 传 | 傳 | 전할 전 | chuán, zhuàn |
| 伛 | 傴 | 구부릴 구 | yǔ |
| 优 | 優 | 넉넉할 우 | yōu |
| 伤 | 傷 | 상할 상 | shāng |
| 伥 | 倀 | 갈팡질팡할 창 | chāng |
| 价 | 價 | 값 가 | jià, jiè, jié |
| 伦 | 倫 | 인륜 륜 | lún |
| 凑 | 傖 | 놈 창 | cāng, chén |
| 华 | 華 | 화려할 화 | huá, huà |
| 伙 | 夥 | 많을 과 | huǒ |
| 伪 | 僞 | 거짓 위 | wěi |
| 向 | 嚮 | 향할 향 | xiàng |
| 后 | 後 | 뒤 후 | hòu |
| 会 | 會 | 모일 회 | huì, kuài |
| 杀 | 殺 | 죽일 살 | shā, shài |
| 合 | 閤 | 쪽문 합 | hé, gǎo, gé |
| 众 | 眾 | 무리 중 | zhòng, zhōng |
| 爷 | 爺 | 아비 야 | yé |
| 伞 | 傘 | 우산 산 | sǎn |
| 创 | 創 | 비롯할 창 | chuàng, chuāng |
| 杂 | 雜 | 섞일 잡 | zá |
| 负 | 負 | 질 부 | fú |
| 犷 | 獷 | 사나울 광 | guǎng |
| 凫 | 鳧 | 오리 부 | fú |
| 邬 | 鄔 | 땅이름 오 | wū, wǔ |
| 饦 | 飥 | 수제비 탁 | tuō |
| 饧 | 餳 | 엿 당 | xíng, táng |

**丶**

| 壮 | 壯 | 장할 장 | zhuàng |
|---|---|---|---|
| 冲 | 衝 | 찌를 충 | chōng, chòng |
| 妆 | 妝 | 꾸밀 장 | zhuāng |
| 庄 | 莊 | 씩씩할 장 | zhuāng |
| 庆 | 慶 | 경사 경 | qìng |
| 刘 | 劉 | 성씨 류 | liú |

| 齐 | 齊 | 가지런할 제 | qí, jì, zhāi |
|---|---|---|---|
| 产 | 產 | 낳을 산 | chǎn |
| 闭 | 閉 | 닫을 폐 | bì |
| 问 | 問 | 물을 문 | wèn |
| 闯 | 闖 | 말이 문에서 나오는 모양 틈 | chuǎng |
| 关 | 關 | 빗장 관 | guān |
| 灯 | 燈 | 등불 등 | dēng |
| 汤 | 湯 | 끓을 탕 | tāng, shāng |
| 忏 | 懺 | 뉘우칠 참 | chàn |
| 兴 | 興 | 일 흥 | xīng, xìng |
| 讲 | 講 | 논할 강 | jiǎng |
| 讳 | 諱 | 꺼릴 휘 | huì |
| 讴 | 謳 | 노래할 구 | ōu |
| 军 | 軍 | 군사 군 | jūn |
| 讵 | 詎 | 어찌 거 | jù |
| 讶 | 訝 | 맞이할 아 | yà |
| 讷 | 訥 | 말 더듬을 눌 | nè |
| 许 | 許 | 허락할 허 | xǔ |
| 讹 | 訛 | 그릇될 와 | é |
| 欣 | 訢 | 기뻐할 흔 | xīn, xī, yín |
| 论 | 論 | 논의할 론 | lùn, lún |
| 讻 | 訩 | 송사할 흉 | xiōng |
| 讼 | 訟 | 송사 송 | sòng |
| 讽 | 諷 | 욀 풍 | fěng |
| 农 | 農 | 농사 농 | nóng |
| 设 | 設 | 베풀 설 | shè |
| 访 | 訪 | 찾을 방 | fǎng |
| 诀 | 訣 | 이별할 결 | jué |

**一**

| 寻 | 尋 | 찾을 심 | xún |
|---|---|---|---|
| 尽 | 盡 | 다할 진 | jìn, jǐn |
| 尽 | 儘 | 다할 진 | jìn, jǐn |
| 导 | 導 | 이끌 도 | dǎo |
| 孙 | 孫 | 손자 손 | sūn |
| 阵 | 陣 | 줄 진 | zhèn |
| 阳 | 陽 | 볕 양 | yáng |
| 阶 | 階 | 섬돌 계 | jiē |
| 阴 | 陰 | 그늘 음 | yīn |
| 妇 | 婦 | 며느리 부 | fù |
| 妈 | 媽 | 어미 마 | mā |
| 戏 | 戲 | 탄식할 희 | xì, hū |
| 观 | 觀 | 볼 관 | guān, guàn |

| 欢 | 歡 | 기쁠 환 | huān |
|---|---|---|---|
| 买 | 買 | 살 매 | mǎi |
| 纡 | 紆 | 굽을 우 | yū |
| 红 | 紅 | 붉을 홍 | hóng, gōng |
| 纣 | 紂 | 말고삐 주 | zhòu |
| 驮 | 馱 | 짐 실을 타 | tuó, duò, tuó |
| 纤 | 繾 | 헌 솜 견 | quàn |
| 纤 | 纖 | 가늘 섬 | xiān, qiàn |
| 纥 | 紇 | 질 낮은 명주실 흘 | gē, hé |
| 驯 | 馴 | 길들 순 | xùn |
| 纨 | 紈 | 흰 비단 환 | wán |
| 约 | 約 | 언약 약 | yuē, yāo |
| 级 | 級 | 등급 급 | jí |
| 纩 | 纊 | 솜 광 | kuàng |
| 纪 | 紀 | 벼리 기 | jì, jǐ |
| 驰 | 馳 | 달릴 치 | chí |
| 纫 | 紉 | 새끼 인 | rèn |

**7획  一**

| 寿 | 壽 | 목숨 수 | shòu |
|---|---|---|---|
| 麦 | 麥 | 보리 맥 | mài |
| 玛 | 瑪 | 마노 마 | mǎ |
| 进 | 進 | 나아갈 진 | jìn |
| 远 | 遠 | 멀 원 | yuǎn |
| 违 | 違 | 어길 위 | wéi |
| 韧 | 韌 | 질길 인 | rèn |
| 刬 | 剗 | 깎을 잔 | chàn, chǎn |
| 运 | 運 | 운전 운 | yùn |
| 抚 | 撫 | 어루만질 무 | fǔ |
| 坛 | 壇 | 단 단 | tán |
| 坛 | 罈 | 목 긴 항아리 담 | tán |
| 抟 | 摶 | 뭉칠 단 | tuán, tuǎn |
| 坏 | 壞 | 무너질 괴 | huài |
| 抠 | 摳 | 끌 구 | kōu |
| 坜 | 壢 | 구덩이 력 | lì |
| 扰 | 擾 | 어지러울 요 | ráo, nǎo, rǎo |
| 坝 | 壩 | 방죽 패 | bà |
| 贡 | 貢 | 바칠 공 | gòng |
| 㧏 | 摃 | 들어올릴 강 | gāng |
| 折 | 摺 | 접을 접 | zhé, zhě |
| 抡 | 掄 | 가릴 륜 | lūn, lún |
| 抢 | 搶 | 닿을 창 | qiǎng, qiāng, qiàng |
| 坞 | 塢 | 둑 오 | wù |

| | | | |
|---|---|---|---|
| 坟 | 墳 | 무덤 분 | fén |
| 护 | 護 | 호위할 호 | hù |
| 壳 | 殼 | 껍질 각 | qiào, ké |
| 块 | 塊 | 흙덩이 괴 | kuài |
| 声 | 聲 | 소리 성 | shēng |
| 报 | 報 | 갚을 보 | bào |
| 拟 | 擬 | 흡사할 의 | nǐ |
| 㧐 | 攮 | 움츠릴 송 | sǒng, shuǎng |
| 芜 | 蕪 | 거칠 무 | wú |
| 苇 | 葦 | 갈대 위 | wěi |
| 芸 | 蕓 | 평지 운 | yún |
| 苈 | 藶 | 개냉이 력 | lì |
| 苋 | 莧 | 비름 현 | xiàn, huǎn |
| 苁 | 蓯 | 육종 종 | cōng |
| 苍 | 蒼 | 푸를 창 | cāng |
| 严 | 嚴 | 엄할 엄 | yán |
| 芦 | 蘆 | 갈대 로 | lú, lǔ |
| 劳 | 勞 | 일할 로 | láo |
| 克 | 剋 | 반드시 극 | kè, kēi |
| 苏 | 蘇 | 차조기 소 | sū |
| 苏 | 嚛 | 군소리할 소 | sū |
| 极 | 極 | 극진할 극 | jí |
| 杨 | 楊 | 버들 양 | yáng |
| 两 | 兩 | 두 량 | liǎng |
| 丽 | 麗 | 고울 려 | lì, lí |
| 医 | 醫 | 의원 의 | yī |
| 励 | 勵 | 힘쓸 려 | lì |
| 还 | 還 | 돌아올 환 | hái, huán |
| 矶 | 磯 | 물가 기 | jī |
| 奁 | 奩 | 화장품 상자 렴 | lián |
| 歼 | 殲 | 다 죽일 섬 | jiān |
| 来 | 來 | 올 래 | lái, lái |
| 欤 | 歟 | 어조사 여 | yú |
| 轩 | 軒 | 집 헌 | xuān |
| 连 | 連 | 이을 련 | lián |
| 轫 | 軔 | 쐐기나무 인 | rèn |

**丨**

| | | | |
|---|---|---|---|
| 卤 | 鹵 | 소금 로 | lǔ |
| 卤 | 滷 | 쓸 로 | lǔ |
| 邺 | 鄴 | 땅 이름 업 | yè |
| 坚 | 堅 | 굳을 견 | jiān |
| 时 | 時 | 때 시 | shí |

| | | | |
|---|---|---|---|
| 呒 | 嘸 | 어리둥절할무 | mú |
| 县 | 縣 | 매달 현 | xiàn |
| 里 | 裏 | 속 리 | lǐ |
| 呓 | 囈 | 잠꼬대 예 | yì |
| 呕 | 嘔 | 노래할 구 | ōu, ǒu, òu |
| 园 | 園 | 능 원 | yuán |
| 呖 | 嚦 | 소리 력 | lì |
| 旷 | 曠 | 빛 광 | kuàng |
| 围 | 圍 | 에울 위 | wéi |
| 吨 | 噸 | 톤 톤 | dūn |
| 旸 | 暘 | 해돋이 양 | yáng |
| 邮 | 郵 | 역참 우 | yóu |
| 困 | 睏 | 졸릴 곤 | kùn |
| 员 | 員 | 인원 원 | yuán, yún, yùn |
| 呗 | 唄 | 찬불 패 | bài |
| 听 | 聽 | 들을 청 | tīng |
| 呛 | 嗆 | 새 먹을 창 | qiāng, qiàng |
| 鸣 | 鳴 | 울 명 | míng |
| 别 | 彆 | 활 뒤틀릴 별 | biè |
| 财 | 財 | 재물 재 | cái |
| 囵 | 圇 | 온전할 륜 | lún |
| 帏 | 幃 | 휘장 위 | wéi |
| 岖 | 嶇 | 험할 구 | qū |
| 岗 | 崗 | 등성이 강 | gǎng, gāng |
| 岘 | 峴 | 재 현 | xiàn |
| 帐 | 帳 | 휘장 장 | zhàng |
| 岚 | 嵐 | 남기 람 | lán |

**丿**

| | | | |
|---|---|---|---|
| 针 | 針 | 바늘 침 | zhēn |
| 钉 | 釘 | 못 정 | dīng, dìng |
| 钊 | 釗 | 사람 이름 쇠 | zhāo |
| 钋 | 釙 | 금광 박 | pō |
| 钌 | 釕 | 대구 료 | liào, liǎo |
| 乱 | 亂 | 어지러울 란 | luàn |
| 体 | 體 | 몸 체 | tǐ, tī |
| 佣 | 傭 | 품팔이꾼 용 | yōng |
| 㑇 | 傷 | 고용살이할 추 | zhòu |
| 彻 | 徹 | 통할 철 | chè |
| 余 | 餘 | 남을 여 | yú |
| 佥 | 僉 | 다 첨 | qiān |
| 谷 | 穀 | 곡식 곡 | gǔ |
| 邻 | 鄰 | 이웃 린 | lín |

| | | | |
|---|---|---|---|
| 肠 | 腸 | 창자 장 | cháng, chǎng |
| 龟 | 龜 | 거북 구 | guī, jūn, qiū |
| 犹 | 猶 | 오히려 유 | yóu |
| 狈 | 狽 | 이리 패 | béi |
| 鸠 | 鳩 | 비둘기 구 | jiū |
| 条 | 條 | 가지 조 | tiáo |
| 岛 | 島 | 섬 도 | dǎo |
| 邹 | 鄒 | 나라이름 추 | zōu |
| 饨 | 飩 | 찐만두 돈 | tún |
| 饩 | 餼 | 보낼 희 | xì |
| 饪 | 飪 | 익힐 임 | rèn |
| 饫 | 飫 | 물릴 어 | yù |
| 饬 | 飭 | 신칙할 칙 | chì |
| 饭 | 飯 | 밥 반 | fàn |
| 饮 | 飲 | 마실 음 | yǐn |
| 系 | 係 | 맬 계 | xì |
| 系 | 繫 | 맬 계 | xì, jì |

**丶**

| | | | |
|---|---|---|---|
| 冻 | 凍 | 얼 동 | dòng |
| 状 | 狀 | 형상 장 | zhuàng |
| 亩 | 畝 | 밭이랑 무 | mǔ |
| 庑 | 廡 | 집 무 | wǔ |
| 库 | 庫 | 곳집 고 | kù |
| 疖 | 癤 | 부스럼 절 | jiē |
| 疗 | 療 | 병 나을 료 | liáo |
| 应 | 應 | 응할 응 | yīng |
| 这 | 這 | 이 저 | zhè |
| 庐 | 廬 | 초막 려 | lú |
| 闰 | 閏 | 윤달 윤 | rùn |
| 闱 | 闈 | 대궐 작은문 위 | wéi |
| 闲 | 閑 | 막을 한 | xián |
| 间 | 間 | 사이 간 | jiān, jiàn |
| 闵 | 閔 | 우려할 민 | mǐn |
| 闷 | 悶 | 번민할 민 | mēn, mèn |
| 灿 | 燦 | 빛날 찬 | càn |
| 灶 | 竈 | 부엌 조 | zào |
| 炀 | 煬 | 녹을 양 | yáng |
| 沣 | 灃 | 물 이름 풍 | fēng |
| 沤 | 漚 | 담글 구 | òu, ōu |
| 沥 | 瀝 | 거를 력 | lì |
| 沦 | 淪 | 빠질 륜 | lún |
| 沧 | 滄 | 찰 창 | cāng |

| | | | |
|---|---|---|---|
| 沨 | 渢 | 물소리풍 | fēng, éng, fàn |
| 沟 | 溝 | 개천 구 | gōu |
| 沩 | 溈 | 물이름 규 | guī, jūn, wéi |
| 沪 | 滬 | 강 이름 호 | hù |
| 沈 | 瀋 | 즙낼 심 | shěn |
| 怃 | 憮 | 예쁠 무 | wǔ |
| 怀 | 懷 | 품을 회 | huái |
| 怄 | 慪 | 아낄 우 | òu |
| 忧 | 憂 | 근심 우 | yōu |
| 忾 | 愾 | 탄식할 개 | kài, xì, qì |
| 怅 | 悵 | 한스러워할 창 | chàng |
| 怆 | 愴 | 슬플 창 | chuàng |
| 穷 | 窮 | 궁할 궁 | qióng |
| 证 | 證 | 증거 증 | zhèng |
| 诂 | 詁 | 주낼 고 | gǔ |
| 诃 | 訶 | 꾸짖을 가 | hē |
| 启 | 啓 | 열 계 | qǐ |
| 评 | 評 | 평론할 평 | píng |
| 补 | 補 | 기울 보 | bǔ |
| 诅 | 詛 | 저주할 저 | zǔ |
| 识 | 識 | 알 식 | shí, zhì |
| 诇 | 詗 | 염탐할 형 | xiòng |
| 诈 | 詐 | 속일 사 | zhà |
| 诉 | 訴 | 호소할 소 | sù |
| 诊 | 診 | 볼 진 | zhěn |
| 诋 | 詆 | 꾸짖을 저 | dǐ, dī |
| 诌 | 謅 | 농담할 초 | zhōu, zōu, chōu |
| 词 | 詞 | 말씀 사 | cí |
| 诎 | 詘 | 굽힐 굴 | qū, chù |
| 诏 | 詔 | 고할 조 | zhào |
| 译 | 譯 | 번역 역 | yì |
| 诒 | 詒 | 보낼 이 | yí, dài |

**乛**

| | | | |
|---|---|---|---|
| 灵 | 靈 | 신령 령 | líng |
| 层 | 層 | 층 층 | céng |
| 迟 | 遲 | 늦을 지 | chí |
| 张 | 張 | 베풀 장 | zhāng |
| 际 | 際 | 사이 제 | jì |
| 陆 | 陸 | 뭍 륙 | lù, liù |
| 陇 | 隴 | 고개이름롱 | lóng |
| 阵 | 陣 | 줄 진 | zhèn |
| 坠 | 墜 | 떨어질 추 | zhuì |

| | | | |
|---|---|---|---|
| 陉 | 陘 | 지렛목 형 | jìng, xíng |
| 姁 | 嫗 | 할미 구 | yù |
| 妩 | 嫵 | 아리따울 무 | wǔ |
| 妫 | 媯 | 성씨 규 | guī |
| 刭 | 剄 | 목 벨 경 | jǐng |
| 劲 | 勁 | 굳셀 경 | jìn, jìng |
| 鸡 | 鷄 | 닭 계 | jī |
| 纬 | 緯 | 씨 위 | wěi |
| 纭 | 紜 | 어지러울 운 | yún |
| 驱 | 驅 | 몰 구 | qū |
| 纯 | 純 | 순수할 순 | chún |
| 纰 | 紕 | 가선 비 | pī |
| 纱 | 紗 | 깁 사 | shā |
| 网 | 網 | 그물 망 | wǎng |
| 纳 | 納 | 드릴 납 | nà |
| 纴 | 紝 | 짤 임 | rèn |
| 驳 | 駁 | 얼룩말 박 | bó |
| 纵 | 縱 | 늘어질 종 | zòng |
| 纶 | 綸 | 낚싯줄 륜 | lún, guān |
| 纷 | 紛 | 어지러울 분 | fēn |
| 纸 | 紙 | 종이 지 | zhǐ |
| 纹 | 紋 | 무늬 문 | wén, wèn |
| 纺 | 紡 | 자을 방 | fǎng |
| 驴 | 驢 | 나귀 려 | lú |
| 纼 | 紖 | 고삐 진 | zhèn |
| 纽 | 紐 | 끈 뉴 | niǔ |
| 纾 | 紓 | 느슨할 서 | shū |

## 8획　一

| | | | |
|---|---|---|---|
| 玮 | 瑋 | 옥 이름 위 | wěi |
| 环 | 環 | 고리 환 | huán |
| 责 | 責 | 꾸짖을 책 | zé |
| 现 | 現 | 나타날 현 | xiàn |
| 表 | 錶 | 시계 표 | biǎo |
| 玱 | 瑲 | 옥소리 창 | qiāng |
| 规 | 規 | 법 규 | guī |
| 匦 | 匭 | 상자 궤 | guǐ |
| 拢 | 攏 | 누를 롱 | lóng |
| 拣 | 揀 | 가릴 간 | jiǎn |
| 垆 | 壚 | 흑토 로 | lù |
| 担 | 擔 | 멜 담 | dān, dǎn, dàn |
| 顶 | 頂 | 이마 정 | dǐng |
| 拥 | 擁 | 안을 옹 | yōng, wěng |

| | | | |
|---|---|---|---|
| 势 | 勢 | 형세 세 | shì |
| 拦 | 攔 | 막을 란 | lán |
| 㧑 | 撝 | 긁을 회 | kuǎi |
| 拧 | 擰 | 어지러울 녕 | níng, nǐng, nìng |
| 拨 | 撥 | 다스릴 발 | bō |
| 择 | 擇 | 가릴 택 | zé, zhái |
| 茏 | 蘢 | 개여뀌 롱 | lóng, lǒng, lòng |
| 苹 | 蘋 | 네가래 빈 | píng, pín |
| 茑 | 蔦 | 담쟁이넝쿨 조 | niǎo |
| 范 | 範 | 모범 범 | fàn |
| 茔 | 塋 | 무덤 영 | yíng |
| 茕 | 煢 | 외로울 경 | qióng |
| 茎 | 莖 | 줄기 경 | jīng |
| 枢 | 樞 | 밑둥 추 | shū |
| 枥 | 櫪 | 말구유 력 | lì |
| 柜 | 櫃 | 궤 궤 | guì |
| 枫 | 楓 | 강나무 강 | gāng |
| 枧 | 梘 | 홈통 견 | jiǎn |
| 枨 | 棖 | 문설주 정 | chéng, cháng |
| 板 | 闆 | 문안에서볼 반 | bǎn |
| 枞 | 樅 | 전나무 종 | cōng, zōng |
| 松 | 鬆 | 더벅머리 송 | sōng |
| 枪 | 槍 | 나무창 창 | qiāng |
| 枫 | 楓 | 단풍나무 풍 | fēng |
| 构 | 構 | 얽을 구 | gòu |
| 丧 | 喪 | 죽을 상 | sāng, sàng |
| 画 | 畫 | 그림 화 | huà |
| 枣 | 棗 | 대추 조 | zǎo |
| 卖 | 賣 | 팔 매 | mài |
| 郁 | 鬱 | 답답할 울 | yù |
| 矾 | 礬 | 백반 반 | fán |
| 矿 | 礦 | 쇳돌 광 | kuàng, gǒng |
| 砀 | 碭 | 무늬있는돌 탕 | dàng |
| 码 | 碼 | 옥돌 마 | mǎ |
| 厕 | 廁 | 뒷간 측 | cè, sī |
| 奋 | 奮 | 떨칠 분 | fèn |
| 态 | 態 | 태도 태 | tài |
| 瓯 | 甌 | 사발 구 | ōu |
| 欧 | 歐 | 때릴 구 | ōu |
| 殴 | 毆 | 때릴 구 | ōu |
| 垄 | 壟 | 언덕 롱 | lǒng |

| | | | |
|---|---|---|---|
| 郏 | 郟 | 고을이름겹 | jiá |
| 轰 | 轟 | 울릴 굉 | hōng |
| 顷 | 頃 | 이랑 경 | qǐng |
| 转 | 轉 | 구를 전 | zhuǎn, zhuàn |
| 轭 | 軛 | 멍에 액 | è |
| 斩 | 斬 | 벨 참 | zhǎn |
| 轮 | 輪 | 바퀴 륜 | lún |
| 软 | 軟 | 연할 연 | ruǎn |
| 鸢 | 鳶 | 솔개 연 | yuān |

### 丨

| | | | |
|---|---|---|---|
| 齿 | 齒 | 이 치 | chǐ |
| 虏 | 虜 | 포로 로 | lǔ |
| 肾 | 腎 | 콩팥 신 | shèn |
| 贤 | 賢 | 어질 현 | xián |
| 昙 | 曇 | 구름낄 담 | tán |
| 国 | 國 | 나라 국 | guó |
| 畅 | 暢 | 화창할 창 | chàng |
| 咙 | 嚨 | 목구멍 롱 | lóng |
| 虮 | 蟣 | 서캐 기 | jǐ, jī, qí |
| 黾 | 黽 | 힘쓸 민 | mǐn, miǎn |
| 鸣 | 鳴 | 울 명 | míng |
| 咛 | 嚀 | 간곡할 녕 | níng |
| 咝 | 噝 | 총알 나는소사 | sī |
| 罗 | 羅 | 벌일 라 | luó |
| 岽 | 崬 | 산등성이 동 | dōng |
| 岿 | 巋 | 높고험한모 규 | kuī |
| 帜 | 幟 | 깃대 치 | zhì |
| 岭 | 嶺 | 고개 령 | lǐng |
| 刿 | 劌 | 상처입힐 귀 | guì |
| 剀 | 剴 | 큰 낫 개 | kǎi, gài |
| 凯 | 凱 | 싸움이긴풍 개 | kǎi |
| 峄 | 嶧 | 산 이름 역 | yì |
| 败 | 敗 | 패할 패 | bài |
| 账 | 賬 | 휘장 장 | zhàng |
| 贩 | 販 | 팔 판 | fàn |
| 贬 | 貶 | 떨어뜨릴 폄 | biǎn |
| 贮 | 貯 | 쌓을 저 | zhù |
| 图 | 圖 | 그림 도 | tú |
| 购 | 購 | 살 구 | gòu |

### 丿

| | | | |
|---|---|---|---|
| 钍 | 釷 | 토륨 토 | tǔ |
| 钎 | 釬 | 팔찌 천 | chuàn |

| | | | |
|---|---|---|---|
| 钐 | 釤 | 낫 삼 | shàn |
| 钓 | 釣 | 낚시 조 | diào |
| 钒 | 釩 | 떨칠 범 | fán |
| 钔 | 鍆 | 멘델레븀 문 | mén |
| 钕 | 釹 | 네오디뮴 녀 | nǔ |
| 锡 | 錫 | 주석 석 | xī |
| 钗 | 釵 | 비녀 차 | chāi |
| 制 | 製 | 지을 제 | zhì |
| 刮 | 颳 | 모진바람괄 | guā |
| 侠 | 俠 | 의기 협 | xiá |
| 侥 | 僥 | 거짓 요 | jiǎo, yáo |
| 侦 | 偵 | 정탐꾼 정 | zhēn |
| 侧 | 側 | 곁 측 | cè, zè, zhāi |
| 凭 | 憑 | 기댈 빙 | píng |
| 侨 | 僑 | 붙어살 교 | qiáo |
| 侩 | 儈 | 거간 쾌 | kuài |
| 货 | 貨 | 재화 화 | huò |
| 侪 | 儕 | 무리 제 | chái |
| 侬 | 儂 | 나 농 | nóng |
| 质 | 質 | 바탕 질 | zhì |
| 徵 | 徵 | 부를 징 | zhēng, zhǐ |
| 径 | 徑 | 지름길 경 | jìng |
| 舍 | 捨 | 버릴 사 | shě, shè |
| 刽 | 劊 | 자를 회 | guì |
| 郐 | 鄶 | 나라이름회 | kuài |
| 怂 | 慫 | 권할 종 | sǒng |
| 籴 | 糴 | 쌀 사들일 적 | dí, zhuó |
| 觅 | 覓 | 찾을 멱 | mì |
| 贪 | 貪 | 탐할 탐 | tān |
| 戗 | 戧 | 비롯할 창 | qiāng, qiàng |
| 肤 | 膚 | 살갗 부 | fū |
| 䏝 | 膞 | 저민 고기 전 | zhuān |
| 肿 | 腫 | 부스럼 종 | zhǒng |
| 胀 | 脹 | 배부를 창 | zhàng |
| 肮 | 骯 | 살찔 항 | āng |
| 胁 | 脅 | 갈비뼈 협 | xié |
| 迩 | 邇 | 가까울 이 | ěr |
| 鱼 | 魚 | 물고기 어 | yú |
| 狞 | 獰 | 흉악할 녕 | níng |
| 备 | 備 | 갖출 비 | bèi |
| 枭 | 梟 | 올빼미 효 | xiāo |
| 饯 | 餞 | 전별할 전 | jiàn |

附錄

| 饰 | 飾 | 꾸밀 식 | shì |
|---|---|---|---|
| 饱 | 飽 | 물릴 포 | bǎo, bào, páo |
| 饲 | 飼 | 먹일 사 | sì |
| 饴 | 飴 | 엿 이 | yí |

**丶**

| 变 | 變 | 변할 변 | biàn |
|---|---|---|---|
| 庞 | 龐 | 높은 집 방 | páng |
| 庙 | 廟 | 사당 묘 | miào |
| 疟 | 瘧 | 학질 학 | nüè, yào |
| 疠 | 癘 | 창질 려 | lì |
| 疡 | 瘍 | 종기 양 | yáng |
| 剂 | 劑 | 조절할 제 | jì |
| 废 | 廢 | 폐할 폐 | fèi |
| 闸 | 閘 | 수문 갑 | zhá |
| 闹 | 鬧 | 시끄러울 뇨 | nào |
| 郑 | 鄭 | 나라이름정 | zhèng |
| 卷 | 捲 | 주먹 쥘 권 | juǎn, juàn |
| 单 | 單 | 홑 단 | dān, chán |
| 炜 | 煒 | 빨갈 위 | wěi, huī |
| 炝 | 熗 | 데칠 창 | qiàng |
| 炉 | 爐 | 화로 로 | lú |
| 浅 | 淺 | 얕을 천 | qiān, jiān |
| 泷 | 瀧 | 젖을 롱 | lóng, shuāng |
| 泺 | 濼 | 강이름 락 | luò, lù, pō |
| 泸 | 瀘 | 강이름 로 | lú |
| 泞 | 濘 | 진창 녕 | nìng |
| 泻 | 瀉 | 쏟을 사 | xiè, xiě |
| 泼 | 潑 | 물 뿌릴 발 | pō |
| 泽 | 澤 | 못 택 | zé |
| 泾 | 涇 | 통할 경 | jīng |
| 怜 | 憐 | 불쌍히여길련 | lián |
| 㤘 | 懰 | 고집스러울 추 | zhòu |
| 怿 | 懌 | 기뻐할 역 | yì |
| 峃 | 嶨 | 돌산 학 | xué |
| 学 | 學 | 배울 학 | xué |
| 宝 | 寶 | 보배 보 | bǎo |
| 宠 | 寵 | 괼 총 | chǒng |
| 审 | 審 | 살필 심 | shěn |
| 帘 | 簾 | 발 렴 | lián |
| 实 | 實 | 열매 실 | shí |
| 诓 | 誆 | 속일 광 | kuāng |
| 诔 | 誄 | 뇌사 뢰 | lěi |

| 试 | 試 | 시험 시 | shì |
|---|---|---|---|
| 诖 | 詿 | 그르칠 괘 | guà |
| 诗 | 詩 | 글 시 | shī |
| 诘 | 詰 | 힐문할 힐 | jié, jí |
| 诙 | 詼 | 조롱할 회 | huī |
| 诚 | 誠 | 정성 성 | chéng |
| 郓 | 鄆 | 고을이름운 | yùn, yún |
| 衬 | 襯 | 속옷 친 | chèn |
| 袆 | 褘 | 아름다울 의 | yī |
| 视 | 視 | 볼 시 | shì |
| 诛 | 誅 | 벨 주 | zhū |
| 话 | 話 | 말씀 화 | huà |
| 诞 | 誕 | 태어날 탄 | dàn |
| 诠 | 詮 | 설명할 전 | quán |
| 诡 | 詭 | 속일 궤 | guǐ |
| 询 | 詢 | 물을 순 | xún |
| 诣 | 詣 | 이를 예 | yì |
| 诤 | 諍 | 간할 쟁 | zhèng |
| 该 | 該 | 그 해 | gāi |
| 详 | 詳 | 자세할 상 | xiáng |
| 诧 | 詫 | 자랑할 타 | chà, xià |
| 诨 | 諢 | 농담할 원 | hùn |
| 诩 | 詡 | 자랑할 후 | xǔ |

**→**

| 肃 | 肅 | 엄숙할 숙 | sù |
|---|---|---|---|
| 隶 | 隸 | 종 례 | lì |
| 录 | 錄 | 기록 록 | lù |
| 弥 | 彌 | 활 부릴 미 | mí |
| 陕 | 陝 | 땅이름 합 | jiá, xiá |
| 驽 | 駑 | 둔할 노 | nú |
| 驾 | 駕 | 멍에 가 | jià |
| 参 | 參 | 석 삼 | cān, cēn, shēn |
| 艰 | 艱 | 어려울 간 | jiān |
| 绀 | 紺 | 감색 감 | gàn |
| 绁 | 紲 | 고삐 설 | xiè |
| 绂 | 紱 | 인끈 불 | fú |
| 练 | 練 | 익힐 련 | liàn |
| 组 | 組 | 끈 조 | zǔ |
| 驵 | 駔 | 준마 장 | zǎng |
| 绅 | 紳 | 큰 띠 신 | shēn |
| 紬 | 紬 | 명주 주 | chōu, chóu |
| 细 | 細 | 가늘 세 | xì |

| 驶 | 駛 | 달릴 사 | shǐ |
|---|---|---|---|
| 驸 | 駙 | 곁마 부 | fù |
| 驷 | 駟 | 사마 사 | sì |
| 驹 | 駒 | 망아지 구 | jū |
| 终 | 終 | 마칠 종 | zhōng |
| 织 | 織 | 짤 직 | zhī |
| 驺 | 騶 | 말 먹이는 사람 추 | zōu |
| 绉 | 縐 | 주름질 추 | zhòu |
| 驻 | 駐 | 머무를 주 | zhù |
| 绊 | 絆 | 줄 반 | bàn |
| 驼 | 駝 | 낙타 타 | tuó |
| 绋 | 紼 | 얽힌 삼 불 | fú, fèi |
| 绌 | 絀 | 물리칠 출 | chù |
| 绍 | 紹 | 이을 소 | shào |
| 驿 | 驛 | 역 역 | yì |
| 绎 | 繹 | 풀어낼 역 | yì |
| 经 | 經 | 글 경 | jīng, jìng |
| 骀 | 駘 | 둔마 태 | tái, dài |
| 绐 | 紿 | 속일 태 | dài |
| 贯 | 貫 | 꿸 관 | guàn |

## 9획 **一**

| 贰 | 貳 | 둘 이 | èr |
|---|---|---|---|
| 帮 | 幫 | 도울 방 | bāng |
| 珑 | 瓏 | 옥소리 롱 | lóng |
| 顸 | 頇 | 대머리 안 | hān, àn |
| 韨 | 韍 | 폐슬 불 | fú |
| 垭 | 埡 | 작은 방죽 오 | yà |
| 挜 | 掗 | 흔들 아 | yà |
| 挝 | 撾 | 칠 과 | zhuā, wō |
| 项 | 項 | 목 항 | xiàng |
| 挞 | 撻 | 매질할 달 | tà |
| 挟 | 挾 | 낄 협 | jiá, xiá |
| 挠 | 撓 | 흔들 요 | náo |
| 赵 | 趙 | 나라 이름 조 | zhào |
| 贲 | 賁 | 클 분 | bì, bēn |
| 挡 | 擋 | 처리할 당 | dǎng, dàng |
| 垲 | 塏 | 높고 건조한 땅개 | kǎi |
| 挢 | 撟 | 들 교 | jiǎo |
| 垫 | 墊 | 빠질 점 | diàn |
| 挤 | 擠 | 밀 제 | jǐ |
| 挥 | 揮 | 뿜낼 휘 | huī |

| 挦 | 撏 | 딸 잠 | xián |
|---|---|---|---|
| 荐 | 薦 | 천거할 천 | jiàn |
| 荚 | 莢 | 풀 열매 협 | jiá |
| 贳 | 貰 | 세낼 세 | shí |
| 荛 | 蕘 | 풋나무 요 | ráo |
| 荜 | 蓽 | 콩 필 | bì |
| 带 | 帶 | 띠 대 | dài |
| 茧 | 繭 | 고치 견 | jiǎn |
| 荞 | 蕎 | 메밀 교 | qiáo |
| 荟 | 薈 | 무성할 회 | huì |
| 荠 | 薺 | 납가새 자 | jì, qí |
| 荡 | 蕩 | 쓸어버릴 탕 | dàng |
| 垩 | 堊 | 백토 악 | è |
| 荣 | 榮 | 영화 영 | róng |
| 荤 | 葷 | 매운 채소훈 | hūn, xūn |
| 荥 | 滎 | 실개천 형 | xíng, yíng |
| 荦 | 犖 | 얼룩소 락 | luò |
| 荧 | 熒 | 등불 반짝거릴 형 | yíng |
| 荨 | 蕁 | 지모 담 | xún, qián |
| 胡 | 鬍 | 수염 호 | hú |
| 荩 | 藎 | 조개풀 신 | jìn |
| 荪 | 蓀 | 향풀 이름 손 | sūn |
| 荫 | 蔭 | 그늘 음 | yìn, yīn |
| 荬 | 蕒 | 택사 속 | xù |
| 荭 | 葒 | 개여뀌 홍 | hóng |
| 荮 | 葤 | 꾸러미 주 | zhòu |
| 药 | 藥 | 약 약 | yào |
| 标 | 標 | 표할 표 | biāo |
| 栈 | 棧 | 잔도 잔 | zhàn |
| 栉 | 櫛 | 빗 즐 | zhì |
| 栊 | 櫳 | 우리 롱 | lóng |
| 栋 | 棟 | 동자기둥 동 | dòng |
| 栌 | 櫨 | 두공 로 | lú |
| 栎 | 櫟 | 가죽나무 력 | lì |
| 栏 | 欄 | 난간 란 | lán |
| 柠 | 檸 | 레몬 녕 | níng |
| 柽 | 檉 | 능수버들 정 | chēng |
| 树 | 樹 | 나무 수 | shù |
| 郦 | 酈 | 땅이름 리 | lì |
| 咸 | 鹹 | 짤 함 | xián |
| 砖 | 磚 | 돌떨어지는소리전 | zhuān |
| 砗 | 硨 | 조개 이름 차 | chē |

| | | | |
|---|---|---|---|
| 砚 | 硯 | 벼루 연 | yàn |
| 面 | 麵 | 밀가루 면 | miàn |
| 牵 | 牽 | 끌 견 | qiān |
| 鸥 | 鷗 | 갈매기 구 | ōu |
| 奁 | 巘 | 고명할 엄 | yǎn |
| 残 | 殘 | 남을 잔 | cán |
| 殇 | 殤 | 일찍죽을 상 | shāng |
| 轱 | 軲 | 수레 고 | gū, kū |
| 轲 | 軻 | 굴대 가 | kē, kě |
| 轳 | 轤 | 도르래 로 | lú |
| 轴 | 軸 | 굴대 축 | zhóu, zhòu |
| 轶 | 軼 | 앞지를 일 | yì, zhé |
| 轸 | 軫 | 수레 뒤턱나무 진 | zhěn |
| 轹 | 轢 | 삐걱거릴 력 | lì |
| 轺 | 軺 | 수레 초 | yáo, diāo |
| 轻 | 輕 | 가벼울 경 | qīng |
| 鸦 | 鴉 | 갈가마귀 아 | yā |
| 虿 | 蠆 | 전갈 채 | chài, tà |

**丨**

| | | | |
|---|---|---|---|
| 战 | 戰 | 싸움 전 | zhàn |
| 觇 | 覘 | 엿볼 점 | hān |
| 点 | 點 | 점 점 | diǎn |
| 临 | 臨 | 임할 림 | lín |
| 览 | 覽 | 볼 람 | lǎn |
| 竖 | 豎 | 더벅머리 수 | shù |
| 尝 | 嘗 | 일찍 상 | cháng |
| 眍 | 瞘 | 움펑눈 구 | kōu |
| 眬 | 矓 | 어스레할 롱 | lóng |
| 哑 | 啞 | 벙어리 아 | yā, yǎ |
| 显 | 顯 | 나타날 현 | xiǎn |
| 哒 | 噠 | 오랑캐이름 달 | dā, tà |
| 哓 | 嘵 | 두려워할 효 | xiāo |
| 哔 | 嗶 | 울 필 | bì |
| 贵 | 貴 | 귀할 귀 | guì, guǐ |
| 虾 | 蝦 | 새우 하 | xiā, xià, há |
| 蚁 | 蟻 | 개미 의 | yǐ |
| 蚂 | 螞 | 말거머리 마 | mǎ, mā, mà |
| 虽 | 雖 | 비록 수 | suī |
| 骂 | 罵 | 꾸짖을 매 | mà |
| 哕 | 噦 | 딸국질 얼 | yuě, huì |
| 剐 | 剮 | 살 바를 과 | guǎ |
| 勋 | 勛 | 공훈 훈 | xūn |

| | | | |
|---|---|---|---|
| 郧 | 鄖 | 나라이름 운 | yún |
| 哗 | 嘩 | 떠들썩할 화 | huá, huā |
| 响 | 響 | 울릴 향 | xiǎng |
| 哙 | 噲 | 목구멍 쾌 | kuài |
| 哝 | 噥 | 소곤거릴 농 | nóng |
| 哟 | 喲 | 감탄하는어조사 약 | yō, yo |
| 峡 | 峽 | 골짜기 협 | xiá |
| 峣 | 嶢 | 높은 모양 요 | yáo |
| 帧 | 幀 | 책 꾸밀 정 | zhèng |
| 罚 | 罰 | 벌 줄 벌 | fá |
| 峤 | 嶠 | 뾰족하게높은산교 | jiào |
| 贱 | 賤 | 천할 천 | jiàn |
| 贴 | 貼 | 붙을 첩 | tiē |
| 贶 | 貺 | 줄 황 | kuàng |
| 贻 | 貽 | 끼칠 이 | yí |

**丿**

| | | | |
|---|---|---|---|
| 铏 | 鉶 | 주기 형 | xíng, jiān |
| 钙 | 鈣 | 칼슘 개 | gài |
| 钚 | 鈈 | 날있는창 피 | pī |
| 钛 | 鈦 | 티타늄 태 | tài |
| 钘 | 鋣 | 칼이름 야 | yé |
| 钝 | 鈍 | 둔할 둔 | dùn |
| 钞 | 鈔 | 노략질할 초 | chāo, chào |
| 钟 | 鐘 | 쇠북 종 | zhōng |
| 钟 | 鍾 | 종 종 | zhōng |
| 钡 | 鋇 | 쇠몽치 패 | bèi |
| 钢 | 鋼 | 강철 강 | gāng, gàng |
| 钠 | 鈉 | 메 납 | nà, ruì |
| 钥 | 鑰 | 자물쇠 약 | yào, yué |
| 钦 | 欽 | 공경할 흠 | qīn |
| 钧 | 鈞 | 서른 근 균 | jūn |
| 铃 | 鈐 | 비녀장 검 | qián |
| 钨 | 鎢 | 작은 가마솥 오 | wù |
| 钩 | 鉤 | 갈고리 구 | gōu |
| 钪 | 鈧 | 스칸듐 항 | kàng |
| 钫 | 鈁 | 준 방 | fāng |
| 钬 | 鈥 | 홀뮴 화 | huǒ |
| 钭 | 鈄 | 성씨 두 | dòu, tǒu |
| 钮 | 鈕 | 인끈 뉴 | niǔ, chǒu |
| 钯 | 鈀 | 병거 파 | pá |
| 毡 | 氈 | 담자리 전 | zhān |
| 氢 | 氫 | 수소 경 | qīng |

| | | | |
|---|---|---|---|
| 选 | 選 | 가릴 선 | xuǎn |
| 适 | 適 | 갈 적 | shì |
| 种 | 種 | 씨 종 | zhǒng, zhòng |
| 秋 | 鞦 | 그네 추 | qiū |
| 复 | 復 | 돌아올 복 | fù |
| 复 | 複 | 겹칠 복 | fù |
| 笃 | 篤 | 도타울 독 | dǔ |
| 俦 | 儔 | 짝 주 | chóu |
| 俨 | 儼 | 공경할 엄 | yǎn |
| 俩 | 倆 | 재주 량 | liǎ, liǎng |
| 俪 | 儷 | 아우를 려 | lì |
| 贷 | 貸 | 빌릴 대 | dài |
| 顺 | 順 | 순할 순 | shùn |
| 俭 | 儉 | 검소할 검 | jiǎn |
| 剑 | 劍 | 칼 검 | jiàn |
| 鸧 | 鶬 | 왜가리 창 | cāng, qiāng |
| 须 | 須 | 모름지기 수 | xū |
| 须 | 鬚 | 수염 수 | xū |
| 胧 | 朧 | 달빛훤히 치밀 롱 | lóng |
| 胪 | 臚 | 살갗 려 | lú, lǔ |
| 胆 | 膽 | 쓸개 담 | dǎn |
| 胜 | 勝 | 이길 승 | shèng, shēng |
| 胫 | 脛 | 정강이 경 | jìng |
| 鸨 | 鴇 | 능에 보 | bǎo |
| 狭 | 狹 | 좁을 협 | xiá |
| 狮 | 獅 | 사자 사 | shī |
| 独 | 獨 | 홀로 독 | dú |
| 狯 | 獪 | 교활할 회 | kuài |
| 狱 | 獄 | 옥 옥 | yù |
| 狲 | 猻 | 원숭이 손 | sūn |
| 贸 | 貿 | 무역할 무 | mào |
| 饵 | 餌 | 먹이 이 | ěr |
| 饶 | 饒 | 넉넉할 요 | ráo |
| 蚀 | 蝕 | 좀먹을 식 | shì |
| 饷 | 餉 | 건량 향 | xiǎng |
| 饸 | 餄 | 떡 협 | hé |
| 饺 | 餃 | 경단 교 | jiǎo |
| 饼 | 餅 | 떡 병 | bǐng |

**丶**

| | | | |
|---|---|---|---|
| 峦 | 巒 | 뫼 만 | luán |
| 弯 | 彎 | 활 굽을 만 | wān |
| 孪 | 孿 | 쌍둥이련 | lián |

| | | | |
|---|---|---|---|
| 娈 | 孌 | 아름다울 련 | lián |
| 将 | 將 | 장수 장 | jiāng, jiàng |
| 奖 | 獎 | 장려할 장 | jiǎng |
| 疬 | 癧 | 연주창력 | lì |
| 疮 | 瘡 | 부스럼 창 | chuāng |
| 疯 | 瘋 | 두풍 풍 | fēng |
| 亲 | 親 | 천할 친 | qīn, qìng |
| 飒 | 颯 | 바람소리 삽 | sà |
| 闺 | 閨 | 도장방 규 | guī |
| 闻 | 聞 | 들을 문 | wén |
| 闼 | 闥 | 문 달 | tà |
| 闽 | 閩 | 종족이름 민 | mǐn |
| 闾 | 閭 | 이문려 | lú |
| 闿 | 闓 | 열 개 | kǎi, kāi, kài |
| 阀 | 閥 | 공훈 벌 | fá |
| 阁 | 閣 | 집 각 | gé, gǎo |
| 阂 | 閡 | 밖에서문잠글애 | hé |
| 养 | 養 | 기를 양 | yǎng |
| 姜 | 薑 | 생강 강 | jiāng |
| 类 | 類 | 무리 류 | lèi |
| 娄 | 婁 | 별자리이름 루 | lóu |
| 总 | 總 | 거느릴 총 | zǒng, cōng |
| 炼 | 煉 | 쇠 불릴 련 | liàn |
| 炽 | 熾 | 불 활활붙을 치 | chì |
| 烁 | 爍 | 빛날 삭 | shuò |
| 烂 | 爛 | 촛불빛 란 | làn |
| 烃 | 烴 | 누린내 경 | tīng |
| 洼 | 窪 | 웅덩이 와 | wā |
| 洁 | 潔 | 깨끗할 결 | jié |
| 洒 | 灑 | 뿌릴 쇄 | sǎ |
| 挞 | 撻 | 미끄러울 달 | tà |
| 浃 | 浹 | 사무칠 협 | jiā |
| 浇 | 澆 | 물 댈 요 | jiāo |
| 浈 | 湞 | 물 이름 정 | zhēn, chéng |
| 浉 | 溮 | 물 이름 사 | shī |
| 浊 | 濁 | 흐릴 탁 | zhuó |
| 测 | 測 | 헤아릴 측 | cè |
| 浍 | 澮 | 밭고랑 회 | kuài, huì |
| 浏 | 瀏 | 물 맑을 류 | liú |
| 济 | 濟 | 건널 제 | jì, jǐ |
| 浐 | 滻 | 물 이름 산 | chǎn |
| 浑 | 渾 | 흐릴 혼 | hún |

| | | | |
|---|---|---|---|
| 浒 | 滸 | 강 이름 호 | xǔ, hǔ |
| 浓 | 濃 | 짙을 농 | nóng |
| 浔 | 潯 | 물가 심 | xún |
| 浕 | 濜 | 급히 흐를 진 | jìn |
| 恸 | 慟 | 애통해할 통 | tòng |
| 恹 | 懕 | 편안할 염 | yān |
| 恺 | 愷 | 편안할 개 | kǎi |
| 恻 | 惻 | 슬퍼할 측 | cè |
| 恼 | 惱 | 괴로워할 뇌 | nǎo |
| 恽 | 惲 | 중후할 운 | yùn |
| 举 | 舉 | 들 거 | jǔ |
| 觉 | 覺 | 깨달을 각 | jué, jiào |
| 宪 | 憲 | 법 헌 | xiàn |
| 窃 | 竊 | 훔칠 절 | qiè |
| 诫 | 誡 | 경계할 계 | jiè |
| 诬 | 誣 | 무고할 무 | wū |
| 语 | 語 | 말씀 어 | yǔ, yù |
| 袄 | 襖 | 윗옷 오 | ǎo |
| 诮 | 誚 | 꾸짖을 초 | qiào |
| 祢 | 禰 | 아비사당 녜 | nǐ |
| 误 | 誤 | 그릇칠 오 | wù |
| 诰 | 誥 | 고할 고 | gào |
| 诱 | 誘 | 달랠 유 | yòu |
| 诲 | 誨 | 가르칠 회 | huì |
| 诳 | 誑 | 속일 광 | kuáng |
| 鸩 | 鴆 | 짐새 짐 | zhèn |
| 说 | 說 | 말씀 설 | shuō, shuì, yuè |
| 诵 | 誦 | 욀 송 | sòng |
| 诶 | 誒 | 탄식할 희 | āi, ǎi, ē, ě |

⟶

| | | | |
|---|---|---|---|
| 垦 | 墾 | 밭갈 간 | kěn |
| 昼 | 晝 | 낮 주 | zhòu |
| 费 | 費 | 쓸 비 | fèi, bì |
| 逊 | 遜 | 겸손 손 | xùn |
| 陨 | 隕 | 떨어질 운 | yǔn, yuán |
| 险 | 險 | 험할 험 | xiǎn |
| 贺 | 賀 | 하례 하 | hè |
| 怼 | 懟 | 원망할 대 | duì |
| 垒 | 壘 | 보루 루 | lěi |
| 娅 | 婭 | 동서 아 | yà |
| 浇 | 澆 | 물댈 요 | bǎng |
| 娇 | 嬌 | 아리따울 교 | jiāo |

| | | | |
|---|---|---|---|
| 绑 | 綁 | 동여맬 방 | bǎng |
| 绒 | 絨 | 융 융 | róng |
| 结 | 結 | 맺을 결 | jié, jiē |
| 绔 | 絝 | 바지 고 | kù |
| 骁 | 驍 | 날랠 효 | xiāo |
| 绕 | 繞 | 두를 요 | rào |
| 绖 | 絰 | 질 질 | dié |
| 骄 | 驕 | 교만할 교 | jiāo |
| 骅 | 驊 | 준마 화 | huá |
| 绘 | 繪 | 그림 회 | huì |
| 骆 | 駱 | 낙타 락 | luò |
| 骈 | 駢 | 나란히할 병 | pián |
| 绞 | 絞 | 목맬 교 | jiǎo |
| 骇 | 駭 | 놀랄 해 | hài |
| 统 | 統 | 큰 줄기 통 | tǒng |
| 绗 | 絎 | 바느질할 행 | háng |
| 给 | 給 | 줄 급 | gěi, jǐ |
| 绚 | 絢 | 무늬 현 | xuàn |
| 绛 | 絳 | 진홍 강 | jiàng |
| 络 | 絡 | 이을 락 | luò, lào |
| 绝 | 絕 | 끊을 절 | jué |

## 10획 一

| | | | |
|---|---|---|---|
| 艳 | 艷 | 고울 염 | yàn |
| 顼 | 頊 | 삼갈 욱 | xū |
| 珲 | 琿 | 아름다운옥 훈 | hún, huī |
| 蚕 | 蠶 | 누에 잠 | cán |
| 顽 | 頑 | 완고할 완 | wán |
| 盏 | 盞 | 술잔 잔 | zhǎn |
| 捞 | 撈 | 잡을 로 | lāo |
| 载 | 載 | 실을 재 | zài, zǎi |
| 赶 | 趕 | 달릴 간 | gǎn, ián, qué |
| 盐 | 鹽 | 소금 염 | yán |
| 埘 | 塒 | 홰 시 | shí |
| 损 | 損 | 덜 손 | sǔn |
| 埙 | 塤 | 질나팔 훈 | xūn |
| 埚 | 堝 | 도가니 과 | guō |
| 赘 | 贅 | 폐백 지 | zhì |
| 捡 | 撿 | 잡을 검 | jiǎn |
| 挚 | 摯 | 잡을 지 | zhì |
| 热 | 熱 | 더울 열 | rè |
| 捣 | 搗 | 찧을 도 | dǎo |
| 壶 | 壺 | 항아리 호 | hú |

| | | | |
|---|---|---|---|
| 聂 | 聶 | 소곤거릴 섭 | niè, yiè |
| 莱 | 萊 | 명아주 래 | lái |
| 莲 | 蓮 | 연꽃 연 | lián |
| 莳 | 蒔 | 모종낼 시 | shì, shí |
| 莴 | 萵 | 상추 와 | wō |
| 获 | 獲 | 얻을 획 | huò |
| 获 | 穫 | 거둘 확 | huò |
| 莸 | 蕕 | 누린내풀 유 | yóu |
| 恶 | 惡 | 악할 악 | è, ě, wū, wù |
| 恶 | 噁 | 성낼 오 | ě, wū, wǔ |
| 茕 | 煢 | 궁궁이 궁 | qióng |
| 莹 | 瑩 | 귀막이옥 영 | yíng |
| 莺 | 鶯 | 꾀꼬리 앵 | yīng |
| 莼 | 蓴 | 순채 순 | chún |
| 鸪 | 鴣 | 자고 고 | gū |
| 桡 | 橈 | 꺾일 요 | ráo, náo |
| 桢 | 楨 | 단단한나무 정 | zhēn |
| 档 | 檔 | 의자 당 | dàng |
| 桤 | 榿 | 기나무 기 | qī |
| 桥 | 橋 | 다리 교 | qiáo |
| 桦 | 樺 | 벚나무 화 | huà |
| 桧 | 檜 | 전나무 회 | guì, huì |
| 桩 | 樁 | 말뚝 장 | zhuāng |
| 样 | 樣 | 모양 양 | yàng |
| 贾 | 賈 | 값 가 | gǔ, jiǎ |
| 逦 | 邐 | 이어질 리 | lí |
| 砺 | 礪 | 거친숫돌 려 | lì |
| 砾 | 礫 | 조약돌 력 | lì |
| 础 | 礎 | 주춧돌 초 | chǔ |
| 砻 | 礱 | 갈 롱 | lóng |
| 顾 | 顧 | 돌아볼 고 | gù |
| 轼 | 軾 | 수레앞가로막대 식 | shì |
| 轾 | 輊 | 수레앞기울 지 | zhì |
| 轿 | 轎 | 가마 교 | jiào |
| 辂 | 輅 | 수레 로 | lù |
| 较 | 較 | 비교 교 | jiào |
| 鸫 | 鶇 | 콩새 동 | dōng |
| 顿 | 頓 | 조아릴 돈 | dùn, dú |
| 趸 | 躉 | 거룻배 돈 | dǔn |
| 毙 | 斃 | 넘어질 폐 | bì |
| 致 | 緻 | 밸치 | zhì |

丨

| | | | |
|---|---|---|---|
| 龀 | 齔 | 이 갈 츤 | chèn |
| 鸬 | 鸕 | 가마우지 로 | lú |
| 虑 | 慮 | 생각 려 | lǜ |
| 监 | 監 | 볼 감 | jiān, jiàn |
| 紧 | 緊 | 요긴할 긴 | jǐn |
| 党 | 黨 | 무리 당 | dǎng |
| 唛 | 嘜 | 음역자 마 | mǎ |
| 晒 | 曬 | 쬘 쇄 | shài, shà, shì |
| 晔 | 曄 | 빛날 엽 | yè |
| 晕 | 暈 | 무리 운 | yūn, yùn |
| 鸮 | 鴞 | 부엉이 효 | xiāo |
| 唢 | 嗩 | 호적 쇄 | suǒ |
| 喎 | 喎 | 입 비뚤어질 와 | wāi |
| 蚬 | 蜆 | 가막조개 현 | xiǎn |
| 鸯 | 鴦 | 원앙 앙 | yāng |
| 崂 | 嶗 | 산 이름 로 | láo |
| 崃 | 崍 | 산 이름 래 | lái |
| 罢 | 罷 | 파할 파 | bà |
| 圆 | 圓 | 둥글 원 | yuán |
| 觊 | 覬 | 넘겨다볼 기 | jì, xì |
| 贼 | 賊 | 도적 적 | zéi |
| 贿 | 賄 | 뇌물 회 | huì |
| 赂 | 賂 | 뇌물줄 뢰 | lù |
| 赃 | 贓 | 장물 장 | zāng |
| 赅 | 賅 | 족할 해 | gāi, gài |
| 赆 | 贐 | 전별할 신 | jìn, xìn |

丿

| | | | |
|---|---|---|---|
| 钰 | 鈺 | 보배 옥 | yù |
| 钱 | 錢 | 돈 전 | qián |
| 钲 | 鉦 | 징 정 | zhēng |
| 钳 | 鉗 | 칼 겸 | qián |
| 钴 | 鈷 | 다리미 고 | gǔ, gū |
| 钵 | 鉢 | 바리때 발 | bō |
| 钶 | 鈳 | 작은도끼 아 | kē |
| 钹 | 鈸 | 방울 발 | bó, bà |
| 钺 | 鉞 | 도끼 월 | yuè |
| 钻 | 鑽 | 끌 찬 | zuān, zuàn |
| 钼 | 鉬 | 몰리브덴 목 | mù |
| 钽 | 鉭 | 탄탈 탄 | tǎn |
| 钾 | 鉀 | 갑옷 갑 | jiǎ |
| 铀 | 鈾 | 우라늄 유 | yóu |

| 钿 | 鈿 | 비녀 전 | diàn, tián |
| 铁 | 鐵 | 쇠 철 | tiě |
| 铂 | 鉑 | 금박 박 | bó |
| 铃 | 鈴 | 방울 령 | líng |
| 铄 | 鑠 | 녹일 삭 | shuò |
| 铅 | 鉛 | 납 연 | qiān, yán |
| 铆 | 鉚 | 질좋은 쇠 류 | liǔ |
| 铈 | 鈰 | 세륨 시 | shì |
| 铉 | 鉉 | 솥귀 현 | xuàn |
| 铊 | 鉈 | 짧은 창 사 | tā, tuó |
| 铋 | 鉍 | 창자루 필 | bì |
| 铌 | 鈮 | 니오브 니 | ní |
| 铍 | 鈹 | 베릴륨 피 | pī |
| 铎 | 鐸 | 쌍날 낫 발 | pō, bō |
| 铎 | 鐸 | 방울 탁 | duó |
| 氩 | 氬 | 아르곤 아 | yà |
| 牺 | 犧 | 희생 희 | xī |
| 敌 | 敵 | 대적할 적 | dí |
| 积 | 積 | 쌓을 적 | jī |
| 称 | 稱 | 일컬을 칭 | chēng, chèn |
| 笕 | 筧 | 대 홈통 견 | jiǎn |
| 笔 | 筆 | 붓 필 | bǐ |
| 债 | 債 | 빚 채 | zhài |
| 借 | 藉 | 깔개 자 | jiè, jí |
| 倾 | 傾 | 기울 경 | qīng |
| 赁 | 賃 | 품삯 임 | lìn |
| 颀 | 頎 | 헌걸찬 모양 기 | qí, kěn |
| 徕 | 徠 | 올 래 | lái, lài |
| 舰 | 艦 | 싸움배 함 | jiàn |
| 舱 | 艙 | 선창 창 | cāng |
| 耸 | 聳 | 귀머거리 용 | sǒng |
| 爱 | 愛 | 사랑 애 | ài |
| 鸰 | 鴒 | 할미새 령 | líng |
| 颁 | 頒 | 나눌 반 | bān |
| 颂 | 頌 | 기릴 송 | sòng |
| 脍 | 膾 | 회 회 | huì |
| 脏 | 臟 | 오장 장 | zàng, zāng |
| 脐 | 臍 | 배꼽 제 | qí |
| 脑 | 腦 | 뇌 뇌 | nǎo |
| 胶 | 膠 | 아교 교 | jiāo |
| 脓 | 膿 | 고름 농 | lóng |
| 鸱 | 鴟 | 솔개 치 | chī |

| 栾 | 欒 | 란나무 란 | luán |
| 挛 | 攣 | 걸릴 련 | luán |
| 恋 | 戀 | 그리워할 련 | liàn, lián |
| 桨 | 槳 | 상앗대 장 | jiǎng |
| 症 | 癥 | 적취 징 | zhēng |
| 痈 | 癰 | 악창 옹 | yōng |
| 斋 | 齋 | 집 재 | zhāi |
| 痉 | 痙 | 힘줄 당길 경 | jìng |
| 准 | 準 | 수준기 준 | zhǔn |
| 离 | 離 | 떠날 리 | lí |
| 颃 | 頏 | 새 날아내릴 항 | háng |
| 资 | 資 | 재물 자 | zī |
| 竞 | 競 | 다툴 경 | jìng |
| 阃 | 閫 | 문지방 곤 | kǔn |
| 阄 | 鬮 | 제비 구 | guì |
| 阆 | 閬 | 망량 량 | láng, làng |
| 阅 | 閱 | 검열할 열 | yuè |
| 郸 | 鄲 | 조나라 서울 단 | dān |
| 烦 | 煩 | 번거로울 번 | fán |
| 烧 | 燒 | 태울 소 | shāo |
| 烛 | 燭 | 촛불 촉 | zhú |
| 烨 | 燁 | 번쩍번쩍 빛날 엽 | yè |
| 烩 | 燴 | 모아 끓일 회 | huì |
| 烬 | 燼 | 깜부기불 신 | jìn |
| 递 | 遞 | 갈마들 체 | dì |
| 涛 | 濤 | 물결 도 | tāo |
| 涝 | 澇 | 큰 물결 로 | lào |
| 涞 | 淶 | 강 이름 래 | lái |
| 涟 | 漣 | 물놀이칠 련 | lián |
| 涠 | 潿 | 땅 이름 위 | wéi |

| 玺 | 璽 | 도장 새 | xǐ |
| 鱽 | 魛 | 웅어 도 | dāo |
| 鸲 | 鴝 | 구관조 구 | qú |
| 猃 | 獫 | 오랑캐이름 험 | xiǎn |
| 鸵 | 鴕 | 타조 타 | tuó |
| 袅 | 裊 | 낭창거릴 뇨 | niǎo |
| 鸳 | 鴛 | 원앙 원 | yuān |
| 皱 | 皺 | 주름 추 | zhòu |
| 饽 | 餑 | 떡 발 | bō |
| 饿 | 餓 | 주릴 아 | è |
| 馁 | 餒 | 주릴 뇌 | něi |

**丶**

| 涢 | 溳 | 강 이름 운 | yún, yǔn |
| 涡 | 渦 | 웅덩이 와 | wō, guō |
| 涂 | 塗 | 진흙 도 | tú |
| 涤 | 滌 | 씻을 척 | dí |
| 润 | 潤 | 불을 윤 | rùn |
| 涧 | 澗 | 도랑물 간 | jiàn |
| 涨 | 漲 | 불을 창 | zhǎng |
| 烫 | 燙 | 데울 탕 | tàng |
| 涩 | 澀 | 떫을 삽 | sè |
| 涩 | 澁 | 떫을 삽 | sè |
| 悭 | 慳 | 아낄 간 | qiān |
| 悯 | 憫 | 민망할 민 | mǐn |
| 宽 | 寬 | 너그러울 관 | kuān |
| 家 | 傢 | 세간살이 가 | jiā |
| 宾 | 賓 | 손 빈 | bīn |
| 窍 | 竅 | 구멍 규 | qiào |
| 窎 | 窵 | 그윽할 조 | diào |
| 请 | 請 | 청할 청 | qǐng |
| 诸 | 諸 | 모든 제 | zhū |
| 诹 | 諏 | 꾀할 추 | zōu |
| 诺 | 諾 | 응답할 낙 | nuò |
| 诼 | 諑 | 헐뜯을 착 | zhuó |
| 读 | 讀 | 읽을 독 | dú, dòu |
| 诽 | 誹 | 헐뜯을 비 | fěi |
| 袜 | 襪 | 버선 말 | wà, mò |
| 祯 | 禎 | 상서 정 | zhēn |
| 课 | 課 | 매길 과 | kè |
| 诿 | 諉 | 번거롭게할 위 | wěi |
| 谀 | 諛 | 아첨할 유 | yú |
| 谁 | 誰 | 누구 수 | shéi, shuí |
| 谂 | 諗 | 고할 심 | shěn |
| 调 | 調 | 고를 조 | diào, tiáo |
| 谄 | 諂 | 아첨할 첨 | chǎn |
| 谅 | 諒 | 믿을 량 | liàng, liáng |
| 谆 | 諄 | 타이를 순 | zhūn |
| 谇 | 誶 | 욕할 수 | suì |
| 谈 | 談 | 말씀 담 | tán |
| 谉 | 讅 | 살필 심 | shěn |

**一**

| 恳 | 懇 | 정성 간 | kěn |
| 剧 | 劇 | 심할 극 | jù |
| 娲 | 媧 | 여와씨 와 | wā |

| 娴 | 嫻 | 우아할 한 | xián |
| 难 | 難 | 어려울 난 | nán, nàn, nuó |
| 预 | 預 | 미리 예 | yù |
| 绠 | 綆 | 두레박줄 경 | gěng, bǐng |
| 骊 | 驪 | 가라말 려 | lí |
| 绡 | 綃 | 생사 초 | shāo, xiāo |
| 骋 | 騁 | 달릴 빙 | chěng |
| 绢 | 絹 | 비단 견 | juàn |
| 绣 | 綉 | 수놓을 수 | xiù |
| 验 | 驗 | 증험할 험 | yàn |
| 绥 | 綏 | 편안할 수 | suí |
| 继 | 繼 | 이을 계 | jì |
| 绨 | 綈 | 깁 제 | tí, tì |
| 骎 | 駸 | 말달릴 침 | qīn |
| 骏 | 駿 | 준마 준 | jùn |
| 鸶 | 鷥 | 해오라기 사 | sī |

**11획** **一**

| 焘 | 燾 | 덮일 도 | dào, tāo |
| 琎 | 璡 | 옥돌 진 | jīn |
| 琏 | 璉 | 호련 련 | liǎn |
| 琐 | 瑣 | 옥소리 쇄 | suǒ |
| 麸 | 麩 | 밀기울 부 | fū |
| 掳 | 擄 | 사로잡을 로 | lǔ |
| 掴 | 摑 | 칠 괵 | guó |
| 鸷 | 鷙 | 맹금 지 | zhì |
| 掷 | 擲 | 던질 척 | zhì |
| 掸 | 撣 | 부딪칠 탄 | dǎn, shàn |
| 壶 | 壺 | 항아리 호 | hú |
| 悫 | 愨 | 삼갈 각 | què |
| 据 | 據 | 의거할 거 | jù, jū |
| 掺 | 摻 | 섬섬할 섬 | chān, càn, shǎn |
| 掼 | 摜 | 익숙해질 관 | guàn |
| 职 | 職 | 직분 직 | zhí |
| 聍 | 聹 | 귀지 녕 | níng |
| 萚 | 蘀 | 낙엽 탁 | tuò |
| 勚 | 勩 | 수고로울 예 | yì |
| 萝 | 蘿 | 나무 라 | luó |
| 萤 | 螢 | 개똥벌레 형 | yíng |
| 营 | 營 | 경영할 영 | yíng |
| 萦 | 縈 | 얽힐 영 | yíng |
| 萧 | 蕭 | 맑은 대쑥 소 | xiāo |
| 萨 | 薩 | 보살 살 | sà |

| | | | |
|---|---|---|---|
| 梦 | 夢 | 꿈 몽 | mèng |
| 觋 | 覡 | 박수 격 | xí |
| 检 | 檢 | 검사할 검 | jiǎn |
| 棂 | 欞 | 격자창 령 | líng |
| 啬 | 嗇 | 아낄 색 | sè |
| 匮 | 匱 | 상자 궤 | kuì, guì |
| 酝 | 醞 | 술 빚을 온 | yùn, yǔn |
| 厣 | 厴 | 조개껍질 염 | yàn |
| 硕 | 碩 | 클 석 | shuò |
| 硖 | 硤 | 고을 이름 협 | xiá |
| 硗 | 磽 | 메마른땅 교 | qiāo |
| 硙 | 磑 | 맷돌 애 | wèi, wéi |
| 硚 | 礄 | 땅 이름 교 | qiáo, jiāo |
| 鸸 | 鴯 | 제비 이 | ér |
| 聋 | 聾 | 귀머거리 농 | lóng |
| 龚 | 龔 | 삼갈 공 | gōng |
| 袭 | 襲 | 엄습할 습 | xí |
| 鴷 | 鴷 | 딱따구리 렬 | liè |
| 殒 | 殞 | 죽을 운 | yǔn |
| 殓 | 殮 | 염할 렴 | liàn |
| 赉 | 賚 | 줄 뢰 | lài |
| 辄 | 輒 | 문득 첩 | zhé |
| 辅 | 輔 | 덧방나무 보 | fǔ |
| 辆 | 輛 | 수레 량 | liàng |
| 堑 | 塹 | 구덩이 참 | qiàn, jiǎn |

**丨**

| | | | |
|---|---|---|---|
| 颅 | 顱 | 머리뼈 로 | lú |
| 啧 | 嘖 | 외칠 책 | zé |
| 悬 | 懸 | 매달 현 | xuán |
| 啭 | 囀 | 지저귈 전 | zhuán |
| 跃 | 躍 | 뛸 약 | yuè |
| 啮 | 嚙 | 씹을 요 | niè |
| 跄 | 蹌 | 추창할 창 | qiàng, qiāng |
| 蛎 | 蠣 | 굴 려 | lì |
| 蛊 | 蠱 | 독 고 | gǔ |
| 蛏 | 蟶 | 긴맛 조개 정 | chēng |
| 累 | 纍 | 갇힐 류 | léi |
| 啸 | 嘯 | 휘파람 불 소 | xiāo |
| 帻 | 幘 | 망건 책 | zé |
| 崭 | 嶄 | 높을 참 | zhǎn |
| 逻 | 邏 | 순행할 라 | luó |
| 帼 | 幗 | 여인 머리장식 귁 | guó, guāi |

| | | | |
|---|---|---|---|
| 赈 | 賑 | 구휼할 진 | zhèn |
| 婴 | 嬰 | 갓난아이 영 | yīng |
| 赊 | 賒 | 외상으로 살 사 | shē |

**丿**

| | | | |
|---|---|---|---|
| 铏 | 鉶 | 국그릇 형 | xíng |
| 铐 | 銬 | 쇠고랑 고 | kào |
| 铑 | 銠 | 로듐 로 | lǎo |
| 铒 | 鉺 | 갈고리 이 | ěr |
| 铓 | 鋩 | 서슬 망 | máng |
| 铕 | 銪 | 유로퓸 유 | yǒu |
| 铗 | 鋏 | 집게 협 | jiá |
| 铙 | 鐃 | 작은 징 뇨 | náo, nào |
| 铛 | 鐺 | 쇠사슬 당 | dāng, tāng |
| 铝 | 鋁 | 줄 려 | lǚ |
| 铜 | 銅 | 구리 동 | tóng |
| 铟 | 銦 | 인듐 인 | yīn |
| 铠 | 鎧 | 갑옷 개 | kǎi |
| 铡 | 鍘 | 작두 찰 | cà |
| 铢 | 銖 | 무게 단위 수 | zhū |
| 铣 | 銑 | 끌 선 | xiǎn, xǐ |
| 铥 | 銩 | 툴륨 주 | diū |
| 铤 | 鋌 | 쇳덩이 정 | dìng |
| 铧 | 鏵 | 가래 화 | huá |
| 铨 | 銓 | 저울질할 전 | quán |
| 铩 | 鎩 | 창 살 | shā, shài |
| 铪 | 鉿 | 하프늄 합 | hā |
| 铫 | 銚 | 쟁개비 요 | diào, yáo |
| 铭 | 銘 | 새길 명 | míng |
| 铬 | 鉻 | 깎을 락 | gè |
| 铮 | 錚 | 쇳소리 쟁 | zhēng, zhèng |
| 铯 | 銫 | 세슘 색 | sè |
| 铰 | 鉸 | 가위 교 | jiǎo |
| 铱 | 銥 | 이리듐 의 | yī |
| 铲 | 鏟 | 대패 산 | chǎn, chàn |
| 铳 | 銃 | 총 총 | chòng |
| 铵 | 銨 | 암모늄 안 | ān |
| 银 | 銀 | 은 은 | yín |
| 矫 | 矯 | 바로잡을 교 | jiǎo, jiáo |
| 鸹 | 鴰 | 재두루미 괄 | guā |
| 秽 | 穢 | 더러울 예 | huì |
| 笺 | 箋 | 찌지 전 | jiān |
| 笼 | 籠 | 대그릇 롱 | lóng, lǒng |

| | | | |
|---|---|---|---|
| 箯 | 籩 | 제기 이름 변 | biān |
| 偾 | 僨 | 넘어질 분 | fèn |
| 鸺 | 鵂 | 수리부엉이 휴 | xiū |
| 偿 | 償 | 갚을 상 | cháng |
| 偻 | 僂 | 구부릴 루 | lóu, lǚ |
| 躯 | 軀 | 몸 구 | qū |
| 皑 | 皚 | 흴 애 | āi |
| 鸻 | 鴴 | 참새 행 | xíng |
| 衔 | 銜 | 받들 함 | xián |
| 舻 | 艫 | 배잇댈 로 | lù |
| 盘 | 盤 | 소반 반 | pán |
| 龛 | 龕 | 감실 감 | kān |
| 鸽 | 鴿 | 집비둘기 합 | gē |
| 敛 | 斂 | 거둘 렴 | liǎn |
| 领 | 領 | 거느릴 령 | lǐng |
| 脶 | 腡 | 손금 라 | luó |
| 脸 | 臉 | 뺨 검 | liǎn, jiǎn |
| 猎 | 獵 | 사냥 렵 | liè |
| 猡 | 玀 | 오랑캐이름 라 | luó |
| 猕 | 獼 | 원숭이 미 | mí |
| 馃 | 餜 | 떡 과 | guǒ |
| 馄 | 餛 | 떡 혼 | hún |
| 馅 | 餡 | 소 함 | xiàn, kàn |
| 馆 | 館 | 집 관 | guǎn |

**丶**

| | | | |
|---|---|---|---|
| 鸾 | 鸞 | 난새 란 | luán |
| 庼 | 廎 | 작은 마루 경 | qǐng |
| 痒 | 癢 | 가려울 양 | yǎng |
| 鸶 | 鷥 | 해오라기 교 | jiāo |
| 镟 | 鏇 | 술그릇 선 | xuàn, xuán |
| 阈 | 閾 | 문지방 역 | yù |
| 阉 | 閹 | 내시 엄 | yān |
| 阊 | 閶 | 천문창 창 | chāng |
| 阋 | 鬩 | 다툴 혁 | xì |
| 阌 | 閿 | 내리깔고 볼 문 | wén |
| 阍 | 閽 | 문지기 혼 | hūn |
| 阎 | 閻 | 이문 염 | yán |
| 阏 | 閼 | 막을 알 | è, yān |
| 阐 | 闡 | 열 천 | chǎn |
| 羟 | 羥 | 경기 간 | kēng, qiān |
| 盖 | 蓋 | 덮을 개 | gài, gě |
| 粝 | 糲 | 현미 려 | lì |

| | | | |
|---|---|---|---|
| 断 | 斷 | 끊을 단 | duàn |
| 兽 | 獸 | 짐승 수 | shòu |
| 焖 | 燜 | 뜸들일 민 | mèn |
| 渍 | 漬 | 담글 지 | zì |
| 鸿 | 鴻 | 기러기 홍 | hóng |
| 渎 | 瀆 | 도랑 독 | dú |
| 渐 | 漸 | 점점 점 | jiàn, jiān |
| 渑 | 澠 | 못 이름 민 | miǎn |
| 渊 | 淵 | 못 연 | yuān |
| 渔 | 漁 | 고기 잡을 어 | yú |
| 淀 | 澱 | 앙금 전 | diàn |
| 渗 | 滲 | 스밀 삼 | shèn |
| 惬 | 愜 | 쾌할 협 | qiè |
| 惭 | 慚 | 부끄러울 참 | cán |
| 惨 | 慘 | 슬플 참 | cǎn |
| 惧 | 懼 | 두려울 구 | jù |
| 惊 | 驚 | 놀랄 경 | jīng |
| 惮 | 憚 | 꺼릴 탄 | dān |
| 惯 | 慣 | 익숙할 관 | guàn |
| 祷 | 禱 | 빌 도 | dǎo |
| 谌 | 諶 | 정성 심 | chén |
| 谋 | 謀 | 꾀 모 | móu |
| 谍 | 諜 | 염탐할 첩 | dié |
| 谎 | 謊 | 잠꼬대 황 | huǎng |
| 谏 | 諫 | 간할 간 | jiàn |
| 鞬 | 鞬 | 발 터질 군 | jūn |
| 谐 | 諧 | 화할 해 | xié |
| 谑 | 謔 | 농지거리할 학 | xuè |
| 裆 | 襠 | 잠방이 당 | dāng |
| 祸 | 禍 | 재앙 화 | huò |
| 谒 | 謁 | 아뢸 알 | yè |
| 谓 | 謂 | 이를 위 | wèi |
| 谔 | 諤 | 곧은 말할 악 | è |
| 谕 | 諭 | 고지할 유 | yù |
| 谖 | 諼 | 속일 훤 | xuān |
| 谗 | 讒 | 참소할 참 | chán |
| 谘 | 諮 | 물을 자 | zī |
| 谙 | 諳 | 욀 암 | ān |
| 谚 | 諺 | 상말 언 | yàn |
| 谛 | 諦 | 살필 체 | dì |
| 谜 | 謎 | 수수께끼 미 | mí, mèi |
| 谝 | 諞 | 말교묘히할 편 | piǎn |

| | | | |
|---|---|---|---|
| 谞 | 諝 | 슬기 서 | xū |

| | | | |
|---|---|---|---|
| 弹 | 彈 | 탄알 탄 | dàn, tán |
| 堕 | 墮 | 떨어질 타 | duò, huī |
| 随 | 隨 | 따를 수 | suí |
| 粿 | 糶 | 쌀내다팔조 | chàn |
| 隐 | 隱 | 숨을 은 | yǐn |
| 婳 | 嫿 | 정숙할 획 | huà |
| 婵 | 嬋 | 고울 선 | chán |
| 婶 | 嬸 | 숙모 심 | shēn |
| 颇 | 頗 | 자못 파 | pō |
| 颈 | 頸 | 목 경 | jǐng, gěng |
| 绩 | 績 | 길쌈 적 | jì |
| 绪 | 緒 | 실마리 서 | xù |
| 绫 | 綾 | 비단 릉 | líng |
| 骐 | 騏 | 털총이 기 | qí |
| 续 | 續 | 이을 속 | xù |
| 绮 | 綺 | 비단 기 | qǐ |
| 骑 | 騎 | 말탈 기 | qí |
| 绯 | 緋 | 붉은빛 비 | fēi |
| 骒 | 騍 | 암말 과 | kè |
| 绲 | 緄 | 띠 곤 | gǔn |
| 绳 | 繩 | 줄 승 | shéng |
| 骓 | 騅 | 오추마 추 | zhuī |
| 维 | 維 | 바 유 | wéi |
| 绵 | 綿 | 솜 면 | mián |
| 绶 | 綬 | 인끈 수 | shòu |
| 绷 | 繃 | 묶을 붕 | bēng, běng |
| 绸 | 綢 | 얽힐 주 | chóu |
| 绺 | 綹 | 끈목 류 | liǔ |
| 绻 | 綣 | 정다울 권 | quǎn |
| 综 | 綜 | 잉아 종 | zōng, zèng |
| 绽 | 綻 | 옷 터질 탄 | zhàn |
| 绾 | 綰 | 얽을 관 | wǎn |
| 绿 | 綠 | 푸를 록 | lǜ, lù |
| 骖 | 驂 | 곁마 참 | cān, cǎn |
| 缀 | 綴 | 꿰맬 철 | zhuì |
| 缁 | 緇 | 검은 비단 치 | zī |

**12 획** 一

| | | | |
|---|---|---|---|
| 靓 | 靚 | 단장할 정 | jìng |
| 琼 | 瓊 | 옥경 | qióng |
| 辇 | 輦 | 손수레 련 | niǎn |

| | | | |
|---|---|---|---|
| 鼋 | 黿 | 큰 자라 원 | yuán |
| 趋 | 趨 | 달릴 추 | qū |
| 揽 | 攬 | 잡을 람 | lǎn |
| 颉 | 頡 | 곧은 목 힐 | xié, jié |
| 揿 | 撳 | 삽 흔 | qìn |
| 搀 | 攙 | 찌를 참 | chán, hán, chàn |
| 蛰 | 蟄 | 벌레 칩 | zhé |
| 絷 | 縶 | 맬 집 | jí |
| 搁 | 擱 | 놓을 각 | gē, gé |
| 搂 | 摟 | 끌 루 | lǒu, lōu |
| 搅 | 攪 | 어지러울 교 | jiǎo |
| 联 | 聯 | 연이을 련 | lián |
| 蒇 | 蕆 | 경계할 천 | chǎn |
| 蒉 | 蕢 | 상할 괴 | kuì |
| 蒋 | 蔣 | 줄 장 | jiǎng |
| 蒌 | 蔞 | 쑥 루 | lóu |
| 韩 | 韓 | 나라 한 | hán |
| 椟 | 櫝 | 함 독 | dú |
| 椤 | 欏 | 울타리 라 | luó, luǒ, luò |
| 赍 | 賫 | 집어줄 재 | jī |
| 椭 | 橢 | 둥글길죽할 타 | tuǒ |
| 鹁 | 鵓 | 집비둘기 발 | bó |
| 鹂 | 鸝 | 꾀꼬리 리 | lí |
| 觌 | 覿 | 볼 적 | dí, dú |
| 硷 | 鹼 | 소금기 감 | jiān |
| 确 | 確 | 굳을 확 | què |
| 詟 | 讋 | 두려워할 섭 | shè, tà, zhé |
| 殚 | 殫 | 다할 탄 | dān |
| 颊 | 頰 | 뺨 협 | jiá |
| 雳 | 靂 | 벼락 력 | lì |
| 辊 | 輥 | 빨리 구를 곤 | gǔn |
| 辋 | 輞 | 바퀴테 망 | wǎng |
| 椠 | 槧 | 판 참 | qiàn |
| 暂 | 暫 | 잠간 잠 | zàn |
| 辍 | 輟 | 그칠 철 | chuò |
| 辎 | 輜 | 짐수레 치 | zī |
| 翘 | 翹 | 들 교 | qiáo, qiào |

丨

| | | | |
|---|---|---|---|
| 辈 | 輩 | 무리 배 | bèi |
| 凿 | 鑿 | 뚫을 착 | záo |
| 辉 | 輝 | 빛날 휘 | huī |
| 赏 | 賞 | 상줄 상 | shǎng |

| | | | |
|---|---|---|---|
| 睐 | 睞 | 한눈 팔 래 | lài, lái |
| 睑 | 瞼 | 눈꺼풀 검 | jiǎn |
| 喷 | 噴 | 뿜을 분 | pēn, pèn |
| 畴 | 疇 | 밭두둑 주 | chóu |
| 践 | 踐 | 밟을 천 | jiàn |
| 遗 | 遺 | 끼칠 유 | yí, wèi |
| 蛱 | 蛺 | 나비 협 | jiá |
| 蛲 | 蟯 | 요충 요 | náo |
| 蛳 | 螄 | 다슬기 사 | sī |
| 蛴 | 蠐 | 굼벵이 제 | qí |
| 鹃 | 鵑 | 두견새 견 | juān |
| 喽 | 嘍 | 시끄러울 루 | lóu, lou |
| 嵘 | 嶸 | 높고 험할 영 | róng |
| 嵚 | 嶔 | 산높고험할금 | qīn |
| 嵝 | 嶁 | 봉우리 루 | lǒu |
| 赋 | 賦 | 부세 부 | fù |
| 腈 | 睛 | 받을 청 | qíng |
| 赌 | 賭 | 걸 도 | dǔ |
| 赎 | 贖 | 속 바칠 속 | shú |
| 赐 | 賜 | 줄 사 | cì |
| 赒 | 賙 | 진휼할 주 | zhōu |
| 赔 | 賠 | 물어줄 배 | péi |
| 赕 | 賧 | 속 바칠 담 | dǎn |

丿

| | | | |
|---|---|---|---|
| 铸 | 鑄 | 쇳물부어만들주 | zhù |
| 铹 | 鐒 | 로렌슘 로 | láo |
| 铺 | 鋪 | 펼 포 | pū, pù |
| 铼 | 錸 | 레늄 래 | lái |
| 铽 | 鋱 | 테르븀 특 | tè |
| 链 | 鏈 | 쇠사슬 련 | liàn, lián |
| 铿 | 鏗 | 금옥소리 갱 | gēng |
| 销 | 銷 | 녹일 소 | xiāo |
| 锁 | 鎖 | 자물쇠 쇄 | suǒ |
| 锃 | 鋥 | 칼 갈 정 | zèng |
| 锄 | 鋤 | 호미 서 | chú |
| 锂 | 鋰 | 리튬 리 | lǐ |
| 锅 | 鍋 | 노구솥 과 | guō |
| 锆 | 鋯 | 지르코늄 고 | gào |
| 锇 | 鋨 | 오스뮴 아 | é |
| 锈 | 銹 | 녹슬 수 | xiù |
| 锉 | 銼 | 가마 좌 | cuò |
| 锋 | 鋒 | 칼 끝 봉 | fēng |

| | | | |
|---|---|---|---|
| 锌 | 鋅 | 굳을 자 | xīn |
| 锏 | 鐧 | 굴대 덧방쇠 간 | jiǎn, jiàn |
| 锐 | 銳 | 날카로울 예 | ruì |
| 锑 | 銻 | 안티모니 제 | tī |
| 锒 | 鋃 | 쇠사슬 랑 | láng |
| 锓 | 鋟 | 새길 침 | qīn |
| 锔 | 鋦 | 쇠로 동일 국 | jū, jú |
| 锕 | 錒 | 가마솥 아 | ā |
| 犊 | 犢 | 송아지 독 | dú |
| 鹄 | 鵠 | 고니 곡 | hú, gǔ |
| 鹅 | 鵝 | 거위 아 | é |
| 颋 | 頲 | 곧을 정 | chēng |
| 筑 | 築 | 쌓을 축 | zhù |
| 筚 | 篳 | 울타리 필 | bì |
| 筛 | 篩 | 체 사 | shāi |
| 牍 | 牘 | 편지 독 | dú |
| 傥 | 儻 | 빼어날 당 | dǎng |
| 傧 | 儐 | 인도할 빈 | bīn |
| 储 | 儲 | 쌓을 저 | chǔ |
| 傩 | 儺 | 역귀 쫓을 나 | nuó |
| 惩 | 懲 | 징계할 징 | chéng |
| 御 | 禦 | 막을 어 | yù |
| 颌 | 頜 | 아래턱 합 | gé, hé |
| 释 | 釋 | 풀 석 | shì |
| 鸲 | 鴝 | 구관조 욕 | yù |
| 腊 | 臘 | 납향 납 | là |
| 腘 | 膕 | 오금 괵 | guó |
| 鱿 | 魷 | 오징어 우 | yóu |
| 鲁 | 魯 | 노둔할 노 | lǔ |
| 鲂 | 魴 | 방어 방 | fáng |
| 颍 | 潁 | 강 이름 영 | yǐng |
| 飓 | 颶 | 폭풍 구 | jù |
| 觞 | 觴 | 잔 상 | shāng |
| 惫 | 憊 | 고달플 비 | bèi |
| 馈 | 饋 | 먹일 궤 | kuì |
| 馉 | 餶 | 고기만두 골 | gǔ |
| 馊 | 餿 | 밥 뭉개질 수 | sōu |
| 馋 | 饞 | 탐할 참 | chán |

丶

| | | | |
|---|---|---|---|
| 亵 | 褻 | 더러울 설 | xiè |
| 装 | 裝 | 꾸밀 장 | zhuāng |
| 蛮 | 蠻 | 오랑캐 만 | mán |

附錄

| 简체 | 번체 | 뜻·훈음 | 병음 |
|---|---|---|---|
| 脔 | 臠 | 저민고기 련 | lián |
| 痨 | 癆 | 중독될 로 | láo, lào |
| 痫 | 癇 | 간기 간 | jiān |
| 赓 | 賡 | 이을 갱 | gēng |
| 颏 | 頦 | 턱 해 | kē, ké |
| 鹇 | 鷳 | 솔개 한 | xián |
| 阑 | 闌 | 가로막을 란 | lán, làn |
| 阒 | 闃 | 조용할 취 | qù |
| 阔 | 闊 | 트일 활 | kuò |
| 阕 | 闋 | 문닫을 결 | què |
| 粪 | 糞 | 똥 분 | fèn |
| 鹈 | 鵜 | 사다새 제 | tí |
| 窜 | 竄 | 숨을 찬 | cuàn |
| 窝 | 窩 | 움집 와 | wō |
| 营 | 譽 | 급히 고할 곡 | kù |
| 愤 | 憤 | 분할 분 | fèn |
| 愦 | 憒 | 어지러울 궤 | kuì |
| 滞 | 滯 | 막힐 체 | zhì |
| 湿 | 濕 | 젖을 습 | shī |
| 溃 | 潰 | 무너질 궤 | kuì, huì |
| 溅 | 濺 | 흩뿌릴 천 | jiàn |
| 溇 | 漊 | 비 계속 내릴 루 | lóu |
| 湾 | 灣 | 물굽이 만 | wān |
| 谟 | 謨 | 꾀 모 | mó |
| 裢 | 褳 | 전대 련 | lián |
| 裣 | 襝 | 행주치마 첨 | chán |
| 裤 | 褲 | 바지 고 | kù |
| 裥 | 襇 | 치마 주름 간 | jiǎn, jiàn |
| 禅 | 禪 | 선 선 | chán, shàn |
| 谠 | 讜 | 곧은 말 당 | dǎng, dàng, tǎng |
| 谡 | 謖 | 일어날 속 | sù |
| 谢 | 謝 | 사례 사 | xiè |
| 谣 | 謠 | 노래 요 | yáo |
| 谤 | 謗 | 헐뜯을 방 | bàng |
| 谥 | 謚 | 웃을 익 | shì |
| 谦 | 謙 | 겸손 겸 | qiān |
| 谧 | 謐 | 고요할 밀 | mì |

**丿**

| 简체 | 번체 | 뜻·훈음 | 병음 |
|---|---|---|---|
| 属 | 屬 | 붙일 속 | shǔ, zhǔ |
| 屡 | 屢 | 여러 루 | lǚ |
| 骘 | 騭 | 수말 즐 | zhì |
| 毵 | 毿 | 털 길 삼 | sān |

| 简체 | 번체 | 뜻·훈음 | 병음 |
|---|---|---|---|
| 翚 | 翬 | 훨훨 날 휘 | huī |
| 缂 | 緙 | 꿰맬 격 | kè |
| 缃 | 緗 | 담황색 상 | xiāng |
| 缄 | 緘 | 봉할 함 | jiān |
| 缅 | 緬 | 가는 실 면 | miǎn |
| 缆 | 纜 | 닻줄 람 | lǎn |
| 缇 | 緹 | 붉은 비단 제 | tí |
| 缈 | 緲 | 아득할 묘 | miǎo |
| 缉 | 緝 | 낳을 집 | jī, qī |
| 缊 | 縕 | 헌솜 온 | yùn, yūn |
| 缌 | 緦 | 시마복 시 | sī |
| 缎 | 緞 | 비단 단 | duàn |
| 缑 | 緱 | 칼자루 감을 구 | gōu |
| 缓 | 緩 | 느릴 완 | huǎn |
| 缒 | 縋 | 주름질 추 | zhuì |
| 缔 | 締 | 맺을 체 | dì |
| 缕 | 縷 | 실 루 | lǚ, lóu |
| 骗 | 騙 | 속일 편 | piàn |
| 编 | 編 | 엮을 편 | biān |
| 骚 | 騷 | 시끄러울 소 | sāo |
| 缘 | 緣 | 인연 연 | yuán |
| 飨 | 饗 | 잔치할 향 | xiǎng |

## 12획

**一**

| 简체 | 번체 | 뜻·훈음 | 병음 |
|---|---|---|---|
| 耢 | 耮 | 고무래 로 | láo |
| 鹉 | 鵡 | 앵무새 무 | wǔ |
| 鹡 | 鶄 | 해오라기 청 | jīng |
| 韫 | 韞 | 감출 온 | yùn, yún, wēn |
| 骜 | 驁 | 준마 오 | ào, áo |
| 摄 | 攝 | 추스를 섭 | shè |
| 摅 | 攄 | 펼 터 | shū |
| 摆 | 擺 | 열릴 파 | bǎi |
| 褙 | 襬 | 치마 피 | bǎi, bei, pèi |
| 赪 | 赬 | 붉을 정 | chēng |
| 摈 | 擯 | 물리칠 빈 | bìn |
| 毂 | 轂 | 바퀴통 곡 | gǔ, gū |
| 摊 | 攤 | 열 탄 | tān |
| 鹊 | 鵲 | 까치 작 | què |
| 蓝 | 藍 | 쪽 람 | lán |
| 蓦 | 驀 | 말 탈 맥 | mò |
| 蓟 | 薊 | 삽주 계 | jì, jiē, jiè |
| 蒙 | 矇 | 청맹과니 몽 | mēng, méng |
| 蒙 | 濛 | 가랑비 올 몽 | méng |

| 简체 | 번체 | 뜻·훈음 | 병음 |
|---|---|---|---|
| 蒙 | 懞 | 후할 몽 | méng |
| 颐 | 頤 | 턱 이 | yí |
| 献 | 獻 | 드릴 헌 | xiàn |
| 蓣 | 蕷 | 참마 여 | yù |
| 榄 | 欖 | 감람나무 람 | lǎn |
| 榇 | 櫬 | 널 츤 | chèn, qīn, hèn |
| 榈 | 櫚 | 종려나무 려 | lǘ |
| 楼 | 樓 | 다락 루 | lóu |
| 榉 | 櫸 | 느티나무 거 | jǔ |
| 赖 | 賴 | 힘입을 뢰 | lài |
| 碛 | 磧 | 서덜 적 | qì |
| 碍 | 礙 | 거리낄 애 | ài |
| 碜 | 磣 | 모래 섞일 참 | chěn |
| 鹌 | 鵪 | 암순 암 | ān, yiā |
| 尴 | 尷 | 껄끄러울 감 | gān |
| 雾 | 霧 | 안개 무 | wù |
| 辏 | 輳 | 모일 주 | còu |
| 辐 | 輻 | 바퀴살 복 | fú |
| 辑 | 輯 | 모을 집 | jí |
| 输 | 輸 | 보낼 수 | shū |

**丨**

| 简체 | 번체 | 뜻·훈음 | 병음 |
|---|---|---|---|
| 频 | 頻 | 자주 빈 | pín |
| 龃 | 齟 | 어긋날 저 | jǔ |
| 龄 | 齡 | 나이 령 | líng |
| 龅 | 齙 | 귀절포 | pāo |
| 龆 | 齠 | 이 갈 초 | tiáo |
| 鉴 | 鑒 | 거울 감 | jiàn |
| 韪 | 韙 | 바를 위 | wěi |
| 嗫 | 囁 | 소곤거릴 섭 | zhé |
| 跷 | 蹺 | 발돋움할 교 | qiāo |
| 跸 | 蹕 | 길 치울 필 | bì |
| 跻 | 躋 | 오를 제 | jī, jì |
| 跹 | 躚 | 춤출 선 | xiān |
| 蜗 | 蝸 | 달팽이 와 | wō |
| 嗳 | 噯 | 딸국질 애 | āi, ǎi, ài |
| 赗 | 賵 | 부의 보낼 봉 | fèng |

**丿**

| 简체 | 번체 | 뜻·훈음 | 병음 |
|---|---|---|---|
| 锗 | 鍺 | 바퀴통쇠 타 | zhě, duǒ |
| 错 | 錯 | 섞일 착 | cuò |
| 锘 | 鍩 | 취할 첨 | tiǎn |
| 锚 | 錨 | 닻 묘 | máo |
| 锛 | 錛 | 자귀 분 | bēn |

| 简체 | 번체 | 뜻·훈음 | 병음 |
|---|---|---|---|
| 锝 | 鍀 | 테크네튬 득 | dé |
| 锞 | 錁 | 띠치장 과 | kè |
| 锟 | 錕 | 붉은 쇠 곤 | kūn |
| 锡 | 錫 | 주석 석 | xī |
| 锢 | 錮 | 땜질할 고 | gù |
| 锣 | 鑼 | 징 라 | luó |
| 锤 | 錘 | 저울 추 추 | chuí |
| 锥 | 錐 | 송곳 추 | zhuī |
| 锦 | 錦 | 비단 금 | jǐn |
| 锧 | 鑕 | 모루 질 | zhì |
| 锨 | 鍁 | 삽 흠 | xiān |
| 锫 | 錇 | 대못 부 | péi |
| 锭 | 錠 | 제기이름 정 | dìng |
| 键 | 鍵 | 열쇠 건 | jiàn |
| 锯 | 鋸 | 톱 거 | jù, jū |
| 锰 | 錳 | 망간 맹 | měng |
| 锱 | 錙 | 저울눈 치 | zī |
| 辞 | 辭 | 말씀 사 | cí |
| 颓 | 頹 | 무너질 퇴 | tuí |
| 穇 | 穇 | 쭉정이이삭 삼 | cǎn |
| 筹 | 籌 | 투호용화살 주 | chóu |
| 签 | 簽 | 농 첨 | qiān |
| 签 | 籤 | 제비 첨 | qiān |
| 简 | 簡 | 대쪽 간 | jiǎn |
| 觎 | 覦 | 넘겨다볼 유 | yú |
| 颔 | 頷 | 턱 함 | hàn |
| 腻 | 膩 | 매끄러울 니 | nì |
| 鹏 | 鵬 | 대붕새 붕 | péng |
| 腾 | 騰 | 오를 등 | téng |
| 鲅 | 鮁 | 물고기헤엄칠 발 | bà |
| 鲆 | 鮃 | 넙치 평 | píng |
| 鲇 | 鮎 | 메기 점 | nián |
| 鲈 | 鱸 | 농어 로 | lú |
| 鲊 | 鮓 | 젓갈 자 | zhǎ |
| 鲋 | 鮒 | 붕어 부 | fù |
| 鲍 | 鮑 | 절인어물 포 | bào |
| 鲐 | 鮐 | 복 태 | tái |
| 颖 | 穎 | 이삭 영 | yǐng |
| 飔 | 颸 | 선선한바람 시 | sī, chī |
| 飕 | 颼 | 바람소리 수 | sōu |
| 触 | 觸 | 닿을 촉 | chù |
| 雏 | 雛 | 병아리 추 | chú |

| | | 뜻 | 음 |
|---|---|---|---|
| 傅 | 餺 | 수제비 박 | bó |
| 饃 | 饃 | 찐빵 막 | mò |
| 餾 | 餾 | 밥 뜸들 류 | liú |
| 饈 | 饈 | 드릴 수 | xiū |

**丶**

| | | | |
|---|---|---|---|
| 酱 | 醬 | 젓갈 장 | jiàng |
| 鹑 | 鶉 | 메추라기 순 | chún |
| 瘅 | 癉 | 앓을 단 | dàn, dān |
| 瘆 | 瘆 | 놀라서 떨 참 | shèn |
| 鹒 | 鶊 | 꾀꼬리 경 | gēng |
| 阖 | 闔 | 문짝 합 | hé |
| 阗 | 闐 | 성할 전 | tián, diàn |
| 阙 | 闕 | 대궐 궐 | quē, què |
| 誊 | 謄 | 베낄 등 | téng |
| 粮 | 糧 | 양식 량 | liáng |
| 数 | 數 | 셈 수 | shù, shǔ, shuò |
| 潝 | 潝 | 강 이름 섭 | shè |
| 满 | 滿 | 찰 만 | mǎn |
| 滤 | 濾 | 거를 려 | lǜ |
| 滥 | 濫 | 넘칠 람 | làn |
| 滗 | 潷 | 거를 필 | bì |
| 滦 | 灤 | 새어흐를 란 | luán |
| 漓 | 灕 | 물 이름 리 | lí |
| 滨 | 濱 | 물가 빈 | bīn |
| 滩 | 灘 | 여울 탄 | tān |
| 潊 | 漵 | 강 이름 여 | yù |
| 慑 | 懾 | 두려워할 섭 | shè, zhé |
| 誉 | 譽 | 기릴 예 | yù |
| 鲎 | 鱟 | 참게 후 | hòu |
| 骞 | 騫 | 말 배앓을 건 | qiān |
| 寝 | 寢 | 잠잘 침 | qǐn |
| 窥 | 窺 | 엿볼 규 | kuī |
| 窦 | 竇 | 구멍 두 | dòu |
| 谨 | 謹 | 삼갈 근 | jǐn |
| 谩 | 謾 | 속일 만 | màn, mán |
| 谪 | 謫 | 귀양갈 적 | zhé |
| 谫 | 謭 | 얕을 전 | jiǎn |
| 谬 | 謬 | 그릇될 류 | miù |

**乛**

| | | | |
|---|---|---|---|
| 辟 | 闢 | 열 벽 | pì |
| 嫒 | 嬡 | 계집 애 | ài |

| | | | |
|---|---|---|---|
| 嫔 | 嬪 | 아내 빈 | pín |
| 缙 | 縉 | 꽂을 진 | jìn |
| 缜 | 縝 | 삼실 진 | zhěn |
| 缚 | 縛 | 묶을 박 | fù |
| 缛 | 縟 | 화문 놓을 욕 | rù |
| 辔 | 轡 | 고삐 비 | pèi |
| 缝 | 縫 | 꿰맬 봉 | féng, fèng |
| 骝 | 騮 | 월다말 류 | liú |
| 缞 | 縗 | 상복이름 최 | cuī |
| 缟 | 縞 | 명주 호 | gǎo |
| 缠 | 纏 | 얽힐 전 | chán |
| 缡 | 縭 | 신 꾸미개 리 | lí |
| 缢 | 縊 | 목맬 액 | yì |
| 缣 | 縑 | 합사 비단 겸 | jiān |
| 缤 | 繽 | 어지러울 빈 | bīn, pín |
| 骟 | 騸 | 거세한 말 선 | shàn |

**14 획 一**

| | | | |
|---|---|---|---|
| 瑷 | 璦 | 아름다운옥 애 | ài |
| 赘 | 贅 | 혹 췌 | zhuì |
| 觏 | 覯 | 만날 구 | gòu, hóu, hòu |
| 暧 | 靉 | 구름 낄 애 | ài, ǎi |
| 墙 | 墻 | 담 장 | qiáng |
| 撄 | 攖 | 다가설 영 | yīng, yíng |
| 蔷 | 薔 | 장미 장 | qiáng |
| 蔑 | 蠛 | 모독할 멸 | miè |
| 蔹 | 蘞 | 가위톱 렴 | liǎn |
| 蔺 | 藺 | 골풀 린 | lìn |
| 蔼 | 藹 | 열매많이달릴 애 | ǎi |
| 鹕 | 鶘 | 사다새 호 | hú |
| 槚 | 檟 | 개오동나무 가 | jiǎ |
| 槛 | 檻 | 죄인타는수레함 | jiàn, kǎn |
| 槟 | 檳 | 빈랑나무 빈 | bīn, bīng |
| 槠 | 櫧 | 종가시나무 저 | zhū |
| 酽 | 釅 | 초 엄 | yàn |
| 酾 | 釃 | 거를 시 | xǐ |
| 酿 | 釀 | 술 빚을 양 | niàng, niáng |
| 霁 | 霽 | 갤 제 | jì |
| 愿 | 願 | 원할 원 | yuàn |
| 殡 | 殯 | 염할 빈 | bìn |
| 辕 | 轅 | 끌채 원 | yuàn |
| 辖 | 轄 | 비녀장 할 | xiá |

| | | | |
|---|---|---|---|
| 辗 | 輾 | 구를 전 | zhǎn, niǎn |

**丨**

| | | | |
|---|---|---|---|
| 龇 | 齜 | 이 갈림 재 | chā, xià |
| 龈 | 齦 | 잇몸 은 | yín, kěn |
| 鹝 | 鶪 | 때까치 격 | jú |
| 颗 | 顆 | 낟알 과 | kē |
| 瞜 | 瞜 | 주시할 루 | lōu |
| 暧 | 曖 | 가릴 애 | ài |
| 鹖 | 鶡 | 할단 할 | hé |
| 踌 | 躊 | 머뭇거릴 주 | chóu |
| 踊 | 踴 | 뛸 용 | yǒng |
| 蜡 | 蠟 | 밀 랍 | là |
| 蝈 | 蟈 | 청개구리 괵 | guō |
| 蝇 | 蠅 | 파리 승 | yíng |
| 蝉 | 蟬 | 매미 선 | chán |
| 鹗 | 鶚 | 물수리 악 | è |
| 嘤 | 嚶 | 새소리 앵 | yīng |
| 黑 | 羆 | 큰곰 비 | pí, bì, peī |
| 赙 | 賻 | 부의 부 | fù |
| 罂 | 罌 | 양병 앵 | yīng |
| 赚 | 賺 | 속일 잠 | zhuàn, zuàn |
| 鹘 | 鶻 | 송골매 홀 | gú |

**丿**

| | | | |
|---|---|---|---|
| 锲 | 鍥 | 낫 결 | jié, qì, qié |
| 锴 | 鍇 | 쇠 개 | jiē, jiē |
| 锶 | 鍶 | 무쇠그릇 송 | sōng |
| 锷 | 鍔 | 칼날 악 | è |
| 锹 | 鍬 | 가래 초 | qiū |
| 锸 | 鍤 | 가래 삽 | chá |
| 锻 | 鍛 | 쇠 불릴 단 | duàn |
| 锼 | 鎪 | 아로새길 수 | sōu |
| 镮 | 鐶 | 무게 단위 환 | huǎn, huán |
| 锵 | 鏘 | 금옥소리 장 | qiāng, hēng |
| 镀 | 鍍 | 도금할 도 | dù |
| 镁 | 鎂 | 마그네슘 미 | měi |
| 镂 | 鏤 | 새길 루 | lòu |
| 镃 | 鎡 | 호미 자 | zī |
| 镄 | 鐨 | 페르뮴 비 | bì |
| 鹙 | 鶖 | 무수리 추 | qiū |
| 稳 | 穩 | 평온할 온 | wěn |
| 簀 | 簀 | 살평상 책 | zé, zhài |
| 箧 | 篋 | 상자 협 | qiè |

| | | | |
|---|---|---|---|
| 箨 | 籜 | 대꺼풀 탁 | tuò |
| 箩 | 籮 | 키 라 | luó |
| 箪 | 簞 | 대광주리 단 | dān |
| 簶 | 籙 | 책상자 록 | lù |
| 箫 | 簫 | 퉁소 소 | xiāo |
| 舆 | 輿 | 수레 여 | yú |
| 膑 | 臏 | 종지뼈 빈 | bìn, bǐn, pǐn |
| 鲑 | 鮭 | 복 규 | guī |
| 鲒 | 鮚 | 대합 길 | jié, jí, qiè |
| 鲔 | 鮪 | 다랑어 유 | yǒu |
| 鲖 | 鮦 | 가물치 동 | tóng |
| 鲗 | 鰂 | 오징어 즉 | zéi |
| 鲙 | 鱠 | 회 회 | kuài |
| 鲚 | 鱭 | 제어 제 | jī |
| 鲛 | 鮫 | 상어 교 | jiāo |
| 鲜 | 鮮 | 고울 선 | xiān, xiǎn |
| 鲟 | 鱘 | 칼철갑상어 심 | xún |
| 馑 | 饉 | 흉년들 근 | jǐn |
| 馒 | 饅 | 만두 만 | mán |

**丶**

| | | | |
|---|---|---|---|
| 銮 | 鑾 | 방울 란 | luán |
| 瘗 | 瘞 | 묻을 예 | yì |
| 瘘 | 瘻 | 부스럼 루 | lòu |
| 阚 | 闞 | 바라볼 감 | kàn, kǎn |
| 鲞 | 鯗 | 건어 상 | xiǎng |
| 糁 | 糝 | 나물죽 삼 | shēn, sǎn, sǎn |
| 鹚 | 鷀 | 가마우지 자 | zē |
| 潇 | 瀟 | 비바람칠 소 | xiāo |
| 潋 | 瀲 | 물 벌창할 렴 | liàn |
| 潍 | 濰 | 물 이름 유 | wéi |
| 赛 | 賽 | 굿할 새 | sài |
| 窭 | 窶 | 가난할 구 | jù |
| 谭 | 譚 | 이야기 담 | tán |
| 谮 | 譖 | 참소할 참 | jiàn, zèn |
| 禬 | 襀 | 끈 괴 | kuì, huì |
| 褛 | 褸 | 남루할 루 | lǚ |
| 谯 | 譙 | 꾸짖을 초 | qiáo, qiào, huí |
| 谰 | 讕 | 헐뜯을 란 | làn, lān, lǎn |
| 谱 | 譜 | 족보 보 | pǔ |
| 谲 | 譎 | 속일 휼 | jué |

**乛**

| | | | |
|---|---|---|---|
| 鹛 | 鶥 | 왜가리 미 | méi |

| 嫱 | 嫱 | 궁녀 장 | qiáng |
|---|---|---|---|
| 鹜 | 鶩 | 집오리 목 | wù |
| 缥 | 縹 | 옥색 표 | piāo |
| 缦 | 縵 | 비단 만 | màn |
| 骡 | 騾 | 노새 라 | luó |
| 缨 | 纓 | 갓끈 영 | yīng |
| 骢 | 驄 | 총이말 총 | cōng |
| 缩 | 縮 | 다스릴 축 | suō, sù |
| 缪 | 繆 | 얽을 무 | móu, miào |
| 缫 | 繅 | 고치 켤 소 | xiāo |

**15획** 一

| 耧 | 樓 | 농기구 루 | lóu |
|---|---|---|---|
| 璎 | 瓔 | 구슬 목걸이 영 | yīng |
| 叇 | 靆 | 구름 낄 체 | dài |
| 撵 | 攆 | 쫓을 련 | niǎn |
| 撷 | 擷 | 딸 힐 | xié |
| 撺 | 攛 | 던질 찬 | cuān, cuàn |
| 聩 | 聵 | 배냇귀머거리 외 | kuì |
| 聪 | 聰 | 귀밝을 총 | cōng |
| 觐 | 覲 | 뵈올 근 | jìn |
| 鞑 | 韃 | 종족 이름 달 | dá, tà |
| 鞒 | 鞽 | 장대 교 | jiāo |
| 蕲 | 蘄 | 풀 이름 기 | qí |
| 蕴 | 蘊 | 쌓을 온 | yùn |
| 樯 | 檣 | 돛대 장 | qiáng |
| 樱 | 櫻 | 앵두 앵 | yīng |
| 飘 | 飄 | 회오리바람 표 | piāo |
| 靥 | 厴 | 보조개 엽 | yiè |
| 魇 | 魘 | 가위눌릴 염 | yàn |
| 餍 | 饜 | 물릴 염 | yàn, yián, yiàn |
| 霉 | 黴 | 곰팡이 미 | méi |
| 辘 | 轆 | 도르래 록 | lù |

丿

| 龉 | 齬 | 어긋날 어 | yǔ |
|---|---|---|---|
| 龊 | 齪 | 악착할 착 | chuò |
| 觑 | 覷 | 볼 처 | qù |
| 瞒 | 瞞 | 속일 만 | mán |
| 题 | 題 | 제목 제 | tí |
| 颙 | 顒 | 공경할 옹 | yóng |
| 踬 | 躓 | 넘어질 지 | zhí, zhì |
| 踯 | 躑 | 머뭇거릴 척 | zhí |
| 蝾 | 蠑 | 영원 영 | róng |

| 蝼 | 螻 | 땅강아지 루 | lóu, lòu, lú |
|---|---|---|---|
| 噜 | 嚕 | 아까워할 로 | lū |
| 嘱 | 囑 | 부탁할 촉 | zhǔ |
| 颛 | 顓 | 전단할 전 | zhuān |

丿

| 镊 | 鑷 | 족집게 섭 | niè |
|---|---|---|---|
| 镇 | 鎮 | 진압할 진 | zhèn |
| 镉 | 鎘 | 다리굽은솥 력 | lì |
| 镗 | 鏜 | 창 당 | tǎng |
| 镍 | 鎳 | 니켈 얼 | niè |
| 镏 | 鎦 | 죽일 류 | liú |
| 镐 | 鎬 | 호경 호 | gǎo, hào |
| 镑 | 鎊 | 깎을 방 | bàng, bǎng, pàng |
| 镒 | 鎰 | 중량 일 | yì |
| 镓 | 鎵 | 갈륨 가 | jiā |
| 镔 | 鑌 | 정련한 쇠 빈 | bīn |
| 篑 | 簣 | 삼태기 궤 | kuì, kuài |
| 篓 | 簍 | 대 채롱 루 | lǒu, lóu, lú |
| 氇 | 氌 | 융병아리 체 | tī |
| 鹡 | 鶺 | 할미새 척 | jí |
| 鹞 | 鷂 | 새매 요 | yào, yáo |
| 鲠 | 鯁 | 생선뼈 경 | gěng |
| 鲡 | 鱺 | 뱀장어 리 | lí, lǐ |
| 鲢 | 鰱 | 연어 련 | lián |
| 鲣 | 鰹 | 큰 가물치 견 | jiān |
| 鲥 | 鰣 | 준치 시 | shí |
| 鲤 | 鯉 | 잉어 리 | lǐ |
| 鲦 | 鰷 | 피라미 조 | tiáo, xiǎo |
| 鲧 | 鯀 | 물고기 이름 곤 | gǔn |
| 鲩 | 鯇 | 잉어 환 | huán, huǎn |
| 鲫 | 鯽 | 붕어 즉 | jì, zé |
| 馔 | 饌 | 반찬 찬 | zhuàn |

丶

| 瘪 | 癟 | 날지 못할 별 | biě, biē, blě |
|---|---|---|---|
| 瘫 | 癱 | 사지 틀릴 탄 | tān |
| 齑 | 齏 | 회 제 | jí |
| 颜 | 顏 | 얼굴 안 | yán |
| 鹣 | 鶼 | 비익조 겸 | jiān |
| 鲨 | 鯊 | 상어 사 | shā, sà |
| 澜 | 瀾 | 큰 물결 란 | lán |
| 额 | 額 | 이마 액 | é |

| 谳 | 讞 | 평의할 얼 | yàn, ní, yǎn |
|---|---|---|---|
| 褴 | 襤 | 누더기 람 | lán |
| 谴 | 譴 | 꾸짖을 견 | qiǎn |
| 鹤 | 鶴 | 학 학 | hè, háo, mò |
| 谵 | 譫 | 헛소리 섬 | tà, zhé, zhàn |

乛

| 屦 | 屨 | 신발 구 | jù |
|---|---|---|---|
| 缬 | 纈 | 홀치기염색 힐 | xié |
| 缭 | 繚 | 감길 료 | liáo |
| 缮 | 繕 | 기울 선 | shàn |
| 缯 | 繒 | 비단 증 | zēng, zèng |

**16획** 一

| 擞 | 擻 | 차릴 수 | sǒu, sòu |
|---|---|---|---|
| 颞 | 顳 | 관자놀이 섭 | niè |
| 颟 | 顢 | 얼굴 클 만 | mán |
| 薮 | 藪 | 늪 수 | sǒu |
| 颠 | 顛 | 정수리 전 | diān |
| 橹 | 櫓 | 큰 방패 로 | lǔ |
| 橼 | 櫞 | 연나무 연 | yuán |
| 鹥 | 鷖 | 갈매기 예 | yī, yì |
| 赝 | 贗 | 가짜 안 | yàn |
| 飙 | 飆 | 폭풍 표 | biāo |
| 飚 | 飈 | 폭풍 표 | biāo |
| 豮 | 豶 | 거세한돼지 분 | fén |
| 錾 | 鏨 | 끌 참 | jiàn, zhàn |
| 辙 | 轍 | 수레바퀴자국 철 | zhé |
| 辚 | 轔 | 수레소리 린 | lín |

丿

| 磋 | 磼 | 소금 차 | cuó, cǎ, cǎi |
|---|---|---|---|
| 鹦 | 鸚 | 앵무새 앵 | yīng |
| 赠 | 贈 | 보낼 증 | zèng |

丿

| 镨 | 鐯 | 괭이 작 | zhuó |
|---|---|---|---|
| 镖 | 鏢 | 칼끝 표 | biāo |
| 镗 | 鏜 | 종고 소리 당 | tāng |
| 镘 | 鏝 | 흙손 만 | màn |
| 镚 | 鏰 | 동전 붕 | bēng |
| 镛 | 鏞 | 큰 종 용 | yōng |
| 镜 | 鏡 | 거울 경 | jìng |
| 镝 | 鏑 | 화살촉 적 | dī, dí |
| 镞 | 鏃 | 화살촉 족 | zú |

| 毹 | 毺 | 모직물 로 | lú |
|---|---|---|---|
| 赞 | 贊 | 도울 찬 | zàn |
| 穑 | 穡 | 거둘 색 | sè |
| 篮 | 籃 | 큰 등롱 람 | lán |
| 篱 | 籬 | 울타리 리 | lí |
| 魉 | 魎 | 도깨비 량 | liǎng |
| 鲭 | 鯖 | 청어 청 | qīng, zhēng |
| 鲮 | 鯪 | 천산갑 릉 | líng |
| 鲰 | 鯫 | 뱅어 추 | qū |
| 鲱 | 鯡 | 곤이 비 | fēi |
| 鲲 | 鯤 | 곤이 곤 | kūn |
| 鲳 | 鯧 | 병어 창 | chāng |
| 鲵 | 鯢 | 도롱농 예 | ní |
| 鲶 | 鯰 | 메기 점 | niàn |
| 鲷 | 鯛 | 도미 조 | diāo |
| 鲸 | 鯨 | 고래 경 | jīng |
| 鲻 | 鯔 | 숭어 치 | zī |
| 獭 | 獺 | 수달 달 | tǎ |

丶

| 鹧 | 鷓 | 자고 자 | zhè |
|---|---|---|---|
| 瘿 | 癭 | 혹 영 | yǐng, yīng |
| 瘾 | 癮 | 두드러기 은 | yǐn |
| 斓 | 斕 | 아롱질 란 | lán |
| 辩 | 辯 | 말 잘할 변 | biàn |
| 濑 | 瀨 | 여울 뢰 | lài |
| 濒 | 瀕 | 물가 빈 | bīn |
| 懒 | 懶 | 게으를 라 | lǎn |
| 黉 | 黌 | 글방 횡 | hēng |

乛

| 鹨 | 鷚 | 종달새 류 | liáo, liú, liù |
|---|---|---|---|
| 颡 | 顙 | 이마 상 | sǎng, sāng |
| 缰 | 繮 | 고삐 강 | jiāng |
| 缱 | 繾 | 곡진할 견 | juǎn |
| 缲 | 繰 | 비단 조 | qiāo, sāo, zǎo |
| 缳 | 繯 | 엷은 비단 환 | huán |
| 缴 | 繳 | 주살의 줄 격 | jiǎo, jǐ, juè |

**17획** 一

| 藓 | 蘚 | 이끼 선 | xiǎn |
|---|---|---|---|
| 鹩 | 鷯 | 뱁새 료 | liáo, liào |

丿

| 龋 | 齲 | 충치 우 | qǔ |
|---|---|---|---|

| | | | |
|---|---|---|---|
| 矚 | 矚 | 볼 촉 | zhǔ |
| 蹣 | 蹣 | 비틀거릴 반 | mán, pán |
| 躡 | 躡 | 밟을 섭 | niè |
| 蠨 | 蠨 | 갈머리 소 | xiāo |
| 嚂 | 嚂 | 으르렁거릴 함 | gǎn |
| 羈 | 羈 | 굴레 기 | jī |
| 贍 | 贍 | 넉넉할 섬 | shàn |

**丿**

| | | | |
|---|---|---|---|
| 鐐 | 鐐 | 은 료 | liáo |
| 鏷 | 鏷 | 무쇠 박 | pú |
| 鑪 | 鑪 | 루테튬 로 | lú |
| 鐓 | 鐓 | 창고달 대 | dūn, duì |
| 斕 | 斕 | 금채색 란 | lán, làn |
| 鐥 | 鐥 | 낫 선 | shān, shàn |
| 鐠 | 鐠 | 모포 보 | pǔ |
| 鏹 | 鏹 | 돈 강 | qiǎng, jiǎng |
| 鐙 | 鐙 | 등자 등 | dēng |
| 籪 | 籪 | 통발 단 | duàn |
| 鷦 | 鷦 | 뱁새 초 | jiāo |
| 鰆 | 鰆 | 물고기이름 춘 | chūn |
| 鰈 | 鰈 | 가자미 접 | dié, diē, qiē, tà |
| 鱨 | 鱨 | 자가사리 상 | cháng |
| 鰓 | 鰓 | 아가미 새 | sāi |
| 鰛 | 鰛 | 정어리 온 | wēn |
| 鰐 | 鰐 | 악어 악 | è |
| 鰍 | 鰍 | 미꾸라지 추 | qiū |
| 鰒 | 鰒 | 전복 복 | fù |
| 鰉 | 鰉 | 용상어 황 | huáng |
| 鰌 | 鰌 | 미꾸라지 추 | qiū, qiú |
| 鯿 | 鯿 | 방어 편 | biān |

**丶**

| | | | |
|---|---|---|---|
| 鷙 | 鷙 | 수리 취 | jìu |
| 辮 | 辮 | 땋을 변 | biàn |
| 贏 | 贏 | 이익 남을 영 | yíng |
| 懣 | 懣 | 번민할 만 | mèn, mán |

**乛**

| | | | |
|---|---|---|---|
| 鷸 | 鷸 | 도요새 휼 | yù |
| 驟 | 驟 | 달릴 취 | zhòu |

## 18획 一

| | | | |
|---|---|---|---|
| 鰲 | 鰲 | 자라 오 | áo |
| 韉 | 韉 | 언치 천 | jiān |

| | | | |
|---|---|---|---|
| 魘 | 魘 | 검정사마귀 염 | yǎn, yàn |

**丨**

| | | | |
|---|---|---|---|
| 顥 | 顥 | 클 호 | hào |
| 鷺 | 鷺 | 해오라기 로 | lū |
| 囂 | 囂 | 들낼 효 | xiāo |
| 髏 | 髏 | 해골 루 | lóu |

**丿**

| | | | |
|---|---|---|---|
| 鑊 | 鑊 | 가마 확 | huò |
| 鐳 | 鐳 | 병 뢰 | léi |
| 鐶 | 鐶 | 고리 환 | huán |
| 鐲 | 鐲 | 방울 탁 | zhuó |
| 鐮 | 鐮 | 낫 겸 | lián |
| 鐿 | 鐿 | 이테르븀 의 | yì |
| 讎 | 讎 | 짝 수 | chóu |
| 讐 | 讐 | 짝 수 | chóu, shòu |
| 鰥 | 鰥 | 환어 환 | guān |
| 鰭 | 鰭 | 지느러미 기 | qí |
| 鰨 | 鰨 | 가자미 탑 | tǎ, tà, nà |
| 鰜 | 鰜 | 넙치 겸 | jiān |

**丶**

| | | | |
|---|---|---|---|
| 鸇 | 鸇 | 새매 전 | zhān, zhen |
| 鷹 | 鷹 | 매 응 | yīng |
| 癩 | 癩 | 약물중독 라 | lài |
| 羴 | 羶 | 웃는 모양 천 | chán |
| 讌 | 讌 | 잔치 연 | yàn |

**乛**

| | | | |
|---|---|---|---|
| 鷿 | 鷿 | 농병아리 벽 | pì, bò |

## 19획 一

| | | | |
|---|---|---|---|
| 攢 | 攢 | 모일 찬 | zǎn, zuàn, cuán |
| 靄 | 靄 | 아지랑이 애 | ǎi |

**丨**

| | | | |
|---|---|---|---|
| 鷩 | 鷩 | 금계 별 | biē |
| 躥 | 躥 | 솟을 찬 | cuān |
| 巔 | 巔 | 산꼭대기 전 | diàn |
| 髖 | 髖 | 허리뼈 관 | kuān, kūn |
| 髕 | 髕 | 종지뼈 빈 | bìn |

**丿**

| | | | |
|---|---|---|---|
| 鑔 | 鑔 | 동발 찰 | chá |
| 籟 | 籟 | 세구멍통소 뢰 | lài |
| 鰵 | 鰵 | 대구 민 | mǐn |
| 鰳 | 鰳 | 준치 륵 | lè |

| | | | |
|---|---|---|---|
| 鰾 | 鰾 | 부레 표 | biǎo |
| 鱈 | 鱈 | 대구 설 | xuě |
| 鰻 | 鰻 | 뱀장어 만 | mán |
| 鱅 | 鱅 | 전어 용 | yóng |
| 鰼 | 鰼 | 미꾸라지 습 | xí |

**丶**

| | | | |
|---|---|---|---|
| 顫 | 顫 | 놀랄 전 | chàn, zhàn |
| 癬 | 癬 | 마른 옴 선 | xuǎn |
| 讒 | 讒 | 참서 참 | chán |

**乛**

| | | | |
|---|---|---|---|
| 驥 | 驥 | 천리마 기 | jì |
| 纘 | 纘 | 이을 찬 | zuǎn |

## 20획 一

| | | | |
|---|---|---|---|
| 瓚 | 瓚 | 제기 찬 | zàn |
| 鬢 | 鬢 | 살쩍 빈 | bìn |
| 顬 | 顬 | 관자놀이 움직일 유 | rú |

**丨**

| | | | |
|---|---|---|---|
| 鼉 | 鼉 | 악어 타 | tà |
| 黷 | 黷 | 더럽힐 독 | dú |

**丿**

| | | | |
|---|---|---|---|
| 鑣 | 鑣 | 재갈 표 | biāo |
| 鑞 | 鑞 | 땜납 랍 | là |
| 臜 | 臢 | 언청이 잠 | zān |
| 鱖 | 鱖 | 쏘가리 궤 | guì, jué, wǎn |
| 鱔 | 鱔 | 두렁허리 선 | shàn |
| 鱗 | 鱗 | 비늘 린 | lín |
| 鱒 | 鱒 | 송어 준 | zūn, zùn |

**乛**

| | | | |
|---|---|---|---|
| 驤 | 驤 | 머리 들 양 | xiāng |

## 21획

| | | | |
|---|---|---|---|
| 顰 | 顰 | 찡그릴 빈 | pín |
| 躪 | 躪 | 짓밟을 린 | lìn |
| 鱧 | 鱧 | 가물치 례 | lǐ |
| 鱣 | 鱣 | 철갑상어 전 | zhān |
| 癲 | 癲 | 미칠 전 | diān |
| 贛 | 贛 | 줄 공 | gàn, gǎn |
| 灝 | 灝 | 넓을 호 | hào |

## 22획

| | | | |
|---|---|---|---|
| 鸛 | 鸛 | 황새 관 | huān, huán |

| | | | |
|---|---|---|---|
| 鑲 | 鑲 | 거푸집 속 양 | xiāng, niáng |

## 23획

| | | | |
|---|---|---|---|
| 趲 | 趲 | 놀라흩어질 찬 | zǎn, zàn |
| 顴 | 顴 | 광대뼈 관 | quán |
| 躦 | 躦 | 걸터앉을 찬 | zuān, cuó |

## 25획

| | | | |
|---|---|---|---|
| 钁 | 钁 | 괭이 곽 | jué |
| 饢 | 饢 | 처먹을 낭 | nǎng, áng |
| 戇 | 戇 | 어리석을 당 | zhuàng, gàng |

| | | | |
|---|---|---|---|
| 가 | 家佳街可歌加價假架暇嘉嫁稼賈駕伽迦柯呵哥枷珂痂苛茄袈訶跏軻哿斝牁珈坷斝榎檟笳舸葭謌 | 격 | 格擊激隔檄膈覡挌毄闃骼鬲鵙 |
| 각 | 各角脚閣却覺刻珏恪殼慤(愨)卻咯垎推擱桷 | 견 | 犬見堅肩絹遣牽鵑甄繭譴狷畎筧縳繾羂蠲鰹 |
| 간 | 干間看刊肝幹簡姦懇艮侃杆(桿)玕竿揀諫墾栞奸柬澗磵稈艱矸偘癇(癎)慳斡秆忓茛衎赶迁齦 | 결 | 決結潔(潔)缺訣抉契絜迼玦鍥觖闋 |
| | | 겸 | 兼謙鎌慊箝鉗嗛槏傔岭拑歉縑蒹黚鼸 |
| 갈 | 渴葛乫喝曷碣竭褐蝎鞨噶楬秸羯蠍 | 경 | 京(亰)景(暻)經庚耕敬輕驚慶競竟境鏡頃傾硬警徑卿(卿)倞鯨坰耿更炅梗憬璟(璄)擎瓊儆倲俓涇 |
| 감 | 甘減感敢監鑑(鑒)勘堪瞰坎嵌憾戡柑橄疳紺邯龕玲坩埳嵁弇憨撼欿歛泔淦澉矙轗醂鹹 | | |
| | | | 莖勁逕潁冏(囧)勍烱璥痙磬絅脛冂檠(橄)頸鶊涇憼莖瞏奲到哽悙扃熒鎣畊競綆罄褧謦穎駉鯁黥 |
| 갑 | 甲鉀匣岬胛閘 | 계 | 癸季界(堺)計溪鷄系係戒械繼契桂啓階繫誡烓屆悸棨稽谿(磎)堦瘈禊綮縘闙薊雞髻 |
| 강 | 江降講強(强)康剛綱鋼(鎠)杠堈岡(崗)姜橿彊慷畺疆糠絳羌腔舡薑鱇孃踣襁(褽)玒顜茳鏹傋壃忼悾扛殭矼穅繈罡羫豇韁 | | |
| | | 고 | 古故固苦高考(攷)告枯姑庫孤鼓稿顧叩敲暠呱皐(皋)尻拷槁沽痼睾羔股膏苽菰藁蠱袴誥賈辜錮雇杲鼓估涸刳栲槹櫜牯盬瞽稾箍篙糕罟羖翶胯觚詁郜酤鈷靠鴣 |
| 개 | 改皆個(箇)開介慨概蓋(盖)价凱愷漑塏愾疥芥豈鎧玠剴匃揩槩磕闓 | | |
| 객 | 客喀 | | |
| 갱 | 更坑粳羹硜賡鏗 | 곡 | 谷曲穀哭斛梏鵠嚳槲觳穀觳縠 |
| 갸 | 醵 | 곤 | 困坤昆崑琨錕梱棍滾袞(衮)鯤堃崐悃捆緄褌禪閫髡鵾鶤齫 |
| 거 | 去巨居車擧距拒據渠遽鉅炬倨据祛踞鋸駏呿昛秬筥胠腒苣莒蕖蘧袪裾 | | |
| | | 골 | 骨汨滑搰榾鶻 |
| 건 | 建(建)乾(漧)件健巾虔楗鍵愆腱騫蹇搴湕踺揵犍腱褰謇鞬 | 공 | 工功空共公孔供恭攻恐貢珙控拱蚣鞏龔倥崆控箜蚞蛩贛跫釭槓 |
| | | 곳 | 串 |
| 걸 | 傑(杰)乞桀乬揭榤 | 과 | 果課科過誇寡菓跨鍋顆戈瓜侉堝夥夸撾猓稞窠蝌裹踝銙騍 |
| 검 | 儉劍(劒)檢瞼鈐黔撿芡 | | |
| | | 곽 | 郭廓槨藿椁癨霍鞹 |
| 겁 | 劫怯迲刦刧 | 관 | 官觀關館(舘)管貫慣冠寬(寬)款琯錧灌瓘梡串棺罐菅涫輨卝爟盥裸窾 |
| 게 | 揭偈憩 | | |
| | | 관 | 筦綰鑵蒄顴髖鸛 |

|  |  |
|---|---|
| 녕 | 寧(甯)獰佞儜嚀濘 |
| 노 | 怒奴努弩瑙駑譑呶帑猫猱笯臑 |
| 농 | 農膿濃儂噥穠醲 |
| 뇌 | 腦惱餒 |
| 뇨 | 尿鬧撓嫋嬲淖鐃 |
| 누 | 耨啂 |
| 눈 | 嫩 |
| 눌 | 訥吶肭 |
| 뉴 | 紐 鈕杻袗忸 |
| 뉵 | 衄 |
| 능 | 能 |
| 니 | 泥尼柅濔膩馜懥呢怩祢禰 |
| 닉 | 匿溺 |
| 닐 | 昵暱 |
| 다 | 多(夛)茶爹案槎茤觰 |
| 단 | 丹但單短端旦段壇檀斷團緞鍛亶彖湍簞蛋袒鄲煓疸担博椴溥癉耑胆股蝓 |
| 달 | 達撻澾獺疸妲怛闥靼韃 |
| 담 | 談淡擔譚膽澹覃啖坍儋曇湛痰聃燾錟潭倓啿埮炎儃啗噉墰壜毯禫罎薝郯黮黲 |
| 답 | 答畓踏沓遝 |
| 당 | 堂當唐糖黨塘鐺撞幢戇棠螳倘儻搪溏瑭瑒瞠磄螗襠譡鏜餳餹 |
| 대 | 大代待對帶臺(坮)貸隊垈玳袋戴擡(抬)旲岱黛旲嚍儓懟汏碓轛 |
| 댁 | 宅 |
| 덕 | 德(悳·徳) |
| 도 | 刀到度道島(嶋)徒圖倒都桃挑跳逃渡陶途稻導盜塗堵棹濤燾禱鍍蹈屠悼掉搗櫂淘滔睹萄覩賭韜弢裯鋾李稌叨璹弢忉掏搯擣檮洮涂裧芺酴闍韜饕 |
| 독 | 讀獨毒督篤瀆牘犢禿纛櫝黷 |
| 돈 | 豚敦墩惇噋燉頓旽沌焞 弴潡躉 |
| 돌 | 突乭咄堗 |
| 동 | 同(仝)洞童冬東動銅凍棟董潼峒瞳蝀憧疼胴桐朣曈彤烔橦勭侗僮哃峝涷艟苳茼董 |
| 두 | 斗豆頭杜枓兜痘竇荳讀逗阧抖斁肚脰蚪蠹陡 |
| 둔 | 鈍屯遁臀芚遯窀迍 |
| 둘 | 乧 |
| 득 | 得 |
| 등 | 等登燈騰藤謄鄧嶝橙凳墱滕磴籐縢螣鐙 |
| 라 | 羅螺喇懶癩蘿裸邏剆覶攞菠鑼儸砢贏倮囉曪瘰騾贏 |
| 락 | 落樂絡珞酪烙駱洛雒犖 |
| 란 | 卵亂蘭欄瀾瓓丹欒鸞爛鑾嬾幱攔欒襴闌 |
| 랄 | 剌辣埒粹 |
| 람 | 覽濫嵐攬(擥·㩜)欖籃纜襤藍婪灆婪漤欖㘓惏 |
| 랍 | 拉臘蠟鑞 |
| 랑 | 浪郎(郞)廊琅瑯狼朗烺蜋(螂)庲駺榔閬硠稂莨 |
| 래 | 來(来·逨)崍萊徠淶騋 |
| 랭 | 冷 |
| 략 | 略掠畧 |
| 량 | 良兩量涼(凉)梁糧(粮)諒亮倆樑粱輛踉俍喨悢踉魎 |
| 려 | 旅麗慮勵呂侶閭黎儷廬戾梠濾礪藜蠣驢驪曞儢厲唳梩癘糲膂臚盠邌鑢 |
| 력 | 力歷曆瀝礫轢靂攊櫟櫪癧轢酈 |
| 련 | 連練鍊憐聯戀蓮煉璉攣漣輦變臠楝湅孌鏈 |

256

| | | | |
|---|---|---|---|
| 련 | 揀鏈 | 리 | 哩嫠莅蜊螭狸邐魖黐漓 |
| 렬 | 列烈裂劣洌冽捩挒颲 | 린 | 鄰(隣)潾璘麟(鱗)吝燐藺躪鱗撛鏻獜橉獜粦蟒綝嶙悋磷驎躝轔 |
| 렴 | 廉濂簾斂殮瀲磏 | 림 | 林臨琳霖淋棽琳琳玲痳 |
| 렵 | 獵躐鬣 | 립 | 立笠粒砬岦 |
| 령 | 令領嶺零靈伶玲姈昤鈴齡怜囹笭羚翎聆逞泠澪岭(岺)呤另欞齝秴苓蛉輪鴒 | 마 | 馬麻磨瑪摩痲碼魔媽劘螞蟇麼 |
| 례 | 例禮(礼)隷澧醴隸鱧 | 막 | 莫幕漠寞膜邈瞙鏌 |
| 로 | 路露老勞爐魯盧鷺撈擄櫓潞瀘蘆輅鹵嚧璐虜(虜)櫨蕗潦瓐澇壚滷旅癆牢鸕艫艣轤鐪鑪顱髗鱸 | 만 | 萬(万)晩滿慢漫曼蔓鏋卍娩巒彎挽灣瞞輓饅鰻蠻墁嫚幔縵謾蹣鏝鬘 |
| 록 | 綠祿錄鹿彔碌菉麓淥漉簏轆簶 | 말 | 末茉乧抹沫襪靺秣帕 |
| 론 | 論 | 망 | 亡忙忘望(塱)茫妄罔網芒輞邙惘汒莽(莽)漭魍 |
| 롱 | 弄瀧瓏籠聾朧聾儱攏曨礱蘢隴 | 매 | 每買賣妹梅埋媒寐昧枚煤罵邁魅苺呆楳沬玫眛莓酶霉 |
| 뢰 | 雷賴(頼)瀨儡牢磊賂耒擂礧礌籟纇罍蕾誄酹 | 맥 | 麥脈貊陌驀狛貘 |
| 료 | 料了僚遼寮廖燎療瞭聊蓼嘹嫽撩暸潦獠繚膋醪鐐飂飅 | 맹 | 孟猛盟盲萌氓甍虻虻 |
| 룡 | 龍(竜)龒 | 멱 | 冪覓帲 |
| 루 | 屢樓累淚漏壘婁瘻縷蔞褸鏤陋僂嶁耬熡僂嘍螻髏 | 면 | 免勉面眠綿冕棉沔眄緬麪(麵)俛湎緜 |
| 류 | 柳留流類琉(瑠)劉硫瘤旒榴溜瀏謬橊綹蘲遛鶹 | 멸 | 滅蔑篾鱴 |
| 륙 | 六陸戮勠 | 명 | 名命明鳴銘冥溟暝椧皿瞑茗蓂螟酩慏洺明鳾 |
| 륜 | 倫輪侖崙(崘)綸淪錀圇掄 | 메 | 袂 |
| 률 | 律栗率慄嵂稞瑮溧 | 모 | 母毛暮某謀模貌募慕冒侮摸牟謨姆帽摹牡瑁眸耗芼茅矛橅耄慔侔姥媢媒悖旄皃眊毣蝥蟊髦 |
| 륭 | 隆癃窿 | 목 | 木目牧睦穆鶩沐苜 |
| 륵 | 勒肋泐 | 몰 | 沒歿 |
| 름 | 廩凜(凛)菻澟 | 몽 | 夢蒙朦懞懵曚濛濠瞢朦幪雺鸏 |
| 릉 | 陵綾菱稜凌楞(楞)倰菱 | 묘 | 卯妙(玅)苗廟墓描錨畝昴杳渺猫淼眇藐貓 |
| 리 | 里理利梨李吏離(离)履裏(裡)俚莉璃俐(悧)唎浬狸痢籬罹贏鯉浬釐(厘)蔽犛(犁)摛竻 | 무 | 戊茂武務無(无)舞貿霧拇珷畝撫懋巫憮楙母繆蕪誣鵡橅儛嘸廡膴鶩 |

| | |
|---|---|
| 묵 | 墨默嘿 |
| 문 | 門問聞文汶炆紋們刎吻紊蚊雯抆悗懣捫璊 |
| 물 | 勿物沕 |
| 미 | 米未味美尾迷微眉渼薇彌(弥)嵋媄媚嵄楣楣湄謎靡黴躾嫩瀰煝猸洣侎瑂眯瀰采蘪亹弭敉麋瀰獼麇麛茉蘼 |
| 민 | 民敏憫玟旻旼閔珉敃岷慜瞽愍(瑉·砇·碈)頤潣忞(忟)泯悶緡顒鈱脈閩旼罠瑉緍芪繁黽 |
| 밀 | 密蜜謐樒滵 |
| 박 | 泊拍迫朴博薄珀撲璞鉑舶剝樸箔粕縛膊雹駁亳欂髆鎛駮轉 |
| 반 | 反飯半般盤班返叛伴畔頒潘磐拌搬攀斑槃泮瘢盼磻礬絆蟠頒姅嫒扳攽胖頖螌 |
| 발 | 發拔髮潑鉢渤勃撥跋醱魃炦哱浡脖鈸鵓 |
| 방 | 方房防放訪芳傍妨倣邦坊彷昉厖榜尨旁枋滂磅紡肪膀舫旁蚌謗幫(帮)仿厐徬搒旐梆膀舽螃鎊髣魴 |
| 배 | 拜杯(盃)倍培配排輩背陪裴(裵)湃俳徘焙胚褙賠北蓓貝坏抔琲蓓 |
| 백 | 白百伯佰帛魄柏(栢)苩趄珀 |
| 번 | 番煩繁飜(翻)蕃幡樊燔磻藩繙膰蘩袢 |
| 벌 | 伐罰閥筏橃罰 |
| 범 | 凡犯範帆机氾范梵泛汎釩颿渢滼笵訉颿 |
| 법 | 法琺 |
| 벽 | 壁碧璧闢僻劈擘襞(藥)癖霹辟擗甓鐴襞鷿鼊 |
| 변 | 變辯辨邊卞弁便采忭抃邊胼骿辮駢骿鴘 |
| 별 | 別瞥鼈(鱉)徶馠莂驚龞勫炦彆 |
| 병 | 丙病兵竝(並)屛幷(并)併瓶輧鉼(餠)炳柄(棅)秉昞(昺)餠騈抦絣缾迸鉼 |

| | |
|---|---|
| 보 | 保步(歩)報普補譜堡甫輔菩潽洑寶(宝·珤·玞)輔菩潽洑湺褓俌圡晡盙簠葆靌鴇鸔 |
| 복 | 福伏服復腹複卜覆馥鍑僕匐宓茯葍輹輻鰒墣幞扑濮箙蔔蝠蝮鵩 |
| 본 | 本 |
| 볼 | 乶 |
| 봉 | 奉逢峯(峰)蜂封鳳俸捧琫烽棒蓬鋒熢縫漨(浲)芃丰夆蓬絳菶鵜 |
| 부 | 夫扶父富部婦否浮付符附府腐負副簿赴賦孚芙傅溥敷復不俯剖咐埠孵斧缶腑孵荂訃賻趺釜皁駙鳧膚俘娝抔柎掊枹桴玞砆祔裒踣鈇頫鮒麩 |
| 북 | 北 |
| 분 | 分紛粉奔墳憤奮汾芬盆吩噴忿扮盼焚糞賁雰体坌吩昐棻棻氛湓濆犇畚砏笨朌膹蕡轒翂坋 |
| 불 | 不佛拂彿弗茀祓紱艴韍韍髴韍 |
| 붕 | 朋崩鵬棚硼繃堋鬅漰 |
| 비 | 比非悲飛鼻備批卑婢碑妃肥費庇祕(秘)枇琵扉譬조匕匪憊斐榧昆沸泌毗(毘)痺砒秕緋翡脾臂菲蜚裨誹鄙棐庀棐霏俾馡伾仳刱圮埤妣屁庳悱椑沘淝淠濞狒痞痹睥篦紕羆腓芘萆菎蚍貔贔贔邳郫閟陴騑騛髀鼙 |
| 빈 | 貧賓頻彬(份)斌濱嬪穦儐璸玭嚬檳殯浜瀕牝邠繽豳霦贇鑌擯繽臏顰蘋矉鬢 |
| 빙 | 氷聘憑騁凭娉 |
| 사 | 四巳士仕寺史使舍射謝師死私絲思事司詞蛇捨邪賜斜詐社沙似査寫辭斯祀泗砂糸紗娑徙奢嗣赦午些伺俟僿唆柶梭渣瀉獅祠肆莎蓑裟飼駟簑篩傞剚卸咋姒楂榭汜痧皶竢笥覗駛紗鯊鰤 |
| 삭 | 削朔數索爍鑠搠槊蒴 |

| | | | |
|---|---|---|---|
| 산 | 山産散算珊傘刪汕疝蒜霰酸産祠憖剗姍彎橵濟潛狻㩉訕鏟 | 손 | 孫損遜巽蓀飧(飱) |
| 살 | 殺薩乷撒煞 | 솔 | 率帥乺帅衛窣蟀 |
| 삼 | 三參蔘杉衫滲芟森槮釤鬖 | 송 | 松送頌訟誦宋淞悚竦憽鬆 |
| 삽 | 揷(挿)澁鈒颯卅唼歃翣鍤霅霎 | 쇄 | 刷鎖(鏁)殺灑碎曬瑣 |
| 상 | 上尙常賞商相霜想傷喪嘗裳詳祥象像床桑狀償庠湘箱翔爽塽孀峠廂橡觴樣牀愀湬徜晑殤甞緗鎟顙鸘 | 쇠 | 衰釗 |
| 새 | 塞璽賽鰓 | 수 | 水手受授首守收誰須雖愁壽(寿)樹數修(脩)秀囚需帥殊隨輸獸睡邃垂搜洙琇銖粹穗(穂)繡隋髓袖嗽嫂岫(峀)戍漱燧狩璲瘦綏綬羞茱蒐蓚藪邃酬銹隧鬚鶴睟竪(堅)睟讎(讐)眭(濉)瓐宿汓瑪叟售廋晬叜泅溲瞍崇籔睟隨陲颼饈 |
| 색 | 色索嗇穡塞槭濇濏 | | |
| 생 | 生牲甥省笙眚鉎 | | |
| 서 | 西序書署敍(叙·敘)徐庶恕(㤕)暑緖誓逝抒舒瑞曙棲(栖·捿)壻(婿)惰墅犀諝(謂)嶼(㠡)筮絮胥(緈)薯鋤黍鼠與揟忞湑偦稰愁遾噬撕澨紓耡芧鉏 | | |
| | | 숙 | 叔淑宿孰熟肅塾琡璹橚夙潚菽俶儵婌驌鷫 |
| | | 순 | 順純旬殉循脣瞬巡洵珣荀筍舜淳焞諄錞醇徇恂栒楯橓蓴蕣詢馴盾峋姰畇侚肫眴紃肫駒鬊鶉 |
| | | 술 | 戌述術鉥絉絀 |
| 석 | 石夕昔惜席析釋碩奭汐淅晳(晰)祏鉐錫潟蓆舃鼫褯矽腊蜥 | 숭 | 崇嵩崧菘 |
| | | 쉬 | 倅淬焠 |
| | | 슬 | 瑟膝璱蝨譎虱 |
| 선 | 先仙線鮮善船選宣旋禪扇渲瑄愃墡膳(饍)繕琁璿璇羨嬋銑珗嫙僐敾煽癬腺蘚蟬譔跣鐥洒亘譔暶瑄洗尟亣歂筅綫譱鏇蘚騸鱓 | 습 | 習拾濕襲褶慴槢隰 |
| | | 승 | 乘承勝昇僧丞陞(阩)繩蠅升塍丞塍氶陹曻 |
| | | 시 | 市示是時詩施試始矢侍視柴恃匙嘶媤尸屎屍弑猜翅蒔著諟豕豺偲毸諰媞柹(柿·枾)愢禔淁諰眂緦兒厮偲塒廝枲漦緦翤豉釃鍉顋 |
| 설 | 雪說設舌薛楔屑泄洩渫藝齧蔎契离(卨)偰揲媟揲蓻燅碟稧絏 | | |
| 섬 | 纖暹蟾剡殲贍閃陝孅憸摻睒謄銛韱 | | |
| 섭 | 涉攝燮葉欆紲躞囁慴灄聂鑷顳 | 식 | 食式植識息飾栻埴殖湜軾寔拭熄篒蝕媳 |
| 성 | 姓性成城誠盛省聖(聖)聲星娍娀瑆惺醒宬猩筬腥胜成城誠盛睲騂晟(晠·晟) | 신 | 身申神臣信辛新伸晨愼紳莘薪迅訊侁呻娠宸燼腎藎蜃辰璶哂囟姺汛矧脤贐頤駪 |
| 세 | 世洗稅細勢歲貰笹說帨洒涗娧銴彗帨繐蛻 | 실 | 失室實(実)悉蟋 |
| | | 심 | 心甚深尋審沁沈瀋芯諶潯燖葚鐔鱘 |
| 소 | 小少所消素笑(咲)召昭蘇騷燒訴掃疏(疎)蔬沼炤紹邵韶巢遡(溯)柖玿嘯塑宵搔梳瀟瘙篠簫蕭逍銷愫穌(甦)卲劭衛璑霄(霄)傃俏佋嗉埽塐愬樔泝筱箾繅傺䐘艘蛸酥魈綃 | 십 | 十什拾 |
| 속 | 俗速續束粟屬涑謖贖洬遬 | | |

附錄

| | |
|---|---|
| 쌍 | 雙(双) |
| 씨 | 氏 |
| 아 | 兒(児)我牙芽雅亞(亜)餓娥峨(峩)啊妸俄啞莪蛾訝鴉鵝阿婀(娿)哦硪皒砑婭椏啊妿猗枒丫痾笌迓錏鵞 |
| 악 | 惡岳樂堊嶽幄愕握渥鄂鍔顎鰐齷偓咢噩腭萼覨諤鶚齶 |
| 안 | 安案(桉)顔眼岸雁(鴈)晏按鞍鮟贗姲婩矸侒鮟犴 |
| 알 | 謁斡軋閼嘎揠穵訐遏頞鴶 |
| 암 | 暗巖(岩)庵菴唵癌闇喦媕嵒晻腤葊蓭諳頷馣黯 |
| 압 | 壓押鴨狎 |
| 앙 | 仰央殃鴦怏秧昂(昻)卬坱盎泱 |
| 애 | 愛哀涯厓崖艾埃曖隘靄睚礙(碍)娭唉僾啀嗳娭崕挨捱欸漄獃皚睚靉磑薆藹靉騃 |
| 액 | 厄額液扼掖縊腋呃戹搤阸 |
| 앵 | 鶯櫻罌鸚嚶嫈罃 |
| 야 | 也夜野(埜)耶冶倻惹椰爺若揶(挪) |
| 약 | 弱若約藥躍葯蒻爚禴篛籥鑰鶸龠 |
| 양 | 羊洋養揚(敭)陽(昜)讓壤樣楊襄孃漾佯恙攘暘瀁煬痒瘍禳穰釀椋徉瀼烊癢眻蘘暢鑲颺驤 |
| 어 | 魚漁於語御圄瘀禦馭齬 唹衙圉敔淤飫 |
| 억 | 億憶抑檍臆繶 |
| 언 | 言焉諺彦(彥)偃堰嫣傿匽讞鄢鼴 |
| 얼 | 孼蘖 櫱(蘗)乻臬 |
| 엄 | 嚴(厳)奄俺掩儼淹龑崦<br>曮罨醃閹广 |
| 업 | 業業嶪鄴 |
| 에 | 恚曀 |

| | |
|---|---|
| 엔 | 円 |
| 여 | 余餘如汝與予輿歟璵礖艅茹轝好悆舁 |
| 역 | 亦易逆譯驛役疫域晹繹嶧懌淢閾 |
| 연 | 然煙(烟)硏延燃燕沿鉛宴軟(輭)演緣衍淵(渊)姸(妍)娟(娟)涓沇筵瑌娫嚥堧捐挻椽涎縯鳶臙硯(硏)嬿醼兗(兖)嬿莚瓀均戭困埏悁掾櫞涴臙蝡蠕讌 |
| 열 | 熱悅閱說咽潱噎 |
| 염 | 炎染鹽琰艶(艷)厭焰苒閻髥冉懕扊檿灩饜魘黶 |
| 엽 | 葉燁曄熀曅爗靨 |
| 영 | 永英迎榮(栄·荣)泳詠營影映(暎)渶煐瑛瑩瀯(濚)盈楹鍈嬰穎瓔咏塋嶸潁瀛纓霙嬴憕蠑朠浧瑩桯濚瘿譍碤縈贏郢 |
| 예 | 藝(埶·芸)豫譽銳預芮乂叡(睿·睿·叡)倪刈曳汭濊猊穢嫛詣霓堄槷玴嫕蓺蕊(蘂)蘖艾蓺羿瘞郳嫛帠涀兒囈瞖拽掜枘獩睨瞖緊翳蘙蚋蜺鯢鷖麑 |
| 오 | 五吾悟午誤烏汚嗚娛傲伍吳旿珸 |
| 오 | 晤奧俉塢墺寤惡懊敖熬獒筽蜈澳梧鼇(鰲)浯燠頫仵俁唔嗷噁圬嫯忤慠捂汙窹聱莫襖謷迃迕遨鏊鏖隩鰲鼯 |
| 옥 | 玉屋獄沃鈺 |
| 온 | 溫 瑥 媼 穩(穏)瘟 縕 蘊 榲 昷(昷)榲 轀 饂 媪 慍氳熅轀醞韞薀 |
| 올 | 兀杌嗢膃 |
| 옹 | 翁擁雍壅瓮甕癰邕饔喁廱滃癕禺罋蓊雝顒 |
| 와 | 瓦臥渦窩窪蛙蝸訛哇囮婐枙洼猧窊萵譌 |
| 완 | 完緩玩 垸浣莞琓琬婠婉宛梡椀碗翫脘腕豌阮頑妧岏鋺抏杬刓忨惋涴盌 |
| 왈 | 曰 |
| 왕 | 王往旺汪枉瀇迋 |

| | | | |
|---|---|---|---|
| 왜 | 倭娃歪矮媧 | 율 | 聿燏汩建潏泬喬颭 |
| 외 | 外畏嵬巍猥偎嵬葨渨煨碨魁聵隈 | 융 | 融戎瀜絨狨 |
| 요 | 要腰搖遙謠夭堯饒曜耀瑤樂姚僥凹妖嶢拗擾橈燿窈窯繇繞蟯邀暚偠喓坳墝嬈幺徭徼妖澆祆突窅葽遶鷂 | 은 | 恩銀隱垠殷誾(誾)溵珢慇憖听璁訢億圻蒑檼氤蒑泿蒽憖圁嶾癊濦罳哏狺癮訔鄞斷 |
| 욕 | 欲浴慾辱縟褥溽蓐 | 을 | 乙圪阢 |
| 용 | 用勇容庸溶鎔(熔)瑢榕蓉涌(湧)埇踴鏞茸墉甬俑傭慂聳傛槦宂(冗)彧嶰慵舂硧舂蛹踊 | 음 | 音吟飲陰淫蔭愔馨暗崟廕霒 |
| | | 읍 | 邑泣揖悒挹浥 |
| | | 응 | 應凝膺鷹鷹 |
| 우 | 于宇右牛友雨(宋)憂又尤遇羽郵愚偶優佑祐禹瑀寓隅玗釪迂霸肟盂祸紆芋藕虞雩打圩慪燠惆偊邘甒偶吁嵎庽杅疣旴竽耦耰譸踽鍝麀麌齵 | 의 | 衣依義議矣醫意宜儀疑倚誼毅擬懿椅饎薏蟻娥猗儗澄剴嶷欹漪礒饐螘 |
| 욱 | 旭昱煜郁項或勖栯燠稢稶(稶) | 이 | 二以已耳而異移夷珥伊易弛怡爾彝(彛)頤姨痍肄苡荑貽邇飴貳嫛杝胣姵珆鴯美匜佴廙咿尔栮洟訑迤隶 |
| 운 | 云雲運韻沄澐耘暈叾暈橒殞熉芸蕓隕篔(簹)賱員鄖頵惲紜霣韵 | | |
| 울 | 蔚鬱乭菀 | 익 | 益翼翊瀷謚翌煜弋鷁 |
| 웅 | 雄熊 | 인 | 人引仁(忈·忎)因忍認寅印姻咽湮絪茵蚓刃芒氵物璘靭(靱)𥘉(𥘉)氤臏儿諲濥裀戭朄洇禋裀 |
| 원 | 元原願遠園怨圓員(貟)源援院袁垣洹沅瑗媛嫄愿苑轅婉湲爰猿阮鴛褑朊杬鋺冤(寃)笎邍傆楥芫薗蜿謜騵鵷黿猨 | | |
| | | 일 | 一日逸(逸)溢鎰馹佾佚壹劮泆軼 |
| 월 | 月越鉞刖粵 | 임 | 壬任賃妊(姙)稔恁荏託誑絍衽鵀飪 |
| 위 | 位危爲偉威胃謂圍衛違委慰僞緯尉韋瑋暐渭魏萎葦蝟禕衞韡喟幃熨痿葳諉逶闈躗餧骪 | 입 | 入廿(卄) |
| | | 잉 | 剩仍孕芿媵 |
| 유 | 由油酉有猶唯遊柔遺幼幽惟維乳儒裕誘愈悠侑洧宥庾喩兪(俞)楡瑜猷濡(濡)釉愉柚攸釉瑈孺揄楢游瘉呦黝諛諭踰蹂逾鍮嚅婑囿牖婑婑羑浟牑莠蕕蚴蚰蝤褕黝羭鞣鮪 | 자 | 子字自者姉(姊)慈玆(茲)紫資姿恣刺仔滋磁藉瓷咨孜炙煮疵茨蔗諮雌秄襨呰嬨孖孳柘泚牸眦呰秄薐茈莿好觜訾訿赭鎡頿髭鮓鶿鶿粢 |
| | | 작 | 作昨酌爵灼勺雀鵲勹嚼斫炸綽焄雀怍柞汋焯犳碏 |
| | | 잔 | 殘孱棧潺盞剗驏 |
| 육 | 肉育堉毓儥 | 잠 | 潛(潜)暫箴岑簪蠶涔 |
| 윤 | 閏(閠·閨)潤尹允玧鈗阭胤(亂)贇贇昀鈞鋆橍沇 | 잡 | 雜卡囃眨磼襍 |
| | | 장 | 長章場將(将)壯(壮)丈張帳粧掌藏莊(庄)裝獎(奬)葬墻(牆)臟障 |

| | |
|---|---|
| 징 | 徵懲澄澂瀓癥瞪 |
| 차 | 且次此借差車叉瑳佗嵯嵯磋箚茶蹉遮硨齹<br>姹醝伮岔偨槎 |
| 착 | 着錯捉搾窄鑿齷戳擉齪 |
| 찬 | 贊(赞)讚(讚)撰纂粲澯燦璨瓚纘鑽竄<br>篡(纂)餐饌攢巑儧(賺)欑爋劗爨趲 |
| 찰 | 察札刹擦紮扎 |
| 참 | 參慘慙(慚)僭塹懺斬站讒讖儳巉巉憯攙槧<br>欃毚譖槧鑱饞驂黲 |
| 창 | 昌唱窓倉創蒼暢菖昶彰敞廠倡娼愴槍漲猖<br>瘡脹艙滄淌淐晿倀傖滄 |
| 창 | 刱悵悩戧搶瑲窗蹌鋹閶閶鶬 |
| 채 | 菜採彩債采埰寀蔡綵寨砦釵琗責棌婇睬茝 |
| 책 | 責冊(册)策柵嘖幘磔簀簀舴 |
| 처 | 妻處凄悽淒萋覷郪 |
| 척 | 尺斥拓戚陟倜刺剔擲滌瘠脊蹠隻墌(坧)<br>慼(慽)堉惕捗摭蜴跖躑 |
| 천 | 天千川泉淺賤踐遷薦仟阡喘擅玔穿舛釧闡<br>韆茜倩俔僐洊濺祆玔芊荐蕆辿韆 |
| 철 | 鐵(鉄)哲(喆)徹澈轍撤綴凸輟惙瞮剟啜垤<br>惙掇歠銕錣餮餮 |
| 첨 | 尖添僉瞻沾簽籤詹諂幨甜(甛)忝惉檐櫼瀸<br>簷襜 |
| 첩 | 妾帖捷堞牒疊睫諜貼輒倢呫喋怗褺 |
| 청 | 靑(青)淸(清)晴(晴)請(請)<br>廳聽菁鯖凊圊蜻鶄婧 |
| 체 | 體替遞滯逮締諦切剃涕諟玼棣彘嚔砌蒂髰<br>蔕疐 |
| 초 | 初草(艸)招肖超抄礎秒樵焦蕉楚剿哨憔梢椒<br>炒硝礁稍苕貂酢醋醮岧釧鈔俏髎偢僬噍嫶<br>峭燋怊悄愀杪燋綃秒誚譙趠軺迢鈔鍬鋢鞘<br>顦髫鷦韒 |

| | |
|---|---|
| 촉 | 促燭觸囑矗蜀矚爥矚萄躅髑 |
| 촌 | 寸村(邨)忖吋 |
| 총 | 銃總(総)聰(聡)寵叢悤憁摠蔥葱葼冢(塚)鏦<br>蚣 |
| 촬 | 撮 |
| 최 | 最催崔嘬摧榱漼璀磪縗脺 |
| 추 | 秋追推抽醜楸樞鄒錐錘墜椎湫皺芻諏趨<br>酋鎚雛騶鰍(鰌)僦啾娵帚惆捶揫搥甃瘳箠<br>簉縋縐菆陬佳<br>鞦騅魋雖鶖鶵龝穐 |
| 축 | 丑祝蓄畜築逐縮軸竺筑蹙蹴妯舳豕踧黿 |
| 춘 | 春椿瑃賰 |
| 출 | 出朮黜秫 |
| 충 | 充忠蟲(虫)衝珫沖(冲)衷忡 |
| 췌 | 萃悴膵贅惴揣瘁顇 |
| 취 | 取吹就臭醉趣翠聚嘴娶<br>炊脆驟冣橇毳 |
| 측 | 側測仄惻廁(厠)昃 |
| 층 | 層 |
| 치 | 治致齒値置恥熾峙雉馳侈嗤幟梔淄痔癡(痴)<br>緇緻蚩輜稚(穉)厄哆寘時痊絺薺薙褫豸跱<br>錙阤緇鴟鴙鵄 |
| 칙 | 則勅飭敕 |
| 친 | 親櫬襯 |
| 칠 | 七漆柒 |
| 침 | 針侵浸寢沈枕琛砧鍼梣寖忱椹梣鋟駸 |
| 칩 | 蟄 |
| 칭 | 稱秤 |
| 쾌 | 快夬噲 |
| 타 | 他打妥墮咤唾惰拖朶舵陀馱駝佗坨橢(楕)拕<br>柁沱詑詫跎躱驒鮀鴕鼉 |

| | | | |
|---|---|---|---|
| 탁 | 濁托濯卓度倬豹琸晫託擢鐸拓啄坼柝琢踔拆涿橐(槖)涿矺籜蘀逴 | 평 | 平評坪枰泙萍怦抨苹萍鮃 |
| 탄 | 炭歎彈誕吞坦灘嘆憚綻暺憻攤殫癱驒 | 폐 | 閉肺廢弊蔽幣陛吠斃獘敝狴獘癈 |
| 탈 | 脫奪侻 | 포 | 布抱包胞飽浦捕葡褒砲鋪佈匍匏咆哺圃怖暴泡疱脯苞蒲袍逋鮑抛(拋)儤庖晡暴炮炰誧鉋鞄餔鯆 |
| 탐 | 探貪耽眈嗿忐酖 | | |
| 탑 | 塔榻傝塌搨 | | |
| 탕 | 湯宕帑糖蕩燙盪碭薚 | 폭 | 暴爆幅曝瀑輻 |
| 태 | 太泰怠殆態汰兌台胎邰笞苔跆颱鈦珆鮐脫娧迨埭孡駘 | 표 | 表票標漂杓豹彪驃俵剽標瓢飄飆(飇)瞟僄勡嘌嫖摽殍熛縹裱鏢鑣髟鰾 |
| 택 | 宅澤擇垞 | 품 | 品稟 |
| 탱 | 撑撐掌 | 풍 | 風豐(豊)諷馮楓瘋 |
| 터 | 攄 | 피 | 皮彼疲被避披陂詖鞁髮 |
| 토 | 土吐討兔(兎) | 픽 | 腷 |
| 톤 | 噋 | 필 | 必匹筆畢弼泌珌苾秘鉍佖疋鉍觱斁咇潷篳蓽觱踾鞸韠鵯駜 |
| 통 | 通統痛桶慟洞筒恫樋筩 | | |
| 퇴 | 退堆槌腿褪頹隤 | 핍 | 乏逼偪 |
| 투 | 投透鬪偸套妬妒渝骰 | 하 | 下夏(昰)賀何河荷霞瑕廈(厦)蝦遐鰕呀煆碬閜嚇椵諕煆蕸歌抲嘏岈懗瘕罅鰕 |
| 퉁 | 佟 | | |
| 특 | 特慝忒 | 학 | 學(学)鶴壑虐謔嗃狢瘧皬确郝鷽 |
| 틈 | 闖 | 한 | 閑寒恨限韓漢旱汗澣瀚翰閒悍罕瀾瞯僩嫺櫚閼扞忓邗嫻捍嘆閈騢鷳骭 |
| 파 | 破波派播罷頗把巴芭琶坡杷婆擺爬跛叵妃岥怕灞爸玻皤笆簸耙菠葩鄱 | | |
| | | 할 | 割轄瞎 |
| 판 | 判板販版阪坂辦瓣鈑 | 함 | 咸含陷函涵艦喊檻緘鹹銜(啣)菡莟諴轞闞 |
| 팔 | 八叭捌朳汃 | 합 | 合哈盒蛤閤闔陝匌嗑柙榼溘盍部 |
| 패 | 貝敗浿佩牌唄悖沛狽稗霸(覇)孛旆珮霈 | 항 | 恒(恆)巷港項抗航亢沆姮(嫦)伉杭桁缸肛行降夯炕缿頏 |
| 팽 | 彭澎烹膨砰祊蟚蟛 | | |
| 퍅 | 愎 | 해 | 害海(海)亥解奚該偕楷諧咳垓孩懈瀣蟹邂駭骸咍瑎澥祄晐嶰廨欬獬痎薤醢頦鮭 |
| 편 | 片便篇編遍偏扁翩鞭騙匾徧幅緶艑萹蝙褊艑 | | |
| | | 핵 | 核劾翮覈 |
| | | 행 | 行幸杏倖荇潎悻 |
| 폄 | 貶砭窆 | 향 | 向香鄉響享珦嚮餉饗麖曏薌 |

| 허 | 虛許墟噓歔 |
|---|---|
| 헌 | 軒憲獻櫶韗憪田巚幰攇 |
| 헐 | 歇 |
| 험 | 險驗嶮獫玁 |
| 혁 | 革赫爀奕焱血焃鬩嚇弈洫闃 |
| 현 | 現賢玄絃縣懸顯(顕)見峴睍泫炫玹鉉眩昡絢呟俔舷衒儇譞怰䥜鋗琄嬛娹妶灦㥥駽痃繯翾蜆誢 |
| 혈 | 血穴子頁絜趐 |
| 혐 | 嫌 |
| 협 | 協脅(脇)俠挾峽浹夾狹莢鋏頰洽医叶埉恊快悏篋 |
| 형 | 刑形亨螢衡型邢珩泂兄炯瑩澄馨熒滎瀅荆鎣佣迥(逈)夐娙詗陘 |
| 혜 | 惠(恵)慧兮蕙彗譓憓憲暳蹊醯鞋鏸匸詅傒嘒槥盻譓 |
| 호 | 戶乎呼好虎號(号)湖互胡浩(澔)毫豪護晧皓昊淏濠灝祜琥瑚顥扈鎬壕壺濩滸帖弧狐瓠糊縞葫蒿蝴皞婋芐(芦)犒鄗熇嫭怙瓳薧傐沍嘷鬍嫣洿滈滬猢皜觚聕醐 |
| 혹 | 或惑酷熇 |
| 혼 | 婚混昏魂渾琿俒顜圂溷焜閽 |
| 홀 | 忽惚笏囫 |
| 홍 | 紅洪弘鴻泓烘虹鈜哄汞訌頮潂鬨 |
| 화 | 火化花貨和話畫(畵)華禾禍嬅樺譁靴澕俰嘩驊龢 |
| 확 | 確(碻)穫擴廓攫矍矡玃 |
| 환 | 歡患丸換環還喚奐渙煥睆幻桓鐶驩宦紈鰥圜皖洹寰懽擐瓛絙豢轘鍰鬟 |
| 활 | 活闊(濶)滑猾豁蛞 |
| 황 | 黃皇況荒凰堭煌晃(晄)滉榥璜熿幌徨恍惶愰慌湟潢篁蝗遑隍楻喤怳瑝肓貺鎤 |

| 회 | 回會(会)悔懷廻恢晦檜澮繪(絵)誨匯徊淮獪膾茴蛔賄灰個泗盔詼迴頮繪 |
|---|---|
| 획 | 獲劃画嚄 |
| 횡 | 橫鑛宏澋鈜鐄 |
| 효 | 孝效(効)曉涍爻驍敩哮嚆梟淆肴酵晶歊窙謼傚洨庨虓烋婋嚚崤骰餚 |
| 후 | 後厚(垕)侯候后逅吼嗅帿朽煦珝喉堠斅姁芋吽垕猴篌詡譃酗餱 |
| 훈 | 訓勳(勛·勲)君熏(燻)燻薰(勲)壎(塤)鑂暈纁煇曛獯葷 |
| 훌 | 欻 |
| 훙 | 薨 |
| 훤 | 喧暄萱煊愃田烜諠諼 |
| 훼 | 毀喙毁卉(卉)燬芔虺 |
| 휘 | 揮輝彙徽暉煇諱麾煒撝翬 |
| 휴 | 休携烋畦虧庥咻隳樇鵂 |
| 휼 | 恤譎鷸卹 |
| 흉 | 凶胸兇匈洶恟胷 |
| 흑 | 黑 |
| 흔 | 欣炘昕痕忻很掀俒釁 |
| 흘 | 屹吃紇訖仡汔疙迄齕 |
| 흠 | 欽欠歆鑫廞 |
| 흡 | 吸洽恰翕噏歙潝翖 |
| 흥 | 興 |
| 희 | 希喜稀戲(戲)姬(姫)晞僖禧嬉憙熹(熺)凞羲爔曦俙囍憘犧噫熙(熙·熙)烯嘻譆嬅咥唏悕欷燹餼 |
| 힐 | 詰犵纈襭頡黠 |

주 : 1. 위 한자는 이 표에 지정된 발음으로만 사용할 수 있다. 그러나 첫소리(初聲)가 "ㄴ" 또는 "ㄹ"인 한자는 각각 소리나는 바에 따라 "ㅇ" 또는 "ㄴ"으로 사용할 수 있다.
2. 동자(同字)·속자(俗字)·약자(略字)는 ( )내에 기재된 것에 한하여 사용할 수 있다.
3. "示" 변과 "礻" 변, "艹" 변과 "艹" 변은 서로 바꾸어 쓸 수 있다.
예 : 福=福, 蘭=蘭

## 3획

| 약자 | 정자 | 음 훈 |
|---|---|---|
| 万 | 萬 | 일만 만 |
| 与 | 與 | 어조사 여 |

## 4획

| 약자 | 정자 | 음 훈 |
|---|---|---|
| 欠 | 缺 | 이지러질 결 |
| 区 | 區 | 구분할 구 |
| 仏 | 佛 | 부처 불 |
| 予 | 豫 | 미리 예 |
| 圆 | 圓 | 둥글 원 |
| 卆 | 卒 | 군사 졸 |
| 双 | 雙 | 쌍 쌍 |

## 5획

| 약자 | 정자 | 음 훈 |
|---|---|---|
| 旧 | 舊 | 예 구 |
| 台 | 臺 | 대 대 |
| 仝 | 同 | 한가지 동 |
| 礼 | 禮 | 예도 례 |
| 弁 | 辯 | 말 잘할 변 |
| 払 | 拂 | 떨칠 불 |
| 写 | 寫 | 베낄 사 |
| 圧 | 壓 | 누를 압 |
| 処 | 處 | 살 처 |
| 庁 | 廳 | 관청 청 |
| 弁 | 辦 | 오이씨 판 |
| 号 | 號 | 부르짖을 호 |

## 6획

| 약자 | 정자 | 음 훈 |
|---|---|---|
| 仮 | 假 | 거짓 가 |
| 缶 | 罐 | 두레박 관 |
| 気 | 氣 | 기운 기 |
| 団 | 團 | 둥글 단 |
| 当 | 當 | 당할 당 |
| 灯 | 燈 | 등불 등 |
| 迈 | 邁 | 갈 매 |
| 辺 | 邊 | 가 변 |
| 両 | 兩 | 두 량 |
| 弍 | 貳 | 두 이 |
| 壮 | 壯 | 장할 장 |
| 争 | 爭 | 다툴 쟁 |
| 伝 | 傳 | 전할 전 |
| 尽 | 盡 | 다할 진 |
| 虫 | 蟲 | 벌레 충 |
| 冲 | 沖 | 빌 충 |
| 会 | 會 | 모일 회 |
| 后 | 後 | 뒤 후 |
| 兴 | 興 | 일 흥 |

## 7획

| 약자 | 정자 | 음 훈 |
|---|---|---|
| 対 | 對 | 대답할 대 |
| 図 | 圖 | 그림 도 |
| 乱 | 亂 | 어지러울 란 |
| 来 | 來 | 올 래 |

| 약자 | 정자 | 음 훈 |
|---|---|---|
| 励 | 勵 | 힘쓸 려 |
| 灵 | 靈 | 신령 령 |
| 労 | 勞 | 수고로울 노, 로 |
| 売 | 賣 | 팔 매 |
| 麦 | 麥 | 보리 맥 |
| 状 | 狀 | 모양 상 |
| 声 | 聲 | 소리 성 |
| 寿 | 壽 | 목숨 수 |
| 亜 | 亞 | 버금 아 |
| 児 | 兒 | 아이 아 |
| 余 | 餘 | 남을 여 |
| 芸 | 藝 | 재주 예 |
| 応 | 應 | 응당 응 |
| 医 | 醫 | 의원 의 |
| 囲 | 圍 | 에울 위 |
| 壱 | 壹 | 한 일 |
| 条 | 條 | 가지 조 |
| 体 | 體 | 몸 체 |
| 沢 | 澤 | 못 택 |
| 択 | 擇 | 가릴 택 |

## 8획

| 약자 | 정자 | 음 훈 |
|---|---|---|
| 価 | 價 | 값 가 |
| 拠 | 據 | 의지할 거 |
| 杰 | 傑 | 호걸 걸 |
| 茎 | 莖 | 줄기 경 |

| 약자 | 정자 | 음 훈 |
|------|------|--------|
| 径 | 徑 | 지름길 경 |
| 拐 | 拐 | 유인할 괴 |
| 欧 | 歐 | 때릴 구 |
| 国 | 國 | 나라 국 |
| 券 | 券 | 문서 권 |
| 担 | 擔 | 멜 담 |
| 突 | 突 | 갑자기 돌 |
| 炉 | 爐 | 화로 로 |
| 弥 | 彌 | 활부릴 미 |
| 拝 | 拜 | 절 배 |
| 宝 | 寶 | 보배 보 |
| 步 | 步 | 걸음 보 |
| 舍 | 舍 | 집 사 |
| 参 | 參 | 석 삼 |
| 実 | 實 | 열매 실 |
| 岳 | 嶽 | 큰 산 악 |
| 岩 | 巖 | 바위 암 |
| 尭 | 堯 | 임금 요 |
| 斉 | 齊 | 가지런할 제 |
| 従 | 從 | 좇을 종 |
| 青 | 靑 | 푸를 청 |
| 抱 | 抱 | 안을 포 |
| 学 | 學 | 배울 학 |
| 侠 | 俠 | 의기 협 |
| 画 | 畵 | 그림 화 |
| 拡 | 擴 | 넓힐 확 |

| 약자 | 정자 | 음 훈 |
|------|------|--------|
| 画 | 劃 | 그을 획 |

## 9 획

| 약자 | 정자 | 음 훈 |
|------|------|--------|
| 脛 | 脛 | 정강이 경 |
| 単 | 單 | 홑 단 |
| 胆 | 膽 | 쓸개 담 |
| 独 | 獨 | 홀로 독 |
| 発 | 發 | 필 발 |
| 変 | 變 | 변할 변 |
| 砕 | 碎 | 부술 쇄 |
| 乗 | 乘 | 탈 승 |
| 栄 | 榮 | 영화 영 |
| 為 | 爲 | 할 위 |
| 荘 | 莊 | 씩씩할 장 |
| 専 | 專 | 오로지 전 |
| 窃 | 竊 | 훔칠 절 |
| 点 | 點 | 점 점 |
| 浄 | 淨 | 조촐할 정 |
| 昼 | 晝 | 낮 주 |
| 浅 | 淺 | 얕을 천 |
| 臭 | 臭 | 냄새 취 |
| 漆 | 柒 | 칠할 칠 |
| 胞 | 胞 | 태보 포 |
| 県 | 縣 | 매달 현 |
| 狭 | 狹 | 좁을 협 |
| 峡 | 峽 | 골짜기 협 |
| 挟 | 挾 | 낄 협 |

| 약자 | 정자 | 음 훈 |
|------|------|--------|
| 姫 | 姬 | 아씨 희 |

## 10 획

| 약자 | 정자 | 음 훈 |
|------|------|--------|
| 挙 | 擧 | 들 거 |
| 倹 | 儉 | 검소할 검 |
| 剣 | 劍 | 칼 검 |
| 帰 | 歸 | 돌아갈 귀 |
| 悩 | 惱 | 괴로워할 뇌 |
| 党 | 黨 | 무리 당 |
| 帯 | 帶 | 띠 대 |
| 涛 | 濤 | 물결 도 |
| 恋 | 戀 | 그리워할 련 |
| 竜 | 龍 | 용 룡 |
| 涙 | 淚 | 눈물 루 |
| 浜 | 濱 | 물가 빈 |
| 殺 | 殺 | 죽일 살 |
| 捜 | 搜 | 찾을 수 |
| 粋 | 粹 | 순수할 수 |
| 唖 | 啞 | 벙어리 아 |
| 桜 | 櫻 | 앵두 앵 |
| 益 | 益 | 더할 익 |
| 逸 | 逸 | 편할 일 |
| 残 | 殘 | 남을 잔 |
| 桟 | 棧 | 잔도 잔 |
| 蚕 | 蠶 | 누에 잠 |
| 将 | 將 | 장수 장 |
| 剤 | 劑 | 조절할 제 |

| 약자 | 정자 | 음 훈 |
|---|---|---|
| 従 | 從 | 좇을 종 |
| 真 | 眞 | 참 진 |
| 逓 | 遞 | 갈마들 체 |
| 称 | 稱 | 일컬을 칭 |
| 砲 | 砲 | 돌 쇠뇌 포 |
| 陥 | 陷 | 빠질 함 |
| 恵 | 惠 | 은혜 혜 |
| 桧 | 檜 | 전나무 회 |

**11 획**

| 약자 | 정자 | 음 훈 |
|---|---|---|
| 渇 | 渴 | 목마를 갈 |
| 葛 | 葛 | 칡 갈 |
| 喝 | 喝 | 꾸짖을 갈 |
| 強 | 強 | 굳셀 강 |
| 経 | 經 | 글 경 |
| 蓋 | 蓋 | 덮을 개 |
| 渓 | 溪 | 시내 계 |
| 亀 | 龜 | 거북 구 |
| 倦 | 倦 | 게으를 권 |
| 脳 | 腦 | 뇌 뇌 |
| 断 | 斷 | 끊을 단 |
| 祷 | 禱 | 빌 도 |
| 猟 | 獵 | 사냥 렵 |
| 隆 | 隆 | 높을 륭 |
| 捨 | 捨 | 버릴 사 |
| 渋 | 澁 | 떫을 삽 |
| 釈 | 釋 | 풀 석 |

| 약자 | 정자 | 음 훈 |
|---|---|---|
| 渉 | 涉 | 건널 섭 |
| 巣 | 巢 | 새 집 소 |
| 属 | 屬 | 붙일 속 |
| 粛 | 肅 | 엄숙할 숙 |
| 湿 | 濕 | 젖을 습 |
| 視 | 視 | 볼 시 |
| 悪 | 惡 | 악할 악 |
| 訳 | 譯 | 번역 역 |
| 偽 | 僞 | 거짓 위 |
| 剰 | 剩 | 남을 잉 |
| 斎 | 齋 | 집 재 |
| 転 | 轉 | 구를 전 |
| 情 | 情 | 뜻 정 |
| 済 | 濟 | 건널 제 |
| 酔 | 醉 | 취할 취 |
| 虚 | 虛 | 빌 허 |
| 険 | 險 | 험할 험 |
| 蛍 | 螢 | 개똥벌레 형 |
| 壷 | 壺 | 항아리 호 |

**12 획**

| 약자 | 정자 | 음 훈 |
|---|---|---|
| 覚 | 覺 | 깨달을 각 |
| 検 | 檢 | 검사할 검 |
| 軽 | 輕 | 가벼울 경 |
| 捲 | 捲 | 주먹 쥘 권 |
| 勤 | 勤 | 부지런할 근 |
| 隊 | 隊 | 떼 대 |

| 약자 | 정자 | 음 훈 |
|---|---|---|
| 煉 | 煉 | 쇠 불릴 련 |
| 禄 | 祿 | 녹봉 록 |
| 屡 | 屢 | 여러 루 |
| 塁 | 壘 | 보루 루 |
| 湾 | 灣 | 물 굽이 만 |
| 満 | 滿 | 찰 만 |
| 蛮 | 蠻 | 오랑캐 만 |
| 博 | 博 | 넓을 박 |
| 随 | 隨 | 따를 수 |
| 遂 | 遂 | 드디어 수 |
| 営 | 營 | 경영할 영 |
| 温 | 溫 | 따뜻할 온 |
| 揺 | 搖 | 흔들 요 |
| 雑 | 雜 | 섞일 잡 |
| 装 | 裝 | 꾸밀 장 |
| 証 | 證 | 증거 증 |
| 遅 | 遲 | 늦을 지 |
| 畳 | 疊 | 거듭 첩 |
| 歯 | 齒 | 이 치 |
| 堕 | 墮 | 떨어질 타 |
| 弾 | 彈 | 탄알 탄 |
| 廃 | 廢 | 폐할 폐 |
| 割 | 割 | 벨 할 |
| 絵 | 繪 | 그림 회 |

**13 획**

| 약자 | 정자 | 음 훈 |
|---|---|---|
| 褐 | 褐 | 털옷 갈 |

| 약자 | 정자 | 음 훈 |
|---|---|---|
| 継 | 繼 | 이을 계 |
| 鉱 | 鑛 | 쇳돌 광 |
| 勧 | 勸 | 권할 권 |
| 楽 | 樂 | 즐거울 락 |
| 暖 | 暖 | 따뜻할 난 |
| 滝 | 瀧 | 젖을 롱 |
| 楼 | 樓 | 다락 루 |
| 辞 | 辭 | 말씀 사 |
| 禅 | 禪 | 선 선 |
| 摂 | 攝 | 추스를 섭 |
| 聖 | 聖 | 성인 성 |
| 歳 | 歲 | 해 세 |
| 焼 | 燒 | 사를 소 |
| 統 | 續 | 이을 속 |
| 数 | 數 | 셈 수 |
| 塩 | 鹽 | 소금 염 |
| 虞 | 虞 | 헤아릴 우 |
| 溢 | 溢 | 넘칠 일 |
| 跡 | 蹟 | 자취 적 |
| 戦 | 戰 | 싸움 전 |
| 塡 | 塡 | 메울 전 |
| 靖 | 靖 | 꾀할 정 |
| 賎 | 賤 | 천할 천 |
| 践 | 踐 | 밟을 천 |
| 鉄 | 鐵 | 쇠 철 |
| 滞 | 滯 | 막힐 체 |

| 약자 | 정자 | 음 훈 |
|---|---|---|
| 触 | 觸 | 닿을 촉 |
| 寝 | 寢 | 잠잘 침 |
| 豊 | 豐 | 풍년 풍 |
| 漢 | 漢 | 한수 한 |
| 献 | 獻 | 바칠 헌 |
| 暁 | 曉 | 새벽 효 |
| 熙 | 熙 | 빛날 희 |

### 14 획

| 약자 | 정자 | 음 훈 |
|---|---|---|
| 頚 | 頸 | 목 경 |
| 関 | 關 | 빗장 관 |
| 駆 | 驅 | 몰 구 |
| 徳 | 德 | 덕 덕 |
| 稲 | 稻 | 벼 도 |
| 読 | 讀 | 읽을 독 |
| 蝋 | 蠟 | 밀 랍 |
| 歴 | 歷 | 겪을 력 |
| 暦 | 曆 | 세월 력 |
| 練 | 練 | 익힐 련 |
| 緑 | 綠 | 푸를 록 |
| 髪 | 髮 | 터럭 발 |
| 様 | 樣 | 모양 양 |
| 駅 | 驛 | 역 역 |
| 隠 | 隱 | 숨을 은 |
| 雑 | 雜 | 섞일 잡 |
| 銭 | 錢 | 돈 전 |
| 精 | 精 | 정할 정 |

| 약자 | 정자 | 음 훈 |
|---|---|---|
| 静 | 靜 | 고요 정 |
| 憎 | 憎 | 미울 증 |
| 増 | 增 | 불을 증 |
| 徴 | 徵 | 부를 징 |
| 遮 | 遮 | 막을 차 |
| 総 | 總 | 거느릴 총 |
| 聡 | 聰 | 귀밝을 총 |
| 層 | 層 | 층 층 |
| 飽 | 飽 | 물릴 포 |
|  |  |  |

### 15 획

| 약자 | 정자 | 음 훈 |
|---|---|---|
| 撹 | 攪 | 어지러울 교 |
| 麹 | 麴 | 누룩 국 |
| 権 | 權 | 권세 권 |
| 霊 | 靈 | 신령 령 |
| 敷 | 敷 | 펼 부 |
| 賓 | 賓 | 손 빈 |
| 選 | 選 | 가릴 선 |
| 穂 | 穗 | 이삭 수 |
| 縄 | 繩 | 줄 승 |
| 蝿 | 蠅 | 파리 승 |
| 諸 | 諸 | 모든 제 |
| 鋳 | 鑄 | 쇳물 부어만들 주 |
| 賛 | 贊 | 도울 찬 |
| 請 | 請 | 청할 청 |
| 嘱 | 囑 | 부탁할 촉 |

| 약자 | 정자 | 음 훈 |
|------|------|-------|
| 頬 | 頰 | 뺨 협 |
| 歓 | 歡 | 기쁠 환 |
| 戱 | 戲 | 기 희 |

## 16 획

| 약자 | 정자 | 음 훈 |
|------|------|-------|
| 壊 | 壞 | 무너질 괴 |
| 錬 | 鍊 | 단련할 련 |
| 録 | 錄 | 기록 록 |
| 頼 | 賴 | 힘입을 뢰 |
| 薄 | 薄 | 엷을 박 |
| 獣 | 獸 | 짐승 수 |
| 藪 | 藪 | 늪 수 |
| 薬 | 藥 | 약 약 |
| 壌 | 壤 | 흙덩이 양 |
| 嬢 | 孃 | 계집애 양 |
| 穏 | 穩 | 평온할 온 |
| 謡 | 謠 | 노래 요 |
| 静 | 靜 | 고요 정 |
| 縦 | 縱 | 늘어질 종 |
| 懐 | 懷 | 품을 회 |

## 17 획

| 약자 | 정자 | 음 훈 |
|------|------|-------|
| 覧 | 覽 | 볼 람 |
| 齢 | 齡 | 나이 령 |
| 繊 | 纖 | 가늘 섬 |
| 繍 | 繡 | 수놓을 수 |
| 厳 | 嚴 | 엄할 엄 |
| 醤 | 醬 | 젓갈 장 |

| 약자 | 정자 | 음 훈 |
|------|------|-------|
| 聴 | 聽 | 들을 청 |
| 犠 | 犧 | 희생 희 |

## 18 획

| 약자 | 정자 | 음 훈 |
|------|------|-------|
| 観 | 觀 | 볼 관 |
| 騒 | 騷 | 시끄러울 소 |
| 鎖 | □ | 자물쇠 쇄 |
| 顔 | 顏 | 얼굴 안 |
| 贈 | 贈 | 보낼 증 |
| 鎮 | 鎭 | 진압할 진 |
| 懲 | 懲 | 징계할 징 |
| 闘 | 鬪 | 싸울 투 |
| 験 | 驗 | 증험할 험 |
| 顕 | 顯 | 나타날 현 |

## 19 획

| 약자 | 정자 | 음 훈 |
|------|------|-------|
| 鶏 | 鷄 | 닭 계 |
| 懶 | 懶 | 게으를 라 |
| 瀬 | 瀨 | 여울 뢰 |
| 髄 | 髓 | 골수 수 |
| 臓 | 臟 | 오장 장 |
| 顛 | 顚 | 정수리 전 |
| 覇 | 霸 | 으뜸 패 |

## 20 획

| 약자 | 정자 | 음 훈 |
|------|------|-------|
| 欄 | 欄 | 난간 란 |
| 巌 | 巖 | 바위 암 |
| 譲 | 讓 | 사양할 양 |
| 醸 | 釀 | 술 빚을 양 |

| 약자 | 정자 | 음 훈 |
|------|------|-------|
| 響 | 響 | 울릴 향 |
| 饗 | 饗 | 잔치할 향 |
| 蘭 | 蘭 | 난초 란 |

## 21 ~ 25 획

| 약자 | 정자 | 음 훈 |
|------|------|-------|
| 纉 | 纘 | 이을 찬 |
| 讃 | 讚 | 기릴 찬 |
| 欝 | 鬱 | 답답할 울 |

# 동자이음 한자 同字異音 漢字

| | 훈음 | 한자 |
|---|---|---|
| 降 | 내릴 강 | 降等(강등) |
| | 항복할 항 | 降服(항복) |
| 更 | 다시 갱 | 更新(갱신) |
| | 고칠 경 | 變更(변경) |
| 車 | 수레 거 | 車馬費(거마비) |
| | 탈것 차 | 自動車(자동차) |
| 乾 | 하늘 건 | 乾坤(건곤) |
| | 마를 간 | 乾淨(간정) |
| 見 | 볼 견 | 見學(견학) |
| | 나타날 현 | 謁見(알현) |
| 句 | 글귀 구 | 文句(문구) |
| | 글귀 귀 | 句節(귀절) |
| 龜 | 거북 귀 | 龜趺(귀부) |
| | 터질 균 | 龜裂(균열) |
| 金 | 쇠 금 | 金屬(금속) |
| | 금 금 | 金銀(금은) |
| | 성씨 김 | 金氏(김씨) |
| 茶 | 차 다 | 茶菓(다과) |
| | 차 차 | 茶禮(차례) |
| 丹 | 붉을 단 | 丹靑(단청) |
| | 꽃이름 란 | 牡丹(모란) |
| 宅 | 집 댁 | 宅內(댁내) |
| | 살 택 | 住宅(주택) |
| 度 | 법도 도 | 制度(제도) |
| | 꾀할 탁 | 度地(탁지) |
| 讀 | 읽을 독 | 讀書(독서) |
| | 구두 두 | 句讀(구두) |
| 洞 | 골 동 | 洞里(동리) |
| | 뚫을 통 | 洞察(통찰) |
| 樂 | 즐거울 락 | 娛樂(오락) |
| | 즐길 요 | 樂山(요산) |
| | 음악 악 | 音樂(음악) |
| 復 | 돌아올 복 | 復歸(복귀) |
| | 회복할 복 | 復舊(복구) |
| | 다시 부 | 復活(부활) |
| 否 | 아닐 부 | 否定(부정) |
| | 막힐 비 | 否運(비운) |

| | 훈음 | 한자 |
|---|---|---|
| 北 | 북녘 북 | 南北(남북) |
| | 달아날 배 | 敗北(패배) |
| 不 | 아니 불 | 不能(불능) |
| | 아니 부 | 不在(부재) |
| 沸 | 끓을 비 | 沸騰(비등) |
| | 용솟음칠 불 | 沸水(불수) |
| 寺 | 절 사 | 寺院(사원) |
| | 내관 시 | 司僕寺(사복시) |
| 殺 | 죽일 살 | 殺人(살인) |
| | 감할 쇄 | 相殺(상쇄) |
| 參 | 석 삼 | 參拾(삼십) |
| | 참여할 참 | 參加(참가) |
| 狀 | 모양 상 | 狀態(상태) |
| | 문서 장 | 賞狀(상장) |
| 塞 | 변방 새 | 要塞(요새) |
| | 막을 색 | 閉塞(폐색) |
| | | 索源(색원) |
| 說 | 말씀 설 | 說明(설명) |
| | 달랠 세 | 遊說(유세) |
| | 기쁠 열 | 說樂(열락) |
| 省 | 살필 성 | 反省(반성) |
| | 덜 생 | 省略(생략) |
| 率 | 거느릴 솔 | 統率(통솔) |
| | 비례 률 | 比率(비율) |
| 數 | 셈 수 | 數學(수학) |
| | 자주 삭 | 頻數(빈삭) |
| 宿 | 잘 숙 | 宿所(숙소) |
| | 별자리 수 | 房宿(방수) |
| 拾 | 주울 습 | 拾得(습득) |
| | 열 십 | 拾萬(십만) |
| 食 | 먹을 식 | 食事(식사) |
| | 먹일 사 | 簞食(단사) |
| 識 | 알 식 | 識見(식견) |
| | 기록할 지 | 標識(표지) |
| 惡 | 악할 악 | 惡魔(악마) |
| | 미워할 오 | 憎惡(증오) |
| 於 | 어조사 어 | 於是乎(어시호) |
| | 아 오 | 於乎(오호) |

| | 훈음 | 한자 |
|---|---|---|
| 易 | 바꿀 역 | 貿易(무역) |
| | 쉬울 이 | 容易(용이) |
| 咽 | 목구멍 인 | 咽喉(인후) |
| | 목멜 열 | 嗚咽(오열) |
| 炙 | 고기구울 자 | 炙鐵(자철) |
| | 냄새피울 적 | 散炙(산적) |
| | | 炙果器(적과기) |
| | | 炙鐵(적철) |
| 刺 | 찌를 자 | 刺客(자객) |
| | 찌를 척 | 刺殺(척살) |
| | 수라 라 | 水刺(수라) |
| 抵 | 막을 저 | 抵抗(저항) |
| | 칠 지 | 抵掌(지장) |
| 切 | 끊을 절 | 切斷(절단) |
| | 온통 체 | 一切(일체) |
| 辰 | 별 진 | 辰宿(진수) |
| | 때 신 | 生辰(생신) |
| 拓 | 개척할 척 | 開拓(개척) |
| | 밀 탁 | 拓本(탁본) |
| 則 | 법칙 칙 | 規則(규칙) |
| | 곧 즉 | 然則(연즉) |
| 沈 | 잠길 침 | 沈沒(침몰) |
| | 성씨 심 | 沈氏(심시) |
| 便 | 편할 편 | 便利(편리) |
| | 오줌 변 | 便所(변소) |
| 暴 | 사나울 폭 | 暴風(폭풍) |
| | 사나울 포 | 暴惡(포악) |
| 行 | 갈 행 | 行軍(행군) |
| | 행할 행 | 執行(집행) |
| | 항렬 항 | 行列(항렬) |
| 畵 | 그림 화 | 畵室(화실) |
| | 그을 획 | 畵數(획수) |
| | | 畵一(획일) |
| 滑 | 미끄러울 활 | 滑降(활강) |
| | | 圓滑(원활) |
| | 어지러울 골 | 滑稽(골계) |
| | | 滑混(골혼) |

# 잘못 읽기 쉬운 한자

| 한 자 | 맞 음 | 틀 림 | 한 자 | 맞 음 | 틀 림 | 한 자 | 맞 음 | 틀 림 |
|---|---|---|---|---|---|---|---|---|
| 苛斂 | 가렴 | 가검 | 敎唆 | 교사 | 교준 | 內訌 | 내홍 | 내공 |
| 恪別 | 각별 | 격별 | 攪亂 | 교란 | 각란 | 鹿茸 | 녹용 | 녹이 |
| 角逐 | 각축 | 각추 | 攪拌 | 교반 | 각반 | 壟斷 | 농단 | 용단 |
| 艱難 | 간난 | 가난 | 狡獪 | 교쾌 | 교회 | 賂物 | 뇌물 | 각물 |
| 干涉 | 간섭 | 간보 | 交驩 | 교환 | 교관 | 漏泄 | 누설 | 누세 |
| 看做 | 간주 | 간고 | 口腔 | 구강 | 구공 | 漏洩 | 누설 | 누예 |
| 間歇 | 간헐 | 간홀 | 句讀 | 구두 | 구독 | 凜然 | 늠연 | 품연 |
| 甘蔗 | 감자 | 감서 | 口碑 | 구비 | 구패 | 賂物 | 뇌물 | 각물 |
| 降下 | 강하 | 항하 | 拘礙 | 구애 | 구득 | 牢約 | 뇌약 | 우약 |
| 腔血 | 강혈 | 공혈 | 句節 | 구절 | 귀절 | 訥辯 | 눌변 | 내변 |
| 概括 | 개괄 | 개활 | 狗吠 | 구폐 | 구견 | 凜凜 | 늠름 | 품품 |
| 改悛 | 개전 | 개준 | 救恤 | 구휼 | 구혈 | 茶菓 | 다과 | 차과 |
| 坑夫 | 갱부 | 항부 | 詭辯 | 궤변 | 위변 | 茶店 | 다점 | 차점 |
| 更生 | 갱생 | 경생 | 龜鑑 | 귀감 | 구감 | 團欒 | 단란 | 단락 |
| 釀出 | 갹출 | 거출 | 龜裂 | 균열 | 구열 | 簞食 | 단사 | 단식 |
| 車馬費 | 거마비 | 차마비 | 琴瑟 | 금슬 | 금실 | 曇天 | 담천 | 운천 |
| 愆過 | 건과 | 연과 | 奇恥 | 기치 | 기심 | 遝至 | 답지 | 환지 |
| 怯懦 | 겁나 | 겁유 | 旗幟 | 기치 | 기식 | 撞着 | 당착 | 동착 |
| 揭示 | 게시 | 계시 | 喫燃 | 끽연 | 계연 | 對峙 | 대치 | 대지 |
| 譴責 | 견책 | 유책 | 儺禮 | 나례 | 난례 | 宅內 | 댁내 | 택내 |
| 更張 | 경장 | 갱장 | 懦弱 | 나약 | 유약 | 蹈襲 | 도습 | 답습 |
| 更迭 | 경질 | 갱질 | 內人 | 나인 | 내인 | 陶冶 | 도야 | 도치 |
| 驚蟄 | 경칩 | 경첩 | 裸體 | 나체 | 과체 | 跳躍 | 도약 | 조약 |
| 股肱 | 고굉 | 고공 | 懶怠 | 나태 | 뢰태 | 瀆職 | 독직 | 속직 |
| 袴衣 | 고의 | 과의 | 拿捕 | 나포 | 합포 | 獨擅 | 독천 | 독단 |
| 膏盲 | 고황 | 고맹 | 烙印 | 낙인 | 각인 | 屯困 | 둔곤 | 돈곤 |
| 麭子 | 곡자 | 국자 | 難澁 | 난삽 | 난습 | 臀部 | 둔부 | 전부 |
| 滑稽 | 골계 | 활계 | 捺印 | 날인 | 내인 | 鈍濁 | 둔탁 | 순탁 |
| 汨沒 | 골몰 | 일몰 | 捏造 | 날조 | 구조 | 遁走 | 둔주 | 순주 |
| 誇張 | 과장 | 오장 | 拉致 | 납치 | 입치 | 滿腔 | 만강 | 만공 |
| 刮目 | 괄목 | 활목 | 狼藉 | 낭자 | 낭적 | 萬朶 | 만타 | 만내 |
| 乖離 | 괴리 | 승리 | 內帑 | 내탕 | 내노 | 罵倒 | 매도 | 마도 |

| 한 자 | 맞 음 | 틀 림 |
|---|---|---|
| 魅力 | 매력 | 미력 |
| 邁進 | 매진 | 만진 |
| 驀進 | 맥진 | 막진 |
| 盟誓 | 맹서 | 맹세 |
| 萌芽 | 맹아 | 명아 |
| 明晳 | 명석 | 명철 |
| 明澄 | 명징 | 명등 |
| 牡丹 | 모란 | 목단 |
| 牡牛 | 모우 | 두우 |
| 木瓜 | 모과 | 목과 |
| 木鐸 | 목탁 | 목택 |
| 蒙昧 | 몽매 | 몽미 |
| 夢寐 | 몽매 | 몽침 |
| 杳然 | 묘연 | 향연 |
| 巫覡 | 무격 | 무현 |
| 巫羈 | 무기 | 무현 |
| 毋論 | 무론 | 모론 |
| 無聊 | 무료 | 무류 |
| 拇印 | 무인 | 모인 |
| 紊亂 | 문란 | 사란 |
| 未洽 | 미흡 | 미합 |
| 撲滅 | 박멸 | 복멸 |
| 撲殺 | 박살 | 복살 |
| 剝奪 | 박탈 | 약탈 |
| 反駁 | 반박 | 반교 |
| 頒布 | 반포 | 분포 |
| 半截 | 반절 | 반재 |
| 潑剌 | 발랄 | 발자 |
| 拔萃 | 발췌 | 발취 |
| 拔擢 | 발탁 | 발요 |
| 跋扈 | 발호 | 발읍 |
| 發揮 | 발휘 | 발혼 |
| 勃興 | 발흥 | 역흥 |
| 妨碍 | 방애 | 방의 |

| 한 자 | 맞 음 | 틀 림 |
|---|---|---|
| 幇助 | 방조 | 봉조 |
| 拜謁 | 배알 | 배갈 |
| 背馳 | 배치 | 배야 |
| 範疇 | 범주 | 범수 |
| 便秘 | 변비 | 편비 |
| 兵站 | 병참 | 병첨 |
| 報酬 | 보수 | 보주 |
| 布施 | 보시 | 포시 |
| 補塡 | 보전 | 보진 |
| 不斷 | 부단 | 불단 |
| 不得已 | 부득이 | 부득기 |
| 復活 | 부활 | 복활 |
| 敷衍 | 부연 | 부행 |
| 浮沈 | 부침 | 부심 |
| 分泌 | 분비 | 분필 |
| 不朽 | 불후 | 불구 |
| 沸騰 | 비등 | 불등 |
| 匕首 | 비수 | 칠수 |
| 妃嬪 | 비빈 | 기빈 |
| 否塞 | 비색 | 부색 |
| 頻數 | 빈삭 | 보수 |
| 嚬蹙 | 빈축 | 빈촉 |
| 憑藉 | 빙자 | 빙적 |
| 詐欺 | 사기 | 작기 |
| 些少 | 사소 | 차소 |
| 使嗾 | 사주 | 사족 |
| 獅子吼 | 사자후 | 사자공 |
| 娑婆 | 사바 | 사파 |
| 社稷 | 사직 | 사목 |
| 奢侈 | 사치 | 사다 |
| 索莫 | 삭막 | 색막 |
| 數數 | 삭삭 | 수수 |
| 索然 | 삭연 | 색연 |
| 撒布 | 살포 | 산포 |

| 한 자 | 맞 음 | 틀 림 |
|---|---|---|
| 三昧 | 삼매 | 삼미 |
| 商賈 | 상고 | 상가 |
| 相殺 | 상쇄 | 상살 |
| 上梓 | 상재 | 상자 |
| 省略 | 생략 | 성략 |
| 生辰 | 생신 | 생진 |
| 棲息 | 서식 | 처식 |
| 逝去 | 서거 | 절거 |
| 先塋 | 선영 | 선형 |
| 閃光 | 섬광 | 민광 |
| 星宿 | 성수 | 성숙 |
| 星辰 | 성신 | 생진 |
| 洗滌 | 세척 | 세조 |
| 遡及 | 소급 | 삭급 |
| 甦生 | 소생 | 갱생 |
| 騷擾 | 소요 | 소우 |
| 蕭條 | 소조 | 숙조 |
| 贖罪 | 속죄 | 독죄 |
| 殺到 | 쇄도 | 살도 |
| 戍樓 | 수루 | 술루 |
| 睡眠 | 수면 | 수민 |
| 竪說 | 수설 | 견설 |
| 數爻 | 수효 | 수차 |
| 馴致 | 순치 | 훈치 |
| 豺狼 | 시랑 | 재랑 |
| 猜忌 | 시기 | 청기 |
| 柴糧 | 시량 | 자량 |
| 十方 | 시방 | 십방 |
| 示唆 | 시사 | 시준 |
| 十月 | 시월 | 십월 |
| 諡號 | 시호 | 익호 |
| 辛辣 | 신랄 | 신극 |
| 迅速 | 신속 | 빈속 |
| 呻吟 | 신음 | 신금 |

| 한 자 | 맞 음 | 틀 림 |
|---|---|---|
| 齷齪 | 악착 | 악족 |
| 軋轢 | 알력 | 알륵 |
| 斡旋 | 알선 | 간선 |
| 謁見 | 알현 | 알견 |
| 哀悼 | 애도 | 애탁 |
| 隘路 | 애로 | 익로 |
| 冶金 | 야금 | 치금 |
| 惹起 | 야기 | 약기 |
| 掠奪 | 약탈 | 경탈 |
| 円貨 | 엔화 | 원화 |
| 濾過 | 여과 | 노과 |
| 役割 | 역할 | 역활 |
| 軟膏 | 연고 | 난고 |
| 軟弱 | 연약 | 나약 |
| 厭惡 | 염오 | 염악 |
| 領袖 | 영수 | 영유 |
| 囹圄 | 영어 | 영오 |
| 誤謬 | 오류 | 오교 |
| 惡心 | 오심 | 악심 |
| 嗚咽 | 오열 | 오인 |
| 惡辱 | 오욕 | 악욕 |
| 惡寒 | 오한 | 악한 |
| 訛傳 | 와전 | 화전 |
| 渦中 | 와중 | 과중 |
| 緩和 | 완화 | 난화 |
| 歪曲 | 왜곡 | 외곡 |
| 外艱 | 외간 | 외난 |
| 邀擊 | 요격 | 격격 |
| 樂山 | 요산 | 낙산 |
| 要塞 | 요새 | 요색 |
| 樂水 | 요수 | 낙수 |
| 窯業 | 요업 | 강업 |
| 凹凸 | 요철 | 요돌 |
| 容喙 | 용훼 | 용탁 |

| 한 자 | 맞 음 | 틀 림 |
|---|---|---|
| 雨雹 | 우박 | 우포 |
| 誘拐 | 유괴 | 수호 |
| 誘發 | 유발 | 수발 |
| 遊說 | 유세 | 유설 |
| 六月 | 유월 | 육월 |
| 隱匿 | 은닉 | 은약 |
| 吟味 | 음미 | 금미 |
| 凝結 | 응결 | 의결 |
| 義捐 | 의연 | 의손 |
| 以降 | 이강 | 이항 |
| 罹病 | 이병 | 나병 |
| 移徙 | 이사 | 이도 |
| 弛緩 | 이완 | 치완 |
| 已往 | 이왕 | 기왕 |
| 罹災 | 이재 | 나재 |
| 罹患 | 이환 | 나환 |
| 溺死 | 익사 | 약사 |
| 湮滅 | 인멸 | 연멸 |
| 一括 | 일괄 | 일활 |
| 一擲 | 일척 | 일정 |
| 一切 | 일체 | 일절 |
| 剩餘 | 잉여 | 승여 |
| 自矜 | 자긍 | 자금 |
| 孜孜 | 자자 | 고고 |
| 藉藉 | 자자 | 적적 |
| 綽綽 | 작작 | 탁탁 |
| 箴言 | 잠언 | 함언 |
| 這間 | 저간 | 언간 |
| 沮止 | 저지 | 조지 |
| 積阻 | 적조 | 적저 |
| 塡充 | 전충 | 전통 |
| 傳播 | 전파 | 전번 |
| 截斷 | 절단 | 재단 |
| 點睛 | 점정 | 점청 |

| 한 자 | 맞 음 | 틀 림 |
|---|---|---|
| 接吻 | 접문 | 접물 |
| 正鵠 | 정곡 | 정고 |
| 靜謐 | 정밀 | 정일 |
| 稠密 | 조밀 | 주밀 |
| 造詣 | 조예 | 조지 |
| 措置 | 조치 | 차치 |
| 躊躇 | 주저 | 수저 |
| 駐箚 | 주차 | 주탑 |
| 蠢動 | 준동 | 춘동 |
| 浚渫 | 준설 | 준첩 |
| 櫛比 | 즐비 | 절비 |
| 憎惡 | 증오 | 증악 |
| 支撐 | 지탱 | 지장 |
| 眞摯 | 진지 | 진집 |
| 桎梏 | 질곡 | 지고 |
| 叱責 | 질책 | 칠책 |
| 斟酌 | 짐작 | 심작 |
| 什器 | 집기 | 십기 |
| 什物 | 집물 | 십물 |
| 執拗 | 집요 | 집유 |
| 茶禮 | 차례 | 다례 |
| 捉來 | 착래 | 촉래 |
| 慙愧 | 참괴 | 참귀 |
| 斬新 | 참신 | 점신 |
| 懺悔 | 참회 | 섬회 |
| 暢達 | 창달 | 양달 |
| 漲溢 | 창일 | 장익 |
| 闡明 | 천명 | 단명 |
| 喘息 | 천식 | 단식 |
| 掣肘 | 철주 | 제주 |
| 鐵槌 | 철퇴 | 철추 |
| 尖端 | 첨단 | 열단 |
| 蒼氓 | 창맹 | 창민 |
| 悵然 | 창연 | 장연 |

| 한 자 | 맞음 | 틀림 |
|---|---|---|
| 貼付 | 첩부 | 첨부 |
| 諦念 | 체념 | 제념 |
| 涕泣 | 체읍 | 제립 |
| 憔悴 | 초췌 | 초졸 |
| 忖度 | 촌탁 | 촌도 |
| 寵愛 | 총애 | 용애 |
| 撮影 | 촬영 | 최영 |
| 追悼 | 추도 | 추탁 |
| 醜態 | 추태 | 취태 |
| 秋毫 | 추호 | 추모 |
| 衷心 | 충심 | 애심 |
| 充溢 | 충일 | 충익 |
| 贅言 | 췌언 | 취언 |
| 脆弱 | 취약 | 궤약 |
| 熾烈 | 치열 | 식열 |
| 沈沒 | 침몰 | 심몰 |
| 鍼術 | 침술 | 함술 |
| 蟄居 | 칩거 | 집거 |
| 拓本 | 탁본 | 척본 |
| 度支 | 탁지 | 도지 |
| 綻露 | 탄로 | 정로 |
| 坦坦 | 탄탄 | 단단 |
| 彈劾 | 탄핵 | 탄효 |
| 探究 | 탐구 | 심구 |
| 耽溺 | 탐닉 | 탐익 |
| 攄得 | 터득 | 여득 |
| 慟哭 | 통곡 | 동곡 |
| 洞察 | 통찰 | 동찰 |
| 推敲 | 퇴고 | 추고 |
| 堆積 | 퇴적 | 추적 |
| 偸盜 | 투도 | 유도 |
| 偸安 | 투안 | 유안 |
| 派遣 | 파견 | 파유 |
| 破綻 | 파탄 | 파정 |

| 한 자 | 맞음 | 틀림 |
|---|---|---|
| 跛行 | 파행 | 피행 |
| 辨償 | 판상 | 변상 |
| 稗官 | 패관 | 비관 |
| 霸權 | 패권 | 파권 |
| 敗北 | 패배 | 패북 |
| 沛然 | 패연 | 시연 |
| 膨脹 | 팽창 | 팽장 |
| 便利 | 편리 | 편이 |
| 平坦 | 평탄 | 평단 |
| 閉塞 | 폐색 | 폐한 |
| 鋪道 | 포도 | 보도 |
| 褒賞 | 포상 | 보상 |
| 暴惡 | 포악 | 폭악 |
| 標識 | 표지 | 표식 |
| 捕捉 | 포착 | 포촉 |
| 暴惡 | 포악 | 폭악 |
| 輻輳 | 폭주 | 복주 |
| 漂渺 | 표묘 | 표사 |
| 標識 | 표지 | 표식 |
| 稟議 | 품의 | 표의 |
| 風靡 | 풍미 | 풍비 |
| 虐政 | 학정 | 확정 |
| 割引 | 할인 | 활인 |
| 陜川 | 합천 | 협천 |
| 行列 | 항렬 | 행렬 |
| 肛門 | 항문 | 홍문 |
| 降服 | 항복 | 강복 |
| 降將 | 항장 | 강장 |
| 偕老 | 해로 | 개로 |
| 楷書 | 해서 | 개서 |
| 解弛 | 해이 | 해야 |
| 諧謔 | 해학 | 개학 |
| 享樂 | 향락 | 형락 |
| 享有 | 향유 | 형유 |

| 한 자 | 맞음 | 틀림 |
|---|---|---|
| 絢爛 | 현란 | 순란 |
| 孑遺 | 혈유 | 자유 |
| 孑孑 | 혈혈 | 자자 |
| 嫌惡 | 혐오 | 겸악 |
| 荊棘 | 형극 | 형자 |
| 亨通 | 형통 | 향통 |
| 好惡 | 호오 | 호악 |
| 呼吸 | 호흡 | 호급 |
| 渾然 | 혼연 | 군연 |
| 忽然 | 홀연 | 총연 |
| 花瓣 | 화판 | 화변 |
| 花卉 | 화훼 | 화에 |
| 滑走 | 활주 | 골주 |
| 豁達 | 활달 | 곡달 |
| 恍惚 | 황홀 | 광홀 |
| 灰燼 | 회신 | 회진 |
| 膾炙 | 회자 | 회화 |
| 劃數 | 획수 | 화수 |
| 橫暴 | 횡포 | 횡폭 |
| 嚆矢 | 효시 | 고시 |
| 嗅覺 | 후각 | 취각 |
| 薨去 | 훙거 | 붕거 |
| 毀謗 | 훼방 | 회방 |
| 毀損 | 훼손 | 회손 |
| 彙報 | 휘보 | 과보 |
| 麾下 | 휘하 | 마하 |
| 恤兵 | 휼병 | 혈병 |
| 欣快 | 흔쾌 | 흠쾌 |
| 訖然 | 흘연 | 걸연 |
| 恰似 | 흡사 | 합사 |
| 洽足 | 흡족 | 합족 |
| 詰難 | 힐난 | 길난 |

# 部首(부수)이름

## 1 획

| | |
|---|---|
| 一 | 한 일 |
| 丨 | 뚫을 곤 |
| 丶 | 점 주 |
| 丿 | 삐침 별 |
| 乙(乚) | 새 을 |
| 亅 | 갈고리 궐 |

## 2 획

| | |
|---|---|
| 二 | 두 이 |
| 亠 | 두돼지해밑 두 |
| 人(亻) | 사람 인(사람인 변) |
| 儿 | 어진 사람 인 |
| 入 | 들 입 |
| 八 | 여덟 팔 |
| 冂 | 먼데 경 |
| 冖 | 덮을 멱(민갓머리) |
| 冫 | 얼음 빙(이수변) |
| 几 | 안석 궤 |
| 凵 | 입 벌릴 감 |
| 刀(刂) | 칼 도(선칼도방) |
| 力 | 힘 력 |
| 勹 | 쌀 포 |
| 匕 | 비수 비 |
| 匚 | 상자 방 |
| 匸 | 감출 혜 |
| 十 | 열 십 |
| 卜 | 점 복 |
| 卩(㔾) | 병부 절 |
| 厂 | 기슭 엄 |
| 厶 | 사사 사(마늘모) |
| 又 | 또 우 |

## 3 획

| | |
|---|---|
| 口 | 입 구 |
| 囗 | 나라 국(큰입구몸) |
| 土 | 흙 토 |
| 士 | 선비 사 |
| 夂 | 뒤져서 올 치 |
| 夊 | 천천히 걸을 쇠 |

| | |
|---|---|
| 夕 | 저녁 석 |
| 大 | 큰 대 |
| 女 | 계집 녀 |
| 子 | 아들 자 |
| 宀 | 집 면(갓머리) |
| 寸 | 마디 촌 |
| 小 | 작을 소 |
| 尢 | 절름발이 왕 |
| 尸 | 주검 시 |
| 屮 | 왼손 좌 |
| 山 | 뫼 산 |
| 巛(川) | 개미허리(내 천) |
| 工 | 장인 공 |
| 己 | 몸 기 |
| 巾 | 수건 건 |
| 干 | 방패 간 |
| 幺 | 작을 요 |
| 广 | 엄호 밑 |
| 廴 | 길게 걸을 인 |
| 廾 | 두손으로 받들 공 |
| 弋 | 주살 익 |
| 弓 | 활 궁 |
| 彐(彑) | 고슴도치머리 계 |
| 彡 | 터럭 삼 |
| 彳 | 조금 걸을 척(두인변) |

## 4 획

| | |
|---|---|
| 心(忄/㣺) | 마음 심(심방변) |
| 戈 | 창 과 |
| 戶 | 지게 호 |
| 手(扌) | 손 수(재방변) |
| 支 | 지탱할 지 |
| 攴(攵) | 칠 복(등글월문방) |
| 文 | 글월 문 |
| 斗 | 말 두 |
| 斤 | 도끼 근 |
| 方 | 모 방 |
| 无 | 없을 무(이미기방) |
| 日 | 날 일 |
| 曰 | 가로 왈 |
| 月 | 달 월 |

| | |
|---|---|
| 木 | 나무 목 |
| 欠 | 하품 흠 |
| 止 | 그칠 지 |
| 歹 | 죽을 사 |
| 殳 | 창 수 |
| 毋 | 말 무 |
| 比 | 견줄 비 |
| 毛 | 터럭 모 |
| 氏 | 각시 씨 |
| 气 | 기운 기 |
| 水(氵/氺) | 물 수(삼수변, 아래물수) |
| 火(灬) | 불 화(연화발) |
| 爪(爫) | 손톱 조 |
| 父 | 아비 부 |
| 爻 | 점괘 효 |
| 爿 | 나무조각 장 |
| 片 | 조각 편 |
| 牙 | 어금니 아 |
| 牛(牜) | 소 우 |
| 犬(犭) | 개 견(개사슴록 변) |

## 5 획

| | |
|---|---|
| 玄 | 검을 현 |
| 玉(王) | 구슬 옥(구슬옥 변) |
| 瓜 | 오이 과 |
| 瓦 | 기와 와 |
| 甘 | 달 감 |
| 生 | 날 생 |
| 用 | 쓸 용 |
| 田 | 밭 전 |
| 疋 | 짝 필 |
| 疒 | 병들어 기댈 녁(병질) |
| 癶 | 등질 발 |
| 白 | 흰 백 |
| 皮 | 가죽 피 |
| 皿 | 그릇 명 |
| 目 | 눈 목 |
| 矛 | 창 모 |
| 矢 | 화살 시 |
| 石 | 돌 석 |
| 示(礻) | 보일 시 |

| | | | | | | | |
|---|---|---|---|---|---|---|---|
| 内 | 짐승 발자국 유 | | 豕 | 돼지 시 | | 高 | 높을 고 |
| 禾 | 벼 화 | | 豸 | 발 없는 벌레 치 | | 髟 | 머리털 드리워질 표 |
| 穴 | 구멍 혈 | | 貝 | 조개 패 | | 鬥 | 싸울 투 |
| 立 | 설 립 | | 赤 | 붉을 적 | | 鬯 | 울창주 창 |

<table>
<tr><th colspan="2">6 획</th><th></th><th>走</th><th>달릴 주</th><th></th><th>鬲</th><th>막을 격(솥 력)</th></tr>
<tr><td>竹</td><td>대 죽</td><td></td><td>足(⻊)</td><td>발 족</td><td></td><td>鬼</td><td>귀신 귀</td></tr>
<tr><td>米</td><td>쌀 미</td><td></td><td>身</td><td>몸 신</td><td colspan="3" style="text-align:center">11 획</td></tr>
<tr><td>糸</td><td>실 사</td><td></td><td>車</td><td>수레 거</td><td></td><td>魚</td><td>물고기 어</td></tr>
<tr><td>缶(缶)</td><td>장군 부</td><td></td><td>辛</td><td>매울 신</td><td></td><td>鳥</td><td>새 조</td></tr>
<tr><td>网(罒/㓁/冈)</td><td>그물 망</td><td></td><td>辰</td><td>별 진</td><td></td><td>鹵</td><td>소금 로</td></tr>
<tr><td>羊(⺶)</td><td>양 양</td><td></td><td>辵(辶)</td><td>쉬엄쉬엄 갈 착(책받침)</td><td></td><td>鹿</td><td>사슴 록</td></tr>
<tr><td>羽</td><td>깃 우</td><td></td><td>邑(⻏)</td><td>고을 읍(우부방)</td><td></td><td>麥</td><td>보리 맥</td></tr>
<tr><td>老(耂)</td><td>늙을 로</td><td></td><td>酉</td><td>닭 유</td><td></td><td>麻</td><td>삼 마</td></tr>
<tr><td>而</td><td>말이을 이</td><td></td><td>采</td><td>분별할 변</td><td colspan="3" style="text-align:center">12 획</td></tr>
<tr><td>耒</td><td>쟁기 뢰</td><td></td><td>里</td><td>마을 리</td><td></td><td>黃</td><td>누를 황</td></tr>
<tr><td>耳</td><td>귀 이</td><td colspan="3" style="text-align:center">8 획</td><td></td><td>黍</td><td>기장 서</td></tr>
<tr><td>聿</td><td>붓 율</td><td></td><td>金</td><td>쇠 금</td><td></td><td>黑</td><td>검을 흑</td></tr>
<tr><td>肉(月)</td><td>고기 육</td><td></td><td>長(镸)</td><td>길 장</td><td></td><td>黹</td><td>바느질할 치</td></tr>
<tr><td>臣</td><td>신하 신</td><td></td><td>門</td><td>문 문</td><td colspan="3" style="text-align:center">13 획</td></tr>
<tr><td>自</td><td>스스로 자</td><td></td><td>阜(⻖)</td><td>언덕 부(좌부방)</td><td></td><td>黽</td><td>힘쓸 민</td></tr>
<tr><td>至</td><td>이를 지</td><td></td><td>隶</td><td>미칠 이</td><td></td><td>鼎</td><td>솥 정</td></tr>
<tr><td>臼</td><td>절구 구</td><td></td><td>隹</td><td>새 추</td><td></td><td>鼓</td><td>북 고</td></tr>
<tr><td>舌</td><td>혀 설</td><td></td><td>雨</td><td>비 우</td><td></td><td>鼠</td><td>쥐 서</td></tr>
<tr><td>舛</td><td>어그러질 천</td><td></td><td>青</td><td>푸를 청</td><td colspan="3" style="text-align:center">14 획</td></tr>
<tr><td>舟</td><td>배 주</td><td></td><td>非</td><td>아닐 비</td><td></td><td>鼻</td><td>코 비</td></tr>
<tr><td>艮</td><td>어긋날 간</td><td colspan="3" style="text-align:center">9 획</td><td></td><td>齊</td><td>가지런할 제</td></tr>
<tr><td>色</td><td>빛 색</td><td></td><td>面</td><td>낯 면</td><td colspan="3" style="text-align:center">15 획</td></tr>
<tr><td>艸(艹)</td><td>풀 초(초두)</td><td></td><td>革</td><td>가죽 혁</td><td></td><td>齒</td><td>이 치</td></tr>
<tr><td>虍</td><td>호피 무늬 호</td><td></td><td>韋</td><td>가죽 위</td><td colspan="3" style="text-align:center">16 획</td></tr>
<tr><td>虫</td><td>벌레 충</td><td></td><td>韭</td><td>부추 구</td><td></td><td>龍</td><td>용 룡</td></tr>
<tr><td>血</td><td>피 혈</td><td></td><td>音</td><td>소리 음</td><td></td><td>龜</td><td>거북 귀</td></tr>
<tr><td>行</td><td>갈 행</td><td></td><td>頁</td><td>머리 혈</td><td colspan="3" style="text-align:center">17 획</td></tr>
<tr><td>衣(衤)</td><td>옷 의(옷의변)</td><td></td><td>風</td><td>바람 풍</td><td></td><td>龠</td><td>피리 약</td></tr>
<tr><td>襾(西)</td><td>덮을 아</td><td></td><td>飛</td><td>날 비</td><td></td><td></td><td></td></tr>
<tr><td colspan="2" style="text-align:center">7 획</td><td></td><td>食(飠)</td><td>밥 식</td><td></td><td></td><td></td></tr>
<tr><td>見</td><td>볼 견</td><td></td><td>首</td><td>머리 수</td><td></td><td></td><td></td></tr>
<tr><td>角</td><td>뿔 각</td><td></td><td>香</td><td>향기 향</td><td></td><td></td><td></td></tr>
<tr><td>言</td><td>말씀 언</td><td colspan="3" style="text-align:center">10 획</td><td></td><td></td><td></td></tr>
<tr><td>谷</td><td>골 곡</td><td></td><td>馬</td><td>말 마</td><td></td><td></td><td></td></tr>
<tr><td>豆</td><td>콩 두</td><td></td><td>骨</td><td>뼈 골</td><td></td><td></td><td></td></tr>
</table>

附錄

## 韓國姓氏

| 姓氏 | 貫鄉 |
| --- | --- |
| 金 | 김해(金海) 경주(慶州) 광산(光山) 안동(安東) 의성(義城) 강릉(江陵) |
| 李 | 전주(全州) 경주(慶州) 성주(星州) 광주(廣州) 연안(延安) 전의(全義) |
| 朴 | 밀양(密陽) 반남(潘南) 함양(咸陽) 순천(順天) 무안(務安) 죽산(竹山) |
| 崔 | 경주(慶州) 전주(全州) 해주(海州) 강릉(江陵) 탐진(耽津) 수성(隋城) |
| 鄭 | 동래(東萊) 경주(慶州) 진주(晉州) 연일(延日) 하동(河東) 해주(海州) |
| 姜 | 진주(晉州) 금천(衿川) |
| 趙 | 한양(漢陽) 함안(咸安) 풍양(豊壤) 배천(白川) 옥천(玉川) 평양(平壤) |
| 尹 | 파평(坡平) 해남(海南) 칠원(漆原) 남원(南原) 해평(海平) 무송(茂松) |
| 張 | 인동(仁同) 흥덕(興德) 단양(丹陽) 안동(安東) 덕수(德水) 목천(木川) |
| 林 | 나주(羅州) 평택(平澤) 부안(扶安) 예천(醴泉) 조양(兆陽) |
| 韓 | 청주(淸州) 곡산(谷山) |
| 吳 | 해주(海州) 동복(同福) 보성(寶城) 함양(咸陽) 나주(羅州) |
| 徐 | 달성(達城) 이천(利川) 대구(大邱) 부여(扶餘) 장성(長城) 연산(連山) |
| 申 | 평산(平山) 고령(高靈) 아주(鵝洲) |
| 權 | 안동(安東) 예천(醴泉) |
| 黃 | 창원(昌原) 장수(長水) 평해(平海) 우주(紆州) 회덕(懷德) |
| 安 | 순흥(順興)죽산(竹山) 광주(廣州) 강진(康津) |
| 宋 | 여산(礪山) 은진(恩津) 진천(鎭川) 신평(新平) 연안(延安) 홍주(洪州) |
| 柳 | 문화(文化) 전주(全州) 진주(晉州) 고흥(高興) 서산(瑞山) 풍산(豊山) |
| 全 | 천안(天安) 정선(旌善) 옥천(沃川) 전주(全州) |
| 洪 | 남양(南陽) 풍산(豊山) 부계(缶溪) 홍주(洪州) |
| 高 | 제주(濟州) 장흥(長興) 개성(開城) 횡성(橫城) |
| 文 | 남평(南平) |
| 梁 | 제주(濟州) 남원(南原) |
| 孫 | 밀양(密陽) 경주(慶州) 일직(一直) 평해(平海) |
| 裵 | 성주(星州) 분성(盆城) 대구(大邱) 흥해(興海) 경주(慶州) |
| 曺 | 창녕(昌寧) |
| 白 | 수원(水原) 남포(藍浦) 대흥(大興) 부여(扶餘) |
| 許 | 양천(陽川) 김해(金海) 하양(河陽) 태인(泰仁) |
| 劉 | 강릉(江陵) 거창(居昌) 배천(白川) 충주(忠州) |
| 南 | 의령(宜寧) 영양(英陽) 고성(固城) |
| 沈 | 청송(靑松) 삼척(三陟) 풍산(豊山) 부유(富有) |
| 盧 | 광주(光州) 교하(交河) 풍천(豊川) 장연(長淵) |
| 丁 | 나주(羅州) 영광(靈光) |
| 河 | 진주(晉州) |
| 郭 | 현풍(玄風) 청주(淸州) |
| 成 | 창녕(昌寧) |
| 車 | 연안(延安) |
| 鞠 | 담양(潭陽) |
| 余 | 의령(宜寧) |
| 秦 | 풍기(豊基) |
| 魚 | 함종(咸從) 충주(忠州) 경흥(慶興) |
| 殷 | 행주(幸州) |
| 片 | 절강(浙江) |
| 丘 | 평해(平海) |
| 龍 | 홍천(洪川) |
| 庾 | 무송(茂松) 평산(平山) |
| 芮 | 의흥(義興) |
| 慶 | 청주(淸州) |
| 奉 | 하음(河陰) |
| 程 | 하남(河南) |
| 昔 | 경주(慶州) |
| 史 | 청주(淸州) |
| 夫 | 제주(濟州) |
| 皇甫 | 영천(永川) 황주(黃州) |
| 賈 | 소주(蘇州) 태안(泰安) |
| 卜 | 면천(沔川) |
| 太 | 영순(永順) 협계(陝溪) 남원(南原) |
| 睦 | 사천(泗川) |
| 晉 | 남원(南原) |
| 邢 | 진주(晉州) |
| 桂 | 수안(遂安) |
| 朱 | 신안(新安) 능성(綾城) 나주(羅州) |
| 禹 | 단양(丹陽) |
| 具 | 능성(綾城) 창원(昌原) |
| 辛 | 영산(靈山) 영월(寧越) |
| 任 | 풍천(豊川) 장흥(長興) |
| 羅 | 나주(羅州) 금성(錦城) 안정(安定) |
| 田 | 담양(潭陽) |
| 閔 | 여흥(驪興) |
| 兪 | 기계(杞溪) 창원(昌源) 무안(務安) |
| 陳 | 여양(驪陽) 삼척(三陟) |
| 池 | 충주(忠州) |
| 嚴 | 영월(寧越) |
| 蔡 | 평강(平康) 인천(仁川) |
| 元 | 원주(原州) |
| 千 | 영양(潁陽) |
| 方 | 온양(溫陽) |
| 孔 | 곡부(曲阜) |
| 康 | 신천(信川) 곡산(谷山) |
| 玄 | 연주(延州) |
| 咸 | 강릉(江陵) 양근(楊根) |
| 卞 | 초계(草溪) 밀양(密陽) |
| 廉 | 파주(坡州) |
| 楊 | 청주(淸州) 남원(南原) 중화(中和) |
| 邊 | 원주(原州) 황주(黃州) |
| 呂 | 함양(咸陽) 성주(星州) |
| 秋 | 추계(秋溪) |
| 魯 | 함평(咸平) 강화(江華) |
| 都 | 성주(星州) |
| 蘇 | 진주(晉州) |
| 愼 | 거창(居昌) |
| 石 | 충주(忠州) |
| 宣 | 보성(寶城) |
| 薛 | 순창(淳昌) |
| 馬 | 장흥(長興) 목천(木川) |
| 吉 | 해평(海平) |
| 周 | 상주(尙州) 초계(草溪) |
| 延 | 곡산(谷山) |
| 房 | 남양(南陽) |
| 魏 | 장흥(長興) |
| 表 | 신창(新昌) |

| 姓 | 본관 | 姓 | 본관 | 姓 | 본관 |
|---|---|---|---|---|---|
| 明 | 연안 (延安) 서촉(西蜀) | 唐 | 밀양(密陽) | 曲 | 용궁(龍宮) |
| 奇 | 행주(幸州) | 陶 | 순천(順天) | 邱 | 은진(恩津) |
| 潘 | 거제(巨濟) 광주(光州) | 化 | 진양(晉陽) | 夜 | 직산(稷山) |
| 王 | 개성(開城) | 昌 | 거창(居昌) 창녕(昌寧) | 葉 | 경주(慶州) |
| 琴 | 봉화(奉化) | 龐 | 개성(開城) | 慈 | 요양(遼陽) |
| 玉 | 의령(宜寧) | 邕 | 순창(淳昌) | 淳 | 금구(金溝) |
| 陸 | 옥천(沃川) | 韋 | 강화(江華) | 謝 | 한산(韓山) |
| 印 | 교동(喬桐) 연안(延安) | 昇 | 남원(南原) | 連 | 나주(羅州) |
| 孟 | 신창(新昌) | 荀 | 홍산(鴻山) | 包 | 풍덕(豊德) |
| 諸 | 칠원(漆原) | 強 | 충주(忠州) 괴산(槐山) | 箕 | 행주, 평양 |
| 牟 | 함평(咸平) | 氷 | 경주(慶州) | 畢 | 한양(漢陽) |
| 蔣 | 아산(牙山) | 于 | 목천(木川) | 譚 | 등주(登州) |
| 南宮 | 함열(咸悅) | 鍾 | 영암(靈岩) | 舍 | 태안(泰安) |
| 卓 | 광산(光山) | 馮 | 임구(臨朐) | 菊 | 담양(潭陽) |
| 催 | 경주(慶州) 전주(全州) | 大 | 밀양(密陽) | 釋 | 수원(水原), 한양(漢陽) |
| 皮 | 괴산(槐山) 단양(丹陽) 홍천(洪川) | 葉 | 경주(慶州) | 戰 | 한양(漢陽) |
| 杜 | 두릉(杜陵) 만경(萬頃) | 弓 | 토산(兔山) | 增 | 연일(延日) |
| 智 | 봉산(鳳山) | 阿 | 나주(羅州) 양주(楊州) | 賀 | 소사(素砂) |
| 甘 | 창원(昌原) | 平 | 충주(忠州) | 雷 | 교동(喬桐) |
| 章 | 거창(居昌) | 獨孤 | 남원(南原) | 國 | 담양(潭陽) |
| 諸葛 | 남양(南陽) | 袁 | 비안(比安) | 初 | 마산(馬山) |
| 陰 | 괴산(槐山) 죽산(竹山) | 公 | 김포(金浦) | 道 | 성주(星州) |
| 賓 | 대구(大邱) | 梁 | 남양(南陽) | 郝 | 산동(山東) |
| 董 | 광천(廣川) | 莊 | 금천(衿川) | 隋 | 한양(漢陽) |
| 溫 | 금구(金溝) | 堅 | 해주(海州) 여주(驪州) | 顧 | 한양(漢陽) |
| 司空 | 효령(孝寧) | 毛 | 광주(廣州) | 鳳 | 경주(慶州), 제주(濟州) |
| 扈 | 신평(新平) | 乃 | 개성(開城) | 森 | 부여(扶餘) |
| 景 | 태인(泰仁) 해주(海州) | 異 | 밀양(密陽) | 艾 | 전주(全州) |
| 范 | 금성(錦城) | 浪 | 양주(楊州) | 傅 | 양근, 한양 |
| 錢 | 문경(聞慶) | 判 | 해주(海州) | 伊 | 경주(慶州) |
| 鮮于 | 태원(太原) | 邦 | 무안(務安) | 奈 | 나주(羅州) |
| 左 | 청주(淸州) 제주(濟州) | 麻 | 상곡(上谷) | 伍 | 가평(加平) |
| 楔 | 경주(慶州) | 路 | 개성(開城) | 苗 | 성산(星山) |
| 彭 | 절강(浙江) 용강(龍江) | 梅 | 충주(忠州) | 芸 | 전주(全州) |
| 承 | 연일(延日) 광산(光山) | 楚 | 성주(星州) | 苑 | 진양(晋陽) |
| 簡 | 가평(加平) | 倉 | 아산(牙山) | 單 | 한양(漢陽) |
| 夏 | 달성(達城) | 鴌 | 청주(淸州) | 燕 | 전주(全州) |
| 尙 | 목천(木川) | 東方 | 청주(淸州) 진주(晋州) | 京 | 황간, 금화 |
| 施 | 절강(浙江) | 墨 | 광녕(廣寧) 요동(遼東) | 米 | 재령(載寧) |
| 柴 | 태인(泰仁) | 斤 | 청주(淸州) | 丕 | 농서(隴西) |
| 葛 | 남양(南陽) 청주(淸州) | 彬 | 대구(大邱) | 黎 | 부산(釜山) |
| 西門 | 안음(安陰) | 班 | 창원(昌原) 진주(晋州) | 榮 | 영천(永川) |
| 陣 | 여양(驪陽) | 占 | 한산(韓山) | 采 | 여산(礪山) |
| 段 | 강음(江陰) 강릉(江陵) 연안(延安) 대흥(大興) 서촉(西蜀) | 彈 | 진주(晉州) 해주(海州) | 恩 | 고부(古阜) |
| 胡 | 파릉(巴陵) | 舜 | 순흥(順興) 파주(坡州) | 候 | 충주(忠州) |
| 邵 | 평산(平山) | 海 | 김해(金海) | 齊 | 한양(漢陽) |
| 甄 | 전주(全州) | 天 | 충주(忠州) | 剛 | 괴산(槐山) |
|  |  | 弼 | 대흥(大興) |  |  |
|  |  | 頓 | 목천(木川) |  |  |
|  |  | 雲 | 함흥(咸興) |  |  |

이 자료는 2015년 DAUM에서 발췌. 498개 姓氏. 순서는 인구순. 관향 미상은 제외됐음.